世界名人名传　　|　　主编　柳鸣九

[法] 夏尔-路易·弗隆 著

唐珍 译

马尔罗传:
幻梦与真实

Biography

ANDRÉ
MALRAUX /

河南文艺出版社
· 郑州 ·

Charles-Louis FOULON, ANDRÉ MALRAUX, MINISTRE DE L'IRRATIONNEL.

Préface de Pierre NORA de l'Académie française.

Simplified Chinese translation copyright：

© Éditions Gallimard, Paris, 2010.

Photo Jacques Robert© Éditions Gallimard.

豫著许可备字-2023-A-0065

图书在版编目(CIP)数据

马尔罗传:幻梦与真实/(法)夏尔-路易·弗隆著;唐珍译. --郑州:河南文艺出版社,2023.12

(世界名人名传/柳鸣九主编)

ISBN 978-7-5559-1486-0

Ⅰ.①马…　Ⅱ.①夏…②唐…　Ⅲ.①马尔罗(Malraux, Andre 1901-1976)-传记　Ⅳ.①K835.655.6

中国国家版本馆CIP数据核字(2023)第059022号

选题策划	刘晨芳		
责任编辑	崔晓旭		
书籍设计	书籍/设计/工坊 刘运来工作室		
责任校对	梁　晓		
责任印制	陈少强		

出版发行	河南文艺出版社	印　张	14	
社　址	郑州市郑东新区祥盛街27号C座5楼	字　数	371 000	
承印单位	郑州印之星印务有限公司	版　次	2023年12月第1版	
经销单位	新华书店	印　次	2023年12月第1次印刷	
开　本	890毫米×1240毫米　1/32	定　价	58.00元	

印厂地址　郑州市高新区冬青西街101号

邮政编码　450000　　电话　0371-63330696

特将此书献给

传承法兰西文化部荣耀的文化艺术界人士

尤其要献给我珍贵记忆中的：

让·卡苏（1897—1986）

他是 1944 年德国占领时期图卢兹共和国的地区特派员，国家现代艺术博物馆创建人；我研究工作的首位见证人。他作为祖国解放的同路人，让我明白了多处模棱两可的真相后，又让我看到了梦想的关键效益在哪里。

米歇尔·布鲁安（1948—1994）

他是维西奈的古典文学教授，他在 1986 年呼吁"唤醒"马尔罗，以揭示凡尔赛宫存在推动安排活动的危险。他是本书思想的首位知音。

弗雷德里克·佩里耶（1956—2005）

他作为路易丝·米歇尔的推广文化的重要官员，向我表示，必须俯首面对这位天才，并为他日积月累的诸多痛苦发出悲叹。多亏了他，我们才超越他的部长身份，在此发现了这位动荡不安的人物。

真实的马尔罗（代译者序）

  各位在此读到的马尔罗传记,出自法国巴黎政治学院教授夏尔-路易·弗隆之笔。弗隆先生著有法国总统戴高乐和密特朗的传记以及《安德烈·马尔罗词典》。这部马尔罗传记花费了他20余年的心血,在逐步积累各方资料的过程中,为我们树立了一个伟大真实的俗人安德烈·马尔罗。

  人无完人,俗而不凡。弗隆先生笔下的马尔罗是20世纪法国中期的风云人物,因为他是法国总统(将军)戴高乐执政时期的文化部长,为法国文化的发扬光大工作了11年;他还是法国著名的文学家,尤其因其小说《人的境遇》和《反回忆录》而享有盛名。无论是文化部长还是著名作家,他都为法国的文化事业做出了令人瞩目的贡献。然而他也是个凡人,有七情六欲,时而被心理疾病缠身,爱憎不明,各种常人的缺陷和毛病在此书中得以彰显。伟人形象是在创建个人业绩、公众认可并歌功颂德中得以确立的,如果揭示短处会抹黑其形象、降低其格调,那是作者的败笔;如果经过褒奖和批评让我们辨认出其真实而可贵的品质,那么,作者的心血浇灌便得以报偿。

  马尔罗堪称戴高乐总统的挚友,也是戴高乐执政期间的帮手和拥有权柄的人物,因而也有了政治家的身份。他忠于并维护戴高乐主义的信条,在六七十年代纷扰的法国政治潮流中,尽力争取法兰西的大国地位和国际政治上的独立自主,然而他对戴高乐及其主义的认识,对各方的批评也尽量保持着清醒客观的态度。本书作者不乏对马尔罗政治态度的描述。比如,在阿尔及利亚独立问题上的表现,客观反映了马尔罗的不坚定立场。其实,戴高乐将军在阿尔及利亚取得自主权之前,也在犹豫不决,舍不得丢掉多年被法兰西占领的这块土地,法国军官的死硬派更是罪行累累,坚持用武力镇压民众,维护阿尔及利亚的殖民统治,但是迫于多方压力,戴高乐终于放弃了昔日帝国的荣耀做出让步,承认了阿尔及利亚的国家独立和主权。马尔罗也在这个进程中表现出了积极支持阿尔及利亚独立的态度。1968年法国的五月风暴,是一场由学生罢课工人罢工引起的针对寡头政治的群众运动,马尔罗面对群起的骚动,又面临着是选择拥护还是反对群众运动的两难境地。戴高乐当时不在巴黎,回国后采取多项措施稳定了局面,也控制了马尔罗有些偏执的狂热情绪。

马尔罗身为作家,并不是行政管理上的里手。我们看到马尔罗在文化部这个新机构中时时面临种种难题和尴尬局面,多亏了总统支持和周边的挚友相助,才慢慢走出困境。然而,财政拮据却是他永远无法摆脱的怪圈,因为戴高乐从未出手协助给文化部增加预算,马尔罗也从未开口要求过。也许我们会感觉作者过多描述了马尔罗作为部长在文化部的管理经历,不过,请大家耐心阅读品味,不仅可以从中获得对马尔罗为人的深刻体悟,而且也能了解到法国行政管理上的种种弊病。这会是一个意外的收获。作者在本书中通过描述马尔罗在传播法兰西文化、扶持艺术家、引进外国传统文化方面做出的种种鼓舞人心的贡献,肯定了他11年的行政工作业绩。

马尔罗桀骜不驯,在工作上坚持自己的正确主张,为在法国建立文化宫(文化之家),建议通过视听等先进科技手段向大众传播经典,做出了不懈的努力。他言辞犀利,往往在推动工作进展的过程中,伤害到人际关系,甚至自己的至亲好友,因此他难免受到各方甚至是同行的攻击,然而只要是对的,他会不计前嫌,坚持与同行合作。读者会在本书中看到马尔罗对"存在主义教皇"萨特的异见,对现代流派的批评,甚至对戴高乐的著作提出不同意见,但这都没有阻止他在关键问题上持正确的立场,与他们共同完成革命事业。

马尔罗被早期的宣传部长和长期的文化部长事务缠身,反复经历病痛的慢性折磨,却从未放弃写作。他年轻时就表现出文学天才,以后相继发表了各种文章,包括散文、评论和小说,他的《人的境遇》《反回忆录》《王家大道》《征服者》《轻蔑的时代》《希望》等著作都在我国发行过中文版。弗隆先生在这部传记中未过多评价他的作品,只是重点提到了《人的境遇》的虚构性,《反回忆录》中不靠谱的故事,强调了马尔罗写作的特点。

本书作者对马尔罗人生价值观的认识、生死观的描述,耗费了大量笔墨。马尔罗从年幼时起遇到的家庭的种种变故,尤其是亲人的亡故,曾多次把他引向对人生和死亡的思考。他有活着的诸多烦恼,只有全身心投入写作和工作,去装潢自己的住宅,享受物质生活,和知心女友约会时才会感到开心;他多次遇到各种形式的死亡,引发他对这个虚无境界无数貌似空洞的想象:向往、欢乐、悲观、恐惧,种种复杂的情绪反映在他的日常生活和作品中,令人恐慌,然而当他病入膏肓,逐步接近死亡时,却显得格外泰然自若,令人感动。人们怀念马尔罗,尽管他备受争议,仍然在他瞑目安息 20 年以后,以国家级别的礼仪将其移进了伟人遗体的殿堂——巴黎先贤祠。

马尔罗的离去,给人们留下的不仅仅是其在国内建立的业绩。他博古通今,见多识广,在法国文化事业的发展上有浓墨重笔,在国际文化交流上也成绩斐然,深得好评。作者在本书中详细记载了他成功出访的次数和目的地以及一些访问经历,例如,他 1965 年曾到中国,与毛主席等国家领导人会面。到非洲独立国家以及其他国家访问时,只要他开口演讲,就能煽动民心,鼓舞士气。他推动卢浮宫的镇馆之宝《蒙娜丽莎》到美国展出并发表演讲，引起巨大轰动。马尔罗文采出众，口才也是难得的。在国民议会或者面对媒体记者时，他的满腹学识配合卓绝言辞，讲话如脱缰的野马。人们听不到他的声音时，感到寂寞，无法猜透他的心事；听到他的声音时，又难以完全驾驭，加之他特别会想象和虚构的个性，更使他的真实面貌显得朦胧难辨，因此，弗隆先生认为，至今也没有人能够全面勾勒出一幅他完美的心路图，对马尔罗的研究，还有很多可探究之处。

我国专家对马尔罗的研究没有只停留在他的经历上，而是把重点放在了他的作品上。由柳鸣九和罗新璋先生编选的《马尔罗研究》（"法国现代当代文学研究资料丛刊"，漓江出版社，1984年版），从编选者序、文学作品选、文论选、评论选和生平资料几个方面介绍了马尔罗。柳鸣九先生在编选者序中全面介绍了马尔罗的经历和文学作品，给我们提供了宝贵的参考资料。弗隆先生的这部传记则更多地从他掌握的文字资料和专访中，为马尔罗的形象构筑了有血有肉的灵魂躯体，把一个复活了的马尔罗展现在了我们面前。马尔罗给我们留下了他不灭的著作，也为我们留下了他一生的业绩和精神财富。

此书得以翻译出版，要感谢中国社会科学院柳鸣九和谭立德两位先生的鼎力推荐。特别感谢曾在浙江大学任教的法籍教师布罗什先生，正是有了这位法国史学博士的悉心解答，才助我克服了翻译中的难题，加深了对法国和马尔罗的深层次理解。没有他们的帮助，这本有价值的书可能会永远默默无闻，封闭在法兰西这片土地，无法与中国读者见面。

深感痛惜的是，柳鸣九先生于2022年12月离世，无法看到此书的全貌了。在此表示深切哀悼。

衷心希望我们的读者会在弗隆先生围绕马尔罗展现出来的梦幻和真实的场景中、谎言和实话的表达中、媒体的吹牛成分和如实的报道中，拨开缭绕迷雾，见到一个真实清晰的马尔罗。

唐珍

序

夏尔-路易·弗隆的这本书,深入触及了激情洋溢、威风凛凛的马尔罗,切实总结了他在文化部的活动,可谓功绩斐然。他针对这位长期出入文化部行政机构的人物撰写的这本书,既无献媚之意,也无意揭穿什么骗局。马尔罗给熟悉和不甚熟悉自己各方面的人,留下的是学术正直和思维精准的印象。

夏尔-路易·弗隆花 20 多年时间撰写的这本书,足以说明他曾长期亲近马尔罗,专心研究过与这个人物相关的所有书籍资料。他传递给我们的重点是从当事人那里搜集到的,格外丰富而未发表过的文献、谈话、书信、私人文件和罕见的文档,比如,让·穆兰进入先贤祠时,马尔罗重新整理过的发言草稿。弗隆的合作者和同代人多已故去,今天也许不可能再撰写出一本同样的书。但是根据那些资料在本书中描述出来的情景,可以见证那个临时成立的文化部的存在,那个文化部曾被认为是为一个古怪而坚不可摧的人量身定做的;而从那个被认为是将军为这个独一无二的人物建造起来的文化部大楼里走出来的人,竟然庆祝了它的 50 周年诞辰。

第五共和国的总理米歇尔·德勃雷,似乎确实只是为了让马尔罗担当职务讨将军欢心,才接受安置一个位子给一个"在我的记忆里,行政官员素质明显不及文学天才的人",他后来写信给本书的作者这么说。马尔罗的行动范围十分有限,只有文学艺术管理处、建筑管理处、法兰西档案管理处、青年和体育事务高级专员公署(以下简称青年和体育高署)的文化活动和国家电影中心。国民教育部和外交部却掌管着所有重要部门。他对图书馆、广播和电视也没有任何权力。拨发给文化部的 0.38% 的微薄经费从未超出过国家预算的 0.40%。马尔罗在马提尼翁府(总理府——本书正文括号中的说明文字,如无特别注明,均为译者所加)的三年时间里,总理一直抱怨他想和戴高乐将军维持直接联系。总理是负责审理这位被赋予"绝妙"思维的天才官员的重大文本的,比如,关于历史遗迹和应保护部门的财政年度拨款法,此后不久,他也觉得那些文本很有道理,认为财政部也必须制定拨款的法规。马尔罗一直坚持捍卫保护老街区的法律,虽然用白色粉饰巴黎的建筑是皮埃尔·苏德罗的创意,但是马尔罗却懂得将其发扬光大。他亲自保留了几个大手笔,包括创建文化宫——"他眼中的 20 世纪教堂",执行一项果敢的文化政策:将印度艺术、埃及图坦卡蒙法老和赛种人的金品引入巴黎,将《蒙娜丽莎》运往美国,将米洛的威尼斯女神像搬去日本——这些举动可以和夏加尔在美第奇别墅的巴尔蒂斯歌剧院顶篷上留下的手笔并驾齐驱。还必须追加一笔的是,他环游世界的演说。

马尔罗从来不像是耍弄部长手腕的人。他周围的人并不是有经验的专业人士,办公室的成员都是他拉来的同伴好友。比如他办公室的首任主任乔治·卢贝,曾属于杀害菲利普·昂里奥的别动队,成为法兰西人民联盟宣传处的成员以后,担任过巴黎市的办公室主任,这个人最喜欢在业余时间到文化部附近的酒吧玩电动弹子机、喝威士忌。还有阿尔贝·伯雷,他是马尔罗在战争期间认识的一位理发师,被叫来成了最贴身的亲信,马德莱娜·马尔罗一会儿叫他斯卡班,一会儿称他答丢夫或是埃古。唯一真正的专业人士是来自审计法院的皮埃尔·莫瓦诺,但他不久后便离任而去。创办文化宫是马尔罗个人的重大事件,但他却不过问相关的行政事务,经常不在岗位。在此期间主事的是伯雷、贝尔纳和布朗丹，据建筑管理处主任马科斯·凯里安证实，文化部在最后三年里都是由这三大主管掌控的。

马尔罗的重大转折，发生在他的两个儿子戈捷和樊尚 1961 年 5 月车祸丧生期间，文化部刚刚成立两年半之际。作者抓住这个时机针对马尔罗与死亡、马尔罗与死者的关系，撰写了一个精彩篇章。那时的马尔罗心情低落，极度消沉，然而这个状态以后再也没有出现过。书中最为独特的场景之一是描述部长的文化部生活和焦虑不安的个人生活之间的相互影响；部长缺席的文化部在一种奇特的方式中运作，这也是马尔罗生病、沮丧、旅行或忙于撰写《反回忆录》期间，无论如何都能以令人惊叹并充沛的活力应对一切的方式。他必须具备"起死回生"和个人"应变"的特殊能力来运用自己的中心词，或许还必须获得戴高乐将军的特别宽容。

新成立的文化部和它的名称，因为轰动一时的某些危机曾遭遇动荡，引起极度不安，如：不公平地撤销了法兰西喜剧院行政官员克洛德·布雷阿尔·德·布瓦桑热的职位，这个职位由马尔罗亲自任命，可是为了照顾莫里斯·埃斯康德又将那人免职，行政法院为了"权力转向"撤销了马尔罗的任命决定——这是马尔罗缺乏政治和行政经验的最佳例证。马尔罗在国民议会上，围绕雅克·李维特的影片《修道女》，在剪辑让·热内的剧本《屏风》的争议中，都明确选择了维护创作者的态度："自由并不一定总是双手清白，然而必须选择自由。"马尔罗与皮埃尔·布莱和莫里斯·贝雅尔不和；面对以法兰西为起点的现代音乐，与学院派的马塞尔·兰多夫斯基相悖的态度；亨利·朗格卢瓦被解职后，电影资料馆陷入危机以及动员艺术界全体人士拉开 1968 年五月运动序幕的事件；还有发生在与他关系密切的人身上的，照阿兰·马尔罗所说的，"爆发的愤怒包裹了安德烈"的事情；当然还有无须赘言的 1968 年 5 月占领奥德翁剧院和断绝与让-路易·巴罗的来往的故事。夏尔-路易·弗隆对以上每一段插曲的描述，都表现出精准和细腻。

那个"被人人羡慕"的本不可能维持的文化部，在刚刚完成的庆祝50周年诞辰的活动里，或许并没有为它的创建人安排应当归属他的位置。雅克·朗长期统治文化部，配合文化突飞猛进的发展，莫名其妙地把首任部长的曲折经历都转移到了自己过往的故事里。幸好有夏尔-路易·弗隆阐明了事实真相并指出，马尔罗这位"非理性部长"在有人不择手段的屡屡打击中，能做到自我安慰并加以克制，懂得如何突破作为临时管理者的重重困境。在他任职的十余年当中尽管灾难不断，却以杰出的人格成就了他愿意拥有头衔的、享有威望的法兰西文化部长的形象。

法兰西学术院院士皮埃尔·诺拉

扫码上解读
· 戴高乐的同路人
· 传奇色彩的文豪
· 文化上的预见者
· 缅怀历史先行者

前言

作家安德烈·马尔罗(1901—1976),就职于法兰西喜剧院对面,相距几十米以外的巴黎办公室,在那里担任了十多年负责文化事务的国务部长。这张身份证令人联想到首都那个出类拔萃的孩子,还有这位作家兼政治人物办公所在的那条夏多布里昂大街[1],同时证实了这位行政职位被忽略的部长 11 年来的行动。不过马尔罗本人在给戴高乐将军的信里坦言称:"我一生的骄傲是有幸协助您,这是面对虚无的一种特别强烈的自豪感[2]。"这个表达,在这位作家担当第五共和国首任文化部长时,意义格外重大。那时,总统认为他是最有资格建立文化宫的人选,"在理解、意志以及使人了解人类的思想方面,他最有资格[3]"。本书要重点表述那个记忆模糊的时代,我们将在这里看到一个人多变的人生,这个人生让这位被认定为"人道主义的,想入非非的却也是第五共和国的人民演员",邦迪曾经的小学生收获荣耀,进入了先贤祠[4]。

《大百科全书》中关于马尔罗的词条即使跨入 21 世纪后还在认为,综述过世的马尔罗的时机还未到来[5],这个词条也不再认为,为马尔罗创建的文化部在诞辰 30 周年时发生争论的"目的是质疑文化政策的合理性[6]"。我们还应记得,这位国务部长在终止职务前的几个星期,曾向一位南斯拉夫记者透露:"我全部努力的关键,就是要把疑难问题作为固有价值来获取[7]。"作家斯特凡纳·德尼直到 1996 年,都还没有忘记提起这个人物。1976年的这位逝者是跨时代的英雄,我们可以像倾心毕加索那样,排除政治上的保留去面对他:"当部长吗?嗯,那可不是马尔罗的最佳时光。跟我说说他的辉煌年代吧!这是大错特错的。人们对部长马尔罗不满,是因为完全不懂马尔罗的为人[8]。"

我们认识权位上的马尔罗,就要研究其作为政治人物和作家的档案[9]。然而也许首先要考察他是如何抵达权位的,他在那个自认为不再有权贵的时代所追寻的目标是什么,"因为在有喷气式飞机、卫星和电视的时代,达官显贵已不复存在[10]"。我们还要考虑他面对各种障碍,是否把梦寐以求的东西创建起来了,另外也要顾及被看作是实施他伟大计划的团队,考虑他周围的人有时是否在过分欺骗他。当然回顾阻碍他的文化部发展的三个负面因素,也很重要:

——确实只有极少数人才在匆匆组建的这个机构里看到,安德烈·马尔罗除占据自己身心的方式之外,还有其他事情可做;

——据米歇尔·德勃雷总理判断,国家拥有文化政策是非法的;

——部长应该选择的组建自己办公室的成员,是能够与财政部和马提尼翁府谈判的人。

我本人对马尔罗部长还有三个要考虑的重大问题:

——为什么一个文学天才、20世纪30年代龚古尔文学奖的获得者愿意成为政治人物?

——共产党的同路人是如何成为戴高乐主义者的?

——艺术部门的行政机构是如何脱离国民教育部,变为文化事务部的?

特定历史中的命运

引导马尔罗走向政治的是各种事件。马尔罗这位在巴黎市郊自学成才、20岁就发表作品的作家,首先是一位亚洲探险家。当他对中国战争的回忆博得红军创建人托洛茨基的敬意之后,法兰西的反法西斯知识分子就让这位有政治倾向的小说家成了守护首批纳粹受害者的代言人。这位战斗的作家在西班牙内战中,同时觉察到了斯大林分子的作用和他们实施极权的事实。因此,阿尔萨斯-洛林旅的这位指挥官,在第二次世界大战即将结束之前,便阻止了法国共产党继续渗透出自抵抗运动的民族解放运动。虽然那段时间他感觉自己已与法兰西联姻,却没有想过要与戴高乐将军争夺他的这位传奇王妃。他在先做顾问然后充当临时政府总统的一名部长的过程中,情不自禁把戴高乐当成了"自身游戏中的一张玩牌[11]",因为他早在戴高乐还是上校之前就已名声大震! 小说家在1945年,处在了自己最近创造的一位主人公樊尚·贝尔热的逻辑上。主人公贝尔热认为自己在某些事情上采取行动已经太迟后确认:"我们再也不能对某人随意行事了[12]。"可见此时的马尔罗已经形成戴高乐情结。

　　安德烈·马尔罗是从1945年开始认识到政权的现实性的;他在自己圈子里表现出的克制力和魅力都同样出众,并且在自己的著作和生活中背负着这两种力量。他从1947至1954年间经历作家命运的同时,也经历了法兰西人民联盟——将军的政治运动——宣传员的人生。因为他清楚"一旦自己面对斯大林分子,政治上的自由主义就要被判死刑",保障自由是国家为全体公民服务的力量。马尔罗因此很快被认定为"法兰西真正独一无二的法西斯分子[13]",并变成"新希特勒的戈贝尔"! 埃马努埃尔·穆尼耶曾惊讶地看到他在一些混乱的集会上,"居许多混杂交错的恐惧、自私、慌乱以及古老的神话、愚蠢的保守主义和质朴的幻觉氛围之首"。然而,由于马尔罗的战前小说传递了不可动摇的信心,还由于作者不会背叛人的谦卑与尊严,于是,穆尼耶给自己撰写的散文起名为《安德烈·马尔罗或不可能一蹶不振》[14]。戴高乐将军在忠于自己的这位杰出同路人的作品中,十分欣赏《艺术散文集》,他发觉那些文章可以让自己逃避难以喘息的尘世压力。1958年伊始,将

马尔罗传:幻梦与真实

军在他们二人即将重返公共事务之际写信给马尔罗：

> 我亲爱的朋友：
>
> 对您撰写的《众神的变异》因与我有关，故深表谢意。我在此可能比在您的其他著作中，更深刻地领悟到了真实而无可比拟的气息，这是专属于您，安德烈·马尔罗的气息。多亏您，我才看到了——或者认为看到了诸多事实，否则我会在未认识那些真相前死去。不过，那确实是所有事情当中最值得让人难过的部分[15]。

安德烈·马尔罗从 1958 年 7 月到 1969 年 6 月，先被任命为承担传播和发扬法兰西文化的部长，以后担任了负责文化事务的国务部长。戴高乐史传的设计者们[16] 有理由给"马尔罗的页面"题词，说明精神上的亲密友谊联系着将军和这位特别的同路人，然而，以下这个说法还是略有所不同：作家与文化部长这个新职务结合后，确实还有过出类拔萃的表现。这位忙于日常事务的部长不仅充当了为《蒙娜丽莎》和为杰基·肯尼迪服务的骑士，还是为两个儿子戈捷和樊尚离世而悲恸欲绝的父亲，以至于他最终承认，让他与青春决裂的正是这个双重悲剧。他还是一个病人。海上巡逻艇 1965 年为了使他远离自杀的意图，把他送了出去，他在 1966 年被单独安顿下来以后，合作伙伴们有时还会挪动他的位置。马尔罗在 1967 年发觉自己的活动受到限制时，扬言自己活在了一个"几乎无法自作主张，无法做无限天地主人的世界[17]"。

非理性的戴高乐主义者

安德烈·马尔罗去世前十年曾强调"今天在认识某个人时，总喜欢说认识的是他身上反理性的、自身无法控制的东西，从而抹去他自身铸就的形象[18]"。马尔罗最喜欢用不朽之类的言辞，去应对死亡和吸血鬼。他不断反对萨特的原因是,这位哲学家自认为书写传记应该"从下半身、从双足、从支撑身体的腿部,从性器官开始[19]",而不该用资产阶级的方式从胃、双手和面部开始审视人的上半身。我们不要忘记在思想水平上,正如部长 60 年代的心理医生所写的那样,马尔罗只是形式上的部长,他只有在"最终确认一个人和一种命运至高无上时,才从内心和思想深处从属于那个人[20]"。安德烈·马尔罗的忠诚、深情和魅力直至夏尔·戴高乐辞世,才得以圆满和确定;他故去之前一直坦言自己只信仰戴高乐主义。虽然他确定自己的信仰并不是无条件的,但却是反理性的。

在第五共和国缔造者(戴高乐)的心目中,这位为自己而进入政界的文人就是国务部长们的楷模,以至于戴高乐想在 1960 年的残酷环境里设立一个阿尔及利亚事务部长时,还给米歇尔·德勃雷写信提及"马尔罗模式[21]"。总统在自己的《希望回忆录》中,反复提到身边的这位才华横溢的朋友,用实际行动巩固了自己的地位,并帮助自己以快如闪电的判断方式驱散了迷雾[22]。马尔罗部长在第五共和国政体的十余年里始终认为:"思想界除了依附人类,并不了解其他超国家政体的力量[23]。"因而在他的行动和言语里,都同样热切期待情同手足的沟通。这位文人认为自己只是被看作"戴高乐主义的象征",因为自己从未参加过选举[24],但这毕竟是他的缺陷;尽管他并没有在特别的政治意义下请求国家预算,然而他对夏尔·戴高乐的无理性忠诚,却为他十年的部长生涯以及出版的著作,涂上了戴高乐主义色彩。听弗洛朗丝·马尔罗谈论父亲和将军关系上的挚爱情感以后,让-弗朗索瓦·利奥塔尔得出了结论:夏尔·戴高乐是安德烈·马尔罗"敢于声称与自己神秘结缘的唯一人[25]"。解放运动的同路人让·卡苏对我说,是"知识交媾"把马尔罗和他的将军联系在了一起[26]。他们有时自以为就是夏多布里昂和拿破仑的转世重生。夏尔·戴高乐偏爱安德烈·马尔罗,可能确实爱惜的是从《天才基督教》的作者那里汲取到的营养,因此他才能够说:

马尔罗传:幻梦与真实

马尔罗是"一个容易失望的人，不过，直至绝望，还能直面应对；直至绝望，还能昂首挺立[27]"。

传记和自我虚构

　　安德烈·马尔罗在 20 年代受殖民统治的印度支那、在 30 年代受法西斯主义威胁的欧洲、在 40 年代与斯大林极权主义较量的西方，都在用心行动，精心写作，他首先是这段历史有特权的见证人。他以自己的天分、风格、战斗精神赢得了"大众和各类群体的热爱[28]"。归顺戴高乐主义给他带来了另外一些崇拜者，而更多的是敌人。

　　尽管部长个人遭难重重，我们可以把他的大量秘密冠以"悲惨"二字，他还是能直面应对，在各种庆典里担当自己的角色，甚至在埋葬两个儿子两天以后，在只有一个团队和有限财政预算的支撑下，还能启动被称为 20 世纪教堂的文化宫工程。在国外，他是发扬法兰西文化的部长。从雅典古卫城到埃及金字塔，从墨西哥博物馆到日本的那智瀑布，他都以预言家的身份捍卫了世界文明和渴求博爱的理念。肯尼迪总统1963 年 1 月出于对他的欣赏这样说道："在他那里，政治和艺术、行动生活和思想生活、频发事件的世界和幻象中的世界都合成了一体。"四年后，《反回忆录》证明了约翰·肯尼迪言之有理。部长当时称自己经历了艺术家特有的思考和虚构这个不稳定范围，然后又经历了战斗和过程的范围。他作为文人，一生都没有最终离开过虚构；有时甚至把虚构变异成了明显的自传[29]。指责他是虚构癖没什么意义，真实地总结安德烈·马尔罗的政治行为才有价值。对虚构癖的指责不可能仅仅暴露在 1967 年的《反回忆录》上，因为他确认只是在史实发生的年代顺序上制造了错位。他保留了自己 1929 年宣布的信条[30]："卓绝的创作是要制造骗局的！"

　　"行动的意义除了在经历中提升，还要在人们的行为里而不是话语里有所体现[31]。"马尔罗一旦在经历中思考行动,他的所言所写就应该在他的行为中加以重视。正如克拉拉·马尔罗所强调的,马尔罗的幻想略微超出了现实,犹如在一些油画中,色彩超越了形式一样[32]。尽管这位创作者的经历囊括了许多传记作家无法清点的素材[33],然而作为政治人物的他经历的人生,主要还是事件、行为和作品的总和,无论那些作品是否变异。马尔罗以其闪光的智慧和敏感,出现在 20 世纪的众多事件当中,然而《希望》的读者从 1937 年起,就被阿尔瓦尔——小说家的一位主人公告知:"人只能在自身被局限的部分参与行动,愈是声称行动完全彻底,参与的部分愈微小[34]。"

传说与奇迹

在部长亡故 30 多年、为戴高乐将军的这位天才好友特设的文化部成立 50 年之后,仍旧有传说般模糊不清的奇迹和神话,伴随着这位死后 20 年才进入伟人先贤祠的原部长。法兰西学院院士热尔曼·巴赞回忆了 1944 年香榭丽舍大街下坡道上的情景,想象了戴高乐将军"一手拉着乔治·比多,另一只手拽着马尔罗[35]"的画面。1969 年 6 月初,部长最终不再担任国务部长前的几天,《当代世界大百科》更改了他的卡片位置:他被定义为作家、艺术史学家和政治人物,保留在了文学专栏里。瑞士人做这项工作时,把他介绍成银行家之子,在孔多塞公立中学读过书,毕业于国立东方语言学校。后面的两个错误,在为先贤祠编辑的小册子里被重新采纳;瑞士人避免让人以为,马尔罗成为安南地区(今越南)运动的年轻发起人之后,确有于 1925 至 1927 年间在中国度过的传说存在。然而主编奥里奥尔认为需要注明的是:对于柬埔寨王室来说,马尔罗可能一直是"在那个国家传播共产主义的人[36]"。档案学家、古文学家雅克·勒夫隆 1975 年继续孕育了这个传说,在他对马尔罗的说明里,提到了他"在中国大革命时期的重要作用[37]"。

安德烈·马尔罗有时为这些溢美之词提供了帮助,虽然把这些经历发表在《名人录1975—1976》上之前,必须由他本人审阅最后的出版说明,可他还是被介绍成了巴黎银行某分行行长之子、孔多塞中学的学生。保留在他的职业生涯中的经历有[38]:1923年在柬埔寨旅行执行考古学任务,中国内战期间(1925—1927)曾在那里逗留,还去过阿拉伯、德国、苏联、西班牙。瑞士1969年的百科全书提到西班牙和1936年开始的西班牙内战时,把马尔罗介绍成了为西班牙共和政体服务过的国外航空的组织者和头目。部长有价值的活动体现在两行41个字词当中:文化策略与保卫国家遗产紧密相连,努力回应了树立戴高乐将军威望的迫切需求。即使在1993年法国出版的一部大百科全书中,都还只是把他标注为作家和电影导演[39],马尔罗作为部长,仍旧有些活动待考查。

马尔罗从1945年11月到1946年1月担当临时政府成员,到以后成为1947到1951年信仰戴高乐主义的领导者时,都还是一位文人。他重新回归文学创作是从1958年6月到1969年6月担任部长期间,直至1976年故去,这些经历都证明了他圆满完整的一生。我在这本书里努力不忘他在生命最后一年里曾写道:"传记作家包揽了神秘人物的一生。形象的树立和完成要先于证据,因为形象能激发证据[40]。"安德烈·马尔罗的这个清晰思维,阐明了他透露给妻子克拉拉的意愿:要亲自打造自己的形象! 这个思想要求那些思考他人生的人,不要被神秘所蒙蔽,尤其是在谈论他在危机中采取的立场时,比如从阿尔及利亚的悲剧到音乐世界的危机,从保卫让·热内的《屏风》到电影资料馆的风暴或者撤销让-路易·巴罗的职位。我们在关注这些事件的时候,必须记住"马尔罗的非理性是某个时期弥散出来的表现,不可能重新构建[41]",尽管当代人都提供了许多具有时代气息的证据。

理解人和理解作品在部长作家看来是混杂在一起的两种说法,他拒绝被人看作是无条件服从的人、被说成是违反理性的人。就马尔罗而言,要使人物或作品变得有价值,不仅要使之让人易懂,而且要让人感悟。他溘逝前不久,宣布了个人主义的末日,"个人主义被原子弹轰走以后,留给我们的就是传记了[42]"。马尔罗让我们提防,传记作家有意把遭受的命运改变成被控制的命运。作家虽然在《寂静之声》里认为,那个艺术家的传记就是自己这个艺术家的传记,然而,我们认为,部长没有想到的是,会有人把自己的传记局限在了部长的行动当中。他在弥留之际认为艺术家并不只是劳动者,因为"艺术精灵要通过预言才能体现出来[43]"。我们虽然可以这样想,诗人创作是为了让人们相信他,并希望自己留在文学的想象殿堂里,但是我们却难以接受部长有时会满足于想象,他自己即便是文人,也并没有停留在虚构的世界里。

政治精灵在马尔罗部长那里现身了吗?我们在此提出这个问题时还记得,除了马尔罗本人有时懈怠,至少他周围还有家人和同事也是这样,因为他个人遭遇不幸的时间与他在戴高乐将军身边行动的时间是分不开的。马尔罗这个丧失了三个兄弟和许多战斗同志的人,从未摆脱过萦绕脑际的意念,始终渴求博爱,寻求思想共通和与兄弟国家的文化结盟,不忘探寻人类的高尚。

画家乔治·布拉克曾胸有成竹地说:"油画里最重要的永远是无法言明的东西。"但我们还是能理解马尔罗所说的:"我们偶尔无语,是在观赏中沉默[44]。"对马尔罗十多年做出的政治决策应当有所总结。在史学家没有做这件事之前,若想把部长写的关于小说家的事情放到政治家身上,部长或许已经给他们提供了关键[45]:他做政治家的最初意图是模糊不清的,它起的只是发酵剂,而不是规划的作用。近半个世纪以前,马尔罗面对先贤祠提到让·穆兰时曾说过:他是个"不需要窃取荣耀"的人。马尔罗也是一样,他作为进入政权的作家,在行动和写作上都在同样拼搏。马尔罗是超越商人儿子的身份变为战斗作家的,本书要阐明甚至是披露的内容[46],是为了使每个人认识到,他的人生体验和部长决策受到的都是相同意识的鼓舞,那就是人类的崇高、无往不胜的希望和不朽的博爱之心。

扫码上解读
·戴高乐的同路人
·传奇色彩的文豪
·文化上的预见者
·缅怀历史先行者

目　录

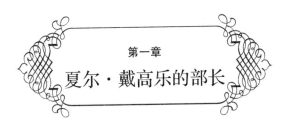

第一章

夏尔·戴高乐的部长

码上解读

· 戴高乐的同路人
· 传奇色彩的文豪
· 文化上的预见者
· 缅怀历史先行者

我们常听说称之为无条件的做法，是违背理性的。

———安德烈·马尔罗：
《虚幻之镜》Ⅱ《绳与鼠》

忠于崇高的同路人

　　我身边这位坚信命运至上的杰出朋友,让我觉得在他的陪衬下,自己平庸至极。

　　　　　　　　　　　　——夏尔·戴高乐:《希望回忆录》I

　　　　　　　　　　　　　　《重生,1958—1962 年》

　　安德烈·马尔罗20 年代曾与殖民主义作战,1934 年又在"西方革命作家"的前列,为反对资产阶级而战。这些革命作家都指望苏维埃作家能促使"出现众多莎士比亚的文明诞生[1]"。1933 年,马尔罗在《人的境遇》获龚古尔文学奖时,大胆面对新闻纪录片的摄影镜头说过:"让那些先有政治热情——无论这份热情有多么高涨——再爱好崇高的人,早点儿放弃这部不是为他们写的书吧[2]。"的确,马尔罗和戴高乐将军的首要共同点就是热爱崇高,将军和马尔罗一样深信个人意志能使人出类拔萃。指引马尔罗走向戴高乐主义的,正是对活力充沛、行动意志和思想自由的崇尚[3],尽管这个主义并不是一门学说。保卫戴高乐主义的人们确实未曾忘记,曾经有一位头脑清晰的戴高乐主义者在伦敦说过:"这个思想行囊轻便易携,我们期待这个主义常存[4]。"

　　法国被德国占领初期,曾有一封密信提到马尔罗为某个反叛将军服务的事,实属子虚乌有[5],也绝对不符合他在蓝色海岸,面对拜访他的抵抗运动分子时坚守的言论。克洛德·布尔代(作家、记者)、罗热·斯特凡纳(作家、记者、抵抗运动分子)以及其他人都明白,这位既没有武器又缺乏资金的西班牙共和体制的保卫者,只是认为,抵抗分子刚刚兴

马尔罗传:幻梦与真实

起的运动"形同浮沉,有勇气但缺乏武器装备⁶"。让-保罗·萨特巡访卡普戴尔以后,告诉西蒙娜·德·波伏娃,马尔罗打算"依赖俄国坦克和美国飞机赢取战争的胜利",并说,自己不能对马尔罗"只需一个首领⁷"的观点苟同!然而这并不是马尔罗1943至1944年间的作品在巴黎场景上发挥的效应。从1940年11月《希望》和《轻蔑的时代》被列入奥托(纳粹)的黑名单起,处在"被德国侵占时期的巴黎艺术家生活核心的,却是萨特和他的海狸(德·波伏娃)。节日期间总有一些奇形怪状、供人取乐的演员,在这里受自发聚集又有创意的主人支配⁸"。此外,德国宣传控制机构的负责人也感到惊讶,西蒙娜·德·波伏娃和她的伴侣常在花神咖啡馆出没,竟说从未见到过一个德国人,而自己却能在这个"普通街区"每周看到他们两次⁹。

马尔罗部长嘲笑思想敏感的流派,因为他记得被德国占领期间的萨特形象。而马尔罗本人,显然避开了那个时代数不清的污点。他当时属于被吕西安·勒巴泰(作家)愤怒追赶着,和其他笔杆子一起进入行动受限制的人群¹⁰。德里厄·拉罗谢尔(参加过一战的作家、记者、评论家)曾在1943年夏季写道:"马尔罗自不再与布尔什维克为伍并被完全免职以来,就生活在乡下,打发孩子们与妻子一起在两个平庸的犹太人那里周旋,他则撰写劳伦斯生平。他可能是在借此为自己背离共产主义,坚持戴高乐主义的中立立场辩护¹¹。"西班牙共和政体的这位上校,显然立足于"当时诸多知识分子遵循的曲折道路上的迂回立场¹²"。

进入戴高乐主义

安德烈·马尔罗1944年春季参加法国抵抗运动时,并没有什么地方吸引戴高乐,因为马尔罗是通过法国抵抗运动在英国特别行动处(SOE)的关系网加入抵抗运动的,他的兄弟克洛德和罗兰都在那里工作并牺牲[13]。然而他带头参与阿尔萨斯-洛林旅 1700 人的行动[14],不得不让这位战斗的法兰西首领欢欣鼓舞,这位首领希望的正是集结人群,欢迎大家进入抵抗运动。在这样的背景下,张开双臂欢迎一位以往的共产党同路人,是完全符合逻辑的政治行为,尤其是马尔罗 1945 年 1 月在民族解放运动代表大会上的发言,挫败了这个与共产党控制的国民阵线合并的举动以后[15]。马尔罗成功动员了 250 票,反对共产党在 119 名民族解放运动成员中提出的动议,宣称只能用"和共产党同样的章法"为代价,才能持续动员抵抗运动分子的力量。他的这个立场,使他与被工人阶级政党迷惑的,几乎所有文化知识界人士都产生了隔阂[16]。

在临时政府总统(莱昂·布卢姆)办公室主任加斯东·帕莱夫斯基的带领下,招聘这位前革命者变得理所当然,因为此人坚信这个政府是"解放运动和抵抗运动的政府[17]"。马尔罗与夏尔·戴高乐 1945 年 7 月 18 日进行了首次谈话[18],打开了他被任命为技术顾问的入口。马尔罗获得莱昂·布卢姆身边的这个位置[19],是在 8 月 16 日以后。这位战斗作家认为自己"首次站在了'宏伟历史画卷'的面前[20]"。他将用一个季度的时间,负责舆论测验,探讨借助视听设备实现教育现代化的可能性。这正是他 1947 年和 1974 年要论证的题目。

政权中的两位作家

安德烈·马尔罗和夏尔·戴高乐命运的结合,可以解释为他们在用道德行动,对崇高进行不懈的探索。这位年轻作家在《西方的诱惑》中已经提到"在现实世界完成我们梦想行为"的可能性,然而却"模糊感觉到,我们并没有实现这些行动,只是具有实现的能力"。马尔罗进入现实世界,是在戴高乐将军在圣-多米尼克街重新整顿国家的战略部的时候。他的行动能力因替换雅克·苏戴尔被任命为新闻部长而增强;他在相隔一个世纪以后实现了巴尔扎克透露给汉斯卡夫人的梦想,通过政权进入了政权。安德烈·马尔罗 1945 年 11 月 22 日在一次新闻界的会议上重申了"作家面对政治的责任[21]",他的新闻部能运转自如的原因,在他的秘书长雅克·沙邦-戴尔马那里。此人曾是阿尔萨斯-洛林旅的年轻将领,也曾是财政部的督察员。不过,马尔罗的办公室主任雷蒙·阿隆还是回忆道,马尔罗"比我还弄不清楚国家政权该如何运作,后来在区别法律、法令和决议上也几乎是一无所知,完全外行[22]"。他对定额分配各报纸的纸张问题没有任何感觉。阿隆还对我肯定地说,马尔罗在外省有过的切实行动,全都是由新闻部派赴各省的代表完成的,因为他认为自己"在各地,甚至在外国,在外交部的边缘地带都安排有记者[23]"。他 60 年代还在考虑继续在奥塞码头(外交部所在地)的边缘活动。这位青年部长尤其能容忍财政部试图拨发给他的匮乏资金,尽管钱少,他仍旧满心欢喜,在 1945 年 12 月 30 日宣布[24],要真正启动复兴法兰西的电影事业。他的作品《希望》的电影版本《特鲁埃尔山》,还荣获了 1945 年的路易·德吕克奖。他很乐意充当技术部长,可是无论当时还是以后,都没有考虑过进入任何地方选举,虽然他很快知道本该早些知道这件事,然而却错过了时机,因为这个政府的存在时间,只从 1945 年 11 月 21 日维持到了 1946 年 1 月 20 日。

马尔罗让自己在政府的 60 天里,保留了"在对立派中间持续斗争"的印象。他审慎行事,在这段部长生涯中,把可能发生的冲突都委托给了几个合伙人处理,而他们却没有起到他能够在最终裁决中发挥的作用。马尔罗想要继承文化的思想当时只停留在人民阵线的知识分子范畴。他希望在 1958 年以后做的事情,1936 年 9 月便做出了解释:"所有人放在文化这个词汇下面的命运,都要坚持一个理念:把命运改变为信仰[25]。"但是这个崇高理想,却在财政预算现状面前,在多数持怀疑态度的对话者中受挫。国务部长并不愿意经常抓住爱丽舍总统府不放,而皮埃尔·莫瓦诺却错误地认为,文化部长的财政预算是"在他和将军之间直接协商得来的[26]"。其实将军很少介入这种事,摄影镜头直到 1965 年,还抓住将军对布尔热文化宫造价(相当于建造 25 公里高速公路的经费)的话题不放,而当时面对这个灯塔计划的财政预算在不停精打细算的,只是财政部长[27]。

反对极权的戴高乐主义者

安德烈·马尔罗于 1945 年 11 月 17 日被认可为解放运动的同路人,因为他把阿尔萨斯-洛林旅打造成了一支精英部队,给志愿者提供了经周密思考后树立的英勇典范[28]。贝尔热上校(马尔罗)成为戴高乐将军的忠实拥戴者以后,不断对将军加以颂扬:"这个人在这个可怕而慵懒的国土上,维护着梦寐以求的不可战胜的荣誉[29]。"马尔罗本希望 1946 年 1 月自己离任新闻部长会成为激烈争论的焦点[30],并做好了这方面的安排;然而将军却最终选择了沉默[31]。这位将军的同路人 1947 年春拒绝在泰布街当初的小小办公室露面以后,就全身心融入了法兰西人民联盟(PRF)的工作,因为先前"承诺的任何行动资金都没有到位[32]";而他的戴高乐主义信念却"完全是彻底反极权主义的反应[33]"。他成为国家代表进入宣传机构之后,便豪华气派地进驻了位于歌剧院广场的两套宽敞公寓,他每周六天从上午 9 点 45 到晚上 8 点都在办公室工作。他的团队重新集结了布里吉特·弗里昂等几个在集中营幸免于难的人,还招来了在以后漫长的部长传奇中,三个被"拖进来"的人:皮埃尔·朱耶、1940 年的炮兵中士阿尔贝·伯雷和团队的老成员乔治-诺埃尔·卢贝,后者于 1944 年 6 月 28 日处决了法兰西国家宣传部长菲利普·昂里奥[34]。至于雅克·博梅尔和雅克·苏戴尔在被警察所困,没有在纯洁、忠诚和个性上得到尊重时,马尔罗选中他们成了自己的合伙人,因为他感觉自己和他们"在思想上心心相印[35]"。然而他却因为自己不在场还有朋友们的庇护而难得接近他们[36]。他只希望朋友们做到忠贞不渝，无可挑剔。他成为第五共和国的部长后，还想继续这样整日工作，但是已经远不如40年代中期精力充沛。

1958年的五月阴谋（推翻第四共和国）和国民议会的选举，使夏尔·戴高乐成为第四共和国议会的最后一任议长，他重新任用马尔罗担任新闻部长。有重大意义的是，就在马尔罗被任命的第二天，即6月4日，《世界报》就摆脱了从1958年5月26日以来一直对这份报纸实施的新闻预控审查：马尔罗从本质上保留了自由人士的形象。他接近60岁时，对美国《星期六晚邮报》宣布："我希望在有生之年，看到我的国家重生。"雅克·福韦（记者、《世界报》总编）认为，把高雅艺术归于戴高乐将军[37]，是符合马尔罗新闻要有高品质的愿望的，那时还没有人否认过马尔罗反对在阿尔及利亚实施系统酷刑的愿望。

在纷纷扰扰的年代里，占据北非的不是文化，而是进行中的无名战役。然而戴高乐将军还是在阿尔及尔法语联盟成立60周年之际，颂扬了民族希望的两个防波堤——一把折断的剑和法兰西思想，并在这个"跨越政治，超越常规"的机构（存在于世界各地）诞生75周年之际，向法兰西思想和智慧致敬[38]。戴高乐1945年在外交部建立了文化关系总部，在他看来，马尔罗毋庸置疑能在法国超越日常琐事，使文化事务具体化。尽管戴高乐对马尔罗重新投入了全部信任[39]，而马尔罗对戴高乐而言，首先是驱散重重阴霾的助手：马尔罗的重要作用是显而易见的。将军能把一个部的职责交给马尔罗，也能接受由总理们去裁决预算的优先权。将军本人很少介入推动文化预算的事务，除了在得知他的朋友健康出问题的年代，介入了几个重大工程。

政权的魅力

作家马尔罗让自己小说中的人物参与了历史上的冒险行为，也为自己身居权力机构，能与地球上的伟人相遇而兴高采烈。他为那些"心里装着别人并照他们的意愿创造历史的人[40]"而着迷。他认为他们是世界的主人,他在创作中美化了冠以这些人名的谈话和作品:甘地和尼赫鲁,毛(泽东)和斯大林,肯尼迪和戴高乐。他愈是探索愈是疑惑是否有这样的机制存在:人通过这个机制就有办法瞬间控制历史,让超越自身命运变为现实[41]。他与夏尔·戴高乐显然已经分享了这个超越命运的观点。他记得将军在进入解放后的巴黎时曾惊呼:"我们所有人都感觉,这里的分分秒秒都超越了我们每个人平凡的生命。"将军在 1944 年10 月 14 日的广播里反复重申:"我们生活在法兰西历史上最伟大的时代。她的孩子也该足以因她而伟大。"

马尔罗在阿尔及利亚事件中捍卫了走向和平的进程;他认为脱离殖民化的发展是必然的,因为在亚洲已初见端倪。他从 1925 年开始揭露被奴役的印度支那所遭受的苦难,十年后,他为安德烈·维奥利斯的《印度支那在呼救》作了序[42]。马尔罗在 1946 年只字未提戴高乐主义派的海军上将阿尔让里厄的选择,但是指出了他的局限性,因为这位上将把胡志明判定成了"滑稽的长者"[43];1948 年,马尔罗并没有反对法兰西人民联盟在《年鉴》里记载了发生在保卫"过时的殖民主义和放弃犯罪之间[44]"的王家行动,就算这样,马尔罗也没有被人看作是阿尔及利亚法国殖民者的支持者。作为将军地道的同路人,他有时会走在将军前面。在拉丁美洲,他坚信在戴高乐政权的最初几个星期里,并没有在阿尔及利亚出现酷刑,尽管以后又有酷刑发生[45]。皮埃尔·莫瓦诺在马尔罗赴巴西利亚的飞机上,听到他这样说道:要说清楚的是,人民在将军的行为准则中必须有自由选择[46]。莫瓦诺也确定自己在马尔罗弥留之际,听过他这样的说法:"阿尔及利亚会是法兰西的,就像法兰西曾经是罗马帝国的一样。但是你们要小心谨慎[47]!"马尔罗 1958 年 10 月 21日产生幻觉时,还曾给他的朋友加埃唐·皮康斗胆写信称:"说不定我们会在阿尔及利亚赢得更好的地位[48]。"

非殖民化的拥戴者

当夏尔·戴高乐宣称自己可能在阿尔及利亚获得勇者的和平时，他的部长马尔罗却在一次午餐会上因饮酒过量，脱口冲出了满脑子的想象。那是在和自己的办公室主任卢贝聊天时，他说自己梦想穿上银色的连身衣裤[49]，拿着谈判文书，在阿尔及利亚上空跳伞！这可能也是他向《快报》合作总编弗朗索瓦丝·吉鲁陈述的最终结束阿尔及利亚悲剧的计划；吉鲁发觉这个计划如此荒谬，只有马尔罗才想得出来[50]。共和国总统 1960 年 9 月确定的自决权进程对马尔罗来说是很好的途径。在安德烈·马尔罗坚信阿尔及利亚是个难以承受的负担时，阿兰·佩尔菲特(政治人物、作家)引证道，摆脱(负担)必须战胜(与殖民主义的)共享[51]。部长的合作者或许是根据自己所了解的部长立场，才注意到米歇尔·德勃雷总理宣布过的禁令，是与《121 人宣言》签署者(宣告不屈服的权利)的立场相悖的，因此在执行时并不十分严厉[52]。这份宣言感叹"希特勒的秩序被摧毁 15 年之后，法国军国主义竟然恢复酷刑，并在欧洲重新立法[53]"，宣言签署者的基调是以马尔罗和萨特在 1958 年 4 月署名的抗议书。他们中的某些人作为文学艺术界的客人，曾于 1965 年 2 月被共和国总统府邀请过，阿兰·罗伯-格里耶(作家)曾利用这个场合说明，宣言的目的正是帮助戴高乐"摆脱可怕的军国主义行径[54]"！

国务部长在阿尔及利亚问题上谈论的和梦寐以求的是行动。政府秘书长描绘了他在阿尔及尔内战期间的形象。马尔罗承认自己缺乏信息，却仍旧最为激进："要和拉盖拉德和他的人做个了断。"马尔罗在以上开场白发表四天以后的 1960 年 1 月 29 日，认为反对军人阴谋就是"不要和共产党员纠缠在一起，要依靠人民群众；如果有可靠的部队，还应该投放在阿尔及尔[55]"。将军们发生叛乱时，文化部长冲进内务部，遇见了戴高乐刚刚寻求帮助的法国人,德勃雷总理则招呼这些人朝机场方向行进,堵截误入歧途的叛乱分子。总统在 1961 年 4 月 23 日夜至 24 日,揭穿了四分之一退休军官和部分盲从军官的行为后[56],便去就寝了,马尔罗则还在幻想能出来一支坦克部队:他相信自己有权弥补"内务部和战争部之间"的恶劣关系[57]。他后来写道,自己可以组织装备,可以武装志愿者以取代警察和巴黎懒怠的部队。他会去控制市长那里的每一次警报,包括三次假警报。不漏掉一个疯子。志愿者要在凌晨 5 点恢复市民身份,他会按西班牙的拂晓时光回家,那会是完成任务后奇特又平常的拂晓。

这位原(西班牙)人民阵线成员的反应,让大部分国会议员感到困惑,他们没少把马尔罗的那些反应判定为违反理性的表现。在法兰西人民联盟生存期间,苏戴尔团队在索尔菲利诺街公开表示了对马尔罗宣传团队的不屑,这些宣传员"被指责为常常混淆战争记忆和政治目标,把好同志和好候选人混为一谈[58]"。国务部长绝不会忘记自己在 1958 年 7 月,如何因关照法属阿尔及利亚的一名游击队员,失去了新闻部长的交椅;他有时痛苦地感觉自己不能严格控制情绪。他希望自己成为阿尔及利亚事务部长[59],却浑然不知在这方面谈判的真实情况。勒内·布鲁耶、乔治·蓬皮杜和贝尔纳·特里科在和平道路上行进时,根本没想过去利用这位代言部长的天才。

非洲独立的使者

马尔罗希望将自己的行动延伸到联合非洲国家,并雇用了海外法国的高级官员埃米尔·比亚西尼[60]。马尔罗为撒哈拉以南非洲摆脱殖民化而欢欣鼓舞,当然也在好几个独立庆典上介绍了法兰西。1960 年夏天,人们在几个非洲的新首都听到他气喘吁吁、语调夸张地认定[61]:"一个时期结束了。这不是转让权限,而是转交命运。"马尔罗和让-马塞尔·让纳内(政治人物)一样,在考虑阿尔及利亚的出路是协商解决问题时,赞同了阿尔及利亚共和国的称谓。对马尔罗来说,鲁斯协议比埃维昂协议先行一步,像是终于放下了一个难以承受的重担,让他看到了胜利[62]。米歇尔·德勃雷总理在心酸地重提胜利这个说法时却强调,这只能说是针对我们的胜利[63]。可以肯定,1958 年 4 月,在促使马尔罗签署反酷刑呼吁书的战线上,他本人也在阿尔及利亚独立中感受到了自由。他甚至还到纽约宣称,必须支持当地军人:"法兰西选择了自主权,因为她选择了正义,但是正义并不是抛弃无辜者,也不是背叛忠贞者[64]。"皮埃尔·维达尔-纳盖在马尔罗的这个言论发表几个月后认定:当地军人不必为我们的错误买单了[65]。

安德烈·马尔罗在第五共和国的最初几年,完全接受了总统的经验主义观点:即使我们为海军扬帆的出海和出海时间深感歉意,也还没有超越现实而有价值的政策!他甚至同意了总理米歇尔·德勃雷的体制取向,因为总理认为虽然思想意识过时了,国家却依然如故,而国家应该成为历史发展的动力[66]。阿尔及利亚的和平让马尔罗感到满足,他评价将军的成功是史无前例的。在他眼里,即使是波拿巴,那位首任执政官的成就都大为逊色。他毫无保留地赞赏戴高乐:"(他把我们)从那个地狱般腻味的阿尔及利亚战争中拉了出来。他让我们摆脱了百年殖民的幻觉时代。他让我们在 1958 年摆脱了第四共和国,让我们在刚才脱离了他的政治组织。他壮举辉煌,如结满硕果的苹果树。请相信他的想象力吧[67]!"马尔罗在保卫新共和联盟-劳工民主联盟的一些会议上宣称:"其他人的身后是自己政党的历史,我们的身后则是我们国家的历史[68]。"马尔罗的言论,对于既未转向梦想纳税选举制的时间到来的名人,又未转向相信意识形态天堂的军人来说,都是完全能够被接受的;他的言论自法兰西人民联盟创建以来,都是面对人民大众,面对晚上 6 点钟的地铁的!抵抗联盟的领导人依靠这位老革命者,吸引了以前为共产党和社会党投票的选民。何况,左派戴高乐主义的选民,还根据年代和选举类型，代表了 200 万到 300 万之间的选票[69]。这是推动左派政党的负责人揭示这位进驻法兰西人民联盟宣传部门原代表的理由之一。然而，当共产党领袖马塞尔·塞尔万 1958 年解释说，底层人民都相信戴高乐有能力解决阿尔及利亚冲突[70]时，证明马尔罗这位反殖民主义者离左派民众并不遥远。

左派戴高乐主义者的参照形象

马尔罗虽从未参与过左派戴高乐主义的行动，却成为这个主义真正可参照的形象。然而，他为第五共和国 1967 年国民议会选举分配正式提名候选人时，和另外 8 个人在行动委员会里占有了席位[71]，然而"对一个尚未完善和脆弱的组织来说，领导人还是过多了"。马尔罗 1966 年从严重的抑郁状态中恢复以后，投入了《反回忆录》的写作。他只在有两名候选人的选区为他们做过辩护，在新建的坎佩尔市政厅为埃德蒙·米舍莱做过 6 分钟的发言，对记者发表了两项声明，其中一项关联到他的文化部问题[72]。他还为路易·瓦隆，那位准备让工薪阶层在工作单位受益的修正案作者[73]，去了萨塞尔市的莫里斯-拉瓦尔电影院，做了约 9 分钟的演讲[74]。不过，在 83 名左派戴高乐分子候选人当中，仅从 7 名老板和 60 名管理人员或自由职业者当中数出了 1 名工人和 1 名职员[75]。于是我们更加清楚马尔罗对选举争斗漠不关心的原因了：他对这种类型的斗争毫无兴趣。

部长马尔罗在对多数人来说十分困难的 1967 年国民议会选举前夕，宁愿到佩里戈尔待上 3 天，再次观赏拉斯科洞窟，他打算在准备搁笔的新书里提到这个洞穴。部长在政治方面一直保留着一个明显嗜好：与戴高乐将军在高层对话，他总感觉有东西要向戴高乐汇报。然而总统好像很少给他下达个人的书面指令；在作家马尔罗的文档里，我只发现了总统关于朗格勒教堂彩绘玻璃窗的一条指示："亲爱的朋友，我

马尔罗传：幻梦与真实

强烈推荐您办理此事。这是在上马恩省的教堂啊！致最真诚的友谊。夏尔·戴高乐[76]。"

部长会议上的预言者

马尔罗有时在部长会议上说话的姿态，"就像坐在三脚座凳上的女预言家[77]"；米歇尔·德勃雷在提到马尔罗时说，他的发言从 1945 年开始就混杂着"闪光点和象征晦涩的内容[78]"。第一部有关马尔罗政治生涯的传记认为，马尔罗在爱丽舍宫的 400 来次会议上，都是"一个相对被人忽略的普通人物"。他的老伙伴加斯东·帕莱夫斯基发现"他的话虽不多，却言简意赅，甚至神秘莫测"，而且他只有在赞同将军的论断时，才从保留的状态中走出来[79]。后来，一位记者回忆说，将军倾听马尔罗说话时态度冷静，而农业部长或邮政部长却全都"听得晕晕乎乎，只觉得有白鹳在沉睡的金字塔上空盘旋，或者，看见在泰姬陵阴影里发表预言的小乞丐在他们眼前晃动[80]"。阿兰·佩尔菲特有记载说，马尔罗"在部长会议上几乎不开口"，只在他叙述《蒙娜丽莎》的美国之行那天，才发现他神采飞扬[81]。他欣然指出，马尔罗爱说俏皮话，总统只能依据这些俏皮话来评价自己的这位同伴。从马尔罗强调的"有时必须召唤能人"的说法来看，歌剧院 40 年来第一次将由一位音乐家出来挂帅了[82]。马尔罗 1964 年 9 月 9 日语调深沉地说，法兰西要成为"世界上唯一准予艺术家进入社会保险的国家"，他们从此就可以靠艺术为生了。戴高乐将军听后立即表现得像每次"说法兰西在某件事上是数一数二的国家[83]"一样开心。1964 年 12 月 26 日的法律确实让画家、雕塑家和雕刻家在疾病、生育和死亡保险上都得到了好处；这个狭长的名单证明了财政部的关注使艺术这个传统领域得到了维护[84]。

爱丽舍宫里与国务部长比肩的人物，都明白部长不像第三共和国的国务秘书，那些传统的管理者一样考虑问题，而是把自己当作国家命运的工具进行思考。雅克·希拉克(1995—2007年的法国总统)这样描述他:下巴埋在一只神经质的手里,"像是在打盹的样子,倾听人家说话[85]"。照莫里亚克·舒曼的看法,他能全身心埋头于文件,"钻进他负责的事务细节[86]"。时任军事部长的皮埃尔·梅斯梅尔记得自己与外交部长交谈时,后者曾用被感动的语气说"不必非议前几天在报纸上读到的消息"。这位军事部长也特别喜欢部长作家的写作,那些故事"让人想到史诗般的小说",尽管有某些让人费解、离题万里的地方。他还指出,即使自己这位作家同事能承担军事事务,也"不会去干预公众和部长会议的[87]"。总统府最后一位秘书长这样描写:"人们或许更喜欢马尔罗多多干预,但他往往沉默寡言[88]。"或许正是这个沉默的态度才让莫里斯·顾夫·德·姆维尔说,戴高乐与马尔罗在二重唱中做到了互补。马尔罗在"自己的"将军辞职后变得更为木讷;他在阿兰·波埃(1969年接替戴高乐的代理总统)主持的首次会议上,缄口无言,表情"神经质并若有所思",时任外交部长的米歇尔·德勃雷却言辞激烈,向那位代理总统发飙道:"法兰西在星期天面对世界,经受的是失败[89]。"

乔治·蓬皮杜的谜一般的对手

部长在爱丽舍宫、办公室和在旅行中一样,只愿意做将军的部长。他抱着这种想法,于1962年为修正共和国总统的选举方式做了辩护。在夏尔·戴高乐"通过全民普选成为不露面的当选者"后,部长认为不可能"再有人跌入权贵制度",他认为改革还不够彻底:"任何事情都不可能彻底。只有民众成为世界的主人后,历史才会呈现出其他色彩[90]。"罗兰·马尔罗的儿子阿兰甚至在某个晚上,听到几乎是父亲的这个人,向他吐露了不能告诉总统的隐情:"将军只有一位真正的继承者,那就是我[91]。"然而,无论是戴高乐主义的巨头们还是乔治·蓬皮杜，都从未想过马尔罗会担任这个角色，再说，未来的总统蓬皮杜，还准备在 1965 年毛遂自荐候选人资格呢。戴高乐总统在部长会议上发生的几次记忆空白，都给了马尔罗表达意愿的机会[92]。记录他人生的书籍印刷出版了 300 万册[93]，而他的计划却不得不推延，因为将军也决定自荐为候选人。马尔罗在蓬皮杜离开马提尼翁总理官邸以后，才在 1968年 7 月向这位已经疏远的朋友抛出此言："康塔勒的议员先生，干杯，祝您好运！"先是总理后来是总统重要顾问的皮埃尔·朱耶觉得其实人们应该从未忘记，60 年代法兰西的命运关联着戴高乐、蓬皮杜和马尔罗这个三角定位[94]。

对文化部长来说，不可能在没有戴高乐的情况下保留戴高乐主义；部长在 1969 年 4 月的最后一次公民投票上直言不讳，肯定了这一点。一位左派戴高乐主义者甚至记得，马尔罗曾催促前总理宣布，如果将军离任，自己就不再继任候选人：缄默不语就是在做相反的招认。马尔罗占上风以后，便着手推动了一个摆脱高尚和乌托邦的恰当的戴高乐主义[95]。马尔罗曾疏远戴高乐，主要因为听第五共和国第二任总统说过"您十分清楚戴高乐将军是个爱空想的人"，这句话促使他对贝尔纳·特里科说：大势已去，该落幕了[96]！

没人能否认这位戴高乐伙伴部长的傲骨，证人们追忆他的真实作用时都十分谨慎。部长的一位主要合作者坚决否认他是文化上的糊涂虫，回忆他是在"以工匠的激情处理文件"，"用小孩子的专注[97]"细心工作。然而不能肯定，从一个审计法院的人嘴巴里吐出来的对部长幼稚举动的回忆，是否真的是赞扬。米歇尔·德勃雷也用同样的意思提起过 1945 年秋天，马尔罗一边按键，一边发现部级之间的通话竟有如此魔力！马尔罗这个人"向往法国文化，认为戴高乐将军胜过大部分人，然而他看待将军用的只是自己的方式"，许多戴高乐分子都在利用总统儿子上面的这段话[98]，然而随着时间的推移，最后还是对马尔罗的政治表现有所怀疑。但他们也不得不承认将军对他的慈爱。戴高乐认为，他的部长是位了不起的作家,因为他让自己了解了造型艺术世界。戴高乐曾对米歇尔·德勃雷说,自己的兄弟奥利维耶的绘画工作得到过马尔罗的夸赞:马尔罗跟我说他画得不错[99]!而总统却几乎一贯小心谨慎,在布尔热欣赏考尔德壮美的固定雕刻之作和比希埃、阿尔普、米罗等人的作品时,不过就夸赞了这么两句话:布局完美,形成了激动人心的整体[100]!

　　第四共和国议会的最后一任议长戴高乐,曾在1958年9月4日发言宣布全民公决建立新共和国体制之前,让朋友马尔罗注意"活跃活跃气氛"。这位被委任的部长"以他感人的语调,讲究的仪表[101]"震撼了全场。谁也不会忘记他对共和历政体第二年(1794年)士兵的精彩回忆,那些士兵曾以自由的名义震撼宣布了与共和国和历史的约会,让全欧洲载歌载舞。然而很多听众仍旧感觉不适,因为马尔罗还像在法兰西人民联盟时那样,继续"在驰骋地狱的列车上、意想不到的岔道上,在晦涩的省略、费解的趣闻逸事和略微明了的隐喻里[102]"侃侃而谈。与他交谈的人经常只能捕风捉影,抓住几个令人迷惑的句子,谁也无法控制他闪烁其词的谈话所形成的反响和这位若隐若现的政治头目。

码上解读
·戴高乐的同路人
·传奇色彩的文豪
·文化上的预见者
·缅怀历史先行者

若隐若现的政治领导

安德烈·马尔罗发现了一颗"稳定的行星":自由法兰西的首领。

——亚妮娜·莫叙-拉沃:《政治与文化》

安德烈·马尔罗是 1933 至 1939 年间反法西斯的左派的伟大形象,从 1945 年开始直至去世,始终归顺戴高乐将军,也从未真正离开过政治斗争。他在 50、60 年代和在 30 年代一样,都与安德烈·纪德(作家)的证言一致。他写道:"没有能控制人的政党——我是说掌控我的政党。我依恋的是真理;政党如果离开了真理,我会离开这个政党[103]。"然而,部长可能一直铭记着自己作品里两个人物西班牙人阿勒瓦尔和意大利人斯卡利的对话,这两个人都是艺术史教授。阿勒瓦尔对斯卡利说话时称:"人只有被自身限制的那一部分投入了行动;越是以为行动完整,参与的部分越是微小。您知道做人难吧,斯卡利先生,比政客们以为的要难。您作为马萨卡西欧,还有皮埃罗·戴拉·弗朗西斯卡的代言人,怎么能忍受这个世界[104]?"

马尔罗在政治生活中缓慢前行,跨越了难以忍受的阶段,然而他对戴高乐主义的忠实固定了自己的角色。他在成为临时政府总统的技术顾问以后,只担当了几个星期的部长。他 1945 年 12 月 29 日向议会宣布自己在政府里不可或缺,"法兰西文化不再专属那些有幸的巴黎人和富人"时,已经在筹谋 60 年代的雄心大志[105]。可是他从 1946 年就清醒地认为,法兰西已经不再是与己无关的游戏里的小卒子,而是一个在行动的伟大国家[106]。1970 年,他向夏尔·戴高乐提出了自己难以启齿的想法:"我们若能为欧洲重整旗鼓付出最后行动,至少不会让法兰西在阴沟里断气[107]。"马尔罗与戴高乐的共同战斗经历过两个阶段:一个是在穿越荒漠时期,马尔罗脱离了戴高乐主义的反对派(他 1955 年以后回忆戴高乐主义历史时,没有再提起这段经历);另一个是在戴高乐主义掌权时期,将军的这位天才好友只是在担心自身健康和恢复文学创作时才离开了他。

法兰西人民联盟的领头宣传员

马尔罗 1946 年没有在戴高乐联盟里追随勒内·卡皮唐,尽管一周内就有 15 万人涌入这个组织。他为人民共和运动的态度感到遗憾,因为那里的乔治·比多把他当"惯犯[108]"似的逮捕了他。作家马尔罗 1947 年 2 月正在校正《艺术心理学》第一卷的感想,但还是接受担当了法兰西人民联盟(即戴高乐联盟)的首席宣传员。而加斯东·帕莱斯夫基只满足于唠叨,"总是和蔼可亲,却很少有用[109]"。将军在斯特拉斯堡发出启动法兰西人民联盟的号召之前,后来人们在市政府的楼厅看到待在夏尔·戴高乐身旁的作家马尔罗和雅克·博梅尔、保尔·贾科比、雅克·苏戴尔,马尔罗曾于 1947 年 4 月 7 日在西南部和阿尔萨斯细心做过调研。他毫不犹豫且冷酷地说,在阿尔萨斯被动员起来的 4000 人"在进行政治行动的无能上,几乎无可替代[110]"。马尔罗在布洛涅维克多-雨果大道宽敞的公寓里,完成了启动法兰西人民联盟进展的计划。他在斯特拉斯堡的讲演使他成为政治首领后,却用超现实主义的先锋派绘画、浅浮雕和受希腊艺术影响的印度艺术派小雕像进行了奢侈豪华的装饰,这个做法惊动了将军,但将军还是接受了马尔罗是政治首领的事实[111]。在马尔罗看来,戴高乐派的支持者犹如"人群涌出地铁口时行进中的城市"。他乐意相信,在人民联盟和共产党之间没有什么隔阂,尤其不存在第三势力;他希望就此组成"坚固且名副其实的左派联盟"。

　　马尔罗1947年5月13日写下这个观点,15日向弗朗索瓦·莫里亚克加以重申,可是由于将军刚刚在波尔多的发言给了莫里亚克一个"法西斯氛围"的印象,莫里亚克宁可跑去欣赏蜿蜒流淌的加龙河,这让同僚马尔罗十分气愤,驳斥道:"难道这件事情和风景有关吗[112]?"

　　这位从事宣传工作的代表,扩展了图片制作和革命主题。从弗朗索瓦·吕德的马赛曲(展现女性形象的)雕塑来看,充满激情的共和国往往体现在了战斗素材上[113]。罗丹绘制的共和国的宣传画也被用在了宣传上。在马尔罗看来,那张宣传画在法兰西的命运里,高喊出了自己的希望:"撕破宣传画是徒劳无益的,没有比挂着伤痕更加美丽的面孔了[114]。"即使规定宣传画要贴得高,避免被摘除,马尔罗依旧确信自己的宣传"没有要手段搞诡计"。他坚信,即便想把宣传画上的字句涂抹干净,"戴高乐主义仍旧是充满能量的流派"。他放弃了中产阶级特别依赖戴高乐将军、"分析形势要依据马克思主义"的思想,认为被嘲笑的社会党人和人民共和运动里"最不服从教会"的人,"都是真正属于抵抗运动的人"。尽管马尔罗说大老板都憎恨人民共和运动,首先炫耀自己是坚定的反共人士,但还是在1947年9月22日宣称"在没有共产党的国家,不可能再有民主[115]"。然而一个月以后,他却担心造反会引起骚乱并对法兰西人民联盟的领导人进行个体清算,于是把孩子和玛德莱娜·马尔罗都安置在了安全的地方,这个举动让米歇尔·德勃雷感到吃惊。马尔罗那时正在描写法共的战斗计划,包括在首都实施焚烧,制造火车出轨和谋杀事件。《十字街头》报也正在做一项调查:"如果红军占据法兰西,你会做什么?"[116] 马尔罗当时是少有的希望不要以骨灰盒夺取政权的那些人的同伙人;不久后他认定,法兰西人民联盟正在考虑用暴力取得政权进行暴乱[117]。然而照布里吉特·弗里昂的看法[118],那只是马尔罗的内心幻觉,是令他躁动不安的虚构事件。或许是因为弗里昂觉察到,英国外交官奥利维尔·哈维 1947 年 10 月 2 日严厉指出了马尔罗的躁动迹象:"戴高乐将军的所有顾问,或者几乎所有的顾问,都是马尔罗和帕莱夫斯基类型的人物,都是不负责任的冒险家,聪明有时却很愚蠢"——狡狯又不正常[119]!加拿大的事务专员与马尔罗共进午餐时没有抱恶意偏见,却也感到不安,"这是一个如此不负责任又与戴高乐亲近的顾问,而他在年轻的戴高乐主义分子身边的威望却在与日俱增[120]"。

真理与政治宣传

戴高乐将军曾对共产党人,那些分离主义者大发雷霆,因为他们"听命于由斯拉夫强大势力的主人领导的、占统治地位的外国举动[121]";然而他在 1947 年末又认为法兰西人民联盟能成功取胜,还给儿子写信开玩笑说,那些分离主义分子只是无望聒噪的青蛙。11 月份,他重申"联盟内部的所有调解要通过总统才能得以保障[122]"。戴高乐当时正处在相当高的地位上考虑个人意愿,却被几个亲信发布的宣言激怒,写信给苏戴尔说:"我所思,所为,所设计,都是我的事。说或者不说都在我个人[123]。"尽管戴高乐拒绝部长操心自己出行的事,排斥人民联盟安排的礼仪,因为这个联盟"只在遇事发生混乱要从侧面加以防卫时,才懂得这些礼节[124]",然而,他在人民联盟的市级选举获胜后,还是让马尔罗注意提供随后的新闻发布会可能对自己提出的问题。将军在 1948 年 3 月 5 日,赞赏了马尔罗在普莱耶尔大厅面对知识分子的发言[125],那些人几乎都是思想界的自由人士,马尔罗称:"我们首要表明的道德准则,不是无意识而是有意识的;不是放弃而是意志;不是满脑的填塞物而是真理。"这位演说家所下的定义,像是在匆匆说教,努力阐明一种最为直接又奥秘的威胁,这是心理技术上的愚蠢威胁,是自加林(马尔罗《征服者》中的人物,苏联人,在中国广东负责革命宣传)之后有进展的宣传。

马尔罗在与第四共和国和多党政体对立的情况下,圆满完成了尽可能排斥诅咒的使命。然而,即便法兰西人民联盟 1948 年的《年鉴》揭发出"分离主义者是捆绑在他们的外国主子那里的人",我们也可以确定法兰西人民联盟"并不是保守分子、经济和政治的富有人士的集合体[126]"。马尔罗 1948 年 4 月在马赛导演了法兰西人民联盟的首届会议,马赛是 1947 年 10 月人民联盟赢得市级胜利的 13 个大城市之一。16 日是个星期五,一条彩色拱顶延伸在夏诺公园的梧桐树之间,欢迎将军前来向同伴们致意[127]。18 日星期日那天,夏尔·戴高乐在麻田街主干道旧码头,用绳索固定的浮码头上,揭露了布拉格二月事件(1948 年)以及自己 1940 年的熟人、流放伦敦的外交部长让·马萨克自杀几周后的冷战危害。这位人民联盟主席希望借助爆发第三势力让议会解散[128],马尔罗却让人们注意,发生在民主政体而不是专制政体内的丑闻并不新鲜,因为专制政体在以家族形式指导和支配着民主政体。这位宣传代表惋叹受到死亡威胁的一些大国的没落,这些国家却讳疾忌医,拒绝治疗[129]。

那时正值伊冯娜·戴高乐发现丈夫不该每时每刻都敲打资产阶级的时候。她担心马尔罗对丈夫有影响[130]:"马尔罗是有天赋,但是个狂热分子。他是为书而生的,不该从政。"她或许在 1948 年 3 月 18 日安德烈和玛德莱娜·马尔罗在利克威尔的婚庆典礼以后,才在精神上感到安全[131],尤其是因为举行结婚仪式以后,还在斯特拉斯堡教堂的地下室做了弥撒,那是教父博克尔为阿尔萨斯-洛林旅以及马尔罗的朋友们举行宗教礼仪的地方。伊冯娜赞成这个私人的附带仪式,因为她"像喜欢一位不幸(法语'不幸'这个词与'马尔罗'这个姓谐音)的兄弟一样[132]"喜欢安德烈。然而这个仪式并没有解除马尔罗的政敌和敌对知识分子的武装。马尔罗揭发这些人的目的是毁誉对手,实施精神打击,使之成为不耻之徒[133]。

共产党人的仇恨

居伊·贝斯(哲学家、政治家)1948年5月在《共产党人手册》里,控诉马尔罗有"招徕纳粹党卫军"的行为!在7月份出版的《当代》上,把他、阿蒂尔·库斯勒和蒂埃里·莫尼耶(这两人都为小说家、记者、评论家)都列入了"退位知识分子"中的"丧志同盟",他们有过信仰和经验,至少是懂得马克思主义的,但他们重新归队时,却没有试过不顾一切为全人类踏上人道主义之路。戴高乐派的这位领导人还要求加斯东·伽利玛停止出版萨特主导的杂志[134]。但是萨特的关系网却想把这位哲学家当作"思想大师",强加于非殖民化和戴高乐共和国的几代人身上。雷蒙·阿隆作为旁观者,在自己的《回忆录》里评价了这个冲突:"马尔罗凭他对历史的直觉,比萨特更快更好地明白了革命思想再也不会体现在遥远的鞑靼民族。肯定是有异常精神盲目症的人,才会加入斯大林的苏维埃联盟[135]。"马尔罗成为政治人物以后,并没有停止作为艺术作家在当时的任何知识分子思潮如马克思主义、精神分析或者存在主义面前让步。在阿尔及利亚取得和平两年以后,军队重新服从平民政权的时候,我们才读到萨特的招认:"我长期以来把笔当利剑:现在我才认识到我们的软弱无力。没关系:我写书,再写书……那些书是摇摇欲坠的陈旧建筑,是我的蒙骗手段,也是我的个性[136]。"安德烈·马尔罗的选择则是介入行动,即使过了70岁,还打算为自由孟加拉赴汤蹈火。

马尔罗在第三股势力注重分离戴高乐主义势力和共产党期间,认定在共产党和法兰西人民联盟之间不存在什么势力。他愤怒对抗斯大林派共产党的操纵。克洛德·莫利亚克当时记载,马尔罗"如此坚强有力,比如,加入一个政党之后,众党派做出对我们来说是重要评价,认为这是反动行为时,他却能够胆大冒昧,不让关于自己的传说得逞[137]"。

马尔罗传:幻梦与真实

苏维埃人了解马尔罗，用"夸张虚假的英雄主义"揭发了他的法西斯军国主义，认为这个主义会和"萨特衰败的分裂哲学[138]"一样，威胁到法兰西的精神生活。人民联盟宣称要为"劳动者从工薪阶层过渡到有合作者尊严的共和国[139]"而战，而马尔罗却对自己的阵营不够温和，他私下评价，人民联盟中50%进入议员席位的候选人，都是可怜的家伙[140]。人民联盟成员1949年3月在区候选人中的缩减，令马尔罗欣慰[141]："对我们来说，这是该严肃处理的事情！"马尔罗那时说话简明扼要，表达了简单易解的思想，他认定人民联盟成员的"法西斯主义远不及马克思主义的社会党人，那些忠诚的人民共和运动成员（1944—1967年的基督教政党）和法国的某些家伙[142]"。显然，即便马尔罗把听他讲演的广大听众都比作没有欲望参加十字军东征的新骑士，他们还是听懂了这位特别演讲人简单易懂的语句[143]。

丢掉幻想的忠实斗士

马尔罗作为法兰西人民联盟的合作创建者[144]，排在夏尔·戴高乐之后的官方条款签署人，从1948年1月到1949年6月[145]，强迫自己在人民联盟的执行委员会露面。然而当这个13人组成的决策机构演变成包罗议会成员的领导委员会之后，他几乎总是缺席，以至于将军于1949年12月10日给他写信说："我们需要您的声音和您的出席。"这个时期，托洛茨基对马尔罗"从机体上就没有精神独立的能力[146]"的过往评价，在马尔罗的敌手看来，掩盖了某些事实。有人曾向马尔罗提出过一个怪异的问题（模仿马尔罗的语气）：我的将军，您是不是把我们带到卢比孔河边钓鱼来了[147]？作家马尔罗后来评论说："这个问题是捏造的，却真的很精彩。我不和将军用这种语气说话。但这是他们听觉上的反应，符合我的声调[148]。"不知是哪一天，安德烈·马尔罗曾用惯常苛刻的笔调写道："只要有什么重大事件发生，我就会从戴高乐主义那里有所期待[149]。"然而，1949 年，人们却从马尔罗那里获悉了一个血淋淋的臆想："戴高乐的历史命运结束了。现在要最终解决他，必须有个大杀手，一个拉瓦莱克（1610 年谋杀国王亨利四世的弑君者）。"樊尚·奥里奥尔（第四共和国 1947—1954 年的总统）注意到马尔罗在饭桌上的这番话[150]，坦言道，这种奉献历史的方式只会出现在马尔罗的脑海里！这位第四共和国的首任总统清楚地看到，马尔罗常以艺术家的身份讲话。但是当这位派往人民联盟宣传部门的人说，法兰西希望"得到的是一位让人看着不发笑的首领[151]"时，总统并不在意自己受到了这等粗鲁的辱骂。法兰西人民联盟逐步失败以后，便从 1949 年春季开始，撤退到卡普西纳大道索尔费利诺街大楼的最高层办公室；布里吉特·弗里昂、贝尔纳·安东尼奥兹和乔治·卢贝由于领不到工资，都离开了负责宣传的国家秘书处[152]。即便马尔罗当时看到法国人的冷漠有助于让戴高乐主义衰败的对立派，却没有最终丧失统帅重返的信心。马尔罗在联合竞选系统促进法兰西人民联盟失败以后曾说："戴高乐将军重返政权必将被写进历史。其余的事情全都没有意义[153]。"

尽管有人在 1949 年示意马尔罗即将离职，他还是在未征得当事人同意的情况下，在区级候选人当中驱除了一名议员候选人[154]。他在印度支那战役期间，看到有人非法倒卖皮阿斯特钱币的时候，表现出自己的洞察力，说道："腐败者没有腐蚀者严重，腐蚀者却不如腐败形成的因果严重[155]。"他的这个思想符合将军的悲观论调，将军在 1949 年认为战争临近，于是宣布："战争会让一切变得很糟，只是因为人类没有什么解决办法了[156]。"将军的话对马尔罗的言论产生了影响，因为马尔罗谴责了"历史上出现最严重威胁时只看到个人问题[157]"的国家。照安德烈·阿斯图的看法[158]，马尔罗在过激政客的包围中，曾求助精神上的补偿。这位派往宣传机构的代表，在人民联盟的报刊上写过很多文章，尽管他在 1950 年以后，提供出来的只是与艺术相关的"文件"。而马尔罗却认为，自己的文章保留着政治性；从他引入第一个世界雕塑品的想象博物馆的展品起,就无畏惧地确认"我若言之有理,是因马克思主义深入了我心[159]"。

从这位忠臣 1950 年 2 月 21 日至 5 月 24 日、1951 年 3 月 7 日至 5 月 8 日这两个时段的表现来看,他是重新回到了自己主子的右侧。然而,可能在第一种情况下,是为了给自己的杂志《自由思想》获得必要的声誉;在第二种情况下,是因为 1951 年的国民议会选举临近,这是使人民联盟获胜的最后希望。让·夏洛(画家、政治人物)对马尔罗的态度做了精彩分析:"对他来说,参与行动完全是个人行为,当然也是他的长期行为——但是绝不要更多寄希望于他的行为能维持时效。他在场或不在场,都不必非难他,也不用遗憾[160]。"同样的反响在第五共和国时期,还混杂着大家对部长健康的担心,有时由于听不到他柔弱嗓音的回应,形成了他不在场的假象。然而照乔治·蓬皮杜的看法[161],即使马尔罗认为历史上最沉重的威胁都堆积在了眼前,仍旧"毫发无损"他的活力。他可能正在想念亲爱的劳伦斯·达拉比,幻想着年轻的戴高乐分子会潜入突尼斯[162],去恢复阿拉伯的政治传统呢!

作家在哀叹一些古怪人种消失两个月后[163],没心情在 1952 年 3 月跑去告知选民,不要给圣-沙蒙的皮革商投票,而是来到科尔贝大厅,主持人民联盟的国会议员会议,嘱咐议员们不要正式提名皮奈为议长。尽管有 85 位选民听从了他的意见没有给皮奈投票,但仍旧有 27 位选民在巴黎议员埃杜瓦尔·弗雷德里克-杜邦的带领下,投了皮奈的赞成票,使人民联盟的分裂具体化,在樊尚·奥里奥尔眼里,这是个"重大事件"[164]。马尔罗在接下来的 7 月份,直接攻击被嘲弄的议员们:"议会的反对派们,你们的伎俩——因为我说的是我们的对手——主要是竞争。我觉得听到了维希政府昨天曾鼓吹过的这种手段[165]。"他在这里隐约提醒,曾经是法兰西国家议会成员的那个安托瓦·皮奈,也避免不了国会议员团体的分裂和将军的离退。1954 年,印度支那的和平缔造者皮埃尔·孟戴斯-弗朗斯(1954—1955 年的法国总理兼政治家、抵抗运动活动家)的想法吸引了马尔罗,马尔罗写道:孟戴斯也许会在戴高乐没有坚持到底的事情上取胜,为什么? 因为孟戴斯是一位政治家,现在正是机遇。戴高乐主义已成为过去。孟戴斯可以不担太大风险地玩一把。他绝对是一个坚定的人,没有理由说他没有机会[166]。马尔罗明白,克里斯蒂安·福歇可以作为真正的戴高乐分子成为部长,可他还是极力反对议会制,嘲笑这个衰落的体制,而他对科隆贝镇上的那位隐居者(指戴高乐)的忠诚却并没有减退。

始终参与行动的知识分子

"怎样才能拯救民主?"孟戴斯主义的核心刊物《快报》1955 年 2 月 19 日在这个标题下,发表了一篇与作家马尔罗的谈话。作家谈到新左派、自由左派与马克思主义和共产主义左派的对立,完全映照了莫利亚克的理念[167],后者从 1953 年 11 月起,就成了《快报》反殖民主义的重要社论作家。那些对立派的思想状态启迪了一个新左派运动[168],并激发了这份周刊年轻领导人让-雅克·赛尔万-施赖伯和弗朗索瓦丝·吉鲁的热情。吉鲁担心靠近马尔罗的人会发现他令人失望的表现,于是揭示了他让人惊异的一面,她写道:"我们面对他时,感觉自己也很高大,有贵族气派,还很聪明! 我喜欢他的为人、他的书、他的疯狂和进入历史熊熊烈焰的这种方式。啊,那可不是一个坐得住的读书人! 面对他,我们感到头昏目眩,晕头转向,被带上他一直在那里兜圈子的巅峰,他的言语在引你攀升。与他接触令人惬意。我们庆幸能就这样摆脱自我[169]。"

1956 年的共和阵线指出了政体的无能,因为它真正陷入了阿尔及利亚战争,让军人们不惜任何代价注意维持好秩序。莫利亚克 1957 年 1 月 5 日保护了马尔罗,马尔罗因为《思想》这部作品,放弃了职责[170]! 莫利亚克不相信自己的这位孤独、自主、迷惑人的处在青春期状态中的

同僚会一直是具有共产主义正统观念的人,他写道:

> 尽管一个人具备天才,才华横溢,他也不能在不属于自己时,给你他不再拥有的东西。马尔罗就算毙命西班牙,他还可能是马克思主义信仰之外的某项事业的烈士。他在前往反德国纳粹前线参加战斗以前,也会给你做出榜样。可他返回以后的行动就不像他自己了。在他做过的事和他的为人之间,今后只剩下无所填补的距离,除了他的作品;你只有去读他的作品了。
>
> 写《人的境遇》的这个人,只是为了适应自己的利益[171]。

《快报》在 1958 年 4 月 17 日,郑重发表祝词给共和国总统,因为总统揭露了在阿尔及利亚使用的酷刑。马尔罗的女儿弗洛朗丝把这篇文章带给父亲看,马尔罗立即毫不犹豫草签了该文[172]。经弗朗索瓦·莫利亚克、罗热·马尔丹·迪加尔和让-保罗·萨特联合签署的这份祝词,重新发表在了《人道报》和《世界报》上:当时的安德烈·马尔罗是以传统知识分子的姿态参与政治行动的。这就是为什么人们会感到惊讶,西蒙娜·德·波伏娃在 14 年后还会谴责他特别不老实,因为在《反回忆录》的结尾部分"他长时间在思考酷刑、集中营这些人类卑鄙的技术[173]"。波伏娃在 1958 年 6 月 2 日的《日记》上,确实有以下记载:"知识分子可以赞同一个政体;但除非是在缺乏干部的不发达国家,他绝不应该像马尔罗那样,去接受一个技术职务。即使他依赖政府,也应该保留有争议的、批评的立场,换言之,去思索而不是去执行[174]。"然而,尽管政治对马尔罗而言从来都不是全部,然而直接参与行动也从未令他畏惧过;他从西班牙到阿尔萨斯坚持介入行动,到第五共和国(1958 年 9 月 25 日成立至今,戴高乐为首任总统)时期仍旧继续这么做。

这位艺术作家不属于筹划 1958 年 5 月行动的同谋。他当时确信威尼斯不会有什么事情发生,便去那里参加了关于威尼斯文明的一个学术研讨会。他还应奇尼文化基金会之邀,于 5 月 17 日星期六做了题为《伟大的威尼斯人之谜》的讲座[175]。夏尔·戴高乐在 5 月 19 日前两天广播了一项声明,两天后,他在奥赛宫举行新闻发布会,把自己推进了回归政权的局面,他没有想到自己在 67 岁还能从事独裁职业!马尔罗经过 3 年时间,重点投入了《众神的变异》的创作之后,心满意足,结束了自己至爱的研究;他的准儿子说他“差点儿没唱起歌来[176]”。弗朗索瓦·莫利亚克注意到了自己这个既搞文学又是戴高乐主义者的同行,随后写道,马尔罗和夏多布里昂以及后来的巴雷斯都认为“文学永远做不到最佳”;然而他又写道,莫里斯·巴雷斯在众议院“只有微薄的收入[177]”,而安德烈·马尔罗,多亏夏尔·戴高乐的恩典,才切实进入了权力圈子,他要在这里维持将近 11 年之久。

被新闻界推入陷阱的部长

戴高乐主义政治的重生,让马尔罗在 1958 年 6 月 1 日成为国务秘书;6 月 9 日,成为派往议会议长身边的一位负责新闻事务的部长——他的这个职位在 7 月 8 日,因为天才用词和言论自由被剥夺,引发了部长的更换。7 月 2 日在与外国新闻界共进午餐的时候,他掉进了一个问题的陷阱:“您若是一位年轻的穆斯林,您会成为阿尔及利亚民族解放阵线的支持者吗?”他回答道:“我要是年轻的穆斯林,我会和反法国殖民当局的阿尔及利亚起义部队(费拉加)一起战斗,然而庆幸的是,我现在转向了那个与酷刑斗争的人,开始为那个捍卫勇气的人服务了[178]。”从那时起,虽然米歇尔·克莱尔(作家、记者)7 月 4 日在《法兰西天主教》报上介绍,马尔罗是戴高乐将军的忠臣和紧急事务部长[179],但是议会议长周围的人还是希望他离职。马提尼翁总理府明知新闻界,尤其是阿尔及利亚的新闻界,只是抓住了他回答问题时开头的几句话做文章,却也变得急于要摆脱这位难以控制的作家。人们还预料,他永远不会接受秩序进入媒体,不会接受在法兰西广播电视里清除"自己的坏习惯和叛逆素质[180]"。将军办公室为了平息那些牢记马尔罗反酷刑号召的极端分子的情绪,不到一个星期,就安排雅克·苏戴尔替换了马尔罗。这位人种学家归顺自由法国运动后,成为法兰西人民联盟的秘书长,后来担任了阿尔及利亚的总督。内阁长官皮埃尔·勒弗朗和乔治·蓬皮杜决定给安德烈找些不受拘束的事情做做[181]。马尔罗离任之前,曾任命阿尔贝·奥利维耶[182]负责领导编排电视节目;由奥利维耶指导编排的节目,可以见证让部长欣慰的自由主义和埃利亚学派哲学。部长热心支持悲剧的播放,对电视播放埃斯库罗斯的《古代波斯人》备感兴奋,1961年10月31日的电视用70分钟对这部作品进行了专题播放。这部作品从公元前472年创作以来,对当时的萨拉米斯战役和希腊城市取得海战胜利都产生过影响,然而却从未拥有过这么多观众[183]。

夏尔·戴高乐在1958年7月和在人民联盟生存期间一样,对现实做出的都是有益的判决,让自己的朋友近三个星期没有受到委任,尽管戴高乐办公室主任吹嘘是自己没用上一个小时,找到这个主意,不费吹灰之力,把它出卖给了他钦佩的这个人的。巴黎高等师范的毕业生乔治·蓬皮杜,因为很清楚戴高乐主义从这位伟大作家那里有所期待,从1955年起就强调了这位作家的优点:"聪慧敏锐,具备无人可比的文学和艺术文化修养,话语天赋明显,钟情荣誉、行动和同志情谊[184]。"勒弗朗和蓬皮杜利用马尔罗喜欢谈及自己与《费加罗报》头头共进午餐的岁月,忽略不提自己有委身伟大王权部门的愿望,在取得他本人和将军的同意后,在7月26日的《官方公报》上发布了一个决定,马尔罗可以根据这项决定,"通过个人委派或者议会议长的直接委派,负责实现各项计划,尤其是传播和发扬光大法兰西文化方面的计划"。

代言部长

　　总统在六个月以后,为了把自己的伙伴提携进国务部长的行列,除了让马尔罗担当与发扬法兰西思想相关的职责外,还为他保留了代言部,这是在第二帝国时期,拥有代言人这个称号的人运作的机构。将军给马尔罗和所有部长同事的感觉是,生活在历史而不是日常事务中。尽管依照雷蒙·阿隆的说法,这是个迷惑人的感觉,总统依旧承认,60年代的法兰西与所处的时代相连,不再见得有欧洲病夫的表现,他向国外揭示了法兰西被忙得团团转的各部和殖民战争掩盖下所取得的成绩:"这是法兰西历史上一个可敬仰的阶段,这个阶段通过语言的魔力和新闻发布会,成为全球的历史时刻[185]。"对马尔罗来说,新闻部的交椅虽然丢掉了,取得的成绩却积累了足够证明他参与行动的事实,不过他还留有一个破灭了的梦想:是否可能为他建立一个发扬法兰西影响的部门,以执行奥赛码头外交部的某些使命[186]。然而米歇尔·德勃雷却向我透露,他们从未想过把外交部文化关系总部机构的管理权交给马尔罗和他的团队[187]。

　　参议院议长1962年曾指责国家总统渎职,因为总统选举过程要通过全民公决的途径发生改变。夏尔·戴高乐此时再次表示了对自己天才朋友的信任,接受马尔罗掌控第五共和国联合会主席的职位。但是就在创立公民公决普选总统的前三天,乔治·蓬皮杜却取消了这个有争议的选举机制。德勃雷总理的这位继任人不喜欢马尔罗式的夸夸其谈;他期待能确立自己成为多数派的唯一首领,从1965年总统选举开始,对自己能成为未来前景里的将军继任人产生了希望。当马尔罗1962年12月7日在部长会议上提出,有权对限制自己的资金性质提出建议时,蓬皮杜总理话锋尖锐:怎么处理"一位整个上午都不在办公室的部长"?尽管戴高乐跑去拯救了马尔罗,让瓦雷里·吉斯卡尔·德斯坦(财政部长)去确认,每位部长有多大可能在内部调整自己的财政预算,阿兰·贝莱菲特仍旧注意到:"蓬皮杜整整两个月都没敢冒险轻轻中伤一下将军的那位崇拜对象,也许将军还没有原谅自己呢[188]。"

　　一位对戴高乐主义的惯例有恰当认识的观察家1963年春季撰文,提到了靠言语治理却沉寂的共和国的这位文化和言语部长的情况:"他再也不是那个才华横溢、魅力四射、令人不安、能打动人心的戴高乐主义的令人生畏的孩子;他已经是一位大叔,人们宽容地容忍了他玩笑般的一时冲动,因为在周围人的眼里,他给家族还是带来了荣誉[189]。"马尔罗保留了作家的素质,加埃唐·皮康定义他的素质是"掩藏在创意想象、幻觉力量和风格所限制的自知之明和广博才智的形式下面的[190]"。正是由于这种风格,一位拥有大学教师头衔的共产党议员对马尔罗抛出这样的说法:"您罕见的行动与您匮乏的资金相称。法兰西没有文化部长,因为政府没有抽出用于文化政策的经费,而是乐于选择一个最能干的人去管理匮乏的资金[191]。"一位法共社论作家1967年10月7日夸大其词,从负面说到这位优秀管理者的奇特专利:"在目前的政治范畴里,有法令、选举、罢工、兼并银行等方面的事情可做,文化部长却在宴会上,坐在摆着花瓶的荣誉餐桌边上,难道有更为重大的意义吗[192]?"

文化行动的土壤

　　夏尔·戴高乐在1966年1月21日给总理写过一封信,意在强调自己这位文化部长的重要性:"我感觉有必要让承担文化事务的国务部长,在国内还是国外的所有事务中都有发言权,对文化的重大意义提出质疑。因此我想下一次与您本人,还有马尔罗先生,以及相关的部长们一起检查可能采取的决定,以便国务部长能在未来与文化行动紧密相关的不同领域取得预期效果。尤其是在广播和电视领域,至少要保留那些有理由保留的节目,比如,丰富大众知识和口味的节目,与外国进行艺术交流的节目;最后还要有标志我们这个时代风格的,能提供我们这个时代见证的,建筑和城市化方面的节目。"然而这些指令在某年的年初下达时,部长的身体状况已经到了有利于乔治·蓬皮杜不按总统意愿真正执行下去的地步[193]。于是将军在1967年6月重新发起攻势:

> 马尔罗先生涉及文化政策的愿望和计划已经得以论证,国家部门的可支配资金最终应重新评估。确实,适合我们政体的,为各个领域更清楚地带来法兰西文化的时代已经到来。我提请您注意:从明年的财政预算开始,必须给这个部级部门周密安排国家资金,以强化其行政机构,完成计划目标[194]。

尽管米歇尔·德勃雷的权力控制的1966年1月至1968年5月期间的财政经费,没有改变各办公室的怀疑态度,但是马尔罗各年度的贷款对照表还是可观的[195];我们已经强调过马尔罗在行动和言辞上的才能。然而人们却在建筑方面,谴责他任人毁掉了吉玛尔或勒·柯布西耶的作品,修建了蒙巴纳斯大厦,如果不是挖掘卢浮宫外围的沟壑和修复特里亚农宫,便很少有归功于他的痕迹留下了。马尔罗赋予这两处工程的意义在于,想在建筑上铭刻下有所作为的戴高乐政权时代。

有意义的天才行动

马尔罗在提到卢浮宫时,曾骄傲地向议员们吐露:"我们这些可怜的拥护共和政体的人,重新整修了帝王的宫殿,这是君主政体不可能做到的。"他在提到特里亚农宫时,俏皮地说:"角落里的那些百合花之漂亮,简直可以和蜗牛媲美啦[196]。"他知道自己的团队在负责修复3120平方米的地板时,特别想忘记安德烈·里博确定过的说法:"这是在马尔罗总监的专制下,挥洒巨额钱财的疯狂奢侈之举[197]。"他并不期望审计法院的关注,因为它的关注会严格监视工程进展和缺乏竞争性招标[198]。他抓住的是 1966 年 4 月 28 日将军说过的这句话:"这很壮观!"这也许正是他几周以来的一张王牌,而这期间他其实应该做的是,从 5 月 2 日起连续待在位于马利的狩猎小屋,开始真正治疗两个儿子故去后渐渐深陷的抑郁症[199]。然而他的健康状况,从来没有让他从深入其中的自由主义回头。亨利·贝尔纳这位设计师从来不是与部长同类型的人,因而没有承担什么恶果[200]。部长没有批准阿尔贝在朱西厄建造大厦,也没有让他喜欢的建筑师让·福热隆在精神病院的旧址上为文化部建造纺锤形大厦[201]。事实上,并不是马尔罗的自由主义,而是他的对手和僵化的戴高乐主义倡导人让他的重要计划泡了汤,比如勒·柯布西耶计划建造的奥赛火车站和在拉德芳斯建造 20 世纪博物馆。

批评家皮埃尔·卡巴纳除了披露"马尔罗挖掘了沟壑",还提出了这位部长的自由主义和他迷恋这七大著名建筑工程的证明:凡尔赛宫和特里亚农宫,残废军人院和万塞纳宫,枫丹白露宫,香波堡和兰斯大教堂。1962 年至 1966 年和 1968 年至 1970 年间的立法和法案由于得到几位总理的鼎力支持,重新激活了遗产政策,这项政策从 19 世纪的梅里美和维奥莱·勒迪克之后,就没有经历过如此的动荡。马尔罗也好歹待在代言部长的位子上,用"模棱两可又恰如其分的亮点"装点了自己的言论,"这些言论造成的距离无法将他归入哪个等级,也解除了潜在对手的武装[202]"。部长作为十多年的政体代言人,终于成为国家总统的享有特权的对话者。弗朗索瓦·莫利亚克注意到那两个不大可能合为一体的人,不无嫉妒和困惑地写道[203]:"让马尔罗就像现在这样,讨戴高乐的欢心吧,这是他在这位伟人身旁生存的标志;他和每一位天才一样,都有略微疯癫的一面。"将军可能曾在某一天任马尔罗表现疯癫后,用少有的幽默语气,在部长会议上,强调了马尔罗提到新近独立的热情的非洲国家民众的讲话时那么狂热奔放:就像马尔罗本人正骑在摩托车上飞驰[204]!

无可比拟的演说家

> 那是一个先知先觉的伟大声音(……),是占星术家、诗人、宗教首领的声音。
>
> ——克洛德·莫利亚克:
>
> 《1944—1954 年的日记:另一个戴高乐》

马尔罗全身心投入反法西斯斗争,彰显了法兰西伟大传统上的精彩演说家的风采:"他的好斗精神令人振奋,回忆痛苦和希望的时候令人感动,语句轮番被切断或抑扬顿挫时,会意外出现迷人的神情[205]。"马尔罗在最为接近共产主义思想的著作《蔑视的时代》的前言里[206],确定:"做人不易,但不要让他们成为人时,只加深共性而不培养他们的异性——共性是花费足够的力量养育出来的,异性至少使人是人,因此他能超越自我,有创意,能发明,能构想[207]。"作家选择忠实于夏尔·戴高乐是从 1945 年开始的。他在普莱耶尔大厅的演讲台上大声断言:"我们绝不在这里背弃西班牙,总有一天那里会有保卫托洛茨基的斯大林分子登场[208]!"他 1945 至 1975 年的听众,有时还很想回忆一下他的朋友荷兰作家艾迪·德·佩龙对他的发言写下的感言:坚持突飞猛进,言语节奏紧凑,表情晦暗或激昂,随着探讨政治问题的深入,杂乱无章昭然若揭——矛盾的思想和行为,暂时的妥协,像是既无驾驶盘又无刹车,却伴装在用手刹的汽车,毫无安全感,这让我再一次思考,他是否在逃避什么以便投入混战;但他逃避的东西并不在社会上,而在自身[209]。

选举活动中的伟大演说家

部长在 1958 年建立的戴高乐政体里深化了共性;他在将军离职前的所有选举活动里,从来不是代表个人的候选人[210],而是一位伟大的演说家。1958 年 6 月 24 日,政府的这位代言人没有抛弃"5 月 28 日从民族广场游行到共和国广场"的法国人,那些自称亲善"俄国"的人除外。他认为,那些为自由解放而自豪的老年民众,会听到他高喊的声音:"我们不是你们的敌人!"他在 7 月 14 日提到了法西斯主义问题,确定自己返回戴高乐政权后,是后退了而不是取胜了。他贬低不幸的政体、悲哀的制度,认为不能容忍法国人民"成为定居在欧洲的最为悲惨的民族;索邦大学这所名校的教师,应该到街上游行请求上课"。两位被大学正式聘用后的教授波伏娃和萨特嘲笑他与其说上课,还不如说上课堂。因为这一对存在主义的引路人认为,马尔罗重新成为部长,参与的是一场政治骗局;他们开设的大学课程使自己的地位合法化之后,还准备否认这位新部长的知识分子素质,因为新部长选择把自己的象征性资本转变成了社会资本。不过西蒙娜·德·波伏娃让马尔罗起到的重要作用是"体现了与她所设计的知识分子相悖的形象[211]"。

夏尔·戴高乐 1958 年 9 月 4 日在巴黎任期届满的大幕尚未拉开之前,也是在他发动"赞成"活动以便公民投票诞生第五共和国之际,宣布开场的荣誉又落到了马尔罗身上。马尔罗把共和国广场上的典礼搬上场面,让人修整了那里的讲台,这样就不大听得到反游行者的声音,也容易确定巴黎民众是否到场了[212]。他站在共和国广场巨大雕塑的底座上,号召巴黎人民"为民族复兴的意志选举,以回应一位从历史上有权号召我们做见证的人,见证的举动只有从你们那里才能得以合法化[213]"。这样,在樊尚·奥里奥尔和居伊·摩勒没有充当第五共和国的社会党担保人以前,马尔罗就努力避免了有人对左派发动暴乱的指控。他在十天前追念了巴黎的解放,让散漫的年轻人能把历史和记忆结合在一起;他希望人们能同等对待1958年的戴高乐主义斗士和抵抗运动分子,让他们"形成一个永恒的群体,通过这里面的人,所有能改变个体面貌的事,都可以反复从头开始[214]"。

马尔罗从1958年9月17至22日,在大西洋彼岸成功争取到了马提尼克岛的艾美·塞泽尔(非洲黑人文化创始人、诗人、政治家),听到了"黑人解放和持久的农民暴动发出的吼声,它们难解难分,掺和在革命的希望里,融合在血肉相连的兄弟情谊里"。《反回忆录》的读者后来都感受到了《马赛曲》的节奏伴随着顿足声,犹如铿锵有力的非洲战鼓,与地球息息相连,又如荡桨人的歌声,与河水交融在了一起[215]。马尔罗回忆了中途在瓜德鲁普停留的情景,认定政治在这里是不起任何作用的,他宁愿停留在"凋零的叶子花上,沉浸在夜间蛐蛐的叫声里,克里奥人最为哀婉的歌声从上方飘过:永别了,马德拉斯布头巾,永别了,丝绸方巾[216]"。他感叹,在底层,人们夸夸其谈不做大事,上层人物则只会许诺而无所事事。在圭亚那,他通过一个戴金项链的执达员,一个"显赫的刽子手"的引见,接待了卡宴的上流社会,考证省长确有"酒醉屠杀"民众的罪行后,停止了他的职务。马尔罗为92%投戴高乐"赞成"票的公民投票做出了有益的贡献。1967年,这位小说家部长在小说场景中,增加了抛钉子棍棒的人(指马尔罗在圭亚那演讲为戴高乐增加选票时,遭受的反对者攻击,后被镇压),那些人没有给他妻子留下什么记忆,却把记忆留给了随他长途旅行的人[217]。这个戏剧性叙述的意义,鼓动一位共产党的批评家写道:"马尔罗这位高卢骑士重新征服了圭亚那,这是身处圭亚那的达达兰(法国作家都德小说中的主人公,吹牛撒谎、胆小如鼠)[218]!"作家让省府秘书长,未来的巴黎大区区长奥利维耶·菲利普,替代了被停职的省长——这个酷似素描里的头顶蘑菇般的大盖帽的艺术形象,犹如动画片里戴绒球帽的水手[219]。

二战结束后,安德烈·马尔罗成为惹人注目的反共分子[220],他邀请老伙伴们出发去布达佩斯参加游行。他在 1958 年确认:"喜欢宣传极权主义的人要失望了:政府的宣传要使所有人都知道它做过什么。"这位作家部长即使是在新政体开始阶段,都仍旧保留着人民联盟宣传者的作用,他写道:"在计谋和畏惧之中,8 月 4 日的那个夜晚并不存在[221]。"尽管新闻、广播、行政都把部长看作敌对力量,部长还是继续受到了公众舆论的重视[222]。他和 1952 年一样,继续认为绝对信仰要重于策略;他的某些发言语调激昂,使得夏尔·戴高乐说话的语气倒像是调停人。马尔罗的亲近伙伴都了解,当他认为每一个分裂行动都应该带头得到"最快和最可能严厉的[223]"抨击时,他的好战反应;伙伴们时而会使用巧计,对付领头人的变化!

第五共和国的左派担保人

法国共产党曾在马尔罗领导法兰西人民联盟的宣传工作期间,与他激烈奋战,尖锐揭发他的言行。1959 年,一系列文章介绍了马尔罗和他的部门像是"法西斯政策和宣传的左派担保人"。作家被诋毁成无所顾忌的部长:"即便没有资产阶级政府里的那些忌妒他专制的人在,他也是一个没有原则的人。马尔罗的这个部门,靠的全是天才的不间断的许诺。这些许诺是否实现,令人怀疑[224]。"但是许多左派政党的斗士都记得,他们都是在阅读《人的境遇》和《希望》中,汲取到参与战斗的理由;安德烈·马尔罗一直是个性鲜明的伟大担保人而不是第五共和国的信徒。1967 年只有 23%的共产党选民和 5%的社会民主左派联盟宣布了对他不利的言论[225]。然而这并没有劝止让-弗朗索瓦·雷韦尔在《法兰西观察家》上揭示,靠马尔罗鼓吹的散文和将军朴实无华的文章,使享有盛名的戴高乐主义毫无政治价值[226]。然而这位论战者却在当时的社会民主左派联盟主席弗朗索瓦·密特朗臆想的反政府行动(指国会反对派议员参与的批评政府的行为)中胜出,成为文化部长;马尔罗的言论始终得到听众的赞叹。

国务部长,这位戴高乐政权中知识分子最为知名的担保人,承担的部分责任是,阐明新共和国的美德和共和国对手的秽行。马尔罗介入完成了 26 项与国民议会相关的部长职责,包括 11 次介绍年度财政预算,组织 8 次讨论,7 次回答口头提问[227]。他拒绝在讲台上答复细节问题,而是保留向每一位报告人采纳有争议的要点的权利;不过,他接受回答具有一般意义的或者有政治特点的问题[228]。他从根本上接受了一个明确的说法:自己虽然缺乏足够的资金,但是可以引导大部分人对戴高乐主义尽责,因为他绝对信任法兰西,深知国家体制就是这个信任的理由。

当部长凭天才乐于进行论战的时候,可能更为专注自己的事业。他随后指出,在那个人们庆幸的论战时刻,戴高乐政权没有被宽容[229],将军和他本人每周都被许多比伊·布拉斯(雨果 1838 年五幕剧中的人物)式的人物,用杜克洛(法共总书记)的口气说话,搅得心力交瘁。部长在 1962 年、1967 年和 1968 年为国民议会选举,为 1965 年的总统大选和 1969 年最后的公民投票一样,都重新找回了 40 年代的活力。参议院议长加斯东·莫内维尔在 1962 年揭发,选择公民投票以决定直选共和国总统的做法,肯定违背了宪法,马尔罗则反驳说,在咨询人民的过程中并没有发生国家动乱。部长用挖苦的口吻问道:"如果法兰西容忍专制,那么每天早晨对我们的指控(指当时反政府行动的人每周四早间聚会)是从何而来的?"他还批评了第四共和国的政权不实施仲裁,只靠调停,他强调说:"没有不做决策的现代政府,没有不是建立在国家合法化基础上的决策。"对他来说,"现代国家不可缺少的权力并不是公民自由的敌人"。他否认对现代国家实施法西斯主义的谴责,拒绝将现代国家与实施专制的第二帝国同化并加以指责:"都是些连篇累牍的废话!在现代国家里威胁公民自由的,只有警察体制和一个政党的联合。只谈论警察体制,即便不是嘲弄,也是滑稽可笑的。"

史实政权的颂扬者

安德烈·马尔罗认为,1958年搞一党制并不困难,但是戴高乐将军并不想拥有"被国民信任以外的任何武器"。马尔罗1963年11月24日面对新共和国联盟和劳动民主联盟(UDT)这个左派戴高乐主义的脆弱组织的朋友宣称,不是马克思,而是尼采取得了胜利,因为我们生活在一个多民族的世界:法兰西是构成我们命运的形式;她并不完全来自5月13日的那场突变,她来自从蒙图瓦尔开始到奠边府结束的一场戏剧。他1965年12月15日揭发了弗朗索瓦·密特朗多愁善感的布热德主义:"您有什么权力炫耀弗勒吕战役(1794年法国革命军队击败外国同盟军的一次决定性战役),您甚至连西班牙都没待过。"面对这位49岁已经杀死11个病人的医生和这位有过11次无个性和无能经验的原部长密特朗(作者隐喻密特朗在第四共和国担任部长期间,有过11次不称职和不大令人满意的举止),安德烈·马尔罗希望人们停止总是把愿望和可能混淆起来。他在以下人物之间进行了比对:圣女贞德和圣朱思特(法国大革命时期的政治人物),克列孟梭(第三共和国总理)和戴高乐——"这位能担当法兰西的,明天可能再也找不到的史实型人物"。部长1967年1月31日在巴黎体育馆展开竞选活动时,揭示了意图良好的竞争。他否认理想的政府就是"通过民意测验精心发现公民愿望的政府"的想法:占据政权,是拿现实冒险;行使政权,是拿命运即未来冒险。安德烈·马尔罗感到惋惜的是,知识分子有些过于怀念卡尔·马克思而不去稍微想念一下黎塞留(17世纪初法国政治家、专制制度的奠基人):"从来没有一个个人政权能遭到持久和卑鄙的谩骂。"在部长眼里,这个被视为属于个人的政权,正是对"集体无能"的解救剂。

国务部长离开厌倦了的,或许是感到无聊的法兰西之后,于1968

年 3 月到还是处在斯大林时代的苏联进行了一次官方访问。临行时，他抛出了一句内藏玄机的话："我要安排一件意外的事情[230]！"他在返回时虽然征得了同僚富尔采娃女士的同意，把在苏联艾尔米塔什博物馆保存的马蒂斯的精品借给法国，他的功绩却埋没在了电影资料馆事件和五月事变当中[231]。部长经过自愿处于靶位的这场大风暴以后，一直是无可比拟的演说家、戴高乐将军史实政权的颂扬者。而总统担心的却是部长起伏不定的健康状况。

夏尔·戴高乐 1968 年 6 月 18 日对预定于 20 日召开大型会议的安排者说："你们要准备一个替代马尔罗演讲的人。我发现他近日很疲倦，有时觉得他在服用少量兴奋剂。我不希望他在这么重要的以他为主的会议上，崩溃在最后一刻。"于是，将军要求"即使马尔罗感觉不适，也不能让会议中途受阻"，到时让"莫里斯·舒曼上讲坛发言[232]"。19 日，将军头脑里有了让蓬皮杜顶替马尔罗的想法，他重复道："马尔罗筋疲力尽了，他可能服用了少量兴奋剂，还可能少许进酒，您明白我要说的是什么。"将军的担忧显然徒劳无益，演说家和将军一样，揭示了在黑旗下失落的人民，那些托洛茨基分子，还有那位收回了爪子的法共秘书长、议事司铎瓦尔德克·罗谢。马尔罗担心会让人相信红色危险，相信极左派与法共不可能串通，便从《虚幻之镜》中删除了《人道报》揭发出的"德国无政府主义者科恩-班迪特和伪革命者的小宗派，不该把他们与众多大学生混为一谈[233]"。

部长鼓励年轻的戴高乐分子，对他们肯定地说"命运不是由别人决定的，你们的命运将由你们自己去创造[234]"之后，于 1969 年 4 月 23 日以拥戴执政府和适时的法国为名，投入了最后一场选举戴高乐的战役。他不相信"亲大西洋中间派与亲苏派共产党之间的协议"；拒绝在众议院议长那里看到丹东和圣朱思特的继任人。他揭穿了总是失败的对手的轻信。部长努力靠在讲坛上说，如果没有人想再搞 1968 年 5 月运动的话，他就准备在香榭丽舍大街再来一次游行。他肯定了这次全民投票的公民投票特征"就像在其他许多情况下那样,说'赞成'已经不再是对戴高乐的信任;'不赞成'也不再是渴望他离职"。他再次确定戴高乐将军是"反对个人利益的公众利益的担保人,不会有后戴高乐主义分子出来反对戴高乐将军的"。乔治·蓬皮杜的支持者们有气无力的掌声表明,历史的一页正在翻转。马尔罗不可能与此时的命运之神相联合。他较之别人更早地觉察出蓬皮杜身上的某些令人恼火的戴高乐主义思想,但是却没能阻止住青年联盟的 3000 名成员为了取得选举进展,于 1969 年 4 月 12 日,为未来总统的胜利聚集在了斯特拉斯堡。这位未来的总统——激进的戴高乐主义者对他们说:"我不允许任何人诠释我的思想以及我内心的想法[235]。"

安德烈·马尔罗是戴高乐主义政治的倡导者,他的政治言论和集中在他的《悼词》里的言论一样,闪现出雄辩术的火花,这也正是浪漫派之所爱。然而这位承担文化事务的国务部长尤其喜欢成为改变文化生活的先知。冒险家和作家生活的变换使他深信,自己能够成为让二者彻底割裂的人。他希望自己国务部长的责任能避开后者,从根本上与后者斗争,这正是自古以来的行动性质[236]。

码上解读

· 戴高乐的同路人
· 传奇色彩的文豪
· 文化上的预见者
· 缅怀历史先行者

第二章

创建文化宫的部长

扫码上解读
· 戴高乐的同路人
· 传奇色彩的文豪
· 文化上的预见者
· 缅怀历史先行者

文化的存在，不完全是供人娱乐的。

——安德烈·马尔罗 1964 年 4 月 18 日
在布尔热文化宫开幕仪式上的讲话

码上解读

·戴高乐的同路人
·传奇色彩的文豪
·文化上的预见者
·缅怀历史先行者

艰难的过渡——从艺术到文化事务

成为决策者,我们几乎没有什么装备。
——阿尔贝·伯雷,士兵马尔罗的原理发师和原下士,
国务部长的技术顾问,后来成为作家遗嘱的执行人

　　戴高乐主义公认的原则是,有价值的政策是不脱离现实的。马尔罗被委任的新闻部长职务,于 1958 年 7 月因为有利于法属阿尔及利亚的支持者而被撤销,这时,他才体会到这个原则的分量。他自由发表言论造成的这个强烈反响,可能影响了他驾驭部长生活的方式,遏制了他60 年代的政治表达;马尔罗与埃德蒙·米舍莱不同,从未因担心法国军队在阿尔及利亚"维持有序行动"中的审讯方式,干预过军事部[1],除非他认为在官方访问中,自己代表的是整个政府,以法兰西的名义说话,但也只局限于自己广泛的文化事务范畴,除非总统要求他在部长会议上发表意见。不久前,他在人民联盟领导委员会的位置定在了将军的右侧。他的心理医师在他死后不久,把他在那个位置上的态度称为"表面的以及心灵和思想上的深度服从[2]"。

被总统指定的部长

　　马尔罗只愿做戴高乐将军的部长,但是对将军要把他指派给总理,可能有所觉察。于是米歇尔·德勃雷提出了这个建议:"留住马尔罗对您有益。为他量身定制一个部吧,比如,重组您可能称之为'文化事务'

　　　　　　　　　　　马尔罗传:幻梦与真实

的部门。马尔罗会为您的政府增光添彩的[3]。"将军作为政府首脑,深信各个国家如能"长期为继承遗产和文化而紧密团结[4]"就能更为幸福,便听从了这个意见。然而将军的深刻信念直至 30 年后才表达出来:"文化政策对一位部长甚至对一个国家来说都是雄心博大的形式,我考虑的只是保护遗产,使其充实,让它们成为权力机构的独有财产和应尽的职责[5]。"将军依据这种感受和对安德烈·马尔罗行政能力的谨慎判断,给这位部长配备了不大的行政中心,还有在财政预算和人员编制上都受限的资金。将军经过长期的考证后向我透露:自己是被迫把作为作家"力所能及的事"交给马尔罗的,但是拒绝把教育法国年轻人的部门分割给他,也不愿意把奥赛码头(外交部)由他本人总体负责的文化关系事务划分给他,更不想让马尔罗去负责管理跨越世界各地的数百所法国公立中学。

米歇尔·德勃雷总理在马提尼翁府的三年里,确实也因作家除将军以外的任何上级都不买账感到恼火。尽管他欣赏这位用"惊人的,有时做作但总是振奋人心的炯炯目光[6]"照亮行动的文人,然而仍旧对这位国务部长的能力保留着悲观看法。确实,总理作为第五共和国宪法的设计者,不加犹豫,批评了自己的首任总统没有"对每一件事和为完成每一件事的坚强意志和独断素质[7]",只牵挂某些问题,这也成了马尔罗的运作方式。我认为,那位国家级人物德勃雷总理,既不懂总统与作家之间的关系,也不会在部长激情奔放时鉴别出他经常混淆在一起的不现实和非理性表现。德勃雷甚至还坚持对我说,出现在自己内阁的这位天才,除了政治和人文趣味,要考虑的还有他的演讲素质、高尚和想象。他缓和了最为严厉的判断口气,给我写信道:"我从未说过马尔罗是坏部长。我只是说,在我的记忆里,他的行政管理素质显然不如他的文学才能[8]。"这一点,对作为总理,后来成为财政部长和外交部长的德勃雷的思维方式都有影响,他用这个方式对与将军的天才好友相关的文件做出了判断。他总在担心马尔罗耽于幻想的癖好,后来严正指出了这一点。他可能还受到阅读阿兰·马尔罗著作里提到的来往不愉快的书信感染[9],内心的反感在 10 年后回想到戈捷·马尔罗和樊尚·马尔罗的死亡时,爆发了出来。由于他们的父亲想象躺在那里的尸体"酷似阵亡者",德勃雷认为有必要补充说明:"我如不了解他们出事故的真相,他也许会对我说'他们是战死的',而我也会相信[10]!"

受限的文化部

德勃雷政府的四位国务部长中的首席部长,根据 1959 年 2 月 3 日 59—212 号的政令,接管了先前归属国民教育部的文学艺术管理处、建筑管理处、法兰西档案管理处、青年和体育高署,还有国家电影中心里属于工商业部长的权限。然而总理却束缚了负责向自己建议重新组建迅速投入工作的部门的委员会。这个建于 3 月 13 日的委员会,必须在同月 25 日之前向马提尼翁总理府提交报告。这个快速提交报告的要求,在米歇尔·德勃雷看来,可以控制国民教育部,当然也不至于导致属于他的外交部被瓜分的结局。马尔罗对自己可以发挥国际作用的领域满腹抱怨,因为他难以忘怀自己要成立一个发扬光大法兰西的部门的梦想。马尔罗一般的处事方式比自己的合作者随和,所以还没有说出希望监管电视台之前,便轻易放弃了这个想法。然而他也并不希望重新回到 1958 年 7 月等于是让他丧失职能的状态。总理希望保留对媒体的政治控制,认为决断处置政治信息和大量决策性的文件,不在这位部长的天赋之内[11]。其实,连法国广播电视局的文化部分,也在马尔罗的权限之外,随后他还遭到了文章抨击,称他的文化只是小牛犊(小孩子)的文化,只凭唱唱小调(小打小闹)做让人变蠢的大举动[12]。另外,部长在 1968 年五月运动以后,揭露了屈服幼稚病的表现,怆叹有人竟向地球人推荐了一个"怀有超过十五年就会变得毫无意义的梦想的民族[13]"。

在米歇尔·德勃雷执政时期,属于马尔罗文化部的重大文本,比如关于历史古迹和保护部门的跨财政年度拨款法,都在马提尼翁府制定的计划之内。德勃雷成为财政部长以后不久,就在拨款的问题上规定了法律。这些法律措施的技术特点,有利于原总理的版本[14]。然而马尔罗竭力捍卫了保护老街区的法规,这说明,这条法规成为马尔罗法规后,到21世纪还可投资。同样,即便把巴黎建筑的外墙刷白是由皮埃尔·苏德罗提出来的,也是由马尔罗将它发扬到王宫和民居的。总理希望马尔罗只关注城市建筑的文件,让这个新部门只关心娱乐活动,并公开说明娱乐是一件社会大事:"我们这个年代要求在城市有文化宫,有度假村,有大量根据年龄和家庭覆盖所有人的各种设施,并要求尽可能让他们消除疲劳[15]。"马尔罗在这方面的想法有所不同,他认为尤其不该担当风险,把文化和娱乐搅和在一起。在他看来,娱乐只是工余休闲的一部分,民众只是在此刻进行娱乐活动,最好不去管它。1964年春他在布尔热大声宣告:"文化的存在,不完全是供人取乐的。"再说,1964年1月份的民众教育运动,都是通过国务秘书处在青年和体育高署的职责范围内完成的。

马尔罗从1959年以来一直担心存在混淆MJC——青少年文化宫和他钟爱的20世纪教堂——文化宫的危险[16];他怀疑前者最多只能称青少年之家[17]。后来,他在1968年5月的虚构对话里,立即写道,自己要坚持明确青少年不属于自己那个部管辖,并说:"政体什么事都不能为他们做[18]。"这条候补的理由促使米歇尔·德勃雷,这位有以大量年轻人为主的千万居民的法兰西拥戴者,有些残忍地认为:在文化事务的成果上,人们看到的是"使者而不是成就者[19]"。

伙伴和朋友组合的团队

国务部长马尔罗召集起来的首个团队曾让马提尼翁府感到不安,

尤其是在考虑问题周密的皮埃尔·朱利耶迅速离开以后；1959 年 7 月 31 日，替代这位省长之子、昙花一现的部长办公室主任的是特别秘书处的负责人，原来和士兵马尔罗在一起的一位中士。事情还不止于此，对国家行政学校的创建人来说，下面这个选择也让人头痛：马尔罗 1960 年 10 月选中的那位继任人是自己的中学同学马塞尔·布朗丹，这个人并没被看作是更为合理的人选[20]。皮埃尔·朱利耶离开马尔罗周围的那些"以文化的名义证实自己是正直的人"以后不久，给我写信说："管理者若在最终总是扼杀有眼光的人，并不是因为他是领导，而是因为他的能力还不如大多数人[21]。"很多人尤其认为，办公室第一把手的选择令人叹惋；后来，正如一位目睹某人（卢贝）参与行动的高级官员向我吐露的："卢贝的确杀死了菲利普·昂里奥，但是启动文化部的工作，却很糟糕[22]。"乔治·卢贝曾是别动队的一员，于 1944 年处决了维希政府的亲纳粹新闻部长——这一点赢得了马尔罗对他的长期赞赏，1947 年，他成为人民联盟宣传部门的一员。这个人不是在实现理想的高度上，可以帮助部长要求经费预算的高级官员。这位办公室的领导人，在文化部附近酒吧玩电动弹子机，是迷醉于吞饮威士忌的所谓"正直的家伙[23]"，在亲近财政部的团队眼里，特别是在庞大的督察队伍眼里，他不是一个可信赖的对话者。审计法院的一名成员皮埃尔·莫瓦诺把他描述成一个性格怪异而神秘，对政治，而不是行政管理更感兴趣的人[24]；然而卢贝本是能够应对那些老练的，特别关心自主权的高级官员的。再说，当人们知道卢贝原先只是巴黎市行政部门的办公室主任时，就肯定他是在高级别行政管理层面上说话不可能算数的人了。

积极性不高的工作人员

"当一个部门生出另一个部门时，是不会送出最好的人选的[25]"：这个尖锐的看法，是安德烈·奥罗在离开马尔罗办公室领导职位的 21 年

马尔罗传：幻梦与真实

之后提出来的。他知道,从1962年文化部诞生起,格勒内勒街(国民教育部)的各个部门就保留了200多个文化部需求的职位,储备了最可靠的人员[26]。而当时新文化部的秘书长雅克·若雅尔则认为,自己需要589名公务员启动文化部的工作[27],而1960年,把文化部中心行政机构各部门的人员都加在一起计算,才只有377人:建筑部门173人,文学艺术部门106人,总行政部门69人,档案部门26人(该处人员数目原文如此,保留原貌)。此外,即便把教育部大本营0.88%的成员都留给马尔罗,也不是最为积极的那部分人,其中只有4名民事行政人员。只是接收积极性不高的职员留下的印象,打破了马尔罗办公室的幻想,部长后来提到某些人时严厉地说:他们只出主意,不做事情!

作为马尔罗首个办公室成员的皮埃尔·莫瓦诺,在马尔罗政权时代结束时,是最后一位文学艺术总管,他不加恭维地向我说明了当时的那个特殊形势:"这个建立在从国民教育部基础上脱身的文化部,只拥有那个庞大部门力图要甩掉的人,它所有的图书业务都被剥夺,它被排斥在视听和对外文化事务之外,它还不得不随时与抗拒它存在的各部门斗争才得以生存,这些部门认为文化部只适合称为'艺术部',认为它只是昙花一现,无前途可言,期待它不过作为一个尝试而失败。没有一个人,甚至连米歇尔·德勃雷,都无不在不停地严密控制着这块危险的、外表具有颠覆性的阵地[28]。"莫瓦诺1967年在一篇秘密记录上亲口严厉批评了里面的建筑部门臃肿的领导机构;他在最糟糕的十来个老职员当中,只看中了两三个素质好的。尽管有八个国立行政学校的毕业生加强了力量,他的结论还是,这个领导机构"被视作整个国家的组织机构、领导部门中最差劲的,不无道理[29]"!人们不觉惊讶的是,莫瓦诺列举的还有来自外部的批评:"人们向我们祝贺的只有一件事,失败。财政部不愿给我们任何好处,会计算的人不喜欢跳舞的人,我们受到挥金无底的威胁:要付超支的费用、挥霍的金钱、娱乐的开支。除去财务上可控的旧领导机构外,只剩下梦想,而梦想是从财政上养活不了自己的[30]。"

马提尼翁府的不信任

　　马尔罗和德勃雷在阿尔及利亚政策上观点对立,对戏剧的看法分歧也在增加。总理作为拉比什友协的主席,对马尔罗试图考虑在法兰西喜剧院推广上演更多的悲剧而恼火。他也很快了解到了马尔罗办公室的做法,但他恼火的并不是马尔罗的破坏性,而是在行使权力上的业余表现。1959 年 5 月由他本人与教育部长布洛什和文化部长马尔罗签署的谅解备忘录,在接下来的 7 月 2 日遭到瓦卢瓦大街(文化部)的质疑。米歇尔·德勃雷在同年 8 月 12 日指出:这个议定书"不会有持久的价值,但是也不应该是昙花一现的。我认为在考虑对它提出质疑之前[31],要有足够的时间等待,比如说两年"。办公室的激烈反响记录在一封信上,它徒劳无益地提到了谅解书惊人的诚意,提到这是"未加认证也未征得双方协调就慌忙做出的调解",还提到了部长的一项新举措,谅解书可以稍后付诸实施。依分析过这场危机的社会学家来看,文化部因此丧失了两年时间,把国民基础教育纳入自己的民主化政策。然而不可避免的是,从那时起,人们在 1959 年 1 月 21 日的一次会议上已经觉察出,青年和体育高署跟马尔罗办公室的意见发生了冲突,它很清楚自己想要什么[32]。同样的原因在 1960 年也产生了同样的效应,特别是在实施文化行动的计划上,总理又做出了不利的调解[33]。尽管1961 至 1962 年,建造文化宫的信贷战争因为同样的理由而失败,马尔罗团队的人员还是团结一致,促成了某些胜利。比如,对电影投入预付款的临时协议,在审计法院的三个成员之间被具体化,这三个人是国家电影中心主任、安托瓦·皮奈的办公室主任和皮埃尔·莫瓦诺。莫瓦诺当时是马尔罗办公室的成员,1959 年 6 月 15 日那天,他几乎在里沃利大街(财政部)的候见厅里等了一整天[34];他的同事帕特拉最终让人给他拿去了三明治,第二天,总理米歇尔·德勃雷就用缩写签名批复了政令并交给了他。

部长的雄心壮志

安德烈·马尔罗在戴高乐总统的强力支持下,从 1959 年春季到夏季,在指定了他的第一批合作者——特别是忠诚人民联盟的人和伙伴以后,便投入了所谓命运之神的怀抱。他在 4 月 8 日的新闻发布会上,直截了当把事情说了出来。他要试图"圆法兰西之梦,激活自己以往的天赋,让现在的天赋充满活力,迎接民众的天赋到来"。马尔罗 1959 年 7 月 24 日发布的政令确定了新文化部的任务,把标杆定到了最高点:"让人类的,首先是法国的主要作品,接近最可能多的法国人;保证最大范围的公众对我们的文化遗产感兴趣,要为创作丰富文化遗产的艺术和思想作品提供便利。"在此,惹人注目的是,文化部与法兰西艺术院的关系因此破裂。当人们得知这位可敬的艺术和文学总负责人建议的适度目标后,更深入地领会了这个破裂,因为"创建文化部的任务,就是要以各种形式促进、鼓励并推广文化艺术的教育和行动,保证它们在国家范围内得到保护并发挥其价值"。

老团队的能量

法兰西艺术院的思想浸透在雅克·若雅尔,这位机构成员的最初计划里。部长强烈意识到自己的雄心大志和这位院士合作者的建议之间差距巨大。不过他决定,文化部的秘书长可以由这位 30 年代担任过博物馆馆长的人来承担。这位出现在年轻的弗雷德里克·尚松女士身边的高层人物,酷似赛普提姆·塞维尔(罗马帝国的皇帝),长相英俊,没有惹人反感的品行[35],在第四共和国期间,曾经是文学艺术终身总管。

1959 年 7 月 7 日,若雅尔在自己做戏剧副总管时的笔记里,觉察到老团队成员很有火气:"即便一个部门应该负责管理最新贷款,也应该提前几个月告知它这项任务[36]。"马尔罗团队在瓦卢瓦大街开始几个季度的行动中,遇到的反常现象之一就是:文化事务领导圈子里的院士和贵族,阻止了马尔罗的最有主见的伙伴驾驭变革。部长从某种方式上体验到了对行政机构的畏惧感[37],解释说自己不想去顶撞重要人物。安德烈·奥罗说,认为部长可能是官僚是毫无意义的,他很清楚部长在自己的首个团队工作期间在哪些方面被操纵,部长宁愿绕开自己的对手。文学艺术总管部门直到 1961 年 7 月 16 日才正式从新上司那里得到好处[38]。那个有魅力却麻木不仁的建筑领导部门[39],直到 1963 年 4 月还处在勒内·佩尔谢的领导之下。这个人 1920 年开始进入各办公室工作,从 1947 年起成为办公室主任。他在保护主义的裹挟中,有"从国家古迹遗产管理者的信任那里谋求来的道德安慰",能支配文化部的一半预算。他的继任人的助手提起他谨小慎微的态度时说:"广阔远景并没有展现在他面前[40]。"人们特别理解米歇尔·德勃雷发火的原因,是因为那位"保守主义者很乐意把陈规和票据都当成应尊重的传统加以赏识[41]"。

至于那位令人尊敬的文学艺术总管若雅尔,虽然离开了圣多米尼克街的特别旅馆——他在那里工作的办公室其实只是文化部的摆设[42],是因为他以为,以自己秘书长的身份,可以通过控制信函集中权力[43]。马尔罗在厌倦地听若雅尔向自己反复唠叨"我们没钱;我们不可能在如此大的范围里做事"之前[44],就禁止各管理部门直接处理属于这位秘书长的事情[45]。然而秘书长面对部长的创意退缩的结果,就是把自己局限在与奥赛码头的关系中,拘泥在做好准备交流陈述的工作中,这些东西至少对马尔罗而言,毫无兴趣。照米歇尔·德勃雷的看法,若雅尔并不是什么了不起的秘书长,充其量是个不让日常平庸占上风的人[46]。不过,总理还是让他和办公室主任卢贝一样,继续待在不适合他们干的职务上,或许因为总理以为,部长值得按期完成的计划,往往含糊不清(而需要他们的协助)。

各部门的职能障碍

办公室的首任主任卢贝雇用的是一位审计法院的杰出成员,因为他们在一起玩柔道!他向我倾诉了肺腑之言,"卢贝的办公室,太恐怖了[47]",主要原因是一些重大事务都毫无进展。这种情形持续表现在文化部开设的头几个月里。1961 年 4 月 11 日,皮埃尔·莫瓦诺还让马塞尔·布朗丹,这个被认为是部长信任的人注意到,行政部门记录下来的一项计划,十来天都押在办公室主任那里。这个缓慢程度让皮埃尔·莫瓦诺"惊慌不安[48]"。照我看,这种恐慌叠加在财政预算紧缩上,加之他观察到的 1961 年 5 月以来部长两个儿子故去的影响,促使莫瓦诺有将近五年的时间不在瓦卢瓦大街露面。他承认自己有时感觉沮丧,泪流满面,认为自己永远都不可能达到目标[49]。即便后来他给我写信说(我感觉他的说法有误),自己虽然有对立情绪,怪罪部长不懂得获取更多资金和不懂开销到手的贷款,可还是清晰总结了从 1961 年以来自己获悉的相关情况。莫瓦诺离开文化部,是因为在吉斯卡尔·德斯坦和马尔罗与合作者共同参加的一次工作会见以后,计委会记录下了文化行动希望得到的却被缩减了一半的贷款。他不想"让有希望发动起来的伟大运动就此告终[50]"。

那些有经验的人,如皮埃尔·朱耶,以后是皮埃尔·莫瓦诺,再后来是安德烈·奥罗,历年来轮换留在部长身边,在我看来都证明了他们的一种不满情绪。1963 年 4 月,马科斯·凯里安可能因为听到经常发生职能障碍的传闻,在没有成为建筑部门的负责人之前解释说,自己需要和部长以及他的直接合作者"共同思考,不这么做自己就不可能做出有效的行动[51]"。部长憎恨几个人在一起开会,比如与文化部办公室那些无能的遗老遗少,少有现代思想的人共处,因为这些会议不断影响着某些决议的形成。这一系列的因素鼓励了顽固坚持或重操的旧习,却不能帮助马尔罗所希望的与旧习彻底决裂,尤其是在人员不足和经费拮据的情况下。

文化部这个年轻的行政机构只获得了贷给教育部运作经费的2.78%、设备经费的3.15%,启动行动的资金只占国家预算的0.38%,这在很大程度上说明了,为什么国家预算里的"文化"部分在1969年,只勉强超出了总预算的0.40%。皮埃尔·莫瓦诺希望超出政治和经济的局限,看到文化部在无力得到足够人员时,自己可以安排开支结构,为各部门提供必要的管理基础[52]。然而,国家对"文化事务"平均十年来的预算都建立在0.39%这个数字上,是因为无论是米歇尔·德勃雷、乔治·蓬皮杜,还是莫里斯·顾夫·德·姆维尔,(历届总理)都不认为给安德烈·马尔罗增加可观的预算有什么益处,部长也从未壮大胆子,向共和国总统提过增加预算的要求。

将军支持"马尔罗风格"

马尔罗在头两个部长的位置上延续的时间都很短暂:第一个从1945到1946年延续了61天,第二个在1958年只延续了36天,这让保守分子们以为,这任部长的现任职位也不会维持多久。瓦卢瓦大街的行政部门对中央行政机构来说,只被看作是它们预算权重的度量尺。夏尔·戴高乐对安德烈·马尔罗的特殊友情不足以驱散各办公室的审慎态度,部长也特别讨厌让爱丽舍宫做出对自己有利的裁决。共和国总统虽然欣赏自己的这位伙伴,却也认为文化事务就是那么点儿"艺术"上的事,在文化部成立两年后,他还在使用这个字眼[53]。不管怎样,总统在1961年12月还是向自己的这位部长祝贺了他使用的、向议员们介绍必须复兴伟大历史建筑的方式:"在这方面,肯定要有卓绝的思想、宏伟的风格、闪电般的'行动',还要有必要的政策。谢谢。致以最诚挚的友谊[54]。"将军一年后总在表示,自己特别器重这位朋友:"而法兰西呢,每天都在自己的孩子们当中衡量,哪些事情值得让安德烈·马尔罗变得有价值[55]。"

不过,1968年1月戴高乐对政府的组成人员发出祝愿,在提出整治本国领土要当作科技事务来完成的问题时,并没有提到文化。将军兴奋地说,国家的成功要求政府支配资金实现长远的宏图大志,以"产生国家文学艺术的策源地"。他的思想还停留在与某些标志相关的思想状态里,比如在歌剧上,他要求乔治·蓬皮杜"要有资金投进高品质剧目,要订立独家合同,给享有盛誉的艺术家付报酬[56]"。他后来在《希望回忆录》中回忆了自己在任总统期间对伊冯娜·戴高乐医院的300次、对兴建超市的207次探访[57],然而对自己当政时期马尔罗的文化活动,甚至在感觉到马尔罗心理上处于脆弱期时支持他的事,却都保持了沉默。他明白可以变异自己的活动领域[58];然而,却错误地说到总统和文化部长之间存在着同志般的气氛[59]。尽管如此,二人相互交流几句军队里的俏皮话并不是不可能的;照马尔罗的说法,大家因此弄明白了打猎和打仗的区别:打仗时,是兔子在开枪!

仇视新文化部和部长的搭档

不幸的是,技术专家和名副其实的政客更想借文化部建立的时机,遏制这个新机构。他们拒绝被"扯进"这个会冒昙花一现风险的部门,和这个由朋友组成的团队在一起工作时,向他们表达"诚挚的问候",不过是一种可以在行政信件末尾接受的形式。法学家皮埃尔·朱耶,乔治·蓬皮杜总统内阁未来的台柱子,决定三个月后离开办公室主任的位置,因为他知道国家高级职能部门、博物馆或者名胜古迹的高级技术员,不信任那些自学成才的政治人物,其中的部长是这些人物当中最为瞩目的一位。在卢浮宫,且不说《蒙娜丽莎》的北美或日本之行引起的反击[60],憎恨马尔罗的就不止热尔曼·巴赞这么一个博物馆馆长,马尔罗把卢浮宫交给他管理,而且还在四年里为法国各博物馆任命了四位馆长。巴赞的同事们抱怨文化部,竟然允许塞尚的名作《丰满的洗浴女》出口到英国;部长本人呢,1960年12月2日那天,也不高兴必须向议员们说明把乔治·德·拉图尔的一幅稀有油画《美仑艳遇》卖给大都市艺术博物馆(纽约)的理由[61]。1961年4月20日公布的一项禁令,让各行政部门迅速做出反应,不准代表国家利益的历史遗作或艺术品出口。接下来,马尔罗向国外出售作品的计划遭到质问,当时最为经常与各博物馆领导层联络的人是阿尔贝·伯雷,卢浮宫未来的董事长兼经理米歇尔·拉克洛特也指出,文化部是否允许这样的做法[62]。

博物馆想展出复制的经典作品,尤其是油画原作的复制品根本没有吸引力,尽管这是复制品博物馆1873年的初衷[63]。人民阵线想"面向不了解博物馆的大众组建博物馆[64]"的念头吸引着马尔罗,对大多数馆长来说,这却是乌托邦思想。他们不能接受亨利·福西永1921年明确提出来的说法:"博物馆是为大众修建的[65]。"出版和展览作为有效的推广方式能取得成功,对他们当中的许多人而言,犹如"文化幻觉"。他们发现,有人是在利用这些作品而不是为它们服务,即使是大众化的作品,也不该被利用作为展示魅力的借口[66]。某些人还觉得,大型展览的初步成功触及了艺术的隐秘圣地,认为大众"完全无法让自己从中获得快感或好处[67]"。馆长圈子里的人都知道,马尔罗虽然在国家博物馆联合会艺术委员会里接任了纪德,然而他对博物馆法规和行政管理毫无兴趣,传统艺术史也令他反感[68]。我们可能也知道,安德烈·马尔罗在部长会议里被获准,可以忽视国务委员会副主席的干预,因为这位副主席当时正在为馆长这个行政人员队伍的悲惨境遇感到痛惜。马尔罗却反对重新评估馆长们的身份,称他们是"特别受优待的阶层[69]"。这些人在1964年听说他们的部长为玛格艺术基金会举办了揭幕仪式,大为光火;部长感到庆幸的是,这个基金会并不是博物馆[70],他把著名的巴恩斯艺术基金会归类是 50 年之后的事,因为它也是博物馆。

国务部长的期望

马尔罗即使分担了藏品保管人的部分忧虑,也还是拒绝接受用开设艺术课去教育观众的理念;他认为这样做妨碍了个人面对作品的对话。部长忠实于撰写《艺术文集》的那个人(他本人),希望每个法国人都能按照复制品的需求看到最多的杰作。他接下来主张,如果由他来控制电视节目,他会关注文化宫每年每月计划播出的世界重大艺术作品,那些构成基础的作品影像[71]。他大胆肯定,国家"如能确定一个优先的认知范畴",他会用这样的方式让大家认识到大脑的生理状态和物质状态,他会成为属于负责文化事务的国家机构的一员,让大家理解"人与世界艺术关系的现状[72]"。但是他的 20 世纪博物馆的计划,考虑先在巴黎原中央菜市场后在拉德芳斯选址时,却陷入困境,落到让·卡苏宁愿离开国家现代艺术博物馆,成为未来高等社会学学校教务长的地步[73];他的那个职位在两年多的时间里都只好空着[74]。当以 1% 的开销发展订单以利于健在的艺术家成为问题时,马尔罗的疑问是,这是否帮到了贫困的艺术家,或者实际是想用这笔钱去教育孩子[75]。他期待但并不相信有人可能给他"指出哪个聪明人,有本事说出什么是艺术教育[76]",他继续希望的是用爱心建立起一个空间,在那里的每个人都可以通过一件艺术作品说:它对我是必不可少的。而想以 1% 的开销做订单的结果,后来被蓬皮杜总统评判为"常常很平庸,有时还很糟糕[77]"。

在名胜古迹上实施抢救措施,预示着诸多城市老街区的翻新。然而 1962 年 8 月 4 日的法律却没有改变以建筑学家为首的传统原则,只有借助大部分来自建设部的贷款才能让这条法律得以通行[78]。某些解释这些方案的做法,比如对阿维尼翁,可能要区别恢复原貌和更新的部分,在那些地方,推动者可以进行建设,包括"代表历史、美学特点的和证明有保留性质的区域,还有可修复的建筑以及恢复全部或部分有价值的群体建筑"。建设部长皮埃尔·苏德罗没有再提他 1961 年想夺取建设部领导权的意图[79],他的团队却没有忘记,1956 年人们放弃巴黎建筑限高 31 米的规定让他很高兴:"我们终于在垂直范围有了厘米高度的政策[80]。"蓬皮杜总理成为共和国总统以后,清楚地解释了自己让巴黎适应汽车运行的意愿;他的信念从 1962 年开始深刻影响了建设部以下各部门的策略。文化部是不可能真正考虑生活范畴内有质量的未来的,因为数量实用主义"借助实施工业化以后的惬意[81]"主宰了一切。当时的氛围既不能"以协调环境为名[82]"恢复仿制品,也不能加紧保护遗产。因此在教堂,神职人员根据梵蒂冈教皇二世主教会议的意见,有时会以建设部门上司称之为"高价贫穷的工程[83]"的说法为代价,脱离具有历史风格的装饰。然而文化部除了大教堂,只有少得可怜的经费介入这种事。

办公室明智的慢节奏

然而,经雷蒙·阿隆证实,1945 年还缺乏经验的那个部[84],却起到了教育作用。新国务部长虽然觉得自己在权力机构工作,是在为法兰西的命运之神担忧,但还是同意必须有机构支撑,他知道对将军来说,一个部没有几个部门,是难以想象的事。然而部长并不想沉溺于下级事务当中,就像他出示给自己童年朋友马塞尔·布朗丹的笔记所云:"但愿他们不要为了检查,把该由各部门解决的问题都交给我们处理[85]。"可是,从艺术院继承过来的原管理部门,在博物馆、档案馆,却任由文件进入自己的部门;那些人在办公室聪明地缓缓处理这些文件,他们深信应对那些文件需要几十年。他们觉得,由于严重缺乏经费,在部门之间没有协调的情况下,有必要谨慎铺开活动范围。

马尔罗传:幻梦与真实

很长时间以来,艺术院原管理层的标志就是管理能力薄弱,我们可以在音乐办公室看到这样一个典型事例。那里的运作由一位女民事行政人员负责,两个小学女教师担当随员,一个副手,一个助手,一位"有知识的女失业者"管理对艺术家的救助业务,还有一位按小时计酬的女性旧官员,负责制作音乐和合唱社团的荣誉勋章证书!给音乐办公室的经费体现在这个办公室里,当大家得知国家投入各国家级音乐院校的经费不足 10% 的时候,不再感到惊讶[86]。至于 1959 年拨付给作曲家订单的 12 万法郎,直至 1965 年也未见变化,原因可能是在等待革新提案出笼。1962 年 12 月 27 日,针对这项"低谷"政策成立的委员会也不足以消除这项政策,安德烈·马尔罗对议员们说"人们不希望我无所事事[87]"时,还引发了他们的一阵窃笑!那段时间,马尔罗批评了古老的歌剧"是为看门人解闷的,是连罗莫朗坦的娱乐场都不愿意接纳的玩意儿[88]",他还改变了任命歌剧导演的时尚,在加尔尼埃宫强制上演了现代歌剧[89]。他不久后宣布,1966 年给音乐的经费预算将增加到 450%,然而人们怀疑他在阅读登记卡片时,是否看错了,因为在 1966 年的预算里,实际增长的数额只会是 45 万法郎,提供给国家剧院的有 330 万法郎,还有将近 200 万法郎提供给了文化宫[90]。预算过程的意义无论如何不是各部门操心的事情:1964 年 11 月办公室主任叹息,一项改变1963 年财政预算的决定,直至 1964 年的夏初才到达自己手中。他猛力揭示了文化部附属机构令人叹息的做法[91]。

马提尼翁总理府的监护

在文化部成立的前三年里,马提尼翁府对它的监护还是很给力的,米歇尔·德勃雷有直白的证言:"是我终止了预算,确定了跨财政年度拨款法的标准。马尔罗对此并不感兴趣,但是却希望为某件事、为自己喜欢做的事获得贷款。他具备做好一件事情的意志[92]。"总理的行政部门于 1961 年 3 月通知将在 1962 年成为文化部行政部门首任领导的人说,总理并"不打算签署出示给自己的这份创建文化部干部队伍的政令[93]",这个政令经财政部审核,于 1960 年 10 月就已抵达马提尼翁府。让·奥坦对安德烈·马尔罗强调了这个难以原谅的延误性质:文化部从思想上说,应该和最终建成并确定延续下去的部门具有同等经费;从行政上说,缺乏干部是持续混乱的根源;从心理上说,缺乏干部使愿意在这里服务的职员与文化部离心离德,因为他们并不想在这里就职[94]。然而部长对这个文件和对其他许多文件一样,拒绝站在第一线。因此,为了重组文学艺术总部,部长让自己的朋友马塞尔·布朗丹负责重新考虑让·奥坦的建议,与国务秘书吉斯卡尔·德斯坦指定的两位财政部代表接触,寻求一致意见,如果不能取得一致,再去见卢贝[95]。

  1962 年组建的文化部机构,只有一位国立行政学院毕业生与殖民主义时期的旧行政官员们合作;这些行政官员的习惯有助于某些事情成功,因为他们往往不受传统程序的约束[96]。乔治·蓬皮杜抵达马提尼翁府以后,文化部的行政总部仰仗他的支持,终于依据 1962 年 4 月 14 日形成的政令,成为一个"研究型的、信息化的和执行的机构[97]"。办公室重新被国家行政法院的诉讼里手安德烈·奥罗把持;奥罗得知,部长否决了他怪诞的思想:埋头干活[98],把头衔让给乔治·卢贝!然而,人民阵线的这位朋友卢贝,直到 1964 年还留在部长身边担任顾问,因为马尔罗令人赞赏的是,忠于自己小团队的同志[99]。马尔罗对办公室的奖金分配,持有平均主义的观念:在最初几年里,奖金被分配成十一等份,从办公室主任到部长的专职女秘书都拿得一样[100]。马尔罗在奥罗是自己最亲近的管理合作者的年代,工作方式井然有序,然而他总想保留自己的生活方式,在文化部和在人民联盟工作时一样,他缺席文化部的工作,却受到了朋友们的保护[101]。

令人恼火却不可替代的马尔罗

皮埃尔·莫瓦诺在 1959 至 1961 年和 1966 至 1969 年间,对马尔罗做出的判断是难以相处;马尔罗在莫瓦诺眼里是一位"令人恼火却不可替代[102]"的部长。他最终把马尔罗描述成了一个帮派头目:允许临时安排细节却不给人犯错误的权力;这个人"被宏伟大志所激励,实现大志的经费却十分微薄,不成比例,让傻瓜都在发笑[103]"。部长交给第二任办公室主任[104]的《绿色笔记》汇编充分证明,他处理问题方法的合理性和组织结构的现实含义,都表明他即使在管理生活中,也保留着自己的独特风格。他为每一个和自己对过话的人都选择了一个颜色的卡片。办公室主任必须按照装卡片的绿色文件盒,在他们日常会晤之前,检查事情的轻重缓急,以便只谈"提出问题的事情"。每年年初,安德烈·马尔罗都发出祝愿,在"当前的每一个问题"上加上注解。他拒绝提前把自己变成评委,或者"每个月出去巡游十天"。在较为贫困的巴黎郊区长大的马尔罗从不喜欢外省,即便是那些已经变为巴黎行政大区的地方;他从 1924 年开始就有了这个想法:把"污秽不堪"这个形容词与外省这个名词联系在了一起。

一位阿尔萨斯的大学学者指责马尔罗通过巴黎模式和智力至上,加快了社会传统观念与无政府主义观念决裂的进程[105],给文化部在各大区不多的记者施加了过多影响;我认为更为准确的印象是,大区文化活动干部配备不足。干部缺乏的事实 1967 年在大庭广众面前被揭开:"一个省的文化堡垒往往限制在两三个人之内,包括档案保管员、图书保管员和博物馆馆长,这些职员明白自己的活动是与省里的社会经济生活分割的,不会对高级技术官员的决定产生过多的现实影响。那些技术官员往往把他们看成是可轻视的,正在衰败的一类人的最后代表[106]。"

作家部长确认,文化部经常在强迫自己思考未来[107],还补充说这是"一种出自非个人的行政上的考虑方式。但一般来说,也可以不去理它"。1962 年以后,虽然他经常嘱咐办公室主任要服从、监管、下达指令,自己却没有在规章制度上发挥热情。他是一个细致入微的人,有时宁可花"大量时间去操心别人可能认为是与文化部的整体行动相比很小的事情,然而这些小事对他来说,却有特别的意义[108]"。不过,只有法国海外省的旧官员到来,才最终提供了大量使新思想具体化的必要的实干家。于是文化部筹备了大规模的计划,比如,在安德烈·沙泰尔教授的资助下,通过阿尔萨斯及布列塔尼两个先锋团队的工作,最终于1964 年建立了清查建筑和艺术瑰宝的总列表[109]。这两个团队深入进行科学研究,坚信不能因为自己"有益于认知而降低这个科研水平";他们的清查包含发现和认识新的知识范畴,与英国人 1900 年以来对教会堂区的调查做法如出一辙[110]。

乔治·蓬皮杜的友情

文化部在 1959 年和 1960 年给它的创始者们的感觉是,待在"旷野上的小木屋里,像是掩藏在里面负责做着让一座房屋拔地而起的工作[111]"。乔治·蓬皮杜的友情支持从 1962 年开始,促成了几项积极变革。这位取得过文学教师头衔的人在 1955 年就曾写道:"所有的事实让我们确定,马尔罗并未结束令人吃惊的人生[112]。"1958 年,还只是将军办公室主任的蓬皮杜曾八次与作家碰面。他们私下已成为好友,因为他们的家庭成员经常往来,他们的孩子也有友情联络[113]。针对安德烈·马尔罗和玛德莱娜·马尔罗的谋杀迫使他们离开布洛涅的住宅之后[114],总理细心周到,友好地让部长使用了自己在凡尔赛宫花园里的官方休闲住所灯宫。然而,乔治·蓬皮杜有时气恼的是,国务部长有时并不在部里。这位国务部长成为如此脆弱的行政管理机构的领导三年后,还以为自己可以不去部里上班,一周只去两个半天思考问题就行了。他甚至还写信给他的新办公室主任[115],向他建议同样的做法,安德烈·奥罗显然是不能任自己这样做的!

自米歇尔·德勃雷离任以后,马提尼翁府就通知马尔罗,必须更换办公室负责人,他们建议选择的是严厉的安德烈·奥罗,1958年市政工程部罗贝尔·比龙的原办公室副主任,1959至1961年埃德蒙·米舍莱的印章保管办公室主任。奥罗从1962年5月22日起,就指示各负责人要有摘要记录,介绍某些重大事件以及与工作人员相关的决定:"关注某些基本原则,有助于文化部在运作过程中协调不可缺少的良好的管理办法[116]。"

总理从1962年4月到1968年7月,都很有规律地接见过国务部长:1962年21次,1963年17次,1964年4次,1965年13次,1966至1967年12次,1968年4次[117]。蓬皮杜的办公室主任安娜-玛丽·迪皮伊注意到,马尔罗是多么担心她记错或者没有弄清楚接见的时间;有时,她很想对作家部长说自己不是文盲,他无须复述她的信息,确认是否传达完整[118]。然而她尊重在作家所有书籍上读到的"精彩神谕"。但是作家部长在马提尼翁府和在别处一样,经常由于言行荒诞怪异而被打入另册。因此安德烈·马尔罗并没有参加整治国土首先是巴黎国土的所有部长会议。

只在部分时间工作的部长?

马尔罗从官方角度而言,不再是文人。1963年8月22日,他的高小同窗布朗丹给一家杂志编辑——此人想要一篇纪念德国小说家居斯塔夫·勒格莱,这位旅西班牙老战士的文章——写信道:部长任职期间,被迫放弃了一切与文化部无紧密关联的活动,因而放弃了原来的文学活动[119]。不过,由马尔罗主办的汇编《形式世界》仍在发行,各种再版的准备工作和前言,占据了他的部分时间,从 1965 到 1967 年,还没有投入《反回忆录》撰写之前都是这样。阿兰·佩尔菲特记叙道:众所周知,部长上午写作,留在家里,下午才来办公室[120]。

不提部长的旅行时段,也不算他一周两个半天的上班时间,文化部多年来在六天时间里,都可能是在没有良师的指点下运作的。部长从 1967 到 1969 年,还有每天黄昏的间歇时间,都待在韦里埃-勒比松、露易丝·德·威尔莫兰那里,从每天的下午茶时间开始,直到部里的雪铁龙汽车,完成从首都到他的这位女顾问所在城堡 15 公里的行程来接他[121]。我们知道,从 13 时到 15 时也是大家走出文化部的午餐时间,大家都清楚,乔治·蓬皮杜从 1962 年秋季开始就在部长会议上抱怨,无法碰到文化部长,即便是在公务时间以外。蓬皮杜抵达马提尼翁府六个月以后,无法抗拒自己"要往马尔罗的花园里抛石头的念头",借此告诉所有人,他在监督每一个人[122]。就算夏尔·戴高乐赶来解救自己的亲密好友,总理还是对部长的习惯和波动的身体状况做出了概括。部长尽管只出席某些会议,大家往往还是喜欢让他说话。安德烈·奥罗证明,在讨论在未来法兰西岛建筑新行政省会的一次会议上,马尔罗关于在建筑上应有所行动的开场白听上去"带着某种柔情,然而大家感觉事情也不过如此而已了",再说部长并没有全面考虑建筑的功能需求,在这一点上,还是内务部长提醒了他[123]。这就是为什么他考虑把瓦尔-杜瓦兹省的省会设置在圣杜安-罗摩那的原莫比伊松修道院时,只被看作是处于梦幻状态时的想法。文化部长还曾被排除在关于视听教学的一次会议之外,而视听是他 1945 年起就有预感并表述过的事情。马尔罗始终坚持在政府的工作,包括他 1966 年健康严重恶化的时候,1967 年,蓬皮杜总理作为大选的战略家宣布了"马尔罗获得 50 万选票[124]"的结果。

以荒唐的智慧对付官僚主义的虚伪

国务部长无论如何都没有忘记，自己过去曾有放纵、荒唐、古怪的旧习。他没有把箩筐和炖锅（琐碎事宜）之类录入认为毫无意义的文件，却提议把它们放进荒唐事务的文档之中[125]。他年轻的时候发表色情小说，就创造过一个荒唐色狼街的虚构住处。他建议安德烈·奥罗只回复"没有拼写错误的正式函件"。马尔罗这位艺术爱好者在活页纸上记下过这么一句话："不是毕加索在询问黑人艺术，而是黑人艺术在拷问毕加索。"他还果断评价过在埃克斯－普罗旺斯博物馆发布的一则盗窃通告，指出那张被剽窃的油画不是克拉纳赫（15 世纪德国画家）的作品，但属于这位画家的流派，他补充道："小偷不如去偷兰波的戴贝雷帽的这幅画，虽然那帽子大了点儿！"他一会儿在记录上说，人家没给他找到一尊圣母玛利亚的雕像很荒谬，一会儿又说，舞蹈家雅克·沙佐[126]已经不再是仪表堂堂的老师了，但是必须给蓬皮杜夫妇的这位朋友找份工作。他在关于电影编导乔治－亨利·克卢佐的文件上留下这样的批注：这是个疯子，但天赋极高。在其他情况下，他又写道：他自以为有理，但这道理并不成其为道理。

安德烈·马尔罗与人面对面的对话，有时是在名餐馆的午饭时间[127]，但更为经常的是在围着办公室桌子打转时进行的，他阐述突发的奇想，意识到自己很难解释清楚时，也不想就此放弃梦想。文化行动的团队因此评价奥罗是一位冷静的领导，他懂得在部长的言论中参与他的幻觉部分，知道要小心谨慎引领这个由不协调的板块拼凑起来的文化部。埃米尔·比亚西尼是文化宫的主要倡导人，后来成为参与密特朗总统府大型工程的国务秘书，他热情赞扬奥罗："马尔罗就算能酷似一位名副其实的部长，也要归功于安德烈·奥罗；他忠诚、严峻、客观，成功地让这个极为不协调的拼凑体得以正确运作[128]。"比亚西尼作为第二位办公室主任,与安德烈·马尔罗共同工作三年离开后的接替人,也是来自行政法院的。安托万·贝尔纳是马尔罗的第三位也是最后一任办公室主任,于1956至1957年参与了文学艺术国务秘书办公室的部分工作;部长的健康以及贝尔纳本人的个性,让贝尔纳选择了另类的工作方法。第一任主任在此树立起来的不大会恭维的形象,被他推翻了:"他因能为这样一位部长服务而受赞赏,他把自己的忠诚与特有的拐弯抹角结合起来,只操心一件事:加强行政机构管理,让那些向自己展示同样风格的冒险家放规矩些[129]。"

1966年行政分割前以及三年后的管理,给老旧习俗或异想天开留下了过多的位置,马尔罗的朋友和崇拜者,以后升为文学艺术总管的加埃唐·皮康在1962年9月25日的一纸记录证实,奥罗提供的榜样滚成了雪球。文学艺术总管各部门的"决定性结构"生效。因为皮康识破了"在行政管理上不忠实的目的是,尽可能长久维持现状和走廊里的太平",马尔罗这位最亲近的合作者想要结束"官僚主义的欺诈,在统治集团里被颠覆的阴谋炼金术[130]"。埃米尔·比亚西尼也懂得,部长希望不要把财政和管理上的难题都充塞到自己的办公室里来。这位年轻的办公室主任认为自己"有幸接受了一个全新范畴内的重任——文化行动[131]",很清楚自己"要让在社会上和地理位置上分散的资金落实到位,用以传播经典"。罗贝尔·利翁于1965年审查了关于文化宫的设想后,充分估计了缺乏严密性的危险,支持了埃米尔·比亚西尼时而轻率表现出的立场。部长则一直坚持选择对创作者的自由表示赞赏。部长在剪辑一部戏时,会说明自己的建议不过是个提示[132],当比亚西尼不愿意向接受国家津贴的剧院负责人发通告,提出"他们的行动有政治化的危险[133]"时,部长赞同了比亚西尼的立场。安德烈·马尔罗经常自说自话,但还是十分明智地对信任自己的办公室主任说:"你喜欢做什么就做吧。那会是你做得最好的事[134]。"

文化宫——不尽的美梦

能让有知识的人充实丰富起来的是文化，唯有文化……

——文学艺术总管加埃唐·皮康：《创作与文化》

安德烈·马尔罗为了使自己重新负有某些责任的三个行政部门（艺术、国民教育、青年和体育）的新结构之间有所区别，想在文化宫上寻求解决办法。他拒绝把"管理娱乐的问题[135]"放进文化范畴来考虑，他还记得 1934 年革命作家与艺术家联合会想象过的文化宫：人们当时在巴黎市中心看到演讲、展览、电影和自编自唱的艺人[136]。他也没有忘记朋友雷奥·拉格朗热希望为劳动者扩展"在娱乐当中发现生活乐趣和崇高意义[137]"的可能性。马尔罗 1945 年 6 月 9 日在普莱耶尔大厅曾重提过这样一个理念，组织娱乐活动：一方面要借助民主，另一方面还要通过比如电影，还有继印刷术后出现的留声机这些技术探索，文化因而会难以避免变成永远是更多人享有的特权。拉格朗热希望国家有所行动，通过这个行动，属于人类的精品不会被那些毫无意识的人来安排，而是任何人都可以支配[138]。马尔罗反对国民教育的不良意愿，却复苏了社会党人 1936 年的梦想和自己 1946 年的夙愿：在每个省会成立一个文化宫，从博物馆清除学院派的蹩脚艺术品，代之以法国的色彩丰富、具有真实崇高价值的 100 幅主要油画精品的复制品[139]。

与人类思想接触

部长 1959 年 11 月 17 日向国民议会宣布,在法国每个省份的文化之家"将普及我们试图在巴黎做的事情,让任何一个年满 16 岁的,即使十分贫困的孩子,都能够真正接触到自己国家的遗产,并获得人类思想的荣誉感"。他还记得 1936 年文化之家的省级网络,他想依赖 50 年代初,在雅娜·罗兰支持下发展起来的戏剧中心的行动。第一座真正的文化之家,即布尔热之家,安置在 1934 至 1939 年建造起来的国民之家;加布里埃尔·莫内,这位地方戏剧中心的创始人,是那里的负责人。其他戏剧表演队的老成员,继雅克·科波之后,都站在了省里被诱惑的人一方,准备参与这项广泛的政治计划。即便是在首都,也会有一座房屋建筑作为"在工人区安置剧院的首次重大体验[140]"。吕克·德克纳,这位希望文化大众化的人,将是东巴黎剧院的居伊·雷托雷的主要合作者。雷托雷 1954 年在自己的出生地梅尼尔蒙当区建立了公司;同业公会会址是这家公司的建筑基地,1972 年取得了国家剧院的身份却从未真正成为一座文化之家。然而从 1964 年起,那里愿意承担接纳18000 名预约者时,部长表示了祝贺:"人们不用从巴黎的角角落落赶往美丽城了! 尽管这里和美丽城其实是相关联的[141]。"马尔罗铿锵有力地说:"任何一所提供学术教育的索邦大学都不能替代文化之家的作用,文化之家带来的是鉴赏和挚爱[142]。"部长接下来承认,文化之家不能总是照它的原样管理,人们还没有在管理机构、城市和国家之间找到一个良好的关联系统。然而他确定,文化之家成为最好的以后不可能变得最糟。帕斯卡尔·奥里作为文化历史的倡导者准确地写道:"1959年传说中的文化宏伟目标和十年后要取得的具体成果这个现实之间,还有很大距离[143]。"不过,这可能对部长本人来说[144],文化之家还没有完全成为必须列入规划的事情。

通过热爱经典体现文化

　　文化宫(原文化之家)到 1969 年只落成或开放了 10 座[145],而部长梦想的是建设超出上面那个数字 9 倍以上的文化宫,在马尔罗执政的 10 年时间里,发生了什么事情?巴黎的教义改革,民选代表的谨慎态度,希望最终控制或干脆不要自己的文化策略,尤其是财政部的保留意见制伏了文化部的乌托邦:这让大家明白了,文化是丰富多产的,是通过创作者表达无限形象的,"易中之难"的创作才让人更喜欢。1959 年,有些人还在认为,在第四共和国安德烈·菲利普的创意下,有可能在青年之家和多重文化之间建立联系,未来的文化宫应成为集中"小城市或大城市的居民区所有创造活动[146]"的娱乐场所。而部长期待推广的却是建立在热爱经典基础上的文化,他认为,使业余爱好者的实践更有价值不会成为问题。他对致力于民众教育的团体不感兴趣的态度很快表现出来后,青年和体育高署以此为由,收去了绝大部分贷款。1961 年 5 月,皮埃尔·莫瓦诺确定了对文化宫性质的要求:文化宫应该围绕具有专业特征的艺术中心安排活动。1962 年 7 月 30 日,戏剧、音乐和文化行动负责人的记录明确指出,唯有在他监护下的"具有专业特征的团体,或能形成与上述行动方式一致,或能活跃并体现我们某个文化宫特色的活动,才能参与我们推动下的文化行动[147]"。

　　1961 年 6 月,部长在勒阿弗尔市被修复的简陋博物馆,即第一座文化宫的开幕仪式上,向媒体宣布[148],这个建筑的特征具有灵活性,它有权适应所有形式的艺术、思想和表现形式。文化部为了庄严迎接经典作品,考虑用 6340 万法郎的价格建造 25 个新文化宫,整改 5 座建筑[149]。最终被列入 1962 至 1965 年间的第四个五年计划的需求资金量达 8560 万法郎,这笔钱可以建造 4 个大规模的文化宫、8 个带多功能厅的和另外 8 个没有演出厅的文化宫。然而,当跨财政年度拨款法确定拨 9000

万法郎帮助青年和体育高署建造社会教育设施时,财政部却砍掉了瓦卢瓦街的请求,1962 年文化部估计需要 1000 万法郎的时候[150],财政部只同意拨给了 185 万法郎! 发展文化宫的政策因为多重理由,然而首先是财政上的原因,面对第四个五年计划中的文化委员会下属的两个负责戏剧和文化行动的分会,与 1960 年介绍的方针产生了截然差异[151]。

新的文化方针

文化部成立 5 年多以来,文学艺术总管大胆确定:文化宫将会怎样,我们并不了解,但要一起探索;文化宫需要生存。文化宫的生存证明文化部与原国务秘书处推广的不是一回事。一事无成,百废待兴。一切毫无保障时,都有待我们、你们去冒险[152]。财政部的高官却根本不想把赌注过多押在这个冒险上。埃米尔・比亚西尼甚至在成为加埃唐・皮康的助手以前就觉察到了这一点[153]。他 1961 年 10 月 25 日的笔记表明:关于 1962 年的预算数字"残酷地显示出现实情况,它让我们在圣艾蒂安、布尔热两地的榜样行动上遇到麻烦,禁止我们哪怕是'小笔开销'。意思是首先要明确策略和行动计划,然后要集中责任岗位[154]"。1960 年确定的文化方针由于与皮埃尔・莫瓦诺支持的内容相反[155],1962 年以后就没有坚持下去,这一点通过 1962 至 1965 年期间公开的预算统计数字做出了说明:这笔资金的数额甚至还没有达到当初财政预算的 50%。

埃米尔・比亚西尼作为文化行动的领头人,从 1962 年 5 月 10 日开始做了一个笔录,我们可以从中发现其严酷性,但是这将成为他行动的基础:"文化部建立 3 年以来,还不可能在证实最具独特风格,必须给法国文化生活带来天翻地覆巨大变化的领域,开始有所表现。3 年来,我们还不可能向财政部出示行政文书——财政部对文化部的生机还存有争议,因为确定上述政策的关键要点只能在缓慢的节奏中诞生,我们如今其实还处在起步的基础上[156]。"

日期标注为 1962 年 10 月的文件《第一年的文化行动》,重新定义了文化宫的任务、设立的条件和法兰西岛的计划;埃米尔·比亚西尼在此确定了对国家和城市投资均等的原则,他希望"将优先权改造为资源共享"。在他的部长提醒他"被忽视(文化)的时代已经过去"时,比亚西尼依靠分散在外省的多数戏剧中心主任和有不同意向的市长,成了"文化行动名副其实的商业旅行者[157]"。他希望部长常到外省来支持一下发生的变化,但仍旧没能改变安德烈·马尔罗的生活节奏。不过,比亚西尼在马尔罗不打算去卡昂市参加文化宫开幕式这件事上,还是有相当影响力的[158];确实,那个文化宫在艺术界的地位下降很快,随后变成了娱乐宫。加埃唐·皮康把筹划财政预算和出示重要信件的工作都交给埃米尔·比亚西尼做,比亚西尼模仿这个做法,把应细心完成的给不同部门的日常通信都交了另一位来自海外省的老职员。居伊·布拉若也十分理解马尔罗部长使用的方法:"用突如其来有时还有些费解的方式"阐述重大方针,让自己手下的各部门负责人,在上级的掩护下,都去关心创建现行机制,绝不介入"漫长复杂的,有时在政治上棘手的行政操作[159]"。然而只是安德烈·马尔罗的名字,对文化行动的负责人来说,就是"一面卓越的旗帜"。马尔罗没少威胁财政部或省长,没少碰到部里大发雷霆的人,甚至是将军的暴怒[160]。

有争议的目标

"晚点儿再对比亚西尼说漂亮话吧;但是照行程安排,必须到'外地工作'一天";这个绿色笔记记录下的给安德烈·奥罗看的内容,清楚表明了部长从身体到精神都不可能在大区消耗过多时间。作家根本不喜欢走出自己的出生地法兰西岛,他在那里养成了进自己最喜爱的餐馆的习惯,被他的同事佩尔菲特温情嘲笑道:"惊人啊,这位战前的革命英雄竟然只能在四星级餐馆用餐[161]。"自作家部长离开邦迪以后,任何让他回忆童年时期平庸郊区的事,都无法让他接受。他也不欣赏辽阔的法兰西农村,他的《反回忆录》里的一个人物说,自己那时想象的"乡村景色又傻又蠢,属于庇卡底类型的,要什么没什么[162]"。不过部长在亚眠文化宫时却发言说,这里发生过的事属于历史范畴,结论是:"你们尽力做的是在法兰西的人都想做的最美好的事,因为,10 年前外省这个丑陋的名词就可能在法国绝迹了[163]。"不幸的是,当部长 1966 年在庇卡底大区首府提到需要 300 亿旧法郎"做在这里经历的,整个法兰西的事情",提醒人们注意国民教育部的贷款却达到了 17000 亿旧法郎时,并没有促使他更改这个信用贷款的数额。

马尔罗的退缩立场有时把自己塑造成了提线木偶,让某些人认为可以拉动提线,然而权力却在预算仲裁那里。1966 年 5 月,财政部总督奥普诺的一个通报十分清晰,提前摧毁了通向亚眠的草拟蓝图的机遇。这个通报揭露了许多信贷操作上不合规范的地方,认为每年不可能建造两个以上的文化宫,尽管在这里集中起来的作品是用来"给所有愿意聚在这里的人提供精神生活的"。当部长面对国民议会议员大声说,自己只是向他们要求相当于修筑 25 公里高速公路的经费时,财政部已经做出裁决:"法兰西能用这笔微薄的经费在未来 10 年里,重新成为世界第一的文化国家[164]。"不过,勒阿弗尔的第一座文化宫一直处在市级博物馆的地位上,这个事实让一位财政部督察说,在那里安置的那座文化宫,物质条件"极为不佳,这让它的发展前景变得虚无缥缈[165]"。奥普诺的文件则认定"在文化宫规划的任务,甚至它们的名称都让人雄心满满",文件甚至提到在布尔热和卡昂市聚集了年轻热心的公众,从而得出结论:这就是前所未有的成就[166]。

不充足的预算

马尔罗在 1968 年 11 月 13 日与大家一起讨论自己最后一笔财政预算时提醒,文化部一直都在忍受资金的整体匮乏,因为这笔钱几乎没有超出过国务秘书处给艺术院的经费。1968 年的文化事务财政预算的报告人瓦雷里·吉斯卡尔·德斯坦在前一年就很高兴地告诉老同事,他的文化部几乎不可能达到第 5 个五年计划的目标,因为在他执行的前 3 个五年计划中,只启用了 33% 的必要预算用于艺术教学,54% 的预算资金维护和恢复古迹。即便考虑开启 51% 的需求贷款用于文化宫的设置,与初步概算总额相比,也会产生 9900 万法郎的赤字。

然而 1968 年是 10 年来文化部财政预算最好的一年,可能是因为戴高乐将军至少有两次通过书面文件提到文化部的前景。1967 年 1 月 21 日确实有过一份顶级机密文件[167]明确表示:"我亲自审阅了马尔罗先生的通报以及我们的秘书长对文化政策的评价。马尔罗先生的计划不言而喻,是经过充分论证的。"当年的 6 月 9 日,共和国总统写信告知乔治·蓬皮杜,支持马尔罗先前的通报。他在信中表示,文化部的经费要重新评估,"对加强管理办法和完成计划的目标,都该如此"。戴高乐将军还支持要不加拖延,在美丽城建造一座样板文化宫[168]。他在 1964 年就解封了开放布尔热文化宫和筹建东巴黎剧院运作的必要贷款[169]。居伊·雷托雷的团队立即利用时机为印象派举办了画展,9 天时间迎来了 13000 名观众,其中还有 2230 人拿到了下一周进入网球馆的免费门票[170]。安德烈·马尔罗很快给埃米尔·比亚西尼写信,表示了对他在东巴黎剧院问题上行动的敬意:"我亲爱的比亚西尼,我很乐意告诉因病没来的皮康,我决不会误解在东巴黎剧院的行动上,应属于你的功劳以及其余部分。祝好。安德烈·马尔罗[171]。"

对免费提供文化的期望

瓦雷里·吉斯卡尔·德斯坦针对 1968 年投入艺术院的微薄信贷，再次提到一个早在 1873 年就被其祖父阿热诺·巴杜[172] 在一次讨论过程中发挥过的财政预算这个古老话题；可是他却避免提及在里沃利大街自己领导的各行政部门，在这个低微信贷政策中拿到的份额，尤其是从 1963 年起实行稳定计划开始以后。这位加尼耶宫的常客揭露歌剧滥用补助以后，要求关闭法瓦尔大厅，"当然他本人从未涉足过那里[173]"。部长准备委托让·维拉尔进行调查后予以回击，然而 1968 年也许理所当然会成全他们的计划。国民议会财经委员会主席从另一方面强调了一个事实：法兰西艺术院 1908 年就拥有超出给每处遗迹支配的一倍以上的贷款（是 1240 法郎而不是 587 法郎）。那位惯于高高在上的老同事（德斯坦）回应道，可以确认，自从戴高乐将军返回政坛以后，自己的那位部长面临的是与过去最为猛烈的、大家都没有认识到的决裂："现代社会混杂着本身的未来和过去，极少体现现实"。

马尔罗宣称总有一天"文化会免费"，还预见了 21 世纪初将会形成使用互联网的习俗。这位代言部长的这个预见，在 1967 年 11 月 9 日面向国民议会议员提出以前，就已经回荡在了 1964 年和 1966 年布尔热和亚眠文化宫的揭幕式上；1968 年人们还在格勒诺布尔听到过同样的说法[174]。1964 年 4 月 18 日，安德烈·马尔罗回忆，自己曾在 5 年前说过"法兰西要在思想领域恢复自己的使命"，还说，人们从各个角度的回应是：请您去号召法国民众吧，他们是不会来的。他在一座拥有 6 万人口的城市，向"充满大厅，思想混乱的人"致意。在全人类被"无边强大的想象包围"时，"在我们每个人身上都还会存有脆弱的梦想"。他揭示说："古老的不祥范畴被称之为魔鬼的群居之地，是性范畴和血腥范畴的合体。"他认为"面对最令人讨厌的电影和电视，应该有些有价值的东西,而不是简单地加以谴责"。1966年3月19日,部长在亚眠的一次《麦克白》(莎士比亚的四大悲剧之一)开演之前,向比在法兰西喜剧院的观众人数还多的常客致敬,为10%的国民凝聚在了思想领域而欢欣鼓舞,也为那些洪水般的愚蠢言行感到悲哀,他认为我们的文明问题"并不完全是娱乐问题":文化就是当人们不知道自己在地球上做什么的时候给他们的回答。其余的事呢,最好到其他时间里去说,还有幕间休息呢。

　　1968年2月4日,安德烈·马尔罗再次感到兴奋的是,常去布尔热文化宫的参观者有11500人,常在格勒诺布尔参加活动的有18000人。他了解到,在1966至1967年的这段时间里,所有的文化宫接待了10万名参与活动的人、70万名观众。他认为"文化宫是具历史意义的现象",电视帮助文化宫充斥了人数,文化宫却完全没有"回应消遣的需要"。当革命作家和艺术家们想在人群膨胀时减少他们的人数时,部长重新拾起了30年代的旧梦。他驳斥了认为文化宫的大众可以等同于不久以前的资产者的观点,资产者是通过街头巡回演出剧目得以消遣的,"文化变成了集体所有的自我保护、创作的基础和世界贵族的遗产"。1968年春季,这些信念将被扫除,成为标志马尔罗的"惊雷轰鸣、统一格局和各地兑现者[175]"时代的结束。明显的变化将会发生,出身于中产阶级并受到教养的大众,将会去利用丰富多彩的文化赠品。

码上解读
· 戴高乐的同路人
· 传奇色彩的文豪
· 文化上的预见者
· 缅怀历史先行者

争议和初步计划

> 马尔罗是一面光辉的旗帜，只要他本人不予以干涉，我们就可以有效地挥动这面旗帜。
>
> ——原戏剧与文化官负责人　埃米尔·比亚西尼

"确切地说，如今的大众已经不是本义上的人民大众了：大众艺术绝不再是阶级的艺术。"马尔罗 1962 年在纽约认定的这个观点[176]，被持不同政见的左派和极左派于 1968 年揭开了盖子。然而 8 年来形成的事实，可能深刻揭穿的是共产党参议员罗热·加罗迪 1959 年 12 月 8 日的言论。这位未来的共产主义叛徒，揭发了文化宫计划中明显的专制主义，认为在这里看到的是"为体制做宣传的文化手段"，配备的是权力机关指定的或招聘来的负责人，这些人都在按计划享受补贴。加罗迪事前就对这样的专横管理进行过批评，认为部长想要建立"一种家长制文化，把文化简单地当作遗产一样带给人民"。马尔罗接下来选择文化行动负责人的方式应该清楚地证明，反对他的人错了。弗朗西斯·让松接受了作为索恩河畔-夏龙的文化行动负责人的任命，他以前曾与阿尔及利亚独立斗争密切相连，确信曾有 15% 的阿尔及利亚人被关进集中营[177]，部长证明，在自己 10 年执政期间，政府的宽容大度一直是条规则。他 1966 年碰见让松时，对他说："在那场战争里有人说话，有人行动。对您说我亲近的是什么人，是没有意义的[178]。"对于这样的言论，左派喜欢马尔罗，而绝大部分国会议员却表示怀疑，认为这些言论过多打上了非理性或左派思想的印记。总理曾在某一天对建设部门的负责人,那位统一社会党党员说过[179]:您什么时候让我摆脱安德烈的那些家伙啊!

马尔罗私底下倒不怕肯定"法国人民愈来愈多地在利用"文化宫,如果是苏联人,"作为战无不胜的共产主义者,必然会经历我做过的工作。如果我不做,也会有人去做的[180]"。这个标明了日期的观点,依据的是这位被派往法兰西人民联盟的宣传代表在那个时代的记忆,他那时认为在共产主义者和戴高乐分子之间没有任何阻隔,这个观点同时被左派和因 1968 年五月运动失败而强壮了的保守派一扫而光。几个星期以前从苏联回来的安德烈·马尔罗,无论如何都相信,自己希望发展起来的为人人的文化,永远高于被苏联领导人觊觎的文化:"他们的文化宫是教学之家,不严肃。所以说,我们可以把格勒诺布尔(文化宫)打发到莫斯科去,而不要把莫斯科(文化宫)弄到格勒诺布尔来[181]。"

被批评的文化宫

文化宫作为言情而不是教学的地方,还不包括图书馆的事实,30年后被马克·富马罗利(法兰西学术院院士、大学教授、史学家、评论家)披露如下:"为'文化为人人'的说法辩解,隐含着居高自傲,无非是希望'大众'在多方协助下形成闪烁的图像和光线中皈依'经典作品'。马尔罗知道碾压资产者是白操心,便径直朝大规模的视听文化方向发展,并没考虑有人怎样在建隔离火墙反对他[182]。"这个明智的批评忘记了,马尔罗在最初的计划中,就已考虑在每一座文化宫置放免费的"复制品、光盘,最后是能最大限度包容文化的书籍了[183]"。安德烈·马尔罗甚至认为,传播高品质的产品,可以通过合法库存 50 本书"不花一分钱"来制作光盘。拷贝高质量电影的免税片,也可以经过一年经营后,免费交给一个中心机构去做。1945 年 6 月 9 日,这位未来的部长就提醒大家不要忘记雷奥·拉格朗热的祝愿,并把这个祝愿变成了自己的祝词:"希望大家都能找到免费倾听的光盘,都能不付钱就读到有价值的书籍。"他解释说,这和市政图书馆的陈旧系统不一样,因为制作光盘的办法可以延伸到"人类的全部作品[184]",我们愿意"把整个法兰西和这个文化意愿结合起来"。

初步总结文化行动的结果,无论如何,都多亏了文化部,才没有受学院派观点的左右。1965 年,《世界报》报道,三个戏剧中心已经建立,并向 4 个首批文化宫致意,它们分设在勒阿弗尔、卡昂、美尼尔蒙当(巴黎)和布尔热,这都是文化宫的"典型"。米歇尔·德勃雷承认马尔罗向文化宫"倾入了挚爱和火焰般的热情";但他补充说"它们都不符合自己的罗曼蒂克理念[185]"。不过,马尔罗的团队即便是在联合国教科文组织的围墙内,也维护了马尔罗的信念:教育行动和科学努力承担的只是技术风险,必须用文化行动加以充实,这个行动可以"指明前两者的目的性,让它们为一种能量,即思想的能量服务[186]"。国民教育部长在参议院赞赏了这些言论,马尔罗通过交给安托瓦·贝尔纳的绿色笔记,让上级知道了这些情况;皮埃尔·莫瓦诺后来伤感地吐露:"我宁愿由马尔罗本人告诉我这些,然而他还处在自己的孤独感里[187]。"

在戴高乐的第二个总统 7 年任期的初期,财政部的监察交割证明书出台后,通过罗贝尔·利翁的报告,20 世纪教堂的计划可能有望延续。随后,让·迪布菲(画家,雕塑家)的抨击文章《沉闷的文化》揭露,文化这个词是"与恐吓和压制工具相关联的",文章确认:艺术在国家宗教层面的推广上,没有任何东西取胜。我只在国家层面上认出一张警察的面孔,我无法想象文化部会区别于文化警察、局长和分局长。极左派认为,布尔迪厄和其他社会学家的初期工作给文化部提供了武器。人们还在实施文化行动的负责人那里发现了那些人的武器,他们承认,当各地公众不积极参与的时候,文化宫的出入率是下降的。居伊·雷托雷从 1964 年起,要求 16000 名公众参加活动(其中有 40% 是工人和职员),指望东巴黎剧院 966 个座位的上座率超出 55%,他并没有隐瞒自己从 1954 年以来，一直通过自己的戏剧公司行会在继续工作，他希望"结束文化这个社会特权"。然而他宣称："我们抛弃了相当数量的、不愿意对我们的节目感兴趣的人，因为他们更喜欢勃洛特纸牌和茴香酒。那些人是绝不会来这里的[188]。"当 1968 年五月运动的风暴吹进各大区的时候，另类的推动者想毁掉每个人的文化乌托邦，就像后来第一篇论述文化宫的博士论文所述，最初形成的表面一致是迷惑人的："文化民主的大命题，如平等、进步、民主，为所有言论套上了光环。在一项广泛的共同计划里形成的一致意见，清除了思想分歧[189]。"

被揭发的文化宫

　　1968 年不同政见泛滥，暴露出对立的观点，维约巴纳市 5 月 25 日的声明，抨击了文化部政策和文化行动负责人亲自实施的行动。文化宫的几乎全体负责人和受资助的团体，都想转向，被排除在行动以外；他们表示犯下的过失是：我们所有人"不管愿意与否，都日渐变成了排除别人的同谋"。这些负责人反对资产阶级的文化特权，宣称有意帮助非公众从"任何范畴的蒙蔽"中解放出来，好让庞大的人类群体创造出自己的人道主义[190]。而作家们却和吉尔威克一起声称"言语就是人民的告解座"，文化宫的负责人要求将权力给予创作者时，并没有考虑左派发出的信息——人人都是创造者！
　　这些观点并没有把部长参照的伟大乌托邦思想臆想出来的失败反馈到他本人[191]。因为，就参与文化宫活动的人数而言，已经是一个成功：格勒诺布尔的参与者有 3 万人，东巴黎剧院有 2.5 万人，费尔米尼有 1.3 万人，亚眠有 1 万人，布尔热有 0.9 万人[192]。1968 年的风波过后，安德烈·马尔罗因此提醒议员们：文化宫成为最好的以后并没有变得最糟[193]。对马尔罗来说，文化宫不是带来知识，而是带来激情的地方，"艺术品身处人民，面对人民，恢复了生机[194]"。但是马尔罗深知自己没有贯彻政策的经费,爱丽舍宫的干预即便积极,也很难得,虽然戴高乐将军在布尔热的讲话,对高速公路和文化宫的造价进行过比较[195]。部长是很少在戴高乐将军方面寻求获得利己的公断的,他认为这样做像个纠缠不清的人。他让自己的团队被里沃利大街办公室的反复拒绝折腾得筋疲力尽。1962 至 1967 年的共和国总统府秘书长艾蒂安·比兰·德·罗西耶先生十分清楚:"马尔罗绝不在里沃利大街,也不在马提尼翁府寻求依靠,我认为他很反感在自以为不大的问题上去接近将军本人。他本可以做得更多更好,尤其是在增加文化宫的数量上,虽然他还没有穷困潦倒到仅够糊口的地步,但他还是为取得的一次次成功感到了欣慰[196]。"财政部对自己各部门的预算请求总是精打细算,伤了国务部长的心,他对自己最亲近的合作者说出了自己醒悟后的想法:"归根结底,政府应该在期待我们发展和拒绝为我们各部门提供发展的资金之间做出抉择[197]。"

文化的权利

即使文化宫的推动者应该教孩子"他们喜欢的东西",还是从各方面发出了反对的声音。国家人民剧院的创办人让·维拉尔自 1963 年 2 月 21 日起就指出,他不会要求再次接下负责人的委任书,因为他认为"国家不够重视东巴黎国家剧院的社会重要性和它具引领作用的经验[198]"。第四共和国时期发展起来的文化行动,在艺术院副院长亚娜·罗兰的协助下,并没有被年轻的文化部否决,但是文化部的创始人希望展示新的政策。亚娜·罗兰受到这个雄心的刺激,忽略了和她以前支持的团队在一起运作的许多新装备,后来竟揭示了"马尔罗政策基本是倒退的特点"。然而,部长把奥德翁大剧院托付给让-路易·巴罗和玛德莱娜·雷诺的团队,想把它变为法兰西剧院时,证明了部长的顽强意愿:做出创新举动,继续尊重享受补贴的团队的自由。

戴高乐将军 1959 年出席观看了在奥德翁大剧院上演的保尔·克洛代尔的一出戏，由皮埃尔·布莱制作音乐，安德烈·马松设计布景，这显然肯定，政权是愿意帮助创作者的。然而马尔罗照样尊重对话者，就像他让法兰西剧院导演阐明自己的观点一样："对于蒂尔索·德·莫利纳创作的《唐璜》(唐璜是《塞维利亚的嘲弄者》中的主人公)我只是提个建议，别的没什么[199]。"没有几个部长关心他这个做法，只是表面没直接表达出来！部长在一般情况下，与部里自己周围的最后一批人不同，他愿意成为合作伙伴而不是下令者，即便是在他热切希望有蔚为壮观的表演的时候。因此他并没有看到维克多·雨果的《世纪神话》的上演，他原本希望这出戏成为在"巴黎地区的一个显赫地点，比如沃日广场、宫殿广场、巴黎圣母院、协和广场[200]"上演的剧目。

60 年代确定的文化权利这个概念远远超越了文化部办公室的宗旨，然而对文化活动组织人的统治经济却是专利。那些人建议的"不仅是宜人的消遣，而是一种更为宽松和谐的生活方式"。他们扬言要"机智地告知[201]"居民，为他们组织娱乐活动。喜剧女演员弗雷德里克·埃布拉尔后来针对文化宫，批评去剧院看戏的人变异成了"文化宫百无聊赖的大教士[202]"。20 年前，弗朗索瓦兹·萨冈，那位因为《你好，悲伤》而大获成功的女作家，从自己的角度，揭发了骇人的附庸风雅，有人借这个风雅，惩罚了"那些下了班还去欣赏布莱希特或者皮兰德罗塞作品的精疲力竭的可怜人"："硬把那些剧目强加给他们，要他们去思考，是谁想用滑轮车把人硬拉到自己眼前的！这都是粗野无礼之举！应该给他们看的是费多的东西以便消遣、放松，就像那些悠闲的资产者花 60 法郎去看巴里耶、格雷迪或者我的戏一样。"萨冈对文化宫提"人民"的方式很反感，她认为"即使有参与政治行动的剧院，也主要是用来消遣的[203]"。批评家马蒂厄·加莱在去世前不久，披露了那个虽然曾配戴却柔弱的人(指马尔罗)揭示的政治和社会功能："他否认被称作'资产阶级'的古老消遣原则，希望演出必须有思想，或者释放被数百年惯例尘封的经典的'真正含义'。弄虚作假首先是知识上和原则上对现状不满造成的[204]。"被比作葡萄牙老独裁者萨拉扎尔，阿维尼翁艺术节和国家人民剧院的创始人让·维拉尔，终于厌倦了对自己不断诋毁的唠叨，回击了这种在蔓延的思想："你们只是夜间咆哮喧嚣的凡夫俗子而已[205]。"1968年对现状不满的那些人，无论用什么方式都没有让观众的口味革命化。近20年以后，公众一直对"镀金细木护壁板装饰的剧院"情有独钟。莫里哀若能在知名度等级上拿头牌的话，莎士比亚也只能在罗贝尔·侯赛因、达理·考尔、萨沙·吉特里、雅克琳娜·马扬、皮埃尔·蒙迪和让·勒普兰之后名列第八[206]。

马克思主义化或资产阶级化的文化行动

安德烈·马尔罗1966年在亚眠时说过，"文化宫是靠构架它的公众兴趣来定义的"；对参与活动者的社会学研究证实，文化精英主义只是在理论上受到质疑。部长办公室主任在1968年秋收到一份辩护词的要素表明，应该维持文化宫的目的，要去中心化，要有示范性，要通向所有艺术；然而要适当限制某些深奥难解的创作，要确定所配备的管理人员，必须从政治上遵从与官员等同的谨慎义务。总而言之，一个总是铭刻着马尔罗信念，宣称必须具备完善的创作者的自由的内部通报说："文化宫肯定犯有幼稚病，但是没有理由实施安乐死来把它改造成市级剧院[207]。"

然而大部分从1968年6月民选出来的人，都在这些文化宫里看到了左派的巢穴；保卫新共和联盟的议员克洛德-热拉尔·马库斯后来认为文化宫"给五月修筑的街垒带来了石块，无论在现在的和以往的事件里都是如此[208]"。他的许多同事都认为，正规的艺术被限制在了荒谬和虚无当中；社会党议员达尼埃尔·伯努瓦后来在1971年也说，文化的持仓没有单一价商店那么诱人，但是比火车站大厅受欢迎。对于大多数人来说,应该设法阻止文化行动"事实上的马克思主义化[209]"。第二次为文化部带来财政预算的瓦雷里·吉斯卡尔·德斯坦自秋季以来,在明显的成功面前让步了,但还是看到了缺陷和危机:"缺陷是在行政管理和行动上,继续维持着远离法兰西文化的过去和将来这两个方面。文化宫本身存在着危机,这些机构倾向于与大众隔离,变成了有一定数量的知识分子和大学生聚会的地方,并没有实现人民大众和文化宫之间的相互影响[210]。"

在乔治·蓬皮杜的 5 年任期中,除了有适当数量的文化行动中心,那些揭发知识狂人[211] 的人,还曾想任命保卫新共和联盟的一位议员为法国广播电视局的局长;这个人想让广播和电视充满快活的力量[212]。8年以后,共和国总统读到了格勒诺布尔文化宫设备负责人最有标志性的判断,倒没有产生什么懊恼的感觉。贝尔纳·吉尔曼证实,文化宫活动的预算经费,对比 56% 用来支付工资的这一大块,并没有超出开销的24%:"文化宫在经费上受到无可救药的压制,然而它也濒临死亡并遭遇谴责,因为它缺乏大度和热诚[213]。"尽管《新观察家》杂志探索了那片"失去梦幻的荒漠[214]",但还是让人们注意到,蓬皮杜中心的运作预算高出了外省最重要的文化宫预算的 14 倍;没有外省那些文化宫的存在,一些东西是不可能在法国通过艺术形式表现出来的,由此得出了有利于文化宫这位创始人的结论:"马尔罗也许并不是一名优秀的管理者,但他至少高瞻远瞩,充满梦想。"

两座位于卡昂和托农的文化宫,在马尔罗时代结束时就已经消失,但是索恩河畔-夏隆文化宫却还在建造,有两座(纳韦尔和兰斯)已经宣布开放,还有两座(昂热和克雷代伊)正在创办[215]。当时尚存的 7 座文化宫分别位于亚眠、布尔热、菲尔米尼、格勒诺布尔、勒阿弗尔、雷恩,还有位于巴黎的从东巴黎剧院演变过来的文化宫。始于第五共和国以前的剧院计划中的去中心化赌注取胜后,传播艺术感的赌注也步入了正轨。贝尔纳·古尔内坚持强调,必须在以往形势下建成的文化宫上,而不是在部长的才华和热情上观察它的现状:"在既热情又不大节制的风格上出台的这个项目,与部长息息相通,因为人们拿现实与安德烈·马尔罗的言论进行了对比[216]。"还必须强调,部长的观点伴随着一道指令,把"最大限度的自由"留给了当代人。

马尔罗的职务被终止后,曾当着皮埃尔·莫瓦诺的面兴奋地表示,自己曾在布尔热和一位叫加布里埃尔·莫内的"左派分子"一起,"共同反对过愚蠢的市政府,尽管只是表面的[217]"。然而马尔罗并没有对莫内提出的关于说服非公众的经费问题做出答复。有些搞笑的是,莫内竟提议像在学校门口用旺火煎牛排一样煎了马尔罗!文化宫推动者的财政收入,不允许最终让已经在文化领域拥有特权的社会阶层首先在那里出入。1968年的五月风暴爆发了被让-雅克·凯拉纳所说的"虚假共存的文化民主"。然而,建筑学家克洛德·帕朗[218]40年后却毫不犹豫,称文化宫还在前进,并保留着它们的用处:那是可以欢声笑语的庇护所。

保卫自由

马尔罗在1968年很愿意相信冒险还只是开始[219]:"有不到10个文化宫还在运作,其中还有好几个甚至与这个文化宫的名称不符。我们继续相信,它们的目的性是好的,是要把文化置入所有人的范畴的。主要是要逐步征服不再去剧院、音乐会、博物馆的公众,因为他们不可能去,或者因为他们认为那些事与他们无关。因此我们必须首先保护向公众展示的作品质量。还要保护那些文化推动者的自由,放任他们去尊重细微的管理规则。文化推动者一旦被选中(这个选择不可避免地带有随意性),只要能担当职责,就要对使命的理念和完成任务负责,在任何干预和压力下受到保护。"

1969年,即便部长还在保护文化宫这个创作,喜欢人们就此评价自己11年的当政期,但他仍旧承认两个儿子的离世,已让自己与青春诀别,感觉空虚在日渐纠缠他;人们在文化宫里和他在关于文化宫的许多讲话里,都觉察到这一点。部长在布尔热充分认定"人类不朽"的同时,确认文化犹如"一个人在镜子里看到自己将死的面孔时,做出的所有神秘回应"。他后来又在亚眠说,文化"是唯一可能进行的战斗,与黑暗一样强大"。然后,他又在格勒诺布尔说,文化只有"参照生命,才能把屈服于死亡的作品解救出来"。马尔罗愈来愈尖锐地意识到,自己在追随西方的衰败和戴高乐主义的终结,特别希望自己成为一个能与死神抗争的人。

扫码上解读
·戴高乐的同路人
·传奇色彩的文豪
·文化上的预见者
·缅怀历史先行者

第三章

与死神搏斗的部长

码上解读
· 戴高乐的同路人
· 传奇色彩的文豪
· 文化上的预见者
· 缅怀历史先行者

我一点儿不想去考虑为自己设置灵堂。无关紧要，没必要去谈论关键性的东西。

——安德烈·马尔罗:《虚幻之镜》Ⅱ《绳与鼠》

相继上演的悲剧

> 每每醒来都会重现噩梦,我急忙侧目观望:发现生者的神情沮
> 丧。
>
> ——阿兰·马尔罗:《布洛涅的栗树》

"亡灵之舞"是一张盒装唱片的名称,是安德烈·马尔罗送给兄弟
罗兰[1]的未婚妻玛德莱娜·利乌的订婚礼物[2]。这首合唱曲的歌词表明
了"爱情胜于死亡"的理念,唱出了特别呈现给这位女钢琴家的词句:
让我们在坟头上跳舞/跳吧,跳吧,跳吧/大家在这坟头上/围成圆圈尽
情舞蹈吧。阴森可怕的命运之神,打倒了这对未来夫妇及周围的亲人:
安德烈的两个兄弟克洛德和罗兰,在英勇加入法国抵抗运动在英国的
关系网后,都命殒西天了;安德烈的女友若赛特·克洛蒂斯的双腿遭火
车碾压后于 1944 年去世。安德烈和玛德莱娜共同抚养了罗兰的独子
阿兰与若赛特生下的两个儿子戈捷和樊尚,戈捷和樊尚却于 1961 年 5
月 23 日在科多尔的公路上与死神相撞。5 人丧生的悲剧降临在安德
烈·马尔罗头上不是第一次了。1903 年 3 月,还不到两岁的马尔罗,就
被母亲带到了圣莫尔德福塞墓地,探望埋葬在那里的 1902 年 12 月 25
日出生的小弟雷蒙-费尔南。哲学家让-弗朗索瓦·利奥塔尔认为,安
德烈随着母亲贝尔特的目光,看到了一副"可怕的混乱景象:一张埋没
在黏土堆里的死孩子的面孔[3]"。这个情景犹如他在《反回忆录》开始时
所描述的那样,是不是让他难以摆脱死亡并成为痛恨自己童年的诱因
呢? 他写道,生命的深度奥秘,几乎都呈现在了所有面对孩子面孔的女

人和面对死者面容的男人身上[4]。贝尔特幼子的猝死似乎孕育了马尔罗一篇处女作的灵感，当时只有 20 岁的他，已经在梦想杀死死神——这位撒旦的最佳助手，把这位死神殿下溶解在盛有亚硝酸盐的浴缸里了[5]。

摆脱不掉的幽灵

作家 30 岁那年写过这样一段话："不是因为有死亡存在，我才联想到自己的死，而是因为生命的存在[6]。"之后，外祖母阿德里安娜坚持让他去瞻仰了母亲的遗体[7]，母亲是在 1932 年 3 月 55 岁时猝死的，这个年龄几乎与她前夫过世的年龄相同。作家发现，母亲的面孔和手背还保持着青春，但是却生有"老妪的手掌，上面交织着细细深凹的纹路，宛如在命运中无法定义的所有不幸"。他在 40 年以后描写一位逝者时，还在挂念着母亲的遗体吧？那遗体"没有选择掩饰：看起来很像母亲的皮肤[8]"。无论怎样，作家对死者手掌纹路的观察，于 1934 年都写在了《轻蔑的时代》里的主人公卡斯内的母亲身上[9]，这个灵感直接来自母亲贝尔特·马尔罗-拉米之死。作家庆幸自己离开了母亲的生活圈子后，曾批评克拉拉去接近邦迪自家的那三个人——母亲、外祖母和重返巴黎的姨妈，质问她"您和我妈搅和在一起做什么?[10]"。不过，还没有和童年时代中断的这个人，很清楚贝尔特还是留在了自己的记忆里："'我的母亲'说的不仅是和我姓氏相同的那个孩子的母亲[11]。"他的素描《温柔的家伙》或许就是因为这样，才表现了一只孵蛋的母鸡[12]。他可能掩饰了岳母格雷特·戈尔德施密特自杀的事实[13]，然而自己的父亲早在 1930 年 12 月 20 日突发窒息死亡，还是成了他的文学素材。作家承认："我生命中最隐深的时刻并没有在我自身扎根，它时而纠缠我，时而离我而去。自取灭亡说的是我父亲的、我祖父的情况，到我这里，这个家族世风可能会被改变。"小说家想象，对自己 8 岁生日没过几天就丧生的祖父阿尔丰斯来说,用一把斧头毙命,显然比这位箍桶匠在粮仓倒塌以后压伤,死在敦刻尔克医院的结局要精彩得多。这个曾经的年轻人,当时被电影纪录片中满目疮痍的面孔所震撼,沉浸在影片为第一次世界大战被屠杀者发布的长篇累牍的致悼词中,甚至创作出不可思议的事情:他和同学们在战后的某一天去马恩河乡间野餐时,竟然把面包甩了出去,"他们恐惧万分,因为堆积在不远处的死人骨灰,随风轻轻飘来,覆盖了面包表面[14]"。

马尔罗1928年把《征服者》题献给了后来自杀的年轻朋友勒内·拉图什[15]。以后出现在他的小说《希望》和电影《希望》里的,都是他在西班牙战争中殉难的战友;抵抗运动的战友还经常出现在部长的发言里。然而,他一旦要特别接近自己的内心世界时,就选择了沉默。我要说明一下,部长在口头和文字审查给让·穆兰的致辞的一个段落时,在打字稿上留下了这样的句子[16]:"几千年来的抵抗替代了其中的亡者,然而用时其良久? 死亡做了多么可怕的抉择,才降临在了我们头上!"他已经太多接触了西班牙战友雷蒙旅长的死亡、兄弟克洛德被执行枪决后的死亡、另一个兄弟罗兰流放期间的悲惨失踪,或许还有他亲眼所见的若赛特经过化妆后的尸体和僵滞的面庞。他竟然在不知不觉中,积蓄了力量,去探究这一系列毛骨悚然的故事,追究自己还有多少时间能在欧洲抵抗分子的战斗中与兄弟重逢;他需要安静或者文学创作,去承受这难以承受的一切。

一个萎靡不振却坚韧不拔的人

安德烈·马尔罗被人观察到沉默寡言是在1964年12月,其实他在1961年6月去参加一家博物馆(勒阿弗尔市)的揭幕仪式时,就已经选择了这个态度,那是他想打造的第一个文化宫。《自由勒阿弗尔》报欣然将他介绍成"一个异常坚毅的人,一个没有衰老和不知疲倦,从未如此光彩照人并对人表示信任的中心人物"。记者赞赏部长的飞机能穿透迷雾降落地面,部长就是个超人:即便他"不指挥团队成员,也懂得如何控制他们,大刀阔斧,表示出对他们和自己的充分信任"。然而这样的马尔罗不过是个传说,因为他不得不在之前的5月24日去辨认了儿子们的尸体。在傍晚时分,两个孩子的车子曾在阿奈-勒迪克之前的科多尔公路上绕着一棵大树兜圈子。建于15世纪的上帝医院的病人们聚在一起,看见了从眼前经过的马尔罗,他消瘦的面部因痛苦而塌陷,还没有待上5分钟就"挺直腰杆,机械地挥了挥手",走开了。《巴黎日报》刊登的标题如下:《面色苍白的安德烈·马尔罗,抚摩了儿子们的棺木》[17]。特约记者一篇文章的按语概述了这场悲剧:

> 红艳艳的太阳还未下山。比肩的白蜡树树皮已经剥落,树顶的一只小鸟不停地啾啾鸣叫。树根堆积着破碎的车灯、挡风玻璃片、散落的皮制物和棉织物。一件血迹斑斑的白色衣衫,落在了斜坡上的绿草丛中。衣衫附近,留下了两个草莓般的新鲜血迹。戈捷和樊尚·马尔罗周二20点在此丧生。戈捷20岁,樊尚18岁。

报纸在5个栏目里登出了两张照片——变为一堆废铁的汽车和在自己的雷诺汽车里向众人打招呼的部长。弗朗索瓦·克鲁泽描述道,那辆蓝色的阿尔法罗摩汽车的轮胎并未受损,计数器上显示的里程数只有7420公里,孩子们当时正在洒满阳光的公路上开车回家:

> 15点,一个精神不振却表情坚毅的人抵达这里,他的神态沮丧萎靡,穿着一件深蓝色外套。左手插在上衣口袋深处,右手机械地抓着别人的手。额头上好像打了蜂蜡,面部混浊,一对宝石般的眼睛却炯炯有神。他的背驼着,但是头颈后仰,走起路来一冲一冲的。他汽车的前挡风玻璃上贴有三色的官方标志。要欢迎安德

烈·马尔罗,必须有省长和特派员出面,必须有闪光灯和人群簇拥的场面。要欢迎戈捷和樊尚的父亲,这群人的踪影就不见了。马尔罗大踏步走在两边种着紫杉和黄杨的柔软沙路上。当他伸出多次舞弄过武器和笔杆的瘦骨伶仃的双手,多次在非洲面具和亚洲小雕像上抚摩过的手指,慢慢摸索儿子们的白色棺木时,这位国家伟人和文学巨匠,这位活力充沛和满载荣耀的人物,肯定感受到了人间最大的不幸。

理解,也许对这个来向逝去的两个儿子致哀的人,不再有任何用处。他未加耽搁,来到两具棺木面前;然而,他还要重返回巴黎的路,在那里迎接他们,"他尽量挺直身板。双臂紧紧抱在胸前,右手却像不听使唤似的,不停地抬向面颊。于是他捏紧拳头,贴紧嘴巴。'谢谢,先生们',他用苍白而清晰的声音说出这句话后,回到自己的车上,车子开动时,他还在敞开的车门那里挥了挥手"。

儿子殒命整整一个月以后的 6 月 24 日,部长一直在勒阿弗尔和官方人士打招呼,但是隐忍悲伤的父亲却拒不发表演讲。他只讲了几句话,然后就用干杯替代了发言,"为今天开幕的文化宫面向 15 岁的孩子[18]"干杯。部长拒不去想樊尚·克洛蒂斯-马尔罗,那个刚刚度过 18 岁生日,但并不疼爱的儿子。可是他又忘不了樊尚离开布洛涅的宅邸时,自己不合时宜地,最后一次甩给他的那句话:"记好了,你可以做你想做的事,可这与我没有关系[19]"。死神在马尔罗行走的路上,与他擦肩而过,"在近旁敲打着他,从未忘记提醒他注意,他走的路荒无人烟,僻静冷落[20]"。比阿尔及利亚悲剧的负担,比 1958 年遇到不幸以后,还经常感到要保持冷静更为严重的是,他执守戴高乐主义的 10 年,一直为两个儿子的可怕命运满怀极度忧伤。报刊同意在发表了汽车碎片,还有在巴黎沙罗纳教堂里围起来的场所拍摄少量吊唁照片以后[21],就把这个悲剧隐藏了起来,然而 60 年代马尔罗的变故仍旧与这场悲剧难以割舍。巴黎沙罗纳教堂里支起了当作祭拜堂的黑色帐篷,里面架设了两台烛架式电灯,热烘烘的。5月25日,马尔罗"面色苍白,消瘦而挺拔[22]",向20来个到这里来的亲朋挚友打过招呼后,聆听了博克尔神父的悼词,这个宗教式的葬礼是这位神父建议马尔罗举行的[23]:我的上帝,我们热爱这些男孩,如果他们犯过罪孽,请原谅他们,请您和圣贤天使迎接他们吧。我们会继续去爱这两个孩子的[24]。

拒不承认双亡

　　1961年6月,勒阿弗尔的一位自己本想忘记,或者说想让别人忘记上个月发生的两起葬礼的记者,却莫名其妙又提到了玛德莱娜·马尔罗在祭礼上穿的是众人当中最为简单的黑色衣服!否认两个儿子的双亡,影响着安德烈·马尔罗与亲人的关系和他执行权力的方式。他接下来经历的每个5月,都会马上把他引向这些悲剧时刻:和孩子们的母亲1944年濒临死亡的时候一样。在他还没有驱车去黑色布帘围绕着的狭小祭拜堂之前,别人只告诉他孩子们受了伤,然而那时的祭拜堂已有4根蜡烛在燃烧,蜡烛前面的支架上摆放着2个长长的匣子[25]。科多尔的省长当时曾让部长的队列转来转去,避免让他看到"这样的场景:丢在公路下面的残余铁皮,挡风玻璃的段段残片以及道路侧旁被汽车碎片刚刚翻开的新鲜泥土[26]"。然而,安德烈·马尔罗还是看见了钉在棺材下方的纸板,尤其是写有樊尚·克洛蒂斯名字的这块纸板,让他猛地想起了与这个"没有正式承认"的孩子之间的冲突。他冷酷地发觉,由于这两个孩子的死亡,自己与若赛特的往日岁月都回到了虚无。他不久以后提起1944年的某一时刻,想轻轻触摸死神的情景时写道:"我身上隐藏之深的活力和临近的死神一样,正是合拢死者双目的绝望抚爱[27]。"

　　没有人能够说出,他留下这些字句之前,是否再次面对过孩子们的尸体,因为他们的棺木盖在他第一次经过棺木之后就被螺钉旋紧了。他在《希望》一书中写道,最有人文色彩的人会"建造阅览室或坟墓",后来在 50 年代初,他认为,"光荣的躯体并不在坟墓之中[28]"。让戈捷·马尔罗和樊尚·马尔罗这两个年轻人葬身的意大利赛车,在他们惨死前不久,还停在被樊尚涂过油漆,却已损坏的两轮大车遥相对应的位置。安德烈·马尔罗被迫在孩子们下葬后的第三天就身着西装,在爱丽舍宫出席为比利时国王和王后举办的晚会了,他的出场令与会者大为惊愕。比利时的法比奥拉和博杜安在离开布鲁塞尔前,曾给马尔罗发过唁电,然而他们可能也在看到他出席时惊呆了。欢乐的大厅在宣布马尔罗的名字时形成的一片寂静,立刻引起马尔罗的反应,他在妻子耳根轻声说:"我们吓到别人了!"不久后,阿丽丝·德·博马舍,这位礼仪长官夫人问起玛德莱娜她丈夫怎么可能来这里时,玛德莱娜的回答是:"他一直是与死亡伴随左右的[29]。"马尔罗在《反回忆录》里意味深长的几句话,就诞生在那个超现实的几分钟里:"我从未在欢乐的日子里参加过在爱丽舍宫举办的晚宴,在宛如上世纪豪华饭店的金碧辉煌的礼仪大厅里,竟然无视那个走向虚无的晚宴和它的 250 套餐具,还有照拉斐尔的作品赫利奥多罗斯所描绘的帷幔下面的乐手、莫扎特的音乐以及晚宴结束时哈布斯堡人的队列[30]。"他几天后在凡尔赛宫向肯尼迪的家人炫耀了共和国的这个排场,很满意自己能抑制住双重悲哀,谈论其他话题了,他要求合作伙伴们也不要再提与吊唁有关的任何言辞了。

难以承受之重

威廉·斯蒂隆曾经对马尔罗失败的服丧经历这样写道,服丧"在流逝的岁月里,构筑了如此沉重的负担,其中的愤怒、内疚和不止是压抑的悲伤成分,变成了自我毁灭的潜在根源[31]"。负责文化事务的国务秘

马尔罗传:幻梦与真实

书弗朗索瓦丝·吉鲁,不过丧失了一个儿子,然而她坦言道:难以忍受的感觉,要经历许多年。她不再提儿子阿兰-皮埃尔的名字,但是却一直保留着女儿卡洛琳娜·艾利娅谢夫的支持[32]。而那时的马尔罗却再也不想见自己的女儿弗洛朗丝,他唯一的对策是在酗酒中遗忘。他为在两兄弟的葬礼上看到女儿而感动过[33],却不能苟同克拉拉在吊唁信里表达的思想:"我希望我们的感情如此温柔、细腻的弗洛,对你而言是一种快乐,起码是一种安慰[34]。"马尔罗等待了5年化疗,他1967年向皮埃尔·莫瓦诺吹嘘道:这种针对大脑的化学疗法,这种新型药物,可以让一位父亲如同追忆20岁的往事一样,去思念他3周前猝死的孩子们。但是文学艺术事务的最后一任总管最终承认,他的部长再也恢复不到以前的样子了,他觉得这两件丧事在以后的岁月里,都深深影响着部长的行为[35]。当作家说起让·穆兰的棺材就像"一个童棺,有一个看不见的、降临在波罗的海夜幕中的幽灵守护神陪伴它[36]"时,怎能不联想到他还在怀念儿子戈捷和樊尚的棺木以及丧命于冰冷的波罗的海的兄弟罗兰?

马尔罗在45岁生日的第二天宣布[37]:"百年又百年,同样的死亡命运总在让人倒下",然而有些人却站了起来"试图用死亡优胜的品质缔造短暂的人生"。20年后,他的《反回忆录》提到了取之不尽的绚丽骨骼和死亡带来的无尽烦恼[38]。他找到了用《小不点儿》这首摇篮曲当哀歌吟唱的办法[39];这首曲子可能在他还不到4个月的小兄弟死亡之前,在他的摇篮边哼唱过。透过马尔罗《虚幻之镜》这个标题,至少就天主教神学而言,令人联想到了未受过洗礼而夭折的孩子,未经赎罪的正义者的灵魂。马尔罗在随后的日子里饱受争议。人们发现他在《阿尔滕堡的溺水者》里对这一点重新进行了思考。莫尔贝认为,生者把两个人形成的两具尸体,梦想成了两个沉睡的身体,经过被神圣判决过的人类想象之后,便成了"经过审判的责任人,是的,这样才能被称之为灵魂"。安德烈·马尔罗在《虚幻之镜》里写道,死神对自己毫无兴趣,然而他也承认"我与死神的关系还远不明了[40]";他从来不想弄明白自己为什么只想回忆戈捷的身亡,而神秘地掩饰着幼子樊尚的离世。

渴望卓绝超群

作家对与自己亲近的人,继续表现出"渴望卓绝超群和独裁"的态度。他在临终前不久,向他以前在军旅时期的随军神父博克尔吐露:"啊,即使不久以后,这位最后的预言家通过广播和电视面向终于准备倾听他说话的人,也会对死亡大叫:虚无是不存在的[41]!"弗朗索瓦·莫利亚克注意到,马尔罗从承受命运到被命运支配,最终总是回到"他不承认上帝的唯一真实上,回到人类唯一的遗物上,这些遗物未经多时,就被固定在了画布上、石头里,这正是死亡应该抛弃的战利品:人类艺术的经典[42]"。那位 1952 年诺贝尔文学奖的获奖者莫利亚克,直至辞世都认为:"马尔罗的真实是维持在对虚无的思考上的,他在其中冒险,却没能解救出自己[43]。"然而,当原部长必须对自己的这位文学同行的辞世致意,又要赶在接下来埃德蒙·米舍莱发表哀悼颂词之前时,这样写道:"我对死亡太熟悉了,简直不知道是否有与之相符的词语[44]。"阿尔贝·加缪 10 年前过世时,曾启发马尔罗写过一份电报,或许是因为他还记得 1957 年颁发给加缪诺贝尔文学奖的精美致辞吧,评委会原本是要用这些赞语褒扬《人的境遇》和《希望》的作者的。人们不能确定,是否因为当时书籍范畴还不属于马尔罗的文化部,马尔罗才没有考虑给加缪安排一个,犹如他后来为布拉克和勒·柯布西耶安排的庄重葬礼。但是马尔罗还是告知了加缪的遗孀,自己在法兰西喜剧院的节目单上,登记了她丈夫的一出戏。这之前,他写了一个很接近后来两篇悼词风格的官方唁电:"20 多年来,阿尔贝·加缪的作品与攀附他的正义感难舍难分。我们在他的身体面前摆放第一束鲜花致哀时,就是在向这样一群人中的他致意,这些人让法兰西展现在了人类的心目当中[45]。"

高层领导成群结队匆匆竞相向故人的家庭发唁电的时尚未到来之前,大家都认为媒体的一般宣传到位就可以了。因此,让·科克托于1963年10月辞世时,安德烈·马尔罗克制自己没有做出反应。这位院士前不久曾用溢美之词,提到过他们共同的朋友马科斯·雅各布[46],马尔罗是雅各布的保护人,还为他的处女作题过词。同时,由于爱丽舍宫不想向已故诗人最亲近的人让·马雷和爱德华·德尔米打招呼,便找到保尔·考克多夫人,把唁电交给了她。共和国总统向这位名声巨大的逝者致意,因为"他曾在各种实践中发挥才智,为法兰西的文学艺术遗产带来了卓绝丰富的奉献[47]"。马尔罗的朋友福特里耶1964年过世时,也让他保持了沉默,他让夫人玛德莱娜在一位画家的葬礼仪式上,把自己介绍给了大家,还满腹才气,向画家的《人质》这部作品以及"人物的铅灰色,那个可以永久构成死亡的色彩[48]"表达了敬意。

但是马尔罗可能并不想再去找象形文字般难解的痛苦了。无论如何,他这样写道:让他感兴趣的艺术家传记,"只有其中相当罕见的,能让作家改变艺术元素的作品"。他不愿意讨论福特里耶的饰带问题[49]。他没有理由去抓住棺罩的饰带不放,更何况这种表示悲哀的盛况已经衰落到被废弃的地步。他还逃避了1948年乔治·贝尔纳诺斯和1951年安德烈·吉德的葬礼。他在《反回忆录》里虽然提到了1948年7月8日乔治·贝尔纳诺斯的宗教葬礼,但根据的是夫人玛德莱娜的叙述。她说,阳光透过彩绘玻璃窗,照亮了棺木[50]。马尔罗却说自己无论如何都不要去,因为,他写道,在挤满人群的教堂里"并没有作家[51]",然而他却坚持要提贝尔纳诺斯,因为他将其视为20世纪初三位最伟大的作家之一。他欣赏这位作家把超现实世界的事实灌输给了读者,能够"婉言道出肺腑之言[52]"。这就是马尔罗在1974年为贝尔纳诺斯的《一位乡

村教士的日记》的出版作序的理由,他将该书的作家定性成了"最后一
位见证神圣怜悯之心的人[53]"。

马尔罗传:幻梦与真实

与死神对抗的作品

　　萨特这样说也许不无道理:对马尔罗和海德格尔来说,人就是"为死而生的"。

　　——如果不说赞同就可以说反对吧? 这只从表面上看是一回事……

　　——安德烈·马尔罗引用过的加埃唐·皮康的句子

　　马尔罗感觉自己在第五共和国的前 10 年里,一直身临"战斗环境和故事情景"。他能在幻梦中回到艺术家的世界,回到"思想和虚构的不稳定领域[54]",然而他再也躲不开的却是死神的纠缠。确实,作家从 20 岁创作《纸月亮》开始,就把死神变成了"撒旦最好的助手",小心翼翼却傲慢地提出了"死神帝国"就是荒诞王国的说法[55],随后他写道:"人称我为死神,但是你们知道我只是意外得到这个称号的。"然后马尔罗让罪孽杀了死神,还表现它们哭泣的样子,因为罪孽自己都忘记为什么要杀死死神了[56]。死神临终前庆幸自己被杀,因为它总是自杀未遂已感到厌烦:只有在我们习惯承受这个世界时,世界才能承受我们。当我们还太过年轻时,人们已经把世界强加给了我们[57]。1925 年,在虚构的一个白人和一个亚洲人的书信交流中,马尔罗设计的这个西方白人思考了欧洲人的思想:只有摧毁上帝才会发现死亡,并发觉自己再也不可能热衷于死亡了[58]。他拒绝乡间所有十字架提倡的信仰[59]——"这些相同的十字架控制了我们的死者",他质问欧洲:"在巨大坟墓里沉睡的只是征服死亡的人,经死者的辉煌名字一番装饰后,悲伤就更加深重了。年长孤独的主人啊,你留在我周围的只有荒芜,还有失望带来并反映出的真相[60]。"我们在《王家大道》里读到这样的语句:"屈从于没有孩子、没有神明的人类秩序,就是彻底屈从了死亡。"马尔罗40年后承认,他的主要人物佩尔肯,就是为了"思考人类可以对抗死亡[61]"才诞生的。由于马尔罗一直被死亡纠缠,小说家马丹·杜加尔才说,马尔罗的聪明才智"燃烧不停,耗尽了鲜活的肉体,如那灵柩台上的一簇绿色火焰,最终奄奄一息[62]"。

生活丧失了意义

1930年,雷蒙·阿隆在科隆聆听过马尔罗一场关于文化命运的讲座,他注意到,马尔罗所谓文化命运的结局,只是留下了覆盖着沙砾的、众神死后的神圣石头[63]。1931年4月,马尔罗认为,"现代艺术展示的最为重要的东西,愈来愈与永恒的思想形成了对立[64]"。然而死亡的思想继续纠缠着他,1933年给他颁发龚古尔文学奖时,他想到的却是活生生被扔进油锅里的中国共产党人,他向他们的牺牲精神致敬并肯定:"我要为那些亡灵写作。"马尔罗在母亲去世后几个月——可能这是读者并不了解的事实,以孤儿的口气描绘了主人公姚(《人的境遇》中的人物);姚的女伴梅,是他不必特为她表现出重要形象的唯一一人,与他最为情投意合:"这肯定不是幸福,只是符合黑暗环境的萌动感受,这种感受让他热情冲动,最终被禁锢到不能动弹,如同一张紧贴在另一张面颊上的脸。唯一留在他身上的,只有同死亡一样强大的东西[65]。"在玛德莱娜·马尔罗看来,1944年11月若赛特葬礼后举办的聚餐还是比较欢快的,因为这符合乡间民众的反应。安德烈却是满面愁容回到首都的,可他还是跑到吉德那里,使用技巧,谈到了那次意外事故:"我感觉,不管用什么方式,都不该靠近痛苦[66]"。

马尔罗因为丧失生活意义与妻子之间经常发生不休而令人心碎的

争吵,战友罗曼·加里确定,马尔罗是在"用文化填补与虚无的激烈战斗"。在夫妻生活里不幸的马尔罗,相信艺术品可以改变现状,甚至让《希望》的一个主人公斯卡利说出这样的话:"没有一幅画不是支撑在斑斑血迹面前的。"这部小说还有另一位主人公上尉埃尔南德斯,当他走到托利多时,知道自己已经无法自卫,即将面临死亡,于是想到:"死亡本质上就无法补救过去,这个永远无药可救的过去。"马尔罗的革命小说的主角都接受了死亡,因为他们的战斗富有意义。这就是为什么阿尔萨斯-洛林旅的这位上校在现实生活中,于 1945 年冬季的一个晚上,大胆对自己人说:"先生们,我向昨日的亡灵致敬,因为你们当中的一些人,明天也会身亡[67]!"作家此时感受到的是"成为土地的陌生人或者重返土地"的情愫,认为在特殊行动里应尽的职责,就在身体上,是几个世纪以来引人入胜的知觉在自身的作用。知觉在艺术上的运作更为隐匿,因为"每一座想象博物馆,都同时带来了死亡的和复活的文明作品[68]"。马尔罗确实是在参观无数博物馆中得到滋养的,甚至在去印度逗留以前就已经开始思考艺术。在意大利,克拉拉眼见丈夫"像身处险境似的奔跑着,目光在墙壁上匆匆扫过后,又很快回到了紧迫的旅行要他做的、花费精力的事情上[69]"。雕塑艺术表达的多种语言,使想象的文学博物馆变得清晰明了[70]。写《征服者》的这位青年小说家,帮助年轻的加林去思考米开朗琪罗,因为米开朗琪罗的艺术"倾向总是偏向未知事物的[71]"。15 年以后,他的莫尔伯格这个人物形象确信,"我们成为人是因为会思考;我们只思考历史留给我们思考的东西,历史也许并无意义,人类只是与之巧合,从本质上说,世界是在我们的遗忘中构筑而成的[72]"。

返回到虚无里的故事

马尔罗依据自己 2000 多册私人艺术藏书撰写成的《论艺术》,灵感几乎全部来自从死亡中挖掘内涵的意志和 1935 年以来的愿望:"'艺术'一词的含义,是试图让那些自身伟大却没有知会到的人意识到这一点[73]。"《阿尔滕堡的溺水者》里的一位主人公提到,战争期间的人类易在生活中发怒,但是又说,"文明代代相传,若是只益于将人类扔进虚无这个无底洞[74]",人类传授观念和技术经历的数百年,便无足轻重了,即便每个人都少不了自己伟大的一面,也少不了死亡。马尔罗在苏联碰到的人虽然都没有想过死,但是却有必死无疑的,意外被杀的。作家部长有时梦想自己会属于这类人群中的一员:他们是活在"亡灵的亲密氛围中,可怕而动人的幽默融进阴森漫长的夜晚中的一群人[75]"。马尔罗特别重视埃及艺术,因为他从未发现过这个艺术本质上的悲哀之处;他希望埃及文明不必去认识骨骼,只要到死亡中去探讨"如何把人类生命设想成永恒"便足矣。然而,马尔罗并不关心"时间会延续多久才会把我们带走,思想和艺术作品从中会夺取到什么[76]",他常常面对消亡的时间,体验庄重又阴沉的情感,随时间流逝的被抛进虚无的故事和历史。

马尔罗被虚无纠缠不已,不知道人类是否"会被一直纠缠下去,还是始终在躲避死亡对人类的无情依赖[77]",他不信任历史,更怀疑史学家;不管怎样,他相信的都只是创作的威力。1959 年 12 月 8 日,他在参议院提到了朱丽叶·德鲁埃的死:"这是一位饱经沧桑、皱纹密布、戴着爱的不朽面具的老妪。"他认为,1940 年因痛苦而呻吟的伤员,是在有人向他们朗读维克多·雨果的《沉睡的波兹》里的两句诗后,才安静下来的:

我与卧床长久共眠,
主啊!它终于向您的床榻奔去。

1960 年,加埃唐·皮康自然而然指出了这个要任命自己做文学艺术总管的人的创作源泉，来自"面目不清的烦躁不安，发自对时间深渊的叹息和死亡的诱惑。死亡的阴影到处投射，无一事物不是浓缩在虚无里。面对虚无和荒诞，唯有他具备的超凡精力富有价值，这股力量只在不断准备迎战死亡和痛苦时，才会显现出它不凡的超越[78]"。

幸存的声音

马尔罗的首位妻子克拉拉与他分享了相当多的烦恼。一天，她向一位女友透露，自己在等待女儿出世时总在想：我怀着的是不是一个未来的尸体[79]。"几乎是难以摆脱的对死亡的好奇心[80]"，引导马尔罗的父亲绝命。马尔罗与克拉拉分手后，还在分享这份好奇。克拉拉不觉诧异的是，部长认为年轻人看到自己的爱人，会发觉诗歌的意义，会想到维克多·雨果的诗句："坟墓的形状为沉思的亡灵提供了姿态，我们二人将沉睡其中。"因为他还记得《奥林皮奥的悲伤》的后续：

> 难道您如此冷漠，
> 明知我们已沉睡与爱共陨，
> 还继续平静欢度节日，
> 面带笑容吟唱不已？

安德烈·马尔罗失去了笑容。他两次写信给儿子戈捷原来的爱人玛丽-安热·勒贝纳雷，告知她文化部某办公室会接待她，帮助她完成一项计划[81]。

《寂静之声》足以肯定马尔罗是"无法在寂静中被死亡束缚住的天才"，因为他让人接受不断变异的语言，通过经典之作维持着与对象所向无敌的对话："这个幸存的、不朽的声音，提升了他对永无枯竭的死亡交响曲神圣赞美的高度[82]。"马尔罗在 60 年代发觉，对话作为忽视死亡的有力武器,可以与非人类交谈,如天体、青草或蟋蟀[83]。但是他除了正式演出外,却拒绝去剧院;50年代初《巴黎竞赛报》也指出,他一年只有两次去观看剧目!安德烈·奥罗指出,自己在三年时间里,从未见过马尔罗休闲放松。死神似乎还在游荡,吊唁两个儿子的5月份,是一段特别难熬的日子。死亡在马尔罗看来是绝对难以挽救的,让自己的人生陷入血腥和无奈。埋葬儿子们让他忍受了极端难耐的时刻,因为他每每参加葬礼,脾气就会变得少有的暴躁。1938年自杀的岳母下葬时,他尽管承诺要去参加,却还是没有待在克拉拉身边[84]。

死亡的色彩

　　马尔罗在1936年6月众议院的辩论席上,看到了半圆形议会厅里游荡着的庶务人员,"像身着黑色和银灰色——葬礼颜色制服的幽灵时,感觉到这个气氛无益又不现实",那时,病态的思维已经在折磨他。当他重拾一篇文章,想把它纳入《虚幻之镜》时,那些形象仍旧干扰着他:同样是现实中并不存在的一道苍白的日光,从可怕的玻璃屋顶投射下来,伴随着"如同葬礼上黑色和银灰色形象[85]"的庶务人员。1941年,私生活里的马尔罗,壮着胆子把唱片《亡灵之舞》送给了兄弟的未婚妻;作为公众人物,他也不断把爱情、文化和死亡联系在一起。对死亡的思考顽固表现在他的作品与生活当中。1964年4月18日,部长在布尔热举行了名副其实的文化宫揭幕仪式,肯定了文化是"所有形式的总体,让它们展露笑容吧,这会比死亡有力得多"。1966年3月19日,在亚眠,他再次感到困扰,认为人会在镜子里看到"自己死亡时的面孔[86]","当人类疑惑自己在地球上的作为时,是文化做出了回答"。1966年10月27日,他面对诸位议员为让·热内的作品《屏风》进行辩护时,继续在和死亡的念头游戏,他解释说,就算有人谴责这部戏,它还是上演了,犹如人们欣赏波德莱尔,只是因为看见了一具尸体的结果,而不是去欣赏描述尸体形成的过程[87]。

1969年,露易丝·德·威尔莫兰的猝死,在马尔罗与她半年的同居生活后,再次把他置于死亡面前,尽管他在夏尔·戴高乐的简短唁电中找到了安慰:"我亲爱的朋友,我在您的悲哀之际,惦念着您。致以诚挚的问候[88]。"马尔罗心怀不安,知道威尔莫兰的家人都尊重这位女诗人曾经提出的愿望:自己永远不得动弹时[89],要长眠在韦里艾公园。他真不想在自己短暂女友的坟墓旁边,坐在她求过"救命"的长凳上,也不想去重读她1968年寄给他的潦草文字,文中提到她很想变成聋子,不让"令人心碎的人声和堆砌自己坟墓的卵石声[90]"传进自己的耳际。马尔罗孤独一人,继续住在埋葬露易丝的花园住宅,远离"那些出生便断气的美观的女婴坟墓[91]",关注着自己著作的再版,拒绝相信那位女诗人在《午休》中所写的:"不要从心怀内疚的池塘里/让你的人物解脱出来/太阳会把他们变成僵尸[92]。"马尔罗此刻或许会联想到的是《订婚乐》,那首曾由弗朗西斯·普朗配乐的6首诗歌的后续部分,《德夫人》后来的女作者在那里写下了"我的尸首柔若手套"的文字[93]。

死神掠过

马尔罗退出政治生涯后继续写作,他最后的文章"都在吸收墓地的气息[94]"。1972年10月19日至11月16日,他结束了在萨尔彼得里埃医院的短暂逗留,感觉自己重获了新生。他努力隐藏自己的思想,很希望在《拉扎尔》前37页手稿拼凑的材料上,瞬间复活首先是受死亡威胁的作者的作品[95]。《萨尔彼得里埃》——《反回忆录》第二部分的初稿,后来形成《虚幻之镜》的章节,最终共有1702页[96]。他在《反回忆录》里设置的不是坟墓的清单,而是生命的现状,那里的木马孤独地旋转着,"永不消失的露珠回应了不朽的死亡[97]"。

马尔罗在医院停留的4周时间里,发觉与疾病有关联的因素很少停留在每个人身上，而是在大病患者那里，定位在医患关系的真实深度上[98]。在"那个弥漫着痛苦的地方"作家让我们听到了嘶哑的喘息声，让他想到自己虽不常呻吟，那喘息声却是"擦身而过的死神"，是"喃喃的抱怨"，他不知道抱怨能否在"同一时刻在世界上的所有医院里[99]"重现。马尔罗去世前一年继续向世界发问，因为他希望自己能"轻轻触动后代，能模糊预感到作品回避死亡的原因[100]"。

1972年秋季马尔罗长期住院期间，被高烧的热度和幻觉包裹着，他那时发出感叹："我们瞬间突出的文明，像对待死亡一样对待过去。什么样的过去不是一部传记？意识到存在，远比认识到存在深刻得多[101]。"作家认为对必须和自己一起消亡的东西，不存在怜悯："人不必作自我评价。今夜我不会这么开始。我要做的重要决定是沿途猎杀兔子，当然最好要会射击[102]。"作家在等《费加罗报》文学版的头头走出来以后，向他吐露："我度过了一生，把颜面交给了死亡。这么说吧，这也是尊重死亡并把握死亡的方式。我对死亡不感兴趣。人为死来到世界。死了，一切皆无，毫无意义。但是形而上范畴里的生死关系让我们感兴趣，因为人们可以在那里捕获到死亡[103]。"我们可以以同样的兴趣去读他的《拉扎尔》："我赋予死亡形而上特征的重要性在于，我相信是死亡在纠缠着我。我同样相信传记家投身于研究生辰的原因，是在寻求奶母的位置[104]。"

死亡的纯洁性

《拉扎尔》希望部分走传记路线，因为它的作者在着手第3版以前起草过一个计划，要经历从童年到中学，从蒙马特的生活到旅行，从战争到抵抗运动，从将军回归直至死亡期间自己的任职情况和发言内容，还要展现孟加拉国、尼克松、阿林顿墓地和肯尼迪兄弟的坟墓，在杜勒斯塔尔为西南部的抵抗运动的朋友发表致辞等一系列情景[105]。但是这

107

本书的结构愈是成型，马尔罗的思考愈是抽象，因为他把传记事件变成了文学素材。他认为，传记问题出在如同在"用别针固定蝴蝶一样来书写固定的情景[106]"。让内尔教授指出，作家设计的反自传教程，让我们联想到作家在《砍倒的橡树》里描写夏尔·戴高乐的形象时受到的启发，他描绘的真实坟墓依据的是马拉美的《波德莱尔的坟墓》。将军过世后，这位原部长向贝尔纳·特里科——戴高乐执政时期结束后的最后一位重要证人宣布："戴高乐主义要的是纯净和单纯的死亡，人民意识到了这一点[107]。"

在《黑曜岩之首》这部作品里，往日与毕加索共餐过的这个人提到，"最卑微的创作，只要在虚无的背景下就能成为奇迹"，虽然艺术和死亡之间的竞争难以想象。他希望毕加索的《格尔尼卡》里的女人们能禁闭在虚无和永恒之间。1974年，安德烈·马尔罗向梅格基金会重申"博物馆除宗教以外，是唯一躲避死亡的场所[108]"。尽管马尔罗过去的合作者莫瓦诺曾在一本书里写过，生命"在年轻时，是死亡的另一个名称[109]"，他还是承认，马尔罗让"艺术"贴近"死亡"这个词，令他不安。莫瓦诺认为，艺术要不断谈论对生命的肯定[110]。在莫瓦诺这位后来的院士看来，真正的人是处在一个比历史更为伟大的时代的，他们"生存在大自然里，生活在与冷漠聚集在一起的魑魅魍魉中间[111]"。但是莫瓦诺很清楚，自己的部长做不到从容面对，他一直生活在失望当中[112]。不过，作家从1972年以来毕竟经历了4年的医院生活，并且向自己的医生表示了感谢，他为医生题词的作品《黑曜岩之首》用几个字说明了这一点：致路易·贝尔塔尼亚，仍旧是他的罪人和朋友的安德烈·马尔罗[113]。这位文人从未停止自己的文学生涯，他写道，"我们最为深层的意识既被死亡纠缠，又充满奇特的不朽"；而且确定，"侏儒重生比巨人重生更为令人惊异，因为相对巨人的死亡，他更像是巨人的重生[114]"。

继续生存的作品

对马尔罗而言,"把死亡帝国改变成博物馆[115]"是西方艺术最为深层的变化,因为对西方艺术家来说,反对死亡的斗争"会在后代延续,或者存在于与继续生存的作品相关联的变化之中[116]"。创作的陵墓"是没有时限的,即使几百年过去,毕加索还会被禁锢在我们的时代[117]"。他相信"重要的是,死亡让我们在生活中加以思考[118]",直至生命终结。唯有艺术是违反命运的,它从不会把不朽和变异相混淆。马尔罗的读者都了解他的坚定态度:"即使人能永生,我们生命的秘密也不可能不令人心痛[119]。"亲近他的人都了解他的反应,照他第二任夫人玛德莱娜的看法,他面对死者确实躁动难熬。1946 年,他强迫她不要在莉莱特·戈达尔-马尔罗的床头熬夜,守护罗兰和克洛德濒临死亡的母亲[120]。安德烈·马尔罗在自己临终前几个月,或许还抱有幻想,他对一位女记者坚定地说:"很难肯定百年之后的人不谈论在严谨的文明本质里,还有可能存在死亡问题,这并非没有答案,而是不成其为问题了[121]。"因此,在马尔罗预言的那个时代里,死亡会成为被掩藏的事实,在社会层面上令人难以置信[122]。

扫码上解读
· 戴高乐的同路人
· 传奇色彩的文豪
· 文化上的预见者
· 缅怀历史先行者

用文字和场景烘托死亡

智者面对生者和死者都不哭泣。因为无论我，你，还是那些君王，都非智者；我们当中没有一个人会停止今后的生活……

——安德烈·马尔罗：《虚幻之镜》I《薄伽梵歌》

安德烈·马尔罗认为"数以千年都不足以让人们学会看待死亡[123]"；这位小说家或电影制片人把死者放进了文字或场景，把亲人和同志的故人都列入了部长的精神家园。他谈论死亡"不是为了驱赶死亡而是为了贴近死亡[124]"。他汇集了葬礼之夜和哀悼仪式上鼓声中的发言，护送了命中注定获得死神恩赐的人。他除了失去了一批亲人，还在1936年6月的作家会议期间，经历了勒内·科勒韦尔的自绝。他想起西班牙战争期间巴黎的一次畸形人集会结束时，在挂着儿童照片的帷幔里募捐的情景。他在描写了马德里这些受伤的孩子之后，又选择让这些孩子成了轰炸的牺牲品。经过这里的战士身背着自己的小孩，"面对死去的孩子深深鞠躬，他们背上活泼的孩子，也同样表达了痛心的哀悼[125]"。在《希望》一书里，受伤飞行员下山的场景中还包含了一挺"固定在花环里的机枪"。作家认定"葬礼上的队伍，就如花环中这台扭曲变形的机枪"。头发隐藏在不合时宜的方巾下的女人，象征着"科雷兹地区站在高山上，岿然不动的，皮肤黝黑的妇女"，她们要在让·穆兰的致敬仪式上现身，体现人的基本群体形象[126]。

黑夜的威力

　　60 年代的部长竭力回避自己对沙罗纳墓地的记忆,因为那里埋葬着若赛特·克洛蒂斯和他们的两个儿子[127],然而,他或许对环绕这里的乡村景象还是满意的;其实,他承认,城市的大规模墓地会让他骤然产生恐惧感。他显然没有忘记 1961 年 5 月,他接受了神父博克尔,那位原阿尔萨斯-洛林旅随军神父的请求,为戈捷和樊尚举办了宗教葬礼,这也让他推迟了儿子棺木进坟墓的一些时间。这位不可知论者还对自己的女儿说[128]:他们不是无神论者,他们享有祈祷的权利;不可能把他们像装土豆的口袋那样埋葬。部长当时肯定没有关心,沙罗纳的泥土里还埋葬着作家罗贝尔·布拉西拉赫的遗骸,这位作家 1945 年 2 月 6日,因为与敌人斗智而被枪杀。布拉西拉赫曾向马尔罗的毁灭性狂怒表示过敬意,认为《征服者》的读者绝不会忘记"这本书结尾部分的可怕画面,被实施残酷极刑的死者,连眼皮都被割了下来[129]"。但是马尔罗没有忘记指出,在埋葬若赛特、戈捷和樊尚的坟墓上方近 20 米的地方,就是名为马格卢瓦尔的贝格的面带微笑的塑像[130],贝格是 1794 年被处斩刑的罗伯斯庇尔的秘书。马尔罗可能还想到了围绕在教堂周围的巴黎的最后一座公墓,那里的地下墓穴埋葬着他两个儿子的尸体,1972 年,他还确定,基督教文明中的死者"并不是被抹去的人物[131]"。他可能被这片封闭式堂区的宁静所触动,说:基督教的墓地与死亡截然不同;当然也不会和生者是一回事……马尔罗在 70 年代,面对电视摄像镜头[132]还提到了先贤祠;对希腊人来说,那是诸神的庙宇,对马尔罗来说,那是没有信仰的死者的神庙。他注视着对话者,摇着头说:"人类更习惯于思索,死者等待死亡降临,犹如病人在等待疾病降临。"马尔罗张开双臂发出了充满希望的呐喊:那是转变,而绝不是消亡!

　　当部长身负阿尔及利亚战争的压力,被两重丧事缠身时,皮埃尔·

莫瓦诺对这个死气沉沉的氛围很敏感,很愿意帮助部长出现一个新时期:"死亡在所有对话的背后游荡:战士之死,国家之殇,时代之殇[133]。"部长从未停止过谈论死亡。当戴高乐将军在布尔热文化宫开幕一年后去参观时,马尔罗以自身边上的这个人物的名义坚信:面对死亡,只有抗争;面对黑夜的威力,唯有永生[134]。部长对几位伟大艺术家公开表达庄重但非宗教的敬意时,表示有意愿要冒险在丧事上达成思想共识,希望为魏尔伦可怕的下葬仪式雪耻,因为他的情妇当时曾在墓穴上大喊大叫[135]:保尔,你所有的朋友都在这里了!

悼词

马尔罗结束政府任职两年后,把自己的 8 个演讲都归类到了悼词当中,尽管其中有 4 个并不属于同一性质[136]。除掉严格意义上属于悼词的 4 个发言——致圣女贞德、致乔治·布拉克、致勒·柯布西耶和致让·穆兰以外,还有在以下几个日子里的演说:1958 年 8 月 24 日纪念巴黎解放,1959 年 5 月 28 日祝贺希腊卫城首次点灯,1960 年 3 月 8 日致联合国教科文组织发出抢救上埃及地区古建筑号召的答词以及 1960 年 6 月 21 日庆祝犹太教全球联盟 100 周年的演说。

他向参加过战斗的大批法国见证人致意,那是"一个令人心碎的亡灵群体,一群不朽的人。通过他们改变的每个人的行动,都在开始或者重新开始[137]"。在雅典,他提到了"由以往和昨天的亡灵组成的庄严队列";他宣称,雅典的荣耀是"首创了文明,虽然那时还没有圣书,那个从文化演变来的培养人的主要工具",这个荣耀还丰富了从人类的一致和勇气中诞生而来的思想价值[138]。对于埃及,他谈到重生的伟大,谈到神秘展现出来的,"世界初始文明宝库中最伟大的亡者和生者"的作品。他认为在古老的尼罗河生生不息的流淌声中,占据优势的是行动,"人通过行动从死亡中获得了价值[139]"。他在以色列的历史中,获取了具有崇高价值的思想;贫穷教师教授了人类尊严;反抗者在酷刑中的死亡,确保了人们对无名死者的纪念和无际的哀怨[140]。

梦想一个有意义的先贤祠

马尔罗因为知道自己处在"有能力征服全球,但是无法创建寺庙和坟墓的初始文明里[141]",所以从 1960 年起,他就让人重新清点了可以查到的死者,梦想让先贤祠变得有意义! 1962 年,他在靠近巴黎拉雪兹公墓一半的位置,划出了历史名胜区和风景区。1963 年,他在荣誉军人院组建法兰西荣誉博物馆的同时,要求人们研究"'伟大领军人物'的整体或'部分'坟墓的位置,那都是些穿越历史,彰显了法国军队最宏伟事迹和行为的人",他还强调,戴高乐将军对此表现出"积极支持的态度[142]"。部长坚决否决了保尔·莫朗的原则:先贤祠要承载显赫人士,要有一条由家喻户晓的天才组成的走廊[143]。圣-热纳维耶芙教堂的用途被改变以后,他既不满意"致无名英雄,致法兰西的无名烈士"这块牌匾,也不满意写有第一次世界大战期间为法兰西丧生的 563 位作家姓名的牌子。在马尔罗看来,题词为"祖国,向伟人致敬"的殿堂里[144]集中的要人遗骸的名单,包罗了过多的第一帝国时期的显贵[145];因为从 1806 至 1814 年,拿破仑让人在此埋葬的 41 位名人中有 22 名参议员。马尔罗曾想把卢热·德·李思尔这位《马赛曲》的作者、雕塑家吕德还有贝尔松,都请进先贤祠。部长还记得在伦敦电台对雷蒙·阿隆获诺贝尔奖表示敬意的事[146],当时的维西政府拒绝给这位法兰西学术院院士举办正式葬礼,因为雷蒙的母亲是伊蒙人,父亲是犹太人。部长则在议会指出,为纪念这位哲学家置放的牌匾个性不够鲜明[147]。1968 年秋季,部长还赞赏了一位国民议会议员提出的值得称道的建议,把柏辽兹的遗体放进先贤祠[148],但这只是停留在计划上的一个想法。

夏尔·戴高乐不想插手还要把让·穆兰请进先贤祠的计划。他开始限制荣誉军团的人数,坚持目前进入先贤祠人物的个性化特征。马尔罗连续好几年,都在梦想大量集中从外省坟墓迁移来的名人遗体。安德烈·奥罗提醒他注意,市政机构不会支持这样的迁移;这位行事谨慎的办公室主任向我透露[149],他建议马尔罗向戴高乐将军提提这件事,但他可以基本肯定这个计划会泡汤。他准确觉察到,总统会反对这项新的宏伟的先贤祠计划,因为总统自己早就决定死后要葬在科隆贝,因为女儿安娜 1948 年就葬在那里了。直到将军离任,第五共和国只计划把第三共和国时期的 11 个人[150] 和第四共和国时期的 5 个人[151] 移入先贤祠。由于那里不可能集中所有的伟大逝者,马尔罗只能让其中几个人获此殊荣。

在法兰西葬礼上表达敬意

朋友乔治·布拉克的去世为马尔罗提供了机会,他决定要"借此回馈为莫迪里阿尼举办的穷酸葬礼以及对凡·高的阴森殡葬"。1963 年 9 月 3 日在卢浮宫的柱廊面前,"这位世纪最伟大的画家之一"布拉克,看到了法兰西带给他的庄重敬意。次日,部长伴随布拉克的遗孀[152],直达布拉克自己选择的乡间教堂和诺曼底海滨墓地,致敬画家"在摧毁事物形体中"的决定性作用;部长说,当他得知作曲家克洛德·德彪西的死讯时,同样感到悲哀。这位知识渊博的艺术爱好者大胆确定,瓦伦格维尔的农耕者和水手都热爱乔治·布拉克,虽然他们"显然不懂他的艺术"。他联想更多的可能是《弹吉他的男人》,而不是人们后来在画家坟墓上发现的形成马赛克图形的大鸟,那也是画家自己的作品。不过,这位政治作家在编辑自己的一篇文章时[153],宁可去掉了"显然"这个词,尽管这个字符合他的精彩言论,因为大众有与作者沟通的能力。

两年后,马尔罗宣称法国有部分荣耀是可以冠以布拉克之名的[154],勒·柯布西耶过世,又让马尔罗重新以政府的名义发表了言论[155]。马尔罗横跨几大洲,为死者带来了纽约和巴西利亚的吊唁鲜花、恒河的圣水和卫城的泥土。1965 年 9 月 1 日,部长在卢浮宫的方形庭院,那个"被亨利二世、黎世留、路易十四和拿破仑轮番整理过的显赫庭院"里,宣称勒·柯布西耶如此超群,致使"沉思女神不止一次将长矛指向了他的棺木"。部长离开雅典之后,还向这位建筑学家强劲的较量精神表达了敬意:他"遭受如此漫长、如此难熬的辱骂",只是为了让房屋成为人生的百宝箱、幸福的暖房[156]。《星期天人道报》忽略了斯大林对勒·柯布西耶的法西斯主义控诉,向"这位现代城市的亚历山大大帝"致敬,而《星期天人道报》这个法共的忠实中心机构,则悲叹道:"漂亮的小区和美观的建筑物,尽管符合了勒·柯布西耶的理想,却是建造给富人的,而快速和低价建造起来的廉价租金房和高大楼房才是为劳动大众的[157]。"马尔罗猜测到会出现这些说辞,但是并没有改变他以下的看法:在 20 世纪兴起的因素里,出现了勒·柯布西耶的建筑和他取得的地位,还出现了他的预言式的、攻击性的理论和疯狂的逻辑。马尔罗作为维克多·雨果的崇赏者,在严酷的坟墓入口边,回忆起自己的一位老友,死在了简陋的乡间小屋旁。作为理论家,马尔罗再次肯定,这位建筑学家在预示未来时,已经改变了"逝者带给生者的过去"。作为诗人,他召集孚日山乌云压顶的龙尚教堂上空的麻雀归来,因为它们无法在这个海拔高度上生存[158]。这位自由任性、令人欣赏的文人部长在 1964 年选择发明创造,把全部能量都投到复活圣女贞德的传奇和对让·穆兰的赞誉上。

在鲁昂,为了纪念殒命的圣女贞德,部长表示要"通过血红色的柴堆"让她复活;他让人随着腾起的一簇火焰(电子灯光),听到圣女痛心的叫声,呼唤坟墓中的年老骑士挺身而出,向全体军人和这位女领军人表达敬意。在某一年的 6 月 18 日,贞德被打造成了木质的圣女形象,那是拥有无懈可击的灵魂的人类的女性形象。部长认为贞德传说的最高荣光,出自后人对她人格的发现。他让人把她竖立在"路边,靠近法国骑士和共和政体第二年牺牲的战士的墓旁"。安德烈·马尔罗60岁时的精彩天才演说,在圣女问题上得以充分展现:圣女的身体在熊熊的烈火中收缩,刽子手把她扔进河流时,她的心脏跌进了水里,水花顺塞纳河流而行,河岸的沙滩铺满蓝色的菊花,百合花星星点点陪伴左右。他发表了结束语"唯有胜利的形象才值得同情",之前,他再次肯定了自己最深刻的信念来自军旅中1944到1945年的多人阵亡,当然也由于克洛德和罗兰两兄弟为法兰西的捐躯:"自大地被生命和死亡的潮汐永不停歇地冲击以来,对于知道自己必死的人来说,唯有捐躯才等同于死亡[159]。"

让·穆兰和黑暗秩序

几个月后,把让·穆兰的遗体放入先贤祠(这个最早由埃罗[160]抵抗分子协会提出的要求)给了部长完全的行动自由,让他重新复活了与黑暗的伟大斗争,复活了在黑暗中诞生的人民和在"黑暗秩序中"的两兄弟。他把希岱岛集中营的地下墓穴的夜晚搬上了创作场景:坦克卫队向先贤祠进发,"护卫队的马蹄声哒哒作响,他们手持武器,军刀上反射出魔幻的月光[161]"。马尔罗让自己奉献给抵抗运动的讲话都充满了死亡的意义。奥利维耶·维维奥卡指出[162],我们对死亡的领会,对死亡这个"永远无法返回的黑夜",要怎样努力才能用酷刑和死亡这类的词汇解释清楚,马尔罗的全部作品,言下之意,表现的就是这些。幸亏有皮埃尔·拉博里[163],我们才不至于忘记正是印进马尔罗脑海的这些东西,使他从体验走向卓绝,使他把抵抗运动变成了事件,人们通过类似的事件,"从死亡中得到了收获"。他为让·穆兰的葬礼准备发言,花了一个多星期的时间,放下了其他所有的工作进行历史考证,重写了不同的段落[164]。那时他眼里只有自己的女秘书玛德莱娜·卡利奥纳,还有就是愈来愈提升到信任者行列的阿尔贝·伯雷。在世风还没有把悼词改变成单调的呻吟以前,他修改后的文字显然采纳的是政治意义。我们可以在他打字稿的修改部分和他决定取消的内容里看到,他这样做,是为了当面和戴高乐将军说明,他还没有发表或是把这个取消的内容加进最终版本[165]。

必须首先指出的是,马尔罗把 1940 至 1941 年的抵抗运动判断为"未经武装的勇气形成了无辜的骨灰",让他意识到自己提供了伤人的证据,于是他更换了说法,称那时的抵抗运动还只是勇气和混乱的组合。马尔罗的增补和删除都证明他凝聚了法国人民的意愿。他为了不去惹恼军队,用手写把"反动军官"改成了"自由主义军官";他为了不忘怀那些左派人士,提到站在共产党人一边的托洛茨基分子是"注定要全部被释放,或者被投入监狱"。然而他拒绝说让·穆兰是"左派省长",宁愿把他说成是没有给对立派送礼的激进派省长[166]。当马尔罗说要把被正义女神眷顾的饶勒斯(20 世纪初著名历史学家、哲学家和经济学家)的骨灰和《悲惨世界》一起添加到维克多·雨果的骨灰里时,或许还记得自己是在追念这位在 1914 年被屠杀的行政长官,体现的是法兰西民族的宽宏大量,他曾向法兰西人民联盟的盟友宣布[167]:"我们会重新发现这个消失的声音的。"

我没有对马尔罗当初没有成文的,针对让·穆兰这个"无须窃取荣耀"的人的口头叙述和文章进行过精神分析,我认为安德烈·马尔罗当时想的是,自己投入地下活动的时间比较晚。当他修改另外几行文字时,肯定没有忘记捐躯的两位兄弟克洛德和罗兰以及同志雷蒙将军:"几千年来的抵抗运动替代了其中的亡者;然而用时何其良久? 在我们的抵抗运动中,死亡(已经)做出了(多么可怕的)选择!"在他的手稿里,两个括号里的词被删除,作家认为整个句子不可能口述出来,也不能发表。但是在后来不到三年的时间里,这位总是在严守自己无数秘密的作家,还是写下了这样的句子:"内省和招认改变了性质,因为最会挑战的伦理学家的招认,在经精神分析探究带来的魔鬼面前,都变得十

　　　马尔罗传:幻梦与真实

分幼稚。精神分析从追逐直达秘密，使神经症状逐步恢复原状，甚至更为严重[168]。"作家 1948 年还没有深陷无意识时，打算迎娶罗兰的遗孀，后者事后说"我爱他，像爱一位不幸的兄长"，这怎么可能不让人注意到作家所言[169]：这样做是出自死亡的手足之情这个背景的……

将军的葬礼

作家马尔罗到 1969 年 6 月，已经不再是文化部长，但他还是大大超出夏尔·戴高乐的葬礼规格想象：自己解放运动的这最后一位战友的葬礼要在瓦莱里安山的地下墓穴举办，要确认那里是不是"公墓等级"的墓地，十字架要悬挂在绿黑相间的饰带上，要有一块遮盖墓穴的石板。为了在这个乡村礼仪上悼念戴高乐将军，同伴们要来陪伴他的遗体，自己要在罗曼·加里（外交家、小说家）的陪同下，穿上自由法兰西的制服紧急到场。将军的遗嘱要在为拉特元帅举办豪华葬礼的那一周完成[170]，要预先安排法国军队简朴出场，还要有科隆贝市的议会成员和解放运动的战友参加[171]。安防护栏显然不允许那位老农妇（他作品里出场的人物）接近，老妇却渴望抵达那个小小圣殿，她会代表法兰西大声说："将军说过的，大家都可以来。"然后她会一瘸一拐快步朝教堂走去，迎来载着棺木的咯咯吱吱作响的四轮马车，一位水兵"向可怜而忠诚的法兰西老妇出示了武器[172]"。这个虚构的跛行女人，可能是一直萦绕在作家脑海里的露易丝·德·威尔莫兰的身影[173]。在另一篇关于葬礼的叙述中[174]，老妇代表了纯洁的灵魂，马尔罗把她"挟在手臂下面"，好让战士放她过来踏上通往公墓的小路：这条紧挨教堂的道路和葬礼仪式的所有场景都同样说明，这绝对是马尔罗的创作，既然这位农妇当时能如幽灵被他挟在臂下，那么通过书写发挥出的功效，便使一切都变得皆有可能了！

马尔罗如留在部长位置，可能会以电影导演的身份要求依照送威金人首领遗体到海浪里去的方式,把看似装铁甲的机械装置[175] 换成木质平台推予将军的遗体。后来他向皮埃尔·勒弗朗(老抵抗运动分子,戴高乐的亲近者)透露,将军的战友犹如"集结在元帅遗骸周围的骑士[176]",将军本人是获得解放运动勋章的唯一伟大的首领。1971 年 6 月17 日,安德烈·马尔罗在电视台描述了这枚勋章,他认定自己是在"以我们生者的名义说话——生者又在以他们的逝者的名义说话——逝者则在以所有亡灵的名义说话[177]":"瓦莱里安山的那口棺木绝不是孤立的。那些隐藏在法兰西精神里的亡灵,如同亡故骑士团躺平的尸首,在聆听鲁昂柴堆的噼啪声响,他们还会听到丧事中榔头敲击铁钉的声音。从阿格纳德尔的弓箭手到阿克莱的流浪汉,从帝国卫队到贵妇路上的30 万死者,从兰斯到帕提战役中的骑士到 1870 年的自由射手,都展现出了无声却激烈拼搏的古老年代。我们再也见不到的死者用自己眼中闪烁的磷光,在夜间为我们这最后一位战友守夜,不是因为他的英勇,而是为了给他钉棺木的工人,因为工人们还会为数不清的死者去做这件事,那都是些曾想用双臂支撑日渐没落的法兰西的亡者。当永恒的历史渗入永恒的忘却之前,缓缓留在法兰西国土上的,还会是酷似一把利剑的狭长阴影。"

梦想高尚闪耀的结局

为自己最后这位战友夏尔·戴高乐设想的两个仪式,让安德烈·马尔罗重新超越了伤感;然而他又不能体验梦想中的死亡,也不能在自己投入孟加拉的战斗时,希望自己的死亡有一个闪耀而高尚的结局[178],也不会在 1968 年担心卢浮宫遭受攻击时,被视为文化符号[179]:"我会走上阶梯,面对《萨莫色雷斯的胜利女神》这尊雕塑,停留在台阶中央,你们大家都停在我身后。我们要站在那里,伸出双臂。"皮埃尔·莫瓦诺描绘了马尔罗病态的梦想:"他悲怆地想象着自己作为老革命者的结局,会失去对这个世界全部的爱,不再去珍爱那些作为唯一财产的受质疑的作品,只有死神才会来保护它们。安德烈·马尔罗面对砸毁偶像的人群,面对萨莫色雷斯的胜利女神,梦想能为保护这个冰冷而神圣的石雕去死[180]。"希腊罗马文化把宁死而不屈于奴役地位的英雄作为钦佩的象征,马尔罗在这个文化的影响下认为,最终的英雄主义在死亡时才会被发现。《拉扎尔》的读者发现作者提出了豁免虚无的建议:"当不可知论承认自身的无理性时会发现,可怕的亡灵之舞会在死亡的焦虑中再现:因为封闭的乱葬岗会让瞬间的恐怖景象脱颖而出。"一位读者在给作家的信中称其为"地狱中的但丁式人物",作家感觉这样说简直是在奉承自己[181]。

直至 1976 年秋,这位非理性部长作家在克雷泰伊医院的一张病床上平平淡淡死去之前[182],人们还请他去表现抵抗运动伟大演说家的风采,那时他还在着魔般地谈论死亡。他在格利埃和沙特尔的两个演讲就是突出的例证。1973 年 9 月 2 日,他在萨瓦高原上主持了吉利奥利博物馆的揭幕仪式,说"为纪念戴高乐将军而发言,就是为活着的人和逝者的子女说话"。他提到了分散在各处的游击队和世人都承认的事实:法兰西"至少找到了自己的一种声音,因为她早就发现了这个死亡的声音"。他宣称黑暗里的游击队员,在冒死的初夜紧贴地面时,作为贞德和安提戈涅(俄狄浦斯之女)的战友会说不。格利埃群山环抱中的亡灵,面对了解几个世纪的人间耳语的死神,"教育人们,自己的全部尊严都抵不过最为谦卑的一滴血,因为这是为兄弟流下的鲜血"。安德烈·马尔罗提到的兄弟的鲜血,无不让人再次联想,这首先是克洛德和罗兰的鲜血。然而,当他提到被集中营关押的妇女时,依据的则是布里吉特·弗里昂的体验。他的这位从集中营返回的宣传人民联盟的同谋者非常清楚,马尔罗的全部作品和部署,都在暗示鲜血和死亡[183]。因此,弗里昂对作家想让"成堆的女性死者"在阴暗里发出声音,并不感到惊异,作家针对集中营的解放已经说过,"面对旋涡状的烟雾,死亡的意义不大"。她明白,自己并不赞同马尔罗认为抵抗运动的女战士只是一场可怕游戏的玩家,是"忍受残暴的志愿者"。她赞同把女同胞的行为解释成"要继续活下去"的证明,因此她们的勇气是值得接受加冕的。毫无疑问,马尔罗也认为对她们的勇气加冕是值得的,因为尽管所有的葬礼都不断让他俯首致意,尽管死神顽强地纠缠着他,他还继续活着。当他写到"最糟糕的不幸已经消耗殆尽"时,可能联想的是两个儿子在他们的母亲走后又从自己身边被夺走的方式。他惋惜,充满勇气的生命无法像艺术那样,推开数百年的死亡。他肯定,自己要击退死神,就要承受日积月累的痛苦和部长的职责,在文学创作上辛勤耕耘,不加否认自己脆弱的一面。

扫码上解读
·戴高乐的同路人
·传奇色彩的文豪
·文化上的预见者
·缅怀历史先行者

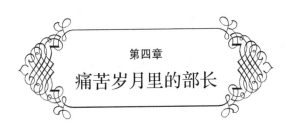

第四章

痛苦岁月里的部长

码上解读

· 戴高乐的同路人
· 传奇色彩的文豪
· 文化上的预见者
· 缅怀历史先行者

生活的日常嘲讽,替代了死神的阴险嘲弄。

——安德烈·马尔罗:《虚幻之镜》I《反回忆录》

"问题人物"

大量痛苦的岁月,残酷地集中在这个悲剧性的壮观命运里。
——安德烈·马尔罗的化疗医生和心理专家路易·贝尔塔尼亚:《新法兰西杂志》,1977 年 7 月第 295 期

"不可救药的是:你永远不知道所有这些都想说什么。面对这个问题,就算和我有关系,又有什么意义呢?"安德烈·马尔罗从《反回忆录》第二页起,就丢掉了明确的自传视角[1],忠诚于这位 24 岁的青年作家(他本人)说过的:"对自我这个游离不定的形象,我对你没有爱[2]。"正像他的侄儿阿兰曾明确说明的[3],马尔罗的家庭生活从 1958 年起,就再也不属于他自己了。安德烈每个晚上都在爱马仕记事本里(妻子玛德莱娜每年送他一本),撕去当天的一页,不停抹去自己的活动轨迹,可是,家长兼作家部长的生活不断干扰着他,使他压力重重。而他的物质生活却仍旧像是个大资本家,因为他的生活环境直到 1962 年还在靠近布洛涅森林的特殊酒店的豪华楼层上。司机、厨师和保姆在 50 年代保障了这里的舒适生活,但是马尔罗要求孩子们不要老去麻烦人家。三个男孩当中那个最小的不到 10 岁时,孩子们之间就已经能够相互理解,这意味着"你们已经到了不再需要与我们亲热的年龄,能够把握自己了[4]"。确实,马尔罗在 1945 年看到女儿刚刚跨过国家被德国占领的悲哀阶段,希望得到父亲的拥抱时,却只是向她伸出手说了声"你好",然后马上逼她去读书:当作家的父亲心安理得[5],因为弗洛朗丝 12 岁就已经读了《卡拉马佐夫兄弟》!父亲在女儿庆祝自己第 18 个春天时,觉

得要多加看管才有益于她:那些年轻人向你献殷勤,只是为了接近我!弗洛朗丝则摊开自己的想法回应道:自己的魅力也可能起作用啊! 父亲思索一阵后,还是对女儿说了句:你说得有道理[6]!

一个无力而脆弱的父亲

马尔罗在那段时间的眼神接近埃马努埃尔·穆尼耶提到的冷酷不安,犹如在自己的隐秘之处鞭笞自己[7]。作家当时必须在被女管家称作陵墓的地方抽着骆驼牌烟丝,沉浸在弥漫的微蓝色烟雾当中,才能够安静工作。有时他需要放松,便会对妻子说:"弹弹钢琴吧! 给我弹一曲库伯兰的《幸福的思念》[8]。"妻子听从了他的要求,好让他自由自在地思考问题。阿兰指出,安德烈有时会笑,但是很少笑,大家感觉他很衰弱,愈来愈把自己闭锁在了所谓"问题人物"[9]的圈子里。玛德莱娜的儿子发现,自己的两位兄长长得虽美,但并不快乐。《巴黎竞赛报》在他们去世后,在两个版面刊登的照片上,马尔罗和三个孩子都没有一丝笑容,他们的眼神只停留在印第安霍皮人制作的娃娃身上。人们在这份周刊的五行粗体文字上读到"在这张幸福的照片上隐现出悲剧"。以下的文字是:"幽灵已经在这张合影上驻足。樊尚和戈捷那时还是孩子,如今却一起在公路上丢了命。"

从 1959 年起,部长周围的同事有时会处心积虑扩大他与亲人之间的不和。自从女儿弗洛朗丝的名字出现在反对阿尔及利亚战争的《121人宣言》上以后[10],她几乎在 7 年时间里,与父亲完全保持着距离。安德烈感觉自己能见到女儿,就误认为女儿还在受他摆布。他们到 1968年以后才相互做出解释,安德烈对女儿说,自己要是在她那个年龄也会签名,然而他更加理解女儿能作为护士参与战争,去护理阿尔及利亚民族解放阵线的伤员[11]。弗洛朗丝·马尔罗一年多来和其他签名者一样,在导演法国电视片时,无法让自己的名字出现在作品上。玛德莱娜·

马尔罗则忍受着总管阿尔贝·伯雷的所作所为,把他称作司卡班(莫里哀剧作中的仆人形象)或者答丢夫(莫里哀剧作《伪君子》的主人公),甚至还称他为亚古(又译伊阿古,莎士比亚剧作《奥赛罗》中的人物,以阴险著称),因为他从不放松耍弄手段。直到1961和1962年的悲剧发生以后,她和家人才因伯雷逐渐放弃管制,有了自己的一席之地[12]。之前,部长的一位女合作者,原集中营的女犯人布里吉特·弗里昂,是伯雷1958年到1959年间清除的对象,因为伯雷觉得,她积极支持阿尔及利亚的独立,会连累部长。布里吉特说,那个司卡班干的是挖墙脚的事,参与其中的还有那位眼神茫然的玛德莱娜·卡利奥纳。阿尔贝·伯雷把布里吉特从1958年的两次旅行(巡视安的列斯群岛和到印度的长途旅行)的名单上抹去,并在1959年1月关照,不给她提供在瓦卢瓦街的办公室。而马尔罗在头一年夏天,还恭喜她拥有了一个属于自己的政府办公室。这件事引起的反响"如同累累战鼓,又像是一根根尖刺,扎进了马尔罗贴身护卫的柔软茧囊"。办公室主任接待布里吉特时向她承认,"大家都爱拿阿尔及利亚问题看待你的外表";部长也直接向自己的同志解释说,你在管理文化事务方面,过于政治化了!布里吉特·弗里昂由此得出结论,马尔罗需要伯雷,因为伯雷"对他忠诚到骨髓里,十多年来能力卓绝,管理着他的私生活、出版问题以及公众生活里日常沉重的杂务",但是她可以断定,正是从那一天开始,马尔罗无可否认表现出了怯懦的一面[13]。

樊尚和戈捷离世

部长周围的人由于他的小儿子樊尚的缘故,与他不再有亲近感,交流的途径不断恶化。总之,没有人宠爱樊尚·克洛蒂斯-马尔罗,尽管克拉拉给他弹奏他喜爱的普罗科菲耶夫的曲目时,能让他安静下来[14]。姐姐却欣赏樊尚的英俊,克拉拉也被他的外貌所吸引,樊尚因此在克拉拉的身边感受到了几个月的幸福。但是他和父亲的关系却总是十分恶劣。随着父子关系的日渐紧张，安德烈先把他送进了瑞士的一所寄宿学校，后又送到阿尔芙河畔的凡诺依，再后来又把他送到阿尔萨斯软禁起来；尽管博克尔神父给他带去了成人的参考意见，以稳定年轻人的心情，樊尚还是多次从那里逃跑。在欧伦河畔的维拉尔，樊尚被描绘成了一个离开"牢房"，在大山间奔走，冲向自由马群的孩子；他年少时画过一只钉在十字架上的小鸟和一辆爆胎的二轮马车，暴露出了他的不安心态。安德烈和樊尚对科克托的作品《奥尔菲的遗嘱》有过一次激烈的讨论（樊尚认为父亲对此一窍不通），之后，安德烈向玛德莱娜吐露，他很想把这个儿子从窗口扔出去！当时已经有 1.92 米的个子的樊尚，不断闹出笑话：开着双马雪铁龙从凡尔赛公园的台阶上下来，在便礼服的口袋里装上驯养的仓鼠去歌剧院[15]。1961 年春季，樊尚想到南方去做短暂旅行的计划，再次引发了安德烈对这个不听话儿子的生硬反驳："把你想做的、能做的事都放回到脑袋里去，那都和我没关系。"半个月还没过去，被戈捷的教母注意到的那个美若星辰，顽强、倔强而孤独的孩子樊尚就和戈捷·马尔罗一起，一动不动，最终与死神相聚了。

　　1961 年 5 月 24 日，部长坐在公家的雪铁龙汽车里，从博恩出发，以公众人物的身份，向密集的好奇人群和窥视的摄影师匆匆打了招呼，可是这位面色铁青的父亲，去辨认过那两具没有生命的尸体后，还是最大限度限制了参加若赛特这两个儿子在巴黎葬礼上的宾客人数。葬礼推迟了一晚，因为博克尔神父要求举办宗教仪式的葬礼，不这样做的话，15 个小时后从博恩运到的棺木就可能在尸体入殓当晚下葬。马尔罗终于说出，这两个人的葬礼让他告别了青春时代。《巴黎竞赛报》在发表关于德国占领时期的报道时，马尔罗是不是给过他们几张照片？这个可能性不大，但是部长的同事也许同意让他们刊出了自己手头的几张照片，并对放置在版面底下的评论很满意。那些评论充满传奇，让孩子们"降生在了游击队"，以平民身份介绍了这位贝尔热上校："他斜挎

着冲锋枪,指挥着科雷兹的游击队"。在一篇黑体字文章的头几行这样
写着:"这是发生在科雷兹腹地,这个自由法兰西一地的史诗序曲。"读
者由此了解到若赛特在没有被火车碾压之前,就有过一个悲观预言:
"我看到孩子们的生命线时,不寒而栗。它们和我的生命线一样,中止
在了手掌中心[16]。"

"调皮鬼"之死

安德烈可能并没有去读围绕两个儿子事故的证据,但是他或许知
道了车库工人见到的情景:这真可怕。天蓝色的阿尔法·罗密欧汽车
好像缠绕在一棵树的周围。我瞥见一个人影被压在驾驶盘的仪表上,
已经完全不可能挣脱出来。在几米以外斜坡的草丛里,横卧着另一具
奄奄一息的身体。这是一个头部受伤的年轻人。他还有呼吸。我拉开
车顶,想把那个压在铁皮牢笼里的驾驶员拽出来,于是回到车库去开抢
险车。据《费加罗报》报道,驾车的戈捷被运送到博恩时,已经丧命,樊
尚被送进奥坦医院时也只剩最后一口气了:"他的遗体被立即运到博
恩,天蒙蒙亮时,停放在了诊所的房间,他哥哥的尸体已经摆放在了那
里[17]。"吕西安·布瓦图兹描述道,部长 14:45 抵达专区政府,在场的还
有省长和巴黎的参议员市长;他接着描述道,他们经过上帝医院时,有
两名修女正站在热烘烘的小教堂门边值班:"安德烈·马尔罗先生面色
苍白,抽搐着,冲到两具棺盖敞开的、清亮的橡木棺材旁边。马尔罗夫
人克服了虚弱疲惫,最后看了一眼儿子们的面孔。马尔罗先生及其夫
人接受了地方当局和议事司铎布尔荣,博恩的总司铎,原戴高乐指挥部
队的随军神父表示的慰问以后,重新踏上了回巴黎的路途,同时出发的
还有运尸车[18]。"
报纸对他们的死亡提出了三个猜测:汽车受到另一辆车的干扰,驾
车人因为一个掉下来的虫子或者香烟而分神或车速过快造成失控。记

马尔罗传:幻梦与真实

者们重新用了造成事故原因的最真实的速度，进行了每小时 130 公里时速致死的测试行驶。《法兰西晚报》25 日确认，部长从博恩回巴黎以后，采取了一些措施，葬礼由原阿尔萨斯–洛林旅的随军神父安排在了最亲近人的范围之内："弥撒 11 时在沙罗纳一座建于 12 世纪的圣日耳曼古老教堂举行。"特派记者里有一位文学修养最高的人强调：酷似戈捷·马尔罗和樊尚·马尔罗死亡的唯一作品，是科克托的《调皮鬼》（又译《调皮捣蛋的孩子们》）。记者抱怨这两个孩子的父亲："他有两个儿子。但是他只是复读这两个名字，晃动几张照片，重读几封信，最后剩下的就是他们的遗骸了。'生命一钱不值'，安德烈·马尔罗曾这样写道。然而没有什么比生命更有价值[19]。"

马尔罗接替文化事务不到两年以来，尽管亲人们向他隐瞒了几封匿名且愚蠢的信件，这个隐秘的悲剧还是挖出了一道深渊[20]。马尔罗那个时候的合作者皮埃尔·莫瓦诺在其儿子发生事故以后，保留了他的一些字迹，"这个书写出自一位抖抖索索的老人之手，几乎难以辨识。这个人从那天起就与别人分开吃工作午餐了，大家再也见不到他，除非在绝对需要他的时候。他的面颊深陷，面部肌肉又开始了抽搐[21]"。部长对官方晚宴的印象恍若子虚乌有，非得在他完成服丧的几天后才能找回来，而他却希望忘记这个服丧[22]。与比利时的博杜安和法比奥拉在爱丽舍宫的晚宴，与肯尼迪家人在凡尔赛宫的晚会，都无法驱逐他在博恩以及后来在沙罗纳公墓看到棺木后的印象。夏尔和伊冯娜·戴高乐一起到马尔罗家来表示慰问，只是带来了一时的慰藉；将军的拥抱还不如伊冯娜对玛德莱娜说的"要多加保重"有分量。安德烈要是打开戈捷的笔记本，就会在里面发现"他害怕自己配不上自己拥有的姓氏"这句话和记录下的预感，那是在读了 1929 年母亲若赛特写的《对年轻人的忠告》以后："我越是思念她，越对自己的未来感到悲观……我想说的是对自己的幸福感到悲观[23]。"

在荒谬中生存

对这位无能为力的父亲，这个不相信自己被虚无缠身的人而言，布洛涅的宽大宅邸不可能是一座圣殿。他像《征服者》里的主角加林一样，被剥夺了生活意义的感受后，也体会到这份同情："人们反映在封闭生活里的样子，像是变异镜子里的鬼脸。我们可以在生活中接受荒谬，但是不能在荒谬中生存。"马尔罗试图忘记自己有过却又丢失的儿子。即便他重视戈捷的存在，1959 年做关于古卫城的发言时，带戈捷去了希腊，可是当儿子提到晚会结束时，"没人约他"一起去一家葡萄架搭建的餐馆喝树脂酒这件事，还是被他否认了[24]。然而，戈捷陪马尔罗去雅典，看到晚会在洋溢着爱戴的呼声中开幕，窗子同时映射出安德烈和帕台农神庙的影像时，还是发出了"真是很美"的心声。其实，尽管这位长子十分欣赏自己的父亲，仍会苦涩地吐露真言："我父亲跟我说过，我母亲的事，可能会被轻易就贴在了邮票的背面[25]。"戈捷的教母曾伤心地总结道，他们父子之间不可能存在对话，因为"他的父亲什么都给了他：旅行，去纽约、里约，唯独没有给他时间；他不知道如何专注表达对儿子的疼爱；也没有与他建立亲密无间的信任关系[26]"。

马尔罗在德军占领法国期间，提到劳伦斯·达拉比时曾经写道：无论谁提出问题的"实质，都无法在信仰、自杀或神经质之间选择答案[27]"。这位相信不可知论的部长，在选择为儿子做弥撒——因为他们有权祈祷，人们不能像埋土豆口袋那样埋葬他们——以后[28]，把最终掩埋两具尸体的时间推迟了一夜，又选择向外界隐瞒了他们的葬礼。有时他以父亲做所谓对象，对他只谈论自己两个儿子中的一个时，内心会不断产生撕心裂肺的疼痛。维克多·雨果街 19 号乙门牌的部长家，在 1961 年 5 月 24 至 25 日，一下子就变成了两个儿子都缺席的地方，弗洛朗丝在两个年轻兄弟的葬礼举办以前，在那里度过了一夜，却丝毫没有抹去他们的痕迹！

秘密军队组织的谋杀

1962 年 2 月 7 日,秘密军队组织的一颗炸弹的爆炸声表明,对支持法属阿尔及利亚的极端分子来说,安德烈·马尔罗继续体现出的是反殖民主义的形象。房东的女儿戴尔芬妮·勒纳尔,因此丧失了视力,阿兰则躲过了谋杀。该组织的一份报纸嘲笑人们因愤怒而慌乱:"纳粹的残暴,反法西斯的哭泣,道德教师的盛会。他们的小女儿最终受了伤。但愿她变成瞎子[29]!"2 月 8 日的反法西斯游行,由于这场悲剧的发生,使形势变得紧张,导致了沙罗纳地铁的一场屠杀,关闭的地铁站演变成了"由警察负责的死亡陷阱[30]",游行导致 9 人死亡。马提尼翁府的机密事务顾问,严肃批评了这次本该禁止的集会和后续事态:"那些死者无论怎样都和那些游行者一样,是值得尊重并为他们哭泣的,游行者是藏有左派秘密的一支壮观的葬礼队伍里的人,然而死者做出的是无谓的牺牲。和平在望,与阿尔及利亚民族解放阵线的谈判不可逆转,反对秘密军队组织的战斗,要和谈判结合在一起。死在沙罗纳是讽刺的讽刺。沙罗纳事件的结果要立即结束满街歇斯底里的,既无益又不得体的游行[31]。"

幸免于难的马尔罗一家在第二年初夏迁至凡尔赛的灯宫,这要多亏乔治·蓬皮杜,是他让朋友享受了凡尔赛公园的这个府邸,而这里在传统上是归总理休息时使用的地方[32]。安德烈·马尔罗从 1962 年春季开始,在领导办公室工作的国家顾问安德烈·奥罗的协助下,努力承担了部长的责任;马尔罗不仅没有被别针扎到手——奥罗把回信都用别针别在绿色笔记本上,而且还感受到了奥罗优先考虑琐碎小事的特征。马尔罗被约束的公职生涯,最终用制造出来的一连串幌子告终,这使奥罗写信给阿兰道:"戈捷和樊尚的死还没有让安德烈完全清醒,也还不足以加重他空虚的负担:因为他虽然明白,却感受不到,至少还没有感觉[33]。"马尔罗在1966年接受第一次真正的治疗以后,提起过马拉美的猫与别的猫嬉戏,暗示自己也是把当部长看作了儿戏;他描述自己在参议院的餐桌上,只想与闲谈的政府同事分开就座,因为这些人好像就是在"为讨论而讨论永无休止的问题[34]"。

灯宫的装饰家马尔罗

部长记得自己20年前曾写过:"最好让成千上万的遗迹都向死亡聚集,没有什么能限制我们考虑为虚无去匹配什么样的伟大历史装饰,因为虚无是属于我们的[35]。"他决定依赖装饰自己的新家得以消遣,这是忘记布洛涅和过往岁月悲剧的办法。装潢涉及摆放在宫里与各房间相适合的画幅、打字稿或手写的精辟训导词面前的家具,直到惊动让·库拉尔[36]。这位凡尔赛宫的年轻保管员收到了所要物品的清单,包括武器、瓷瓶和作为墙壁装饰用的油画。进口处的两张"路易十四的玄关桌",要用来接纳部长个人收藏的希腊佛教头像。弗拉·巴尔托洛梅奥的《怀抱幼儿的圣女》的旁边要安置帕尔马·德·德鲁埃公爵夫人的画像,罗斯兰的舒瓦瑟尔公爵的画像要陪伴18世纪法兰西流派的名画《美景中的舞蹈》,还要有雕塑家皮嘉勒的蓬帕杜尔夫人的大理石半身雕像,悬吊在夸瑟沃的《吹笛的牧羊人》和公元前5世纪的留有胡须和没留胡须的双头人作品中间。安德烈·马尔罗只选择推荐给他的织物样品,他决定在一间小小的办公室里装黄色窗帘,配以茺红色的突出希腊方形纹饰的束带;音乐沙龙里要悬挂火红色罗缎窗帘,配黑红或红蓝束带;楼梯上铺设豹皮地毯!他指示要在过道和自己的浴室挂小花卉图案的印花绸布窗帘,餐厅里的椅子要装玫瑰色布椅套[37],妻子浴室的窗帘要白色的。部长让他的秘书玛德莱娜·卡利奥纳负责仔细记录一些其他决定,主要是在限期内修复一个连抽屉的衣橱和一个羽管键琴,还申请打造一些尺寸完美（一米）的样品，让大家舒适体验预想的效果。

安德烈·马尔罗热衷于装饰家的工作，有时会和保管员走到妻子的房间，而她却还在睡觉[38]。他开始把她视为可以忽略的一部分。玛德莱娜可能知道，至少具体知道，安德烈第一次出访莫斯科时说过的想法："作家的妻子应该是不幸的。我的妻子不幸，因为她嫁给了一个总是被迷惑的男人（原文如此）[39]。"她的丈夫还向儿子抱怨自己在"和一个哑巴女人"一起生活；他没有时间写作："说是幸福的文学，只是应对音乐的可怜手段[40]。"他的妻子幸亏有音乐爱好作避风港；争吵并不是她生活的重点[41]，即便是在承担着大量事务时，她仍旧保留着自己特有的礼貌，她没有得到丈夫给她减轻事务的批准，借口是，戴高乐将军若是背负大量事务，他就不是戴高乐了！她有时是创作《寂静之声》的不可或缺的合作者，因为这是奉献给她的一部作品。不管怎样，她都告诉丈夫，最好是重拾文学创作工作，不要迷恋于一座自己不过是临时占有的房屋。

对奢侈品的品位

安德烈·马尔罗尽管哀叹自己当部长的难处："我想做的事是疯狂的，我能做的事却一件都没有"，自己身边又都是只想无所事事的部门，他还是没有打算离开自己的生活圈子。1969 年经核对到位的、装饰他启用房间的不同物品的单子，不该只有不到 7 张[42]。1967 年，他还让人弄来于贝尔·罗贝尔和加尔迪的油画，还有名为《从威尼斯总督宫廷看到的景象》和一幅本该送给戈雅的《黑衣少妇的画像》：没有人知道，这位少妇是不是安德烈·马尔罗当时看到的，去埋葬他小弟时穿丧服的母亲。部长公开承认童年是"人生秘密的极点[43]"；同样，他还写道，拿破仑在奥斯特里茨的那个晚上坚定地认为，"阿雅克修的那个孩子，就是他自己[44]"。部长知道自己就是邦迪的那个孩子,记得自己第一次滚雪球、用喷壶洒水、吃蘑菇状苹果的时光[45]。即便他肯定憎恨自己的青年时代(可能因为他更希望忘记自己的出生证明上写的是商贩的孩子),可是他在祖母的杂货店里还真没有受过什么委屈[46]。三个女人免去了他所有繁重的家务,直到 1940 年他才发现做家务的必要性,他写信给当时的女友若赛特·克洛蒂斯道:"我过去不知道,打扫卫生能让人浑身发热呢[47]!"

部长的办公室也回应了他的奢侈品位,尽管他在办公室的时间愈来愈少。他打开了面对王宫花园的凉台,凉台不算宽大,但是它的占有者却注重它的金色;他在《反回忆录》里描述了自己的这个环境。人们在那里看到的是一个不真实的房间:用金光闪闪的小天鹅装饰墙壁,安放着热罗姆国王的沉重白色扶手椅,还有作家部长特别喜欢让人看到的"白色屏风上路易十六时代的装饰线脚,扎着帝王紫红色束带的淡黄色的高大窗帘,配有纹章图形帷幔的座椅[48]"。安德烈·马尔罗在叙述与一位虚构的来自加利福尼亚的参观者的对话时,稍稍退后了一步,说道:"国家的这些家具在贝克莱(18 世纪英国哲学家)眼里,也许不见得不华丽壮观[49]。"他从 1963 年起便热衷于待在自己的装饰里;他既不到外省去给戏剧艺术公司鼓气,也拒绝参加阿维尼翁和摩纳哥的戏剧节,他还回绝了兰尼埃国王(摩纳哥)请他参加国际电视节的邀请[50]。

部长当众说过,无法想象能让满载荣耀的古希腊伯里克利人待在埃及的家具中间,他还要把现代家居扔出去,在国立家具馆设立一个创作和研究工作室[51]。然而就作家而言,他更喜欢工作生活在适合他府邸建筑的当代家具当中。不过他还是在凡尔赛的宽大客厅里选择了一件 20 年代的、全部用劳尔·杜飞(法国织物多才多艺的创始人)的帷幔包裹的家具,那上面突显出巴黎的建筑;一扇屏风正面的绘画也聚集了巴黎的所有建筑,为面前的扶手椅和座椅增添了光彩。马尔罗可以在这里追忆自己的年轻时代和蒙马特的画家朋友。搞历史装潢的那些爱好者,嘲笑部长的情感化选择,然而却一直在聆听部长夫人的演奏,她在这个客厅里使用的是大型双钢琴,她丈夫在布洛涅时就让人把它们涂成了铅白色,以便在那里居住时的装饰物和资产阶级的有所不同[52]。对玛德莱娜和她的儿子阿兰而言,装饰灯宫日复一日的兴趣,成为一种寻求补偿的怪癖;对马尔罗来说,是他不愿意承受思考时的一种消遣方式:"任何人都不可能忍受几乎是日积月累下来的精神痛苦而没有间歇,除非在被人称作癫狂的状态里徘徊[53]。"

与第二任夫人破裂

玛德莱娜是主张和谐的钢琴家,她决定和儿子去巴黎生活,先是住拉法埃尔街,后来住在蒙泰涅大街,避免"这种时而黄昏、时而高压的气氛[54]",儿子和她都感觉灯宫里酝酿着什么灾难。有时诗人朋友让·格罗让会来缓解一下部长的孤独悲哀,阿兰·马尔罗记得,安德烈在身体不适的尖锐时刻,会感觉一切都带攻击性,也不能忍受一个人独处[55]。他那时是不是一个特别易伤感的人,或者是一个情绪低落的人,或许还是一个过于忍受无语的精神病人呢?悲哀和抑郁无论表现方式如何,都是同命相连的,"二者都有自我意识极度受挫的痛苦,保留在意识里的唯有自我[56]"。难以忘怀的青少年期和母亲的形象,都说明他的行为是由"在各个方面间接表现出来的,长期忍受的从未确定的深沉痛苦"造成的。亲人们惊异的是,部长在说到两个儿子遇难时,向来只提戈捷:"人逐渐有了被侵蚀的感受并达到这个程度时,连呼吸都屏住了[57]。"还应该说,戈捷在蓝色海岸的阳光下玩耍的记忆牢牢在部长的头脑里扎了根。他想把戈捷幼年穿靴子走路的声音都融进自己心脏跳动的最后节奏,这一点在 1954 年就进入了根据《人的境遇》改编的戏剧当中,18 年之后,人们在《拉扎尔》那里又重新发现了这个节奏[58]。

源自抑郁的孤独

为马尔罗治病的医生后来又提起部长在说自己的不良状况和他一个儿子死亡时的过失,完全否认了他的健康状况直接出自两个儿子丧生的结果[59]。因此,应排除与这个悲剧事件相联系的外在压抑,并可以提出内在抑郁的假设:他的死亡欲望与先前的家庭变故相关——54岁时自杀的父亲强烈纠缠着他的记忆[60]。不过,安德烈·马尔罗在真正承担这个重负之前就长期与梦魇独处,因为医生们都在谨慎给他使用抗抑郁药物。让·德莱教授1955年透露,自己非常希望"能给他用上几片心理病学上的'阿司匹林'[61]",可是到了60年代,他就不懂这种药物的副作用和缓慢效应了。他和大部分医学权威预感的一样,害怕耽搁了马尔罗的治疗,而且发现部长在估量如何适度服从行为测试[62]。部长即便知道自己要和人保持一定距离,却还是和他的大部分同事一样,被弗朗索瓦丝·吉鲁称为一类自我膨胀的主体,这个自我在膨胀中膨胀,靠围绕自我的,重要和特殊的情感器官支撑。因为这个自我和所有人一样,已经无所适从[63]。

医生们有预感且一直在犹豫,如何治疗这位特殊病人。他们预见,这个病人是"一个在他生命的某个方面脆弱,易受责难,不稳定而且备受争议的自我[64]"。国民议会主席雅克·沙邦-戴尔马发现了马尔罗在所有葬礼中的压抑情绪,后来还提到这位同伴体内的爆发力、紊乱的精神和身体[65]。部长办公室在掩饰真相的时候,部长本人实际上是在依赖加量服用兴奋剂和酒精,与自己的精神抑郁问题孤军奋战。他1966年初写了一个想象出来的对话者梅里说的话:"我靠兴奋剂活着,没有兴奋剂的时候,就用威士忌作特别补偿,因为酒精,您知道,能起相反的作用。最终,事情对我和许多其他人一样,在很难找到兴奋剂的时候,就成了这副样子。我再也不能忍受生活;但是我可能不会自尽。您懂吗,马尔罗[66]?"

作家马尔罗那时把有巨大差异的艺术家和权力人物混淆在了一起。正如精神分析学家米歇尔·施耐德对他所做的分析:"他面对焦虑创作,背对焦虑统治。权力不用创作,创作者无能施展权力[67]。"然而这位国务部长十分期待证明自己能做部长,既不抛弃创作的意愿,也不放弃遮掩自身问题的希望。可是他没有一种"既没有带来抑郁也不会成瘾的毒品",他在书写《虚幻之镜》时,还幻想有能带来安宁的药丸,那是"无可替换的苯丙胺,是像威士忌一样的东西,无毒害也无抑郁[68]"。

露易丝·德·威尔莫兰或一时的安慰

部长周围的人很多年以来,都记着提醒新来的人:每年 5 月都挺难熬,因为时逢部长两个孩子的死亡纪念日。1965 年 4 月,部长因此考虑把赴英的行程延迟到 6 月的最后一周;他的顾问朋友布朗丹提醒他注意:"我想这次行程可以早些调理好你自己[69]。"英方给部长和夫人的正式邀请是 5 月 12 日到达,却让他犹豫不决,他对秘书长茹雅尔编造说,自己不知道玛德莱娜是否会振作起来! 愈来愈明显的事实是,即便是官方旅行也再无法把部长从只能面对自己的状态中解救出来。部长与露易丝·德·威尔莫兰在 1933 年有过短暂交往,再次重聚,不过是一时的消遣。然而他开始重视黄昏时从文化部过来,留在韦里埃喝茶和威士忌的时光,然后返回灯宫[70]。他还下令让这位城堡女主人的工地收到尽量多的补贴:"部长请您关注在韦里埃实施的工程,可以得到尽可能高的国家财政帮助,然而限制在类似情况下,同意资助的范围内[71]。"这位女诗人可能因为得到部长的支持,于是写道:"我对您的爱混杂着感激和罪过[72]。"几个星期之后,露易丝以为在马尔罗那里看到了有结局的机会,写信给他说:"我饱受思念之苦,唯有您可以将它驱散。"她在 1965 年底和 1967 年初,又提起这个话题:"请不要忘记,您驻足在我的思念之情里[73]。"确实,作家经历了1966年春季的重大危机和首次真正严肃的治疗以后,才屈从了露易丝轰炸般信件的魅力。1967年,他按每天一封的节奏收到她的来信,多亏部长在部里的停留也变得几乎日常化了。弗洛朗丝·马尔罗没有向露易丝隐瞒这一点:值得引起我父亲对你注意的,是你的信件[74]。

常客们在享有盛誉的蓝色客厅的上流文学社团里,发现了忙碌的露露(露易丝),尤其是在1967年4月,她第一次获得两人面对面用餐的那个月份以后[75]。皮埃尔·贝尔热后来说,露易丝很清楚自己"钓到了一条大鱼[76]"。她从部长周围工作人员的默契中得到了好处,尤其是从特别秘书玛德莱娜·卡利奥纳的和蔼仁慈那里获益的[77]。大家有两句荒诞的话语予这位女谋士[78]:您是将军的蓬帕杜(法国路易十五的王室情妇);我就是玛丽莲·马尔罗——还有一句天真的说法:我的德德(安德烈)是个重要人物;但是部长并没有因此变得更为愉快。1969年,他考虑和这位在1968年秋重新成为情妇的女人在灯宫里生活[79]。不管怎样,他很快通过一个虚构的参观者的嘴巴,把背景定位在了1968年5月,说出了这样的话:"在20世纪下半叶,人们似乎掌握了开一枪的艺术,这要比温柔捧面拥吻重要得多[80]。"露易丝梦想在部长使用的府邸生活,但是要有一位家庭成员陪伴。她用国有动产处那里提供的方便,引诱侄女索菲来陪伴她:那些穿工装的英俊男人会为你改变一切,包括窗帘和小地毯。你喜欢什么只管开口就行了。我们会多么开心啊[81]!露露希望把索菲和她的孩子们安置在自己身边,因为女诗人难以忍受部长不好相处的性格,她还给这个说法加了韵脚:我的部长(ministre),是我的灾星(sinistre)。这位被时任《费加罗报》巴黎版主编菲利普·布瓦尔列入举止最为优雅的女主人,却无法从这位巴黎上流社会专家的这句话里得到安慰:"安德烈·马尔罗先生实际上已经出不了门了[82]。"1966年的一封信表明露易丝已经害怕忍受这个昏暗的世界:"我孤身一人,感到窒息,我请求恩赐。噢!难以置信,他会把我带到这样的孤寂里……我看到他的眼神里的其他约定。"另一位女作家弗朗索瓦丝·萨冈,最为了解自己的亲密女友弗洛朗丝·马尔罗的父亲那类人的焦虑不安,用惯有的中肯语气于 1965 年写道:"我们不可能去安慰的是刚出生的人和行将就木的人[83]。"

深重的抑郁状态

我认为从马尔罗过渡时期的写作日期可以推断出,那时他冒着被处决的危险,梦想自己被淹死(这其实是 1945 年发生在阿科纳角豪华游轮上的他兄弟罗兰身上的事)。他先是爆发了一阵"止不住的笑声",然后记下:"一个同伴刚刚在你的身边倒下时,你可能还不会相信死亡[84]。"他深藏两个儿子的记忆,两具尸体并排躺在那里的形象纠缠着他,犹如他极力掩饰的与樊尚的严重不和吞噬着他。1965 年 6 月 4 日,文化部长签署了一封给英国某部长的信,表示拒绝英国部长要在伦敦友好接待自己的计划:"非常不幸,我的健康状况禁止我按照预定的外交礼仪,在阿富汗的君臣拜访巴黎时接待他们,然后我会放弃各部的大部分建议,让人从 22 日起临时替换我[85]。"部长最亲密的伙伴阿尔贝·伯雷不久后听到他说:"我再也活不下去了[86]。"于是医生和合作者们都建议他去旅行,努力改变他"深重的抑郁症状[87]";戴高乐将军得到外甥女热纳维耶芙的夫婿贝尔纳·安东尼奥兹的警示后[88],把自己的船让给他去做了一次完全属于私人的旅行。

部长朝亚洲方向的海上行程于 1965 年 6 月 22 日从马赛开始,7 月 15 日中断,因为柬埔寨号在新加坡码头搁浅,没有取得预期的效果[89]。安德烈还得知,他刚一出发,将军和戴高乐夫人就以其夫人玛德莱娜的名义组织了一次官方午宴。他返回后,将军嘱咐他不要再在凡尔赛宫露面。按照他们俩儿子的说法,他的表情多变,"眼神像是走火入魔了似的":他的梦境缕缕散开,最终消失在无法解开的谜团之中[90]。1965

年秋对病中的部长来说特别艰难,他常常被同事也是国务部长的路易·若克斯替代。在联合国教科文组织的大理石墙上,为了保留 1965 年 11 月 4 日正式开幕式的痕迹,刻下的是若克斯的名字。这面由建筑师贝尔纳·泽尔非斯设计的墙壁,成为部长身体状况恶劣的永久见证:它证明,人们早就预见到那个人不能自由支配自己了。然而 1960 年 3 月,他还为上埃及的历史名胜送去了法兰西共和国政府的祝辞。而目前这种无力出席活动的状况,已经持续数月。

贝尔塔尼亚医生的病人

安德烈读完皮埃尔·达尼诺讲述自己如何借助药物从地下 36 层[91]爬出来的书以后,接受了寻求心理治疗恢复身体健康的建议。安托万·拉波特教授 1966 年春季引他去见了贝尔塔尼亚医生。这位把他从痛苦中解救出来的心理医生后来证明,抑郁症的"可怕状态导致人格、活力和自信的全面丧失[92]"。路易·贝尔塔尼亚是个酒精师,当时却经常以药剂师的身份出面,是"谈论贵族精神病身边的无产阶级精神病理[93]"的人物。他作为《临床医生杂志》"精神病"专栏的负责人,50 年代以来,是为抑郁症提供"与生理失常相关的疾病真相"做出贡献的医生之一,这个病"与心理学表现出的其他类型的疾病分不开[94]"。他曾在 1959 年初写道,化疗有效,因为"使用便利,取得成功的百分比填补了治疗疑难症状的空白,攻克了这个最有保留性的疾病[95]"。

文化部长在没有成为路易·贝尔塔尼亚最为显赫的病人以前还在走动,他 1966 年 4 月初在达喀尔参加了一个艺术节的揭幕仪式,又到卡萨芒斯旅行。他以为自己能继续进行官方活动,甚至打算在 4 月 29 日去一趟以色列[96]。可是贝尔塔尼亚医生坚守底线,决定让安德烈·马尔罗隔离几个星期。确实,在内源性抑郁症和忧郁症病人身上,都存在着自杀的严重危险:"解除抑制或犹豫不决之后,基本的悲观情绪即可消失[97]。"抑郁病的治疗表面看来很简单,路易·贝尔塔尼亚为了避免"常会出现的陷阱",利用位于马利的总统狩猎木屋充当了小型诊疗所,他妻子充当护士,他们在那里给安德烈打针,做力所能及的事情,悉心关照这位如此特殊的病人。安德烈被"治愈"的时候,医生的处方上写的是使用苯丙胺治疗了抑郁症[98]:没有人知道为什么医生的大脑会听从给病人开麻醉剂的旨意!

戴高乐的忠诚超越了使用

把马利木屋给钟爱的文化部长使用,是戴高乐将军的决定。总统在 1966 年初写了一封十分热情的信对部长表示支持:"我亲爱的朋友,无论风力强弱、浪头高低,我都会把你看作同一条船上的风雨同舟、出色又忠诚的伙伴,这是命运的驱使。我要对你说,我出于怎样的心情在祝贺你新年万事如意。请接收这份祝福,我亲爱的朋友,致以最诚挚的情意[99]。"让·格罗让经常出入马尔罗在凡尔赛宫的家,为的是减轻朋友悲惨的孤独感,他看到了将军的这份关切;不过,他写道:"将军对马尔罗的忠诚超越了对他的使用[100]。"格罗让可能认为部长的重担对这位创作者的健康有害,也可能因为他联想到了让·德莱院士的话。后来马尔罗发表了这位法国教授的思想:"真正的抑郁症比癌症还糟糕。"在马尔罗情绪好转以前他还说过:"我们治疗人类时,忽略了他们的疯狂[101]。"

1966 年 5 月 2 日风暴骤起时,部长给他最挚爱的总统草书了一张便条[102]:"我的将军,我特别感谢您对我的关注,把马利借给我使用了几个星期。是马利让我避开了诊所。"安德烈·马尔罗还在便条上加上了"在弥留之际"几个字,出于迷信,还说"马利可能让我避开了诊所",加上了"可能"这两个字。

在马利的隔离治疗

在 1966 年的整个 5 月里,有几篇文章都提到了部长在让人联想到路易十四朝臣的古老氛围里,在有共和政体卫士监守的宁静环境里,正在进行睡眠治疗,部长办公室则否认他偶尔离开了政府[103]。一位女厨和让·库拉尔给部长安排的由他支配的国家动产部的办事员,形成了部长在那里暂住歇息的技术团队[104]。罗热·巴里耶充当饭店领班,他从清晨 8 点上岗服务,把报纸和羊角面包送给这位非同寻常的过客,和女厨师在马利中心市场买好东西以后,便穿上白上衣,负责在木屋餐厅伺候午餐;每天下午都很安静,因为部长在大量阅读和写作。罗热·巴里耶在晚上 6 点离开自己的岗位之前,要支起晚餐桌,趁机陪伴办公室主任安托万·贝尔纳,这位除医生之外唯一获准的来访者。我们会在不久后看到,这个优先权或许使这位与部长有牵连的人士养成了过多评价部长思想的习惯。我们已经提到过,部长在马利居住的第一个星期,由于马塞尔·兰多夫斯基被任命为音乐部负责人,导致了安德烈·马尔罗与皮埃尔·布莱之间的关系破裂。

贝尔塔尼亚医生 1976 年写到自己那位优秀病人时说,"他的智慧和卓绝思想从未出现过衰竭",他不愿意向我透露的是他以往介入治疗时的感受:那是在儿子死亡和真正开始治疗部长健康问题当中的 5 年时间。1986 年他在与让·莫利亚克的一次谈话中,公开了几个补充处方[105]。他惊讶地看到过这个病人拼命抓住 15 天的治疗时间,阅读了侦探小说,然后重新恢复了写作。抗抑郁药物好像可以让这位伟大的抑郁病人在"正常曲线上"重新归位。安德烈·马尔罗的抑郁状态在没有进入治疗之前,除自杀的念头之外,可能还让他经受了精神上的、学术功能上的以及身体能动性的损伤。他表露出来的某些思想可能与他希望休闲放松有关——1967 年置换了家具,我认为,可以列入这个范

马尔罗传:幻梦与真实

畴,帕斯卡主张的乐于消遣也可入列。我可能被引导要在这里再加上用鲜花装饰塞纳河畔房屋的计划[106],以及他想向内务部长表达要从市长那里夺走他们命名整个城区包括拉德芳斯街区街道的权力[107]。省级行政部门确实在巴黎,可能对以右派为多数的市议会的审议产生过影响,这也让部长在命名马塞尔-普鲁斯特大道时,吹嘘了自己起的作用,这是一条连接马里尼大街与协和广场的平行侧道[108],部长还有一个梦想,就是不用黑色沥青覆盖这个广阔的广场[109]。

但是把部长的希望和作家马尔罗显然是以往的思想联系起来也是有可能的。我联想到他叫人把巴黎城区住宅和巴黎国家宫殿粉刷成白色的激情。1934年他还温情脉脉提到首都,梦想她成为一座五彩斑斓的城市:

> 巴黎! 夕阳西下,降落至特罗卡德罗堡背后,温柔而近乎玫瑰色的河流,宛如一条鲜活的臂膀,伸展在散发着女人幽香的岩石上,香气如同野味,略显苦涩。有时会有一场雨降落在城市的石头上,那是波德莱尔笔下的雨,我从未见过这么蒙蒙的细雨,它和所有的事物一样,化作某一天的伟大艺术家因悲伤或者欢乐而感受的一切。巴尔扎克林荫道,维克多-雨果大街,所有人的女人! 这里将是一个充满欢声笑语的地方,我要把这份友情,用心奉献给凡·高、塞扎纳和高更,送给疯癫者、梅毒患者还有贫穷的小资产者,他们为这里的一切抛洒了热血,不仅为之涂上玫瑰色,而且使之变得更为壮观伟大[110]。

起死回生的作家

正如贝尔塔尼亚医生后来所言,在一个像作家那样的专业领域里,"医患关系会在最深层上得以支撑,提供帮助有时等同于真正的起死回生"。确实，作家的《反回忆录》计划放上一幅小猫画像，摆在充满奉承的题词前："为路易·贝尔塔尼亚而作，没有他，这部书无法完成。朋友安德烈·马尔罗[111]。"部长返回凡尔赛灯官 16 个月以后，这部著作就被编入了白皮丛书和太阳丛书在书店发行。此刻抑郁症的高峰期开始离他而去，对他的隔离将被终止，在他 1966 年 6 月 7 日给夏尔·戴高乐的信息中证明，他已经重新找回了一定的活力和淡淡的幽默，总统是当时极少的受益人之一："我的将军，在离开马利之际，请允许我对您关注我在此隐居表示感谢。花园里有一只家养的兔子。我叮嘱它留下来，等待您的返回……请您，我的将军，接受我最诚挚的谢意[112]。"大约是在 13 个月以后的 1967 年 7 月 17 日，发自高乐贝尔巡洋舰，经国防部传达中心转发的限量散发的电文，是对这位作家部长的真正回报[113]，作家部长也成功拿出优秀战绩，为《反回忆录》画上了句号。电文如下：已读完一遍·一部在三方面值得称颂的书·诚挚的友谊·戴高乐将军。

扫码上解读
·戴高乐的同路人
·传奇色彩的文豪
·文化上的预见者
·缅怀历史先行者

在文化部的不幸遭遇

> 管理人员最终总是让这位幻梦者感到窒息，并不是因为上级，
> 而是在多数人的压力之下。
>
> ——皮埃尔·朱耶，马尔罗办公室临时主任，
>
> 卓越的蓬皮杜主义者

安德烈·马尔罗自从儿子们去世以后，与青春的关系便遭到了扭曲。这个双重悲剧恶化了部长运作的方式，加剧了他对财政预算之争的冷漠态度。阿贝尔·冈斯以此为主题在 1964 年 12 月 16 日给戴高乐将军写了一封措辞严厉的信，他起诉了这位部长各方面的奇葩举止，检举了他在电影界的状况："马尔罗被围困在僵化的行政管理当中，受到同行们的干扰，坏事和蠢事占据了主导地位，他手里一分钱的经费都没有，只好节节败退在当初进入文化部的幻梦里[114]。"这个评定可能加快了安德烈·奥罗来国家电影中心领导岗位的速度，为部长的丧失机场调度员作用的、令人尊敬的办公室主任起到了推波助澜的作用[115]。奥罗作为马尔罗的第二位直接合作者，懂得谨小慎微，他会注意到法国国旗蓝色的细微色差，在普遍场合和即兴演讲时热情奔放。他面对有时冷漠的行政管理，能帮助马尔罗遏制或真正发挥能量，在技术层面上，做到了与几乎常常混淆现实和梦想的部长的卓绝思想合拍[116]。

会解读部长思想的办公室

　　部长离群索居的前一年开启的乘船前往亚洲之行,恰逢安德烈·奥罗的离任时间,那时,部长与文化部的几乎是唯一的联系人成了安托万·贝尔纳。这位国家顾问 1957 年有过从担任国务秘书到艺术院的经历,被认为是在"文化"办公室事务中特别有经验的人。他全力以赴投入这个特殊的权力机构后,直言告诉我:"是我或者说办公室解决了难题[117]。"1966 年下半年,当皮埃尔·莫瓦诺,这位 1959 至 1961 年间的原办公室成员重返文化部,成为文学艺术总管的时候[118],部长向他吹嘘了治疗大脑的化学药物和新药,让这位父亲以为三周前儿子们的猝死是发生在 20 岁的陈年往事[119]!安德烈还对皮埃尔说,他和一位作家以及一位朋友聊过:"除了《反回忆录》,我所做的一切都从手头溜走了。"当共和国总统召见皮埃尔时问他:"喂,总管先生,你能经常见到部长吗?"他的回答和所有人一样,撒谎说"是的"[120]。皮埃尔周围的合作者都养成了解读马尔罗思想的习惯。皮埃尔·莫瓦诺认为,当部长不愿表白自己的想法时,办公室足以熟悉到把它表达出来!我无法肯定,与某个思想总是在闪烁跳跃的人在一起,他的诠释者们能否始终演奏好他的梦幻乐章。

　　从 1961 年起,部长周围的人确实养成了保护部长的习惯;然而他们从 1965 年起却加强了对他的监督机制,当时部长的过度兴奋经常导致"创造性和协调性上的紊乱和不连贯"。尽管丈夫成了那些监督手段的牺牲品,玛德莱娜·马尔罗却仍旧向我暗示,也许这正是让她丈夫留任部长的唯一方式[121]。在安德烈·马尔罗被临时隔离的几天里,有过一篇为他辩护的记录;其实这个记录让戴高乐将军的外甥贝尔纳·安东尼奥兹联想到的是 1966 年 4 月 12 日的一封信。马尔罗办公室强调,要让部长对一个问题做出紧急回应的办法是:答案必须从现在起,变成口头形式,迫使部长到参议院讲台上去回答[122]。由此看来,办公室生怕部长还未能处在前往卢森堡宫时的状态。一般来说,安托万·贝尔纳和同事们都能逐渐轮流替代部长行事。他们甚至在 1965 年末,想把文化事务部改变成真正的文化部。他们坚持要求共管广播和电视,共同领导各图书馆,共同负责管理"被视为博物馆"的国家图书馆;要求有权干预"处于观念阶段和监管水平上的治理环境的所有问题",转移与国外文化关系的技术责任,起码在由外交部和文化部的文化参赞和专员共同指定的艺术行动上,要如此行事。政府总秘书处强调,这些要求并不是部长而是他的办公室提出来的,从而使实现这个计划的可能性化成了泡影[123]。

权力与周边人的毒害

整个巴黎的政治界都知道,部长没有进入为改革而奋斗的状态,原因主要在马提尼翁府,乔治·蓬皮杜一直听人说起他的首席部长,将军最宠爱的伙伴的健康状况。安德烈·马尔罗几乎只在写给同事们的信上,在各部门要求的、规定的典型格式的回信上签名,"那都是急需签名的函件。计划在最短期限内,照办公室主任先生的指令,由部长签名回信给政府同事写给部长先生的信[124]"。周围的人保护"他们"部长的方式特别具有含混不清的一面,常有的情况是要和生病的其他人一起保护。正如皮埃尔·诺拉所言,他们要保护那些人私生活的权利,因为公民有权知道什么人在以他们的名义进行管理,所以"他们不可避免处在了竞争和冲突之间"[125]。一些专家谈到,合作者们都拿出了关切和奉承的心态,去应对那些无论面对别人还是相互之间碰面,都丧失了批评头脑的部长[126]:头头的疾病促使不同宗派发展的各种策略,有时推动他们阻挠别人直接或单独接触病人,担心医生利用这一点,让病人丧失继续完成公务的勇气[127]。

权力是一副毒药,一旦习惯就难以丢弃:让·贝尔纳教授对这个观察进行了补充,提到了某位兼大作家的部长朋友:"当他丢失政务的时候,十分悲伤,而他只能是一位伟大的作家和二流的部长[128]。"然而,这位院士医生忘记考虑政权人物的某些动机,他们曾经有过不幸孩子的形象,怀揣报复的意志。至于马尔罗,不得不令人想到阿兰的肺腑之言:"一无所有足以唤醒马尔罗的屈辱感受,由此而生的荣誉感永无止境[129]。"

药物中的兴奋剂

1966 年春季以来,经过贝尔塔尼亚医生的成功治疗,作家部长愈来愈变成了部长作家,他重新参加活动。几年之后,索菲·德·维尔莫兰解释说,支撑他身体恢复的就是药物:"某些药物无疑是对他的刺激;对药物还要特别加以选择:写作时用这一种,与某个来访者严肃谈话时要用那一种。他服药守时到吃每一种药的时候,一分钟都不会弄错[130]。"他在治疗医生的友好监管下(他总是向医生打听香料的消息),终于完成了《反回忆录》,他想通过这本书表明自己是"本世纪最伟大的作家",超越了萨特在《字词》中回忆童年所取得的成功。这段时间,安德烈把自己的手稿一页页翻给侄子看,在提到自己的政治责任时承认:"那是一个没有部长的文化部[131]!"然而这位文人还是完成了自己必须完成的工作任务——贝尔塔尼亚医生坚持证实了这一点:他完成这些任务"不仅有人们想到的他在这项工作中的品质,而且还有严格的规则"。然而医生清楚地补充说:"认为安德烈·马尔罗从 1966 到 1969 年履职期间没有难处是完全不准确的。事实是他总能应对这些困难[132]。"尽管办公室销毁了 1967 年全年和 1968 年前 11 个月的全部信件夹[133],还是有一些利于为路易·贝尔塔尼亚做证并进行辩护的东西,其余的信件则是辟谣。必须透过几个明显的行动和几度危机才适于用问题和答案澄清这些说法。

文化部的危机

必须首先说明,年轻的文化事务部在部长的健康没有严重受损之前,经历了紧张阶段。原来的艺术部门长期以来讨厌实施办公室制定的规则,联络短路又扰乱了文件的运行。1961年4月,一份交给皮埃尔·莫瓦诺、法兰西剧院院长的记录,提醒他注意几周以来提出的问题并指出:由于这些回复做好后要直接交给部长,我不可能只把悬而未决的问题交给您[134]。建筑部门的经理1961年11月被召见,因为他对9月份的14封议会信件一直没有答复[135]。安德烈·奥罗1964年初告知马科斯·凯里安,这位建筑部门头头,勒内·佩尔谢的继任人,要推销正在经营的市场,有效的办法是取消在一定时间内审核文件的时段,用民意测验的阶段性监督来代替[136]。皮埃尔·莫瓦诺1967年11月13日指出,在财政监督员眼里,建筑部门是整个文化部里最糟糕的领导机构;他在笔记上哀叹道"在建筑领域存在着在法兰西难以置信的失职",他们的时间都花在了管理巴黎地区的文件上,事实上,4个副职领导人中有2个人"在任何方式上都算不上这个级别的公务员[137]"。前一年就该有一篇记录向档案总管重新说明,对议员们书写的问题,不该按照信件格式,而应预先遵循准备在《官方公报》上发表的格式回复[138]。部长尽管有部分时间返回文化部,还是由办公室主任自己在1966年6月8日,向政府总秘书长传递了保护海外省名胜古迹法令的计划。然而,接下来9月19日交给外交部长的信是由安德烈·马尔罗签署的,这封信提到阿拉伯国家掌握着一个潜在的黑名单,会给在以色列进行电影拍摄的导演和演员造成麻烦;部长认为如果这个名单存在,就会对签署与以色列国家合作生产电影的协议形成威胁[139]。

承担着复杂客户和苛求公众的文化事务部,十年来经历了各种危机,马尔罗作为顶头上司,甚至没有提到过通常属于新闻部审查的文件,这些文件主要与新闻部长有关,而这些文件,在 1958 至 1965 年期间出台了上百条压制措施[140]。曾任使者的勒内·布鲁耶也许因为还记得马尔罗首个办公室曾有过的冲动,才跟我说:"马尔罗对他人实施宠爱和不加宠爱,都有过于旧制度下的君主政体。虽然将军对他过于自由放任,然而还是阻止他取消了道尔塞火车站的修建计划[141]。"1968 年五月事件以前,有三个紧张时刻引起了较大反响:不合法地废黜了法兰西喜剧院的行政总管,审查了雅克·李维特的电影《修女》,还剪辑了让·热内的话剧《屏风》。

使者克洛德·布雷阿尔·德·布瓦桑热在法兰西喜剧院这个机构的领导岗位只待了 9 个月。他是听信了两位文艺社团成员肯定地说,只要有人文素质就可以,才想担当这个领导职务的。马尔罗 1959 年 4 月 8 日任命他时,认为他能在布拉格的铁幕中取胜,也会在红幕的位置上获胜,在那里上演悲剧而不是喜剧[142]。然而,由于布瓦桑热反对法兰西喜剧演员行会对共和国日历 12 年芽月(1804 年 3 月)27 日文件的深刻变革,马尔罗决定由喜剧院的一位最长者莫里斯·埃斯康德取代他,借口是布瓦桑热单方面决定上涨座位票价。由于 1960 年 1 月 30 日让德·布瓦桑热停职的法令用力过猛,于 1961 年 10 月 27 日被取消,因为行政主管任期应有 6 年,只有犯了严重错误才能被提前撤职。安德烈·马尔罗改变了布瓦桑热的职务状况以后,再决定免去他根据 1962 年 1 月 29 日的法令命名的使者身份。行政法院的第二次司法程序,因为滥用权力,从 1962 年 7 月起终止了马尔罗的决定,德·布瓦桑热先生根据 1962 年 11 月 29 日的法令,在提出休假前,重新进入了原来的岗位。他对我评价了那份给他停职的文件,说它只引起了几个行政法专家的兴趣:"事件就其本身而言,平淡无奇。然而是 1959 年以来在法国建立起来的政府习俗的典型:凡涉及法律利益的事,都不在乎公众舆论[143]。"在那份文件里,马尔罗办公室让感情战胜了当时的协商,而那个时代的行政法院坚持表现的意志是,任何人都不能损伤被判决事物的至上权威。1960 年 1 月 3 日,一封写给共和国总统办公室主任勒内·布鲁耶的信,针对那份已经提前被新闻界攫取到手的停职文件指出:马尔罗"被骗了,或者说别人欺骗了马尔罗[144]"。

马尔罗周围的绝大部分人都缺乏政治和行政经验,可以解释这个不幸的事件,这件事形成了鼓励一位议员在 1962 年发表以下看法的部分原因:"我们的印象是——我不能说很肯定——,在您的文化部,所有事情都在靠本能,靠一时兴起运作,这可能符合绝妙的反复无常,然而因为反复无常而很危险[145]。"这位议员当时正和安德烈·马尔罗的忠实敌人西蒙娜·德波娃打得火热,她指责部长拿词语当思想,以为发现说辞,就掌握了思想。然而,在主要是属于新闻部和军事部的审查事务中,马尔罗的说辞尽管遭到让-吕克·戈达尔的抨击,但无论如何都是在为自由服务的。戈达尔在 60 年代初曾经是审查的牺牲者。他的影片《小士兵》有两年被禁演,因为他把众议员勒本也牵连到了阿尔及利亚的战争和酷刑当中,勒本甚至要求把这位瑞士制片人逐出国土。戈达尔见有"看似在审查"的挖苦评论出现,为了让另一部《已婚女人》得到上演通行证,不得不做些删节,把标题改作《一个已婚女人》[146]。于是他觉得,还是马尔罗从佩尔菲特的斧头下救出了自己的这部影片。

部长对雅克·李维特的电影《修女》的文件,和对热内的影片《屏风》的文件一样,有时会对审查阿尔及利亚战争的行为进行辩解,明确选择保护创作人的态度。马尔罗不仅记得 19 世纪提起诉讼的滑稽现象,还记得 1932 年,政府没有起诉由他作序的小说《查泰莱夫人的情人》(英国小说家劳伦斯的长篇小说)的出版,却让警察署留意,禁止在巴黎市区的报亭出售这本书[147]。《修女》风波始于 1965 年影片开拍之际,卢瓦尔-曼恩省的议员让·福瓦耶,不准拍摄者使用丰特弗洛的修道院。天主教联合会被动员起来,展开了一场上书新闻部的运动。它们想以保卫妇女和修女的尊严为名对影片实施全面禁止,它们强调淫秽的书没有电影那么危险,但是却向它们的斗士发出了一道怪异的命令:"此时此刻,不要在主日讲道上,也不要在新闻报刊上做任何广告。要像在俗教徒那样,照宗教评议会的思想行动[148]!"1965 年 11 月 15 日,阿兰·佩尔菲特确保了法兰西多数高级人士联盟的稳固以后,竭尽全力"充分"利用自己的权力,阻止影片出品。审查委员会于 1966 年 3 月颁发了运营签证,同时提出了至少 18 年的禁演期,并在负责新闻工作的新国务秘书伊冯·布尔热要求与审查委员进行第二次磋商时,确认了这个想法。这位新闻部长置以上两次的保证于不顾,于 4 月 1 日决定彻底封禁;安德烈·马尔罗也同意了这个决定。

在以后的一个月里,政界和媒体应该都了解到了部里的这些混乱,《鸭鸣报》称:"别了,缺席先生[149]。"莫尔万·勒贝克的社论发表以后,让·吕克-戈达尔狂怒揭发了对《修女》这部影片的扼杀[150],签署了一封给文化部长的公开信:"我开始厌倦每次去拜访您,请求您到您的朋友罗热·弗赖和乔治·蓬皮杜那里调解,以获得对这部被审查判死刑的电影的大赦,这个审查是思想上的盖世太保,由于您是我认识的唯一的戴高乐主义者,我必须把愤怒发泄在您身上,您肯定不会理解我对您在这封信里的最后陈述。我盲目地,不是靠双手而是用双足逃出了现实,一句话,怯懦或许老实到无能、衰老而疲惫,这些东西都回来了。在这个深深的怯懦里,无惊讶可言。您用自己的内心记忆造就了鸵鸟。安德烈·马尔罗,您怎能听得到我的声音,我从外面,从遥远的国度、自由法兰西,打给您的电话[151]?"

部长在 1966 年 5 月 2 日被迫休养以前,还是选中了这部影片,计划在戛纳电影节上演。乔治·蓬皮杜总理也放进了自己选择的影片,并于 3 月 10 日 11:30 和 12:15 先后接见了安德烈·马尔罗和伊冯·布尔热[152]。嘲笑曾不公正地压垮了马尔罗,这位惧怕百科全书 1789 年精神的,1966 年的保卫新共和联盟的部长,此刻暂时偃旗息鼓了。政权夸赞了他的自由主张,将军为此手写了一小段文字祝贺自己的伙伴:"我亲爱的朋友,谢谢你放进了自选的影片!你的朋友夏尔·戴高乐[153]。"
一纸所谓"1789 年的签名者"的声明发表以后,制片人乔治·德·博勒
加尔从第三任国务秘书乔治·戈尔斯那里获得了 1967 年 7 月 6 日颁
发的经营许可证。影片的版权根据这个时限得以重新出售。165,000
名观众在 5 周内发现的《修女》这部片子[154],于 1988 年 11 月 23 日,准
予为所有的观众重新发行。从 1977 年开始,这部影片作为晚间第一档
节目在电视上放映时,并没有遇到原教旨主义者的游行,当这部影片的
制片人 1984 年获恺撒奖时,那些人也没有再提抗议。行政法院于 1975
年制裁了伊冯·布尔热的不平等决定,结束了"他 9 年的伪善行为和
30 年对良好风尚这个概念所做的具自由衡量权的诠释[155]"。

　　被剪辑过的让·热内的话剧《屏风》在法兰西剧院上演时,更激怒
了部分舆论和国会议员。极右派揭发阿尔及利亚战争中的穆斯林游击
队员,还有与之成为同谋的"曾经的坏蛋马尔罗[156]"出现在了舞台上。
从 1966 年 4 月 29 日开始的演出,只能在装备齐全的部门保护下,才能
坚持演下去;这些部门无法阻止殴打,还有诉愿书,告发让·热内是"出
了名的男同性恋、窃贼、逃兵,还当过男妓"。由热拉尔·隆盖和阿兰·
马德兰领导的西方斗士,由巴鹏省长的警察出面,让-路易·巴罗叫来
的全国学联的大学生增援,才最终阻止了那些斗殴的人。部长在国民
议会维护了这个剧目以后,于 1966 年 11 月 6 日来观看了最后一场演
出。贝特朗·弗洛努瓦谴责安德烈·马尔罗保护了龌龊的演出,对把
军队、国旗和宗教都编排成嘲讽对象大为不满:"政府补贴一词从来没
有这样可恶地出现在我们面前,仁慈也从未有过如此悲惨的表现。"一
纸修正案险些减去文化部为法兰西剧院剪辑热内这出戏的财政预算,
莫尔比昂省的一位众议员克里斯蒂安·博内声称自己"对那些没落美
学家的叫嚣无动于衷[157]"。安德烈·马尔罗的回应,正是他作为大无畏
部长的部分写照:

女士们、先生们,自由的双手不会总是清白的,然而,当自由未经窗口以前,双手没那么清白时,应该多加观察。无论什么人看了这部戏都会清楚,它不是在反对法兰西,而是在反对人类,反对一切。什么样的荣耀才会因为禁忌被送出人们想缩减到最小范围的这出戏。我们确实不允许《屏风》成为你们谴责的对象,它可以合法合理地上演;我们允许它上演,哪怕你们谴责它。有些东西远比围墙里的争论要深刻得多,我们要了解的是诗歌是从哪里获得根源的。然而你们一无所知,我也是一样,我重申已经说过的话:自由的双手不会总是清白的,但是必须选择自由[158]。

加埃唐·皮康 1966 年下半年从办公室辞职,解放了文学艺术部门的领导权,10 月份,这个领导权交给了皮埃尔·莫瓦诺。埃米尔·比亚西尼 9 月 20 日从安托万·贝尔纳口中得知,自己事实上要被撤销,于是他决定在一封给部长的信里写出自己的真实情况:

1961 年您召见接待了我 34 次,1962 年 4 次,1963 年 1 次,1964 年 1 次,1965 年 1 次,1966 年 0 次,最后两次召见,一次是在介绍歌剧院联合会办公室的时候,另一次是与弗林姆兰先生一起检查斯特拉斯堡文化宫的计划的时候。

1963 年以来我就发现,与您的直接接触被剥夺了;我没有直接得到任何教益,任何指示。所幸有加埃唐·皮康,我经常就我的行为、我的计划和我的方针与他进行咨询和探讨:我保持了正确的航向。所幸还有您的办公室主任奥罗先生,他三年来都表现出一位中间人的忠诚和一丝不苟,懂得让您的文化部成为一台有效的机器。

尽管您的身体离开了我,您所体现的知识和道德证明却经常陪伴在我身边——我想自己没有一分一秒忘记过这些,我以您的名义实施的文化行动确实正如它所表现的,就是您的事业。

　　奥罗先生离开以后,所有这些联系都减少了,1965 年 4 月以后的那段时间,18 个月里仅仅召开过 3 次领导会议,这立即开始形成了办公室秘密工作的印象:怠慢,不做答复,突然做出决定。与我相关联的东西被真正切断,精神上被切断的东西渐渐多出了物质上的。我感觉自己慢慢成了执行不知情决定的人。向您讲述这些的时候,我明白自己和加埃唐·皮康有幸将分享成为第一批牺牲品的荣耀,有幸帮您意识到了现状[159]。

　　10 月 28 日,在比亚西尼中止治疗的前三天准备丢掉自己三分之二的资源时,一条指令改变了文学艺术领导部门的名称,表示音乐政策要自治,弗朗西斯·雷松被任命为戏剧与文化官的总管。部长周围的人摆脱了一位最细腻熟知马尔罗思想的人和整个法兰西文化行动的真正缔造者以后,由审计法院的两名成员替代了他们,这两个人与前两人的良好运作国家的观念相符。当部长与其妻玛德莱娜分手标志着他个人生活的深刻决裂时,三位以“B”字打头的人物安托万·贝尔纳(Bernard)、阿尔贝·伯雷(Beuret)和马塞尔·布朗丹(Brandin)将帮助皮埃尔·莫瓦诺和弗朗西斯·雷松忘记安德烈·马尔罗增加至 90 个文化官的团队的梦想[160]。安德烈·马尔罗退回了比亚西尼的文件,写信给安托万·贝尔纳:“告诉莫瓦诺,我现在突然给他安插比亚西尼的旧文件,以便他检查、分类或扔进字纸篓。”马尔罗在最后面那个词(字纸篓)上加了三条杠,证明他一直以来难以驱散的怒气[161]。

不协调的音符

　　在音乐政策上突显的危机,最终得以解除,研究音乐问题全国委员会根据 1962 年 12 月 27 日的决定,确认了国家丰富的音乐遗产,感慨音乐会听众有所减少，认为文化行动可以增加受教育的听众。一份长长的报告估算了委员会 10 名成员希望看到的财政影响[162]，由奥罗、皮康和比亚西尼主持的新闻发布会，于 1964 年 12 月 17 日宣布了鼓舞人心的财政预算前景。但是各团体批评了他们的方向，尤其是先由雅克·沙耶、后由达吕斯·米约掌管的国家音乐委员会。皮埃尔·布莱激烈反对这个委员会，他被选为巴黎音乐家工会主席后，希望音乐成为文化宫文化行动发展的一部分。1963 到 1965 年的延期行动，应归咎于经费不足和给予文化宫的优先权，因而激化了布莱和兰多夫斯基之间的紧张关系；兰多夫斯基以后的胜利，标志着学院派的重要性。

1966 年 5 月初，部长被隔离在马利一周以后，从 1964 年 12 月以后一直担任音乐教育总督的马塞尔·兰多夫斯基，获悉音乐办公室已形成一个部门，自己被任命担当主任。布莱批评这是个"过时的令人窒息的封闭地方"以及保守派的立场，明示自己的大力支持者就是在《费加罗报》上署名克拉朗东的贝尔纳·加沃蒂。1966 年 5 月 25 日，作曲家布莱没有指明加沃蒂是谁，只是提到克莱龙-丹东这么个名字，最终发表了一封题为《马尔罗，不！》的公开信[163]，那时部长还被隔离在马利，正在第一次切实治疗 1961 年以来折磨他的抑郁症；然而马尔罗作为行政部门长官既然做出任命的决定，就必须担当责任，接受皮埃尔·布莱的严厉批评。办公室还敦促马尔罗尽快让文学艺术总管把与文化部进行对立的媒体活动的责任承担下来。加埃唐·皮康在瓦卢瓦大街任职 5 年多以后，被迫于 1966 年 8 月 3 日辞职；马尔罗的这位崇拜者，以后再也没有和自己的前老友会过面。

与加埃唐·皮康绝交

皮康承认，布莱的政策也许难以实现，因为"在法兰西不存在保留最优秀人才的环境"；以纪念哲学家的名义去为皮康举办告别晚宴，是对部长和其办公室的再次侮辱。出席这次宴会的主要有维埃拉·达·席尔瓦夫人和乔治·奥里克,让-路易·巴罗,让·巴赞,罗热·凯卢瓦,马科斯·埃内斯特,欧仁·约内斯克,安德烈·马松,塞尔日·波利亚科夫,阿兰·罗伯-格里耶,菲利浦·索莱尔斯等人。这个聚集了上百位名人名家的晚宴[164]惹恼了一直在就医的部长,尽管他已经离开了马利;部长发觉许多自己重视的艺术家,愈来愈彻底地离开了他。几位参加致意皮康活动的人,于1968年1月在古巴的一次会议上看到过他和萨特在一起。这个会议揭发的是与第三世界相对而言的西方人的"文化种族屠杀",被邀的知识分子都皈依了"积极斗士,表示要反对自己所在国家的领导社会的势力[165]"。

这位前文学艺术总管那时写道:"在法国,学院派艺术丢失了它的国际和'道德'威望后,还大量丢掉了机构的权威性。我个人了解一些这方面的情况[166]。"可以肯定的是办公室希望皮康离开,因为皮康对马尔罗的熟悉程度,妨碍办公室的人让他相信,部长实际上只希望听到来自周围愈来愈可信的有支配权的人的思想!然而皮康难免失望,因为自己与马尔罗的想法是有细微差异的。但他还是庆幸自己有机会与戴高乐和马尔罗的组合相遇,并向总统致意:坚定而狡诈的马基亚弗(意大利政治家)主义从未丧失的观点是:行动不能完全约束一个人,世上还有其他世界和其他价值[167]。

与布莱和贝雅尔决裂

部长周围的文化部成员不是没收了他的自由主宰权,至少也"利用"他不稳定的健康状况限制了他的决定。舞蹈和音乐界的莫里斯·贝雅尔和皮埃尔·布莱当时选择离开了法兰西。布莱声称自己在询问部长的意见以后,要着手组织一次无限制的罢工,抵制法兰西的官方音乐,但人们并没有按照他的建议去做。他1967年做出重要决定:不去指挥广播电视局的国家交响乐团,也不去参加蒙特利尔博览会和琉森音乐节;他还拒绝去普罗旺斯的埃克斯领导艺术节,也没有为自己负责的音乐领域申请补贴。贝雅尔提到,马尔罗给他提过一个愚蠢建议,计划在以后肯定会让人眼花缭乱的文人秀上,建立个舞蹈中心。在吉斯卡尔总统 7 年(1974—1981 年)任职期间的文化规划的首席国务秘书米歇尔·居伊,后来感到悲哀的是:某个集团竟然没收了 1970 年以前的文化生活[168]。安德烈·马尔罗很想联合在维拉尔的布莱改革民族抒情戏剧,还希望把这位天才的交响乐指挥,与"另一位负有盛名的'放逐者'、编舞贝雅尔[169]"重新找回法国;但是布莱 1968 年 5 月以后离开维拉尔使这个计划破产。只是在乔治·蓬皮杜主政期间,布莱才成为音乐音响学研究协会的会长,这个学会在 15 年里要花费文化部财政预算的 10 亿法郎[170]。可能是对布莱 60 年代被流放的补偿,他只为这个学会现代音乐的研究就获得了 70% 的贷款,他当时被看作是无调性崇拜庆祝仪式的精神领袖[171]。许多传统人士在 1966 年都为放逐他而欢欣鼓舞,因为布莱的存在对他们来说一直就是对音乐道德礼法的挑衅。

马塞尔·兰多夫斯基继续和与自己势不两立的仇敌论战,批评创作者们的极端个人主义,说他们长着在迷雾中探寻的脑袋。他忘记了,即使自己充分占有经费,马尔罗也不可能会选择他,因为他认为没有必要找寻新的观众,只需要重新找回已有的,希望音乐首先表达宗教本质的人就够了:"形式上的寻找没有意义,也不必涉及广大观众[172]。"1966年,兰多夫斯基向办公室致谢,向文化部的政策表示尊崇:"他们好像第一次愿意给我们解决经费上的巨大困难[173]。"他在不到一年以后,向文化部那些一直在大区的联络员确定,音乐的危机"首先是组织问题[174]"。1969 年 5 月,他终于巩固了自己的胜利,获得了附有监护国家歌剧院联合会财政的领导职位。他等了近三年被称作的复仇,就是有权坐上了埃米尔·比亚西尼的交椅! 这个漫长的期限让我觉得,是在为部长面对这位学院派的化身人物切实谨慎的做法辩护。对音乐界这位未来领导人以及支持他的团队的耐心策略，精彩地表现在阿尔贝·伯雷 1968 年签署的记录当中："从今以后得到一致确认的是，兰多夫斯基先生被安置在了一个房间，那里的方方面面和事态，都将与他行使的职责发生关联[175]。"

没有部长的文化部

玛丽冯娜·德·圣·皮尔让明确指出，马尔罗的文化民主化学说只承认了一个特例，那就是兰多夫斯基的音乐政策，这个人扩展了音乐学院，支持法兰西青年音乐协会在教育上发挥的实效[176]。然而马尔罗绝对希望的是，要把教师的职责（让人了解音乐）和自己部门的任务区别开来，通过接触音乐让人去喜爱音乐。然而马尔罗 1966 年的至上需要，除了习以为常的药物治疗，仍旧是希望恢复作家的元气。马尔罗为了构思《反回忆录》，把权力的控制权交给了办公室。马塞尔·兰多夫斯基作为被荣誉招聘的公共教育总监，1999 年结束了自己法兰西学院主管的生涯。他 1986 年被选为艺术院的常务秘书，这是个曾遭羞辱的学术院，靠的是部长的支持并成就了他的事业。

有必要通过大量证据回顾马尔罗周围人的做法，1963 至 1968 年担任建筑部门主任的马科斯·凯里安撰写的《偏航的小故事》提供了证据[177]。马尔罗办公室的最后一任主任安托万·贝尔纳，从未向我掩饰自己认为是在尽义务，代替部长解决难题[178]，更为清楚不过的是，他上任后不久就听马科斯·凯里安说："部长身体状况不大好。我们把他安置在办公室写作，这样我们才能工作[179]。"贝尔纳在行政法院的同事回应道："真够冒失！怎么是没有部长的文化部，可大家都知道那里有一位部长，还知道他叫马尔罗，这可能是引起最严重误会的源头。"这样安排部长很糟糕：文化部因为存在异质基因和脆弱结构，最终丧失了健康，已经成为被心态失常的人诅咒的地方。安托万·贝尔纳与马塞尔·布朗丹是"知情人"，尤其是阿尔贝·伯雷，可能就是鼓动与部长保持距离的人："在阿谀奉承马尔罗和不大尊重一般的其他人之间，他有时试图以政委的身份行事[180]。"在一个关于巴黎问题的部际会议召开之前，伯雷反对设备部部长埃德加·皮萨尼与自己的部长会面，使用的言辞令人咋舌："没问题呀！要是让德德见那个胡子拉碴的人，他会放下一切。我们就这么去吧，看看他们会对我们说什么。"凯里安分析了这些说辞以后，总结道："在办公室的人眼里，灾难不只是来自敌人——请注意:还包括我们眼前的部长，首先来自部长本人。现在谁能最终给马尔罗在已成作家房间的办公室里闭关自守下定义呢，在那里与作家共处的只有他自己满脑子的记忆碎片[181]。"

各部门头头的不适感

办公室利用马尔罗极少出面的效力，让新闻界最终相信他活跃在外地。偶然还出现这样的情况，他在做公务旅行，记者们却都以为他还在国内履职:当他 1965 年 7 月坐船驶往锡兰(斯里兰卡)时，《十字架报》却说他正在凡尔赛宫接见阿根廷总理弗赖[182]。伯雷、贝尔纳、布朗丹这三大巨头在部长任职的最后三年很少召集的会议上，愈来愈像是在审判会议上坐镇。马科斯·凯里安对此做出了头脑清醒的证言:"办公室的人自以为能像传统文化部那样去处理文化事务，由于解释不出保证自己创造力的灵活性是什么，我感觉办公室正在从指间溜走，渐渐出现了无法逆转的萎缩，甚至都走不出无语的烦恼去抱怨、抨击或者大发雷霆了[183]。"

1968 年的暴乱加剧了这种局面，建筑部门的负责人凯里安被引向辞职，对部长发起了略有遮掩的谴责[184]:

至少三年来，我都被剥夺了与您见面，聆听您权威表达的可能，还有希望能指明我行动方针和选择的可能。尽管对我而言这并不特别困难，然而我并不是没有感觉。

在这个称作文化部的部，与别的部门相比，行动更繁多复杂，微小差异都起到了决定性作用。在我看来，探讨重大政策和给主要负责人足够的自由行动，是与智慧、勇气和最终生效关联的两个条件。我必须说明，最近几年我没有发现您身边最直接的合作者具备符合这些原则的工作条件。

错失机遇、迟缓、犹豫不决、瘫痪都源于这种情况，并影响到一些重要领域，包括改组我的部门，与部里其他部门的衔接以及立法和合乎规定的工作。

马科斯·凯里安信上的用词确认自己再也不愿意占据"这个渐渐丧失真实感的岗位"，这和两年前埃米尔·比亚西尼的用词很接近。1966 年，办公室从自己的角度出发，指责建筑部门有一笔用于维护历史古迹的延期贷款，超出了年度信贷对预算的开放！然而大家都避而不理凯里安先生的请求。这一连串的批评证明，由于安德烈·马尔罗闭关自守，几乎使所有部门的负责人都感到不适。他们认为，部办公室承担了这个状态的责任。部长在 1968 年风暴中的表现方式明确了这些评论，或许也解释了那时的三位领导，几乎同时想离开自己岗位的原因。

扫码上解读
· 戴高乐的同路人
· 传奇色彩的文豪
· 文化上的预见者
· 缅怀历史先行者

1968 年的风暴和戴高乐时代的结束

那个矮小狂热的身影茕茕孑立,在电影工作者罢工撤离后的工厂里梦游,安德烈·马尔罗应该明白,我们反回忆的时间并不算短。

——弗朗索瓦·特吕弗:

1968 年 2 月支持亨利·朗格卢瓦的文章

处于第五共和国边缘的《快报》年轻主编让·雅克·塞尔旺-施赖伯提到部长的伟大梦想时写道:"在这样的制度下,有一个人每每开口说话,都会让我们向前飞跃,这就是安德烈·马尔罗。他能帮助我们找到问题的症结[185]。"这份杂志对国务部长的迷恋,证明了人们对这位 30 年代作家的感受一直在延续。1958 年 6 月 24 日,还只是派往新闻部的这位部长的第一次新闻发布会,就征服了 500 名听众,因为他在战栗而断续的狂怒中回答了 190 个问题:"在发布会上,《王道》里的克洛德·瓦纳克、《征服者》里的加林、《人的境遇》里的吉约与费拉尔、《希望》里的马努埃尔和最近那位《阿尔滕堡的溺水者》里的樊尚·贝尔热都借这位代言部长之口发了言,这也表明法兰西和共和国、戴高乐和政府、持久的革命和永久的秩序都从历史角度进行了思考,一起与昨日的小说和批评参与了今天的政治生活,在马尔罗那里形成了行动和思想之间的永恒联系[186]。"

陷入孤独的部长

几年以后,马尔罗节制使用的省略和感人的切分句,再也不能以同样的方式诱惑人了。1967 年夏季,埃马努埃尔·达斯捷描述了马尔罗的变化,形只影单的他,再也发不出满意的微笑:"他独自面对自己的命运,远离朋友,远离敌人和女人,陷入了孤独。这份孤独不可能再聚集人气,只有自己体验了。马尔罗已年逾六旬。他向戴高乐发出了某些警示,戴高乐注意到了,有时产生怀疑,却总是被诱惑。可是政府、政界和官员都不怎么喜欢马尔罗。他既不是一位政治家,不是一位行政长官,也不是一位技师:'简直不能和他一起共事'[187]。"他原来保护过的奥德翁剧院的让-路易·巴罗被免职的环境,然而首先是电影资料馆的事件,形成了佐证。1967 年 5 月,让·维拉尔敲响了警钟[188]:"大众文化,这个没有形容词的文化状况,处在一个被批评时期,这不可能取决于一个人的洞察力,而是取决于所有人请求而凝聚的威力。"然而国家人民剧院的这位创建者在没有离开夏约高地的时候,就处在了他不多采取的立场上:宁愿忠于自己的青春期,就是那位贝尔热上校(马尔罗)的时代:"即便深层的不协调必须把我们分开,我也会无话可说,干净、简单地交出钥匙。我在军队时是个二等兵,因此更加无话可说[189]。"1968 年夏对维拉尔来说有价值的是,在阿维尼翁听到了那位部长与葡萄牙领导者萨拉扎尔的名字相呼应的铿锵有力的名字,而这之前电影界的风暴已经预示了 1968 年的五月暴动。

电影资料馆危机的开始

1968 年 2 月 9 日,行政委员会向亨利·朗格卢瓦,这位 1936 年法兰西电影资料馆的合作创建者致敬以后,便把皮埃尔·巴尔班推上了文学艺术总管的位置。电影资料馆馆长一职重回皮埃尔·莫瓦诺之手以后,莫瓦诺努力让部长相信,朗格卢瓦任职期间在行政管理上的无能,让自己积累起来的丰富收藏品陷于毁灭。一天,他朝部长的车里甩过去一句话[190]:朗格卢瓦就是艾罗斯特拉特(古代艾菲斯城的一个为出名而烧毁狄安娜神庙的居民),他要烧毁电影殿堂! 国家视朗格卢瓦为糊涂的行政官员。有人也让部长担心,朗格卢瓦会在战争赔款的一桩欺诈罪行里受到谴责,这些赔款源于闪电公司1909至1920年间制作的无声电影底片遭受的损失。这个晦暗事件,由于朗格卢瓦要求鉴别而陷入混乱,上诉法院于1967年7月否决了他的这个请求,根据朗格卢瓦临时接替人的说法,这也是形成“决定临时寻找一个新馆长和一个新文学艺术总管的主要原因[191]”。这个司法波折只在出现半年以后,就以12票赞成、11票弃权,投票通过了驱赶朗格卢瓦[192]的决议。当天下午,皮埃尔·巴尔班坐进文学艺术总管的办公室,让人换了门锁[193];亨利·朗格卢瓦的三位女合作者几天以后被辞退。这个有力打击是由文学艺术部门总管安排的,在马尔罗办公室成员、童年和印度支那伙伴路易·沙瓦松的协助下得以升级。巴尔班借助一位审计法院成员的威望,强调了部长在投入电影资料馆管理资金上的冒险特征[194];照1901年的法案决定形成的联盟,集结了700名证人。

弗朗索瓦·特吕弗和《电影手册》老成员发起反击,从2月10日起,铺天盖地,向最为重要的电影制片人发去了上百封电报,那也是首次动员记者的日子。11日,马塞尔·帕尼奥尔、让·勒努瓦和雅克·塔蒂禁止放映自己存放在资料馆的影片,直到朗格卢瓦复职。阿斯特吕克、布莱松、阿贝尔·冈斯、让·吕克-戈达尔和美国批评家协会、丹麦导演协会以及日本电影工作者协会也确定了自己团结一致声援他们的观点。

揭开马尔罗的秘密

亨利·沙皮耶 2 月 12 日以《马尔罗之谜延时已久》为题在《战斗》报上发稿,弗朗索瓦·特吕弗揭示了"反忠诚或短暂的反回忆"以及部长的决定,对电影十分有害:"我们不会忘记他(部长)'放任'了亨利·朗格卢瓦,就像他曾经'放纵'雅克·弗洛、皮埃尔·布莱、让·热内、加埃唐·皮康,李维特和他的朋友狄德罗一样。"这样把人名搅和在一起提出来是不公正的,尤其是关系到对热内和对《屏风》的支持,《屏风》是法兰西剧院用公共基金制作的,直至议会都在保护它。然而乌尔姆街的大厅从 12 日晚就被几百名导演包围,这证明艺术界被动员了起来。14 日,戴高乐的文化策略在三月广场遭到一群人的攻击,人们从中辨认出了克洛德·贝里、克洛德·沙布洛尔、雅娜·莫罗,还有一面写着"去他妈的保卫新共和联盟文化[195]"的小旗;流动宪兵和警察在特罗卡德罗执行任务,使巴尔班未来的名誉受到伤害[196]。

300 名记者和 5 家外国电视台于 2 月 26 日保护了捍卫法兰西电影资料馆委员会的成立,这个委员会的主席一职委托给了阿兰·雷奈,部长独生女弗洛朗丝·马尔罗的丈夫。委员会的名誉主席让·勒努瓦以朗格卢瓦的身份建议:"一、恢复电影资料馆的正常功能;二、采取各种行动来尊重法兰西电影资料馆的完整性和自由。"

政府的普遍问题

《新观察家》杂志 3 月 6 日及时分析揭露了所谓让所有文化行动受益的意愿,抓住了过往造成危机的原因:

——某些官员的敌意、忌妒和野心;

——有意吞并和控制所有文化领域的戴高乐主义信条。

从最后这条看法归纳出来的指责,没有能给马尔罗的个人立场支撑的内容,然而马尔罗办公室却决定能够让人看出这一点。1968 年 3 月 6 日,批评家雅克·多尼奥尔-瓦尔克罗兹尽管部分原谅了马尔罗,可还是认为马尔罗的唯一错误是"最终屈服了财政部的压力[197]";他补充道:"朗格卢瓦事件最后超越了人与人之间的冲突范围,直通政府的普遍问题。"让-路易·博里在自己的电影专栏里说,相信财政部的人并不知道朗格卢瓦的表现:"推倒一个象征总是危险的:燃烧的激情难以预料。对电影爱好者来说,触犯朗格卢瓦是从世界的一端走到了另一端,犯下了冒犯电影之罪[198]。"何况 1967 年秋季,安德烈·马尔罗已经预感到这一点,由于不赞成他原来的合作者、全国电影中心主任奥罗的做法,他建议让朗格卢瓦的职位保留一年[199]。

权力部门很快就明白难以坚持自己的立场,指出影片收藏的不良状态无法诋毁一个曾经抢救过 60000 部电影的人的威望,再何况 1968 年 1 月被增选入行政委员会的大老板安布鲁瓦兹·鲁和让·里布都有利于亨利·朗格卢瓦[200]。一份周报披露"组织参观达尔西树林的掩体真是丢人现眼,那里展示的是几捆生锈的线圈和几部损坏的电影胶片"。反朗格卢瓦别动队 3 月 5 日开始,由一位年长的名为韦德尔主持的咨询委员会组织了撤离。部长考虑对于天才的拾荒人、眼红的收藏家,要由一些"探索和创造类的新型活动来起决定作用,自己要在其中成为实践人的对话者[201]"。这个智囊组成的咨询委员会却谨慎缓慢,想保留巴尔班先生在电影馆的领导地位[202],还要设法审核债务,这引出了新一轮的敌对情绪。弗朗索瓦·特吕弗在 3 月 11 日的《战斗》报上的文章证实:"过去政府为摆脱说蠢话干蠢事没教养的人,把这个打发到阿尔及利亚,那个派到新克里多尼亚。1968 年在法国,这些人却赖在巴黎,在利普咖啡馆大吃大喝,围堵电影节,把那些微不足道的奖牌发给外国过客,把鲜花抛撒给明星,他们肆虐猖狂,撒泼耍赖,恶化了自己的处境[203]。"《曙光》杂志支持把保护电影资料馆委员会的关系网向右倾延伸,要求记者坚持到 4 月 22 日,因为"唯有报刊媒体吓得住那帮人[204]"。

亨利·朗格卢瓦的胜利

弗朗索瓦·密特朗像 6 年前质询法兰西喜剧院的领导席位和在外省发生的微小动荡那样,在国民议会上质询了马尔罗。皮埃尔·孟戴斯·弗朗斯 3 月 21 日在自己管辖的格勒诺布尔区域内,主持了一次大规模游行,揭露"挑衅的关键点是电影资料馆"。乔治·韦德尔 1968 年 4 月 22 日宣布,电影资料馆将作为私人团体进行安排和管理,不要国家干预内部事务。亨利·朗格卢瓦重新成为艺术和技术总管,乌尔姆街大厅于 5 月 2 日重新打开,直到 1977 年去世,他一直是一个与之完全结合为一体的机构头脑。5 月 12 日大学危机成为污迹时,弗朗索瓦·特吕弗给路易·马尔科雷勒写信说:"有些体制的荒谬是不可能形成的,然而事实是,从戴高乐到密特朗和德费尔,除了谦逊的孟戴斯·弗朗斯以外的那些人,都过分自诩为'精英',却一窍不通,对电影更是如此[205]。"不过,特吕弗和让-吕克·戈达尔 5 月 18 日想终止戛纳电影节的时候,并没有招来同情,戈达尔表示:"我对你们说要和大学生和工人团结一致,你们却用拉伸镜头和特写镜头回应我。你们是一群笨蛋[206]!"

每个朗格卢瓦的维护者都提前两个月[207]经历了自己的 1968 年五月运动;有些人还在沙约宫附近听到了一位索邦大学未来英雄达尼埃尔·考恩-邦迪的讲话[208]。对于 10 年前就已经到过戛纳的部长来说,更喜欢被人认定自己是属于电影世界的人[209],懂得展现电影的表现方式——"连续性镜头[210]",他的合作者们在这一套上却表现得十分糟糕,然而,这却为位于达尔西树林的,归属于国家电影中心的电影档案馆的创建做出了贡献。可是朗格卢瓦事件让安德烈身边的人感到,"汹涌而

来的怒潮包围了安德烈[211]"。与闪电公司的影片相关的文件,直到
1973 年 6 月 22 日才被轻罪法庭判决。因在藏匿底片事件中,有被巴尔
班称作与朗格卢瓦"共谋"的线索,还对请求损害赔偿的人勒内·特雷
弗塞判了刑。根据要 6 年后才缓期执行的 18 个月监禁的判决,照朗格
卢瓦临时继任人的说法,是司法机关契合了"文化部长的无能"。他紧
接着心酸地揭露,由于政府投降,才没有时间实施结构严密的政策[212]。
他也不想弄明白漫画家哪里来的胆量,把戴高乐画成圣女贞德,被罚去
保卫朗格卢瓦,洗白马尔罗! 1968 年的五月风暴高涨,是由于一个人处
在混乱状态,倒退到不公正和笨拙造成的,每个人都在顺应这个混乱秩
序。乔治·蓬皮杜不去考虑周围人在这件令人恼火的意外事件里的影
响力,却生硬地评价自己部长的决定荒唐古怪:"何必为一点事儿去惹
怒知识分子,他们只要抗议,没有半点儿爱心[213]。"

1968 年五月运动,从奥德翁剧院到香榭丽舍大道

从 1968 年 5 月 15 日起,在被一个文化动乱委员会占据的奥德翁
剧院[214],人道主义被升级为意识形态领域的敌人[215];一条口号宣称:"当
国民议会演变为资产阶级剧院时,所有的资产阶级剧院都该成为国民
议会。"首席部长的作用习惯上被政府限制,但马尔罗在那里露面并没
有成为问题。他对法兰西奥德翁剧院被占领深表遗憾,向将军表明,占
领剧院不会给动乱者带来好运[216]。警察署在 10 年后说道,这些想在剧
院设立"创建性的革命常设机构,成为常年集会地点[217]"的人,是"一支
不规范的队伍,他们用一个月的时间,在敞开的售票口那里演出了一场
与我们势不两立的、微不足道的闹剧[218]"。让-路易·巴罗确定,有人命
令他欢迎动乱的学生[219],事实却是,部长办公室要他"打开大门进行谈
判[220]"。因此从 5 月 16 日起,每晚的观众都感觉自己在和自称死亡的
一位导演做戏,这位导演描述了那里被占据的情景:"他们在走廊里谈

情说爱,那里有饭堂、武器、掩体、救护车、涂鸦、煽动人的演说、恐吓的语言。"那里一片狼藉,一帮所谓的"加丹加人",促使内务部揭穿了这窝盗贼[221],在6月14日索邦大学的人撤离前两天,撤出了这里的人。当日的《世界报》描写剧院犹如一条醉醺醺的大船,宣称,我们"不能眼见,整整一个月在名胜古迹里的上百人逍遥法外[222]"。

马尔罗在危机开始时,首先就想相信自己在部长会议上向共和国总统确认过的事:"要不由您个人和您的政府进行改革,要不革命。简单明了,人民会理解的[223]。"他补充道:"政府不应该在罢工者的大提琴伴奏下舞蹈,全民公决之后,应该让某些基本东西到位,形成一个系统化的新型分配[224]。"弗朗索瓦·密特朗在5月22日的国民议会上,描述了部长在"通过奥德翁剧院事件,寻求在戛纳电影节上探索电影资料馆之路[225]"。他诋毁政府丢掉了"秩序和进步以及信任和希望"。照警察署看来,能够说话的唯一部长就是马尔罗,但是他"因将军沉默而无能为力[226]"。公民投票计划失败后,马尔罗于1968年5月30日,静静地走在戴高乐主义者的游行队伍前列。一位艺术评论记者描写他"跟跟跄跄,痴痴呆呆,手指钩在德勃雷的手指上,如赶车人般号叫着[227]"。雅克·福卡尔看见他"激动、热情地战栗着,脸色格外苍白,白到令人害怕[228]"。在这个"戴高乐主义者格外的狂热虚幻"爆发的晚上,米歇尔·德勃雷或许自己也害怕马尔罗要说什么;在对记者说出"戴高乐并不孤独,法兰西与他同在[229]"以后,他选择把安德烈·马尔罗面前的麦克风移开,替他回答记者道:"马尔罗先生的想法与我一致[230]。"皮埃尔·卡巴纳提到游行时肯定地说:"我们在近处看到了这个人惊恐和端庄交织在一起的表情,他头发蓬乱,脸颊凹陷,布满皱纹,眼神呆滞,显现出魂不守舍的真实面目[231]!"马尔罗虽然"深藏遗憾,因为戴高乐没有给自己一个负直接责任的职位[232]",但我还是认为,皮埃尔·卡巴纳评价他有"无能的性格缺陷"是不公正的,然而在提到马尔罗发表见解,着手实现后又放弃,特别是因为他的合作者们有任其见解付之东流的原因,是因为他们"了解这位主要决策者三心二意,思想缺乏连续性[233]",他没有说错。

回到传统秩序

马尔罗走出这几周的狂热激情后,和选举戴高乐时的战斗部长一样,演奏起了自己的乐谱,确定"自己永远处在了黯然失色的外表[234]":好忘事和健康状况不稳定的特征,让他出面时只表现身体在场和与戴高乐的亲密关系。马尔罗尽管明白自己要领导行政工作,尽管他当时给办公室留下了充分的行动自由,对几乎不见面的中心行政部门负责人毫无兴趣,这位国务部长还是在 1968 年完全承认,文化部首先是一个组织结构[235]。如果他没有操心艺术馆关门的原因是"毫无益处的缘故[236]",那是因为他很愿意自己是最忠诚的戴高乐主义分子,认为自己面对戴高乐主义,只有超越利益的结合。尽管部长有时独自在心理上经历各种事情,他还是以政府人员的身份去面对这些状况。阿兰·马尔罗发现那时的部长信心十足,思想处于开放的最佳状态,在考察事情的缘由时,从未忘记自己在客观上处在了靶子的近旁[237]。因此他并不冒险去听莫里斯·克拉韦尔的话。克拉韦尔充满幻觉,很乐意相信马尔罗会重新靠拢战败的戴高乐主义者。这位写抨击文章的作者以为感觉到了这位革命先驱的犹豫不决,断定他会在动乱帮派里受到欢迎:"我们感觉到折磨你的是什么:你迷失的生活,绝对的否定和逃避,你的青春……你也许还有时间到我们这里来,以便回到你的自身[238]。"安德烈·马尔罗面对大学生的国际问题愿意认定,有时的混乱"往往希望形成博爱",而真正的大学生,"面临文明经历的最深刻危机时",首先期待希望早日到来。

部长承认,文化行动的参与者可以对社会秩序提出异议,分享乔治·蓬皮杜 60 年代中期公开主张的言论:对艺术必须讨论,提出异议,

171

否则，令人厌倦[239]。1968 年 3 月，他迁就了第二装甲师老战友们的意见，这些人想建造一个巴黎解放者的传统雕像。这座建筑物在 1948 年 9 月 7 日的法律当中有所考虑，到 1967 年才进入了竞争阶段；法兰西研究院的 2 名成员获胜。创作了骑在马上的福煦元帅的雕塑家莱蒙·马尔丹，结合了艺术铁匠莱蒙·叙布[240]用两根金属柱组成巨大 V 形的理念，又幸遇女将军勒克莱尔的决定，终于在塑造全身站立铜像的决定上赢得了胜利：女将军对这个"形象表达法兰西的美好传统"表示了赞赏[241]。在议会新多数派的压力下，部长办公室也避免了文化行动中的抽象派概念，力图让夏尔·戴高乐表示过敬意的经典占据了优势[242]。

与让-路易·巴罗决裂

让-路易·巴罗还没等到改革法兰西剧院的条例交到法兰西喜剧院手中，就收到 1968 年 8 月 27 日由安德烈·马尔罗签署的一封信："在您发表各项声明以后，我认为您已经不能再担当这个剧院的领导职务，不管它未来的使命如何。"部长拒绝回复这个自己早先保护过的人的公开信[243]，因为有人被迫让部长承认巴罗污蔑政府[244]，还因为奥德翁剧院的负责人从自己占据的平台一角[245]发话说：巴罗不再是这座剧院的经理了，和别人一样成了喜剧演员；巴罗死了！贝特朗·普瓦罗-德尔佩什揭示了《国家》刊物上的伪君子（答丢夫）式的颂词："如国王般盘踞在奥德翁剧院的巴罗，像仆人一样被赶了出来。从逻辑上说，恐惧过后，从现在到未来的年代，应该是被蔑视的时代[246]。"有人在 6 月 18 日的《新观察家》杂志上错误地说道，部长曾因德国人占领法兰西而感到兴奋[247]，罗热·布兰揭发了那些爆粗口的、肮脏低贱的意见："有人让巴罗为《屏风》付出了代价，当马尔罗还能被知识分子充当借口时，这出戏曾在主张自由的惬意氛围里得到了马尔罗的支持。现在一切都结束了。戴高乐主义者被年轻的大学生和工人吓坏了，因为它造就了众多修椅子的、布热德分子和流氓无赖。这是指以前的巴罗吗？不，是指以前的马尔罗[248]。"法兰西剧院的前经理巴罗带着自己的团队去蒙马特－爱丽舍的兰开夏式摔跤大厅演出，他继续在那里为流动剧院辩护，坚决肯定了有争议剧院的权威[249]。然而 1972 年，他却拒绝对戴高乐将军进行评价："当一个人拥有了这样的地位，我接受了它的黑暗和光明后，就不想加以评价了。他身上最令我喜欢的，我敢说：是他这个社会主义国王的形象[250]。"如果我们继续打比喻，把马尔罗放到国王的疯子这个位置上，那么极端的说法就是，马尔罗这个自由思想的捍卫者，在 1958 年 6 月 24 日作为反殖民主义者死过一次，1968 年 8 月 27 日签署撤销巴罗职务的函件时，又死了一次[251]。我们忘记了他 1968 年秋季还在文化宫继续保卫自由；1958 年 7 月，因为说过自己如果是年轻的穆斯林，就会和阿尔及利亚反法殖民政府的部队站在一起，而丢失了部长的交椅。

光彩与沉默

部长作为文人，因为两个儿子的瞬间消亡而受到深深的伤害，也由于这两个亡者而与青年时代告别。他后来说："从深层而言，我们对自己无话可说，对年轻人也一样。"他甚至让自己在 1968 年 5 月 6 日那天回答了这个问题：这里的年轻人不在你的权限之内吗？"不，三级会议都不能为他们做任何事情[252]。"而他的办公室替代他做的决定[253]，往往都是属于文化事务行政领导的。马尔罗站在真正政治立场上的言辞，在 1968 年五月风暴以后仍旧焕发出光彩。在部长的干预下，格勒诺布尔市与自己的多数左派人士一起，让维佐的电影作品《萌芽》落实到位，这个用废铜烂铁搭建起来的作品，当时十分撞击眼球。马尔罗反对所有对阿维尼翁艺术节抱有异议的候选人；他与社会党市长对质，因为这位市长在 1968 年 7 月底禁止生活剧院的剧目《现代天堂》的上演，还禁止保卫共和国联盟新当选的众议员为保卫共和国呼叫："我们不希望举办有争议的、龌龊的艺术节。阿维尼翁不该成为一堆垃圾[254]。"部长坚持对国民议会难得的新多数派说,应该保护文化宫倡导者的自由,这些倡导者应该"免受所有的干扰和压力[255]"。但是剧院和文化宫总管却在他1968年10月发表演说前不久写道,这些文化宫是"缺乏灵魂的消费文化场所,把它交给矛盾重重的灵感后,结果却是一无所获[256]"。这些想法只能令保卫共和国联盟的新议员们感到高兴。他们对增加文化活动中心的转向而欢欣鼓舞,尤其喜欢文化宫有昂贵设施[257]。1977年,米歇尔·德·奥尔纳诺回到这样的看法,认为在文化部的主要任务里,应包括技术支撑创立城市文化中心,尤其要努力协助"活跃经常被搅乱的社会生活[258]"。

1968年12月,当阿尔蒙·加蒂的剧目《佛朗哥将军的激情》,被重新取名为《黄红紫色的激情》后,为了不冒犯西班牙独裁者,这部戏还是从国家人民剧院的节目单上去掉了[259],国务部长对此保持了沉默。《希望》的这位作家当时必须忘掉自己1937年对红色秩序以及对佛朗哥"借助墓地整顿秩序"的反思。50年来绝无仅有的先例是[260],这项禁演措施受到一份公报的保护,确认"表达自由不该被起诉,这部戏可以在不犯触犯国家元首的轻罪时,到别处去演[261]"。虽然有位高官认为,部长"被此事所折磨",枉费心机千方百计让这部戏在东巴黎剧院上演,他还是补充说,马尔罗最终还是"吃掉了自己的帽子[262]"。

戴高乐时代的终结

部长的合作者近几个月以来,必须坚持让部长接受在重要会议上露面。当建设部门的新领导准备召集17位法兰西大区建筑部门的主管时,有一份笔录向部长指出,"特别希望"部长接见他们,或者在晚上6点左右过来和他们说几句话[263]。在即将促进戴高乐将军离任并导致安德烈·马尔罗隐退的全民公投前几天，安托万·贝尔纳甚至以为必须为部长准备反驳的言辞！因此在部长会见建筑教育集团选出来的代表之前，他暗示部长要向他们说明"你们不知道某些人对你们的表现有异议"，对话者若提出自己的表现是否有问题时，只要反驳，秘密投票选举条件若受尊重，"就不用质疑表现有问题了[264]"。但愿办公室主任能预先就部长的能力，写好一个简单又能让部长感到为难的对话。当安托万1967年10月认定文化部的职责是"警告舆论，让舆论不得安宁并让它明白，文化制约着人们的平衡[265]"时，他已经自以为是马尔罗思想的忠实信徒了。在这几乎半年的时间里，文化部那个会思考的头脑在摇晃不定时，办公室很想动员各部门反对艺术院形成的恶果，但是没有成功，部长的权威和作家的才智足以超越戴高乐主义末期的危机。尽管安托万·贝尔纳在1968年秋季自以为有权只在他的签名下散发文件，一份关于集体的文化使命的文件，还是让我感觉，揭示了部里的合作者所起的作用。勒内·布鲁耶在提到戴高乐将军周围的人时说，这些人必须公开透明，以便表现合法权威的唯一意志；而瓦卢瓦街的权威，有时却是通过一个并不真正合法的团队在操作。

在戴高乐时代即将落幕之际，部长却想着出席新排芭蕾舞剧《梅尔林》上演的庆典，舞剧表现的是哈布斯资产者王朝的悲剧；他没有必要去看电影拍摄的两次自杀场景[266]。更何况他在1963年已经预感到戴高乐主义的终结，认为那个制度的结构是脆弱的，他曾对阿兰·佩尔菲特说过："崩溃窥视着这个制度的结构[267]。"部长知道，1969年4月26日，在他预感会发生灾难性公投的前夕，罗昂大酒店的大厅却灯火通明，在举办巴黎文献学院的舞会[268]；他可能觉得这是个微不足道的事情。他签署了很多没有读过的信函，在与多尔多涅省的一位抵抗者的通信里，甚至支持那人弄错了兄弟罗兰的生日[269]。他关注更多的是两封信[270]，一封是致巴黎大主教马蒂阁下的感谢信，因为主教刚刚同意把巴黎圣母院外表刷成白色，另一封是他向里凯神父作的说明：将有一项协定出台,允许在圣-米歇尔山修道院举行祝福生存的仪式,这将赋予"这座特殊建筑崭新的价值"。

乔治·蓬皮杜在成为共和国总统前 20 年,就对马尔罗厌恶政治的表现说过:"如果让他在政治上担当责任,他会衷心热爱的[271]。"然而,在第五共和国时期,没有人愿意让他去从事完全属于政治性质的职务,蓬皮杜也许比另一个人更不愿意让他这么做。马尔罗十分清楚这一点,1964 年,他写信给自己的办公室主任说:"从根本上说,政府应该做出选择:是期待从我们这里发展,还是拒绝为我们各部门的发展投资[272]。"蓬皮杜总统取胜后不久,在爱丽舍宫接待了负责文化事务的高官,他向他们宣布了要在波堡创建一个现代艺术中心的意愿[273],同时明确了自己对原部长的失望:"人们在马尔罗的所有疯狂举止上竖起了十字架,现在要拿出认真的态度对待了[274]。"埃德蒙·米舍莱的一位合作者书写过一个请愿书,为文化事务部申请 1% 的国家预算:"在目前的形势下,这是一项令人欣慰的活动,但是希望达到的效果甚微[275]。"安德烈·马尔罗自己并没有觉得,有权从夏尔·戴高乐那里强行获得贷款和团队,持续建立一个大规模的文化部。1959 年 2 月 26 日的《解放报》,在部里的各部门都还没有重组以前,已经登载了一篇题为《为文化事务预算呼救》的文章。记者已经预先估计到了共和国总统的秘书长艾蒂安·比兰·德·罗西耶在 1962 至 1967 年间的中肯分析:国务部长确实没有经费,只靠一时的成功聊以自慰。然而,马尔罗懂得超越自己而成为管理者时遇到的困难。十多年来,尽管多灾多难,他仍不愧为头顶光环的一位法兰西部长[276]。

扫码上解读
· 戴高乐的同路人
· 传奇色彩的文豪
· 文化上的预见者
· 缅怀历史先行者

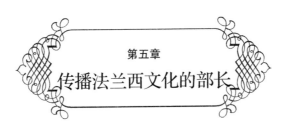

第五章

传播法兰西文化的部长

历史人物是发酵剂，是种子。栗子树和栗子不一样。

——摘自安德烈·马尔罗:《虚幻之镜》Ⅱ

《绳与鼠》

法兰西文化的化身

安德烈·马尔罗的本性是给予法兰西自己独特方式的爱,有时令人费解,往往令人瞬间振奋。

——莫里斯·舒曼在 1986 年首届
"戴高乐与马尔罗"研讨会上的闭幕词

安德烈·马尔罗虽然没能获得影响较大的法国部长的职位,没能掌管艺术院原有的领导机构和部门以及部分附属于外交部的文化部门,然而从 1958 年至 1969 年,他主要还是传播法国文化的部长。他是外国客人魅力十足的向导,又是在被接待国家领导人身边的戴高乐将军的特使。他向众议员讲述了自己在凡尔赛宫接待的客人怎样感受了王权与革命的巨变:"我看到泰国王后在被刺破的、露出裂痕的玛丽-安托瓦尼特的画像面前,做出了佛教式的祝福手势,赫鲁晓夫先生站立在路易十六面对狂呼的巴黎人民站过的阳台石板上,浮想联翩,感受着法兰西君主政体的末日,或许是西方君主政体的终结[1]。"令《反回忆录》的读者感到满意的是,他描述的德国某总统第一次参观枫丹白露宫,与部长干杯的情景:在"弗朗索瓦一世接见过夏尔·卡安大帝的大厅里。我向这位德国精英举起酒杯,每个人都很兴奋,克拉皮齐叫道:钟声响起,开启盛宴! 只有几分钟(哦,几秒钟吧!),凡尔登就沉醉在了惊讶的赞美声中[2]"。

179

传播文化的任务

1958 年,这位被委任的部长显然承担着传播文化的任务,尤其是在亚洲,他必须"对与法国一样出自古老文明的国家,阐明与法国对应的,思想领域的深刻亲和力[3]"。戴高乐将军让大使们了解到,马尔罗具有的特别素质,能让人理解当下政权变化的深刻意义和真实范畴[4]。1961 年 5 月,马尔罗成为国务部长两年后,就向马里总统转交了一份戴高乐将军的笔录,转达了对那位总统采取敌对立场的遗憾[5]。马尔罗在代表法兰西首先是代表总统的旅行中,增加了讨论和宣讲的次数。有时,他叙述的语言优美,以至于记者们都承认自己"要抓住他讲话的意思,是件不容易的事[6]";而在墨西哥,人们都在向将军的这位最耀眼的文化大使致意。

传说和现实再一次被混淆,却在媒体传播上赢得了力量。1960 年 10 月 15 日,葡萄牙外交部长把部长认定为"在梦想和行动中的伟大作家和诗人[7]"。部长讲话和写作的反响在不断扩大。1980 年,一部在加利福尼亚出版的书籍指出,作者们在引用一篇关于洛杉矶博物馆和画廊的文章时,转述了马尔罗说过的一句话:艺术馆就是美洲的天主教堂[8]。《蒙娜丽莎》在美国东北部旅行 17 年之后,这位法国部长的说话方式成为抬高美洲旅游出版物价值的因素:马尔罗标签成为品质的标志!

在 1958 至 1969 年间的大部分出访中,部长都是诸多新闻追逐的目标,不管是在他经过国家的报纸还是在法国的媒体上,出现的往往都是溢美之词,尽管他处在阿尔及利亚战争阴影笼罩时期,还有戴高乐分子返回政权的环境对 1958 至 1962 年这几年产生影响的时候。巴黎的周边环境和各国大使都会宣传为部长的革命光环添彩的传记迹象。墨西哥的读者因而得知,他们这位来访者曾经是著名的孔多塞中学的学生,22 岁就"积极参与了广东革命[9]"。他身边的玛德莱娜·马尔罗,在著名服装设计师的帮助下,充分显现出法兰西的优雅:关注她在华盛顿参加《蒙娜丽莎》画展晚会装束的是夏奈尔小姐,她告诉玛德莱娜,如何在出彩的黑色长裙上,佩戴会诱惑杰基·肯尼迪的大粒珍珠项链[10]。她的丈夫尽管有时也会被这里大人物的夫人所征服,还是注意不谈太微妙的话题,例如法国核试验的经验[11]。然而他却热情宣传第五共和国,以及当时与原法属非洲国家结成的共同体。

博爱的先知先觉

1959 年 5 月 1 日,部长在瓦尔格拉省谈起血腥的撒哈拉,他说,在那里和在血染的摩洛哥一样,"法兰西很少表现为戴红色软帽的英雄妇女,而几乎一直显现出戴蓝色平顶帽的男人形象[12]"。他认为,下一次再和四大巨头相遇时,"法兰西会在祖国解放后,第一次重新成为法兰西"。他朝遥远的巴黎共和国雕像呼唤道:"今天,请你用铜质的盲目,看一看你的战士,听一听失落在荒漠的法国伊斯兰人群的忠诚呐喊吧!当我们看到世界对法兰西宽宏大量时,法兰西会重新恢复自己的原貌;人们会一再说出,法兰西,她为子民带来了正义这样的话。"接下来的 8 月 25 日,部长在巴西利亚花了很长时间谈论建筑和艺术,肯定法国人决心要抹去文化上不可逾越的两条界线:奴役和饥饿。他重新提到了法非共同体,重复了自己 5 月 28 日在雅典传递的信息:"思想并不知道哪些是弱小国家,它只认得兄弟国家和不可征服的征服者。"

安德烈·马尔罗还就政治问题发表言论。1959 年,他请求巴西人不要让法兰西带着侧面的创伤跟跄前行;向阿根廷人说明,战争在相互报复的人之间无法平息。1960 年,他在墨西哥揭发左派制造的反政府宣传,他使那些自愿与他树敌的任务变得十分复杂。敌人在反对继承全球的、普及世界新文明的辩护词时,怎么可能做出严肃的表白呢?部长平静地认为,法兰西把握着百年传统,只想教授自由。他甚至同意要重新认识战争期间在阿尔及利亚重现的绞刑,想借此说明,取消酷刑不能靠法令,而要依赖恢复军队秩序和结束战争[13]。所以他注意到,战斗的纪律就是保持沉默。不过,他还是被扯进了从惨无人道的集中营解救阿尔及利亚战士的事件当中[14]。然而,与埃德蒙·米舍莱不同的是,他从未和军事部长谈起过酷刑的事[15]。

马尔罗的反对者:萨特

部长在拉美周游一年以后,让-保罗·萨特决定挺身攻击马尔罗;萨特从 1960 年 8 月 15 日到 11 月 1 日,出现在一个精心炮制的政治旅游环境里,他宣称:"我要在巴西成为反马尔罗分子,消除他在这里让法国文化为阿尔及利亚战争服务的行为[16]。"萨特在科帕卡巴纳会见了民族解放阵线的阿尔及利亚代表,认为他们与他完全达成了共识[17]。他鼓动工会成员为阿尔及利亚独立而战。而他的煽动却是白费心机,或许因为让松的诉讼案当时正在巴黎进行。辩方被传唤的埃德蒙·米舍莱和安德烈·马尔罗都没有到庭。破防专家维尔热大师在庭上揭发"马尔罗曾经是恐怖分子[18]"。里瓦罗尔大发雷霆,攻击了"讲法语的穆斯林游击战士的阵营[19]",后来,罗兰·迪马大师在 9 月 20 日读到了部长 16 日写给萨特的信,信中说,被告方代表的是"法兰西的未来,准备审判他们的政权已经说明不了什么"。

在那位反戴高乐主义的重要作家的保护下,帮助民族解放阵线的网络提行李的人得到赞扬,因为他们允许左派准备"经受从 1958 年 5 月拖延至今的,难以避免的军力考验[20]"。米歇尔·德勃雷从 1960 年 9 月 22 日和 29 日,一直都在筹划制定法令,组织镇压支持阿尔及利亚独立游击队的《121 人宣言》的签名者。尽管如此,马尔罗还是向罗兰·迪马交代,为了避免蠢事发生,"最好随萨特到协和广场上去喊'民族解放阵线万岁'的口号[21]"。不过,萨特无论怎样在南半球说三道四,都没引起什么反响。至于夏尔·戴高乐,他的立场很明确,他原谅了伏尔泰,却不能原谅国家的这些公仆[22]。真正的自由主义者将决定阿尔及利亚的自决过程[23],在一次部长会议结束时戴高乐称:"知识分子思考和表达的自由,一定要在顺从国家法律和关注民族统一相容的范围内,才会得到尊重[24]。"

萨特自诩与文化部长对立不会受到威胁,继续巡行在反戴高乐主义的宣传上,组织巡行的是列入巴西政治棋盘上左派和极左派的棋子。萨特一站接一站的旅行,与马尔罗的旅行形成强烈对比。他尽力一路高声斥责、大肆攻击所有"戴高乐主义"的标签,甚至在里约认定:"戴高乐是个喜欢愚弄人的人。马尔罗不是部长而是国王的部长。再说文化并不需要部长[25]。"马尔罗的形象一直纠缠着这位存在主义教皇,在他经巴塞罗那返回时,还即兴在那里发表了对加泰罗尼亚壁画的评价,让参观者把他想象成了博物馆导游[26]!然而,在做博物馆导游上,马尔罗早在多年前主持展览会的开幕式,或者穿越国内外博物馆大厅时,就征服了偶遇他的绝大部分人。一位女画家的丈夫,年轻的小说家弗朗索瓦·努里耶这样描写马尔罗:用波德莱尔的视角横扫墙壁,瞳孔下的眼白慢慢扩大后,便快速觉察出了一切,他低头划出手势,抬手强调了作品呼唤出来的闪光点和讥讽的评价。人们疑惑的是:他是在什么时候,用怎样的方式感受到作品的这些内容的[27]。

安德烈·马尔罗的国外之旅

在阿尔及利亚战争结束以前,马尔罗的旅行不断,包含以下行程:
——1958 年,访问伊朗(11 月 22—26 日在德黑兰),访问印度(11 月 27 日—12 月 7 日),访问日本(12 月 8—14 日);
——1959 年,出访希腊(5 月 28—29 日在雅典参加卫城的首次点灯仪式),8月23日—9月13日共用三周巡访了南美,路经巴西(8月24—28日)至秘鲁(8月29日—9月2日),然后赴智利(9月3—5日)、阿根廷(9月6—9日)和乌拉圭(9月10—12日);

——1960年到东京参加法日文化宫开幕仪式(2月22日),巡访墨西哥(4月3—15日),8月份周游法属非洲,参与新国家独立节日(乍得10—12日,中非13日,刚果14—15日,加蓬16—18日);

——1961年,赴马里(5月2—4日);戈捷和樊尚5月23日在勃艮第的公路身亡后,夏季在瑞士做私人逗留。

他在乍得的首都拉密堡(旧称,现称恩贾梅纳),曾向"共同体的自由共和国"致敬并提醒,"弱国的历史永远是遭谴责国家的历史",他希望有一个坚强的共同体存在[28]。阿尔及利亚战争结束后,从精神上得以解放的部长,可以在1962年5月15日从纽约恭贺12个非洲国家的独立了:我握住刚果总统的非洲人之手,高高举起,兄弟般的欢呼,承认了共同体鲜活的旗帜。他补充说,阿尔及利亚的独立是公正的选择,战争结束的日子具有历史意义,"因为这场战争对200年来从法兰西塑造出的世界形象和法兰西的自我形象,都提出了质疑[29]"。除了在北美和美国东北部的旅行(1962年5月14日—20日),部长后来的旅行包括[30]:

——1963年护送《蒙娜丽莎》到华盛顿(1月),在瑞士私人逗留,访问芬兰(9月15—17日)和魁北克(10月13—18日);

——1964年,两次到摩洛哥和墨西哥公务旅行,两次到瑞士私人旅行(复活节和夏季);

——1965年,巡游非洲和亚洲,起止日期为6月22日至8月15日,分别访问埃及(6月26—27日)、索马里(6月30日)、巴基斯坦和印度(7月4日在卡拉奇,6日在孟买)、锡兰(7月8—9日在首都科伦坡)、印度尼西亚(7月13—15日在新加坡)、中国香港(7月16—17日)、中国内地(7月19—8月7日)、经中国香港至印度(8月8—12日)并访问伊朗(8月13—14日在德黑兰);

——1966年2月,前往拉美,访问了墨西哥和危地马拉[31];在危地马拉,部长特别受到教育部长秦启拉上校的接待,进行了"政治与文化会谈[32]"。

文化与政治之旅

在达喀尔主持首届黑人艺术展前夕,安德烈·马尔罗确定法国是"拉丁文化各派力量统一的要素",他不惜大费口舌,说卡斯特罗最好在阿尔及利亚战争结束和非洲各国独立之前,议论法国帝国主义。1966年3月21日至27日,马尔罗在埃及逗留期间的健康恶化,成为这里的一条新闻。3月18日出版的《中东与非洲观察家》杂志指出,他的到访可能没有"任何政治角度",然而又补充了他们的猜测,道:"埃及人会不会抵制向那个人陈述某些观点的欲念? 他可是被认为是戴高乐将军最亲密的一个人呢。"然而这类推论烦扰不到马尔罗,他在墨西哥仍旧面对媒体,提到了激化的越南战争[33]。共和国总统意识到马尔罗1965年的北京之行会产生的冲击,向埃及总统纳赛尔称:"安德烈·马尔罗先生在我们两国都共同关心的问题上,不会忘记阐述法国人的观点。我请求您接待他,以期共同珍惜从我们坦诚和直接交流的信息中获得的益处[34]。"1966年4月5日,《巴黎竞赛报》用两页篇幅以《从王后谷到国王谷,马尔罗精疲力竭》[35]为题,强调了部长健康的恶化状况。媒体的这个反响,还有部长加大投入写作和必须精准服药治疗,促使他取消了以色列的行程。从1967到1969年,他的国外旅行只有一年一次了:

——1967年,11月安排了赴英国的官方旅行,参加牛津大学法兰西之家的揭幕仪式,被授予一个荣誉博士学位;

——1968年3月,安德烈·马尔罗造访了苏联的几座城市;

——1969年2月,离任国务部长4个月前赴尼日尔。戴高乐将军的离任,致使他改变了去南斯拉夫和罗马尼亚的旅行[36]。年初,他还放弃了第二次去以色列的可能性:"我在政府必须担负的责任,剥夺了我此刻离开巴黎的自由,这时耶路撒冷大学正在举行法兰西之家置放奠基石的仪式呢[37]。"

马尔罗部长官方出访的成果

部长出访的成果多种多样,然而在检查它们的媒体效应以前,应适当指出,从重要结果来看,主要体现在组织法国在国外的展览,或是外国在法国的展览上。1964 年 11 月,部长指出,这一年有 700 万人观看了在国外的法国展品和在法国的外国展览,而在 1957 年,参观者只有60 多万[38]。这个暴增的数字很明显,但是外交部要求大家不要忘记,这些交流不过是在所有外交协议上有记载的老传统。法兰西艺术行动协会(AFAA)始建于 1922 年,在奥赛码头(外交部)有一个作品管理部门,在 30 年代末由一位著名中世纪研究专家让-菲利普·马科斯领导,他的合作伙伴是徐扎娜·博雷尔[39]。尽管这个艺术行动协会的副主席是文化部的秘书长雅克·诺亚尔,外交部肯定还是有资金投入的。1967 年以个人名义担任主席的雅克·诺亚尔去世,被路易·若克斯替换,这个人曾任部长又担当过法兰西大使,因为米歇尔·德勃雷看重他与外交部的亲和力,认为这个协会在艺术行动上,起到了奥赛码头"实施主体的作用[40]"。顾夫·德·姆维尔先生的继任者一直维持在姆维尔任政府首脑时的路线上。

总之,从 1963 年起,外交部提供了超出给艺术行动协会 5/6 的经费预算达 5.25 亿法郎,为安排文化协议达成的展览。用在瓦卢瓦街的1 亿法郎预算,"旨在安排安德烈·马尔罗在国外公务出访后形成的特别重要的展览。在国内或国外举办展览的经费负担,过于加重了艺术行动的传统预算"。外交部可能也因为国务部长表现出"戴高乐将军真正右臂[41]"的形象而感懊恼。外交部负责人经常发现部长"一诺千金",连在日本的某些费用都由一些大报承担了。《朝日新闻》因此成为在东京和京都的卢浮宫作品展览的资助者,在东京,《产经新闻》资助了当代法国实用艺术大师的展品(包括壁毯、门窗彩花玻璃、陶瓷制品和珐琅等艺术品)[42]。

部长希望在对等交流的前景里行动,如果法国从上述展览和一个季度的电影放映上获利(1962 年会有 173 部电影在东京电影资料馆放映),巴黎还要接纳日本的 3 个展览会。马尔罗 1960 年在日本和乍得,和 1959 年在希腊一样,以戴高乐的部长身份讲了话。在雅典,他确定,我们当前的"主要政治问题就是要协调社会的公正与自由[43]"。在东京,他对马克思主义思想这个可观的强大思想的主要观点是"自由世界终于大胆认为,应该建立自己的思想体系",但他也提到,马克思主义的根本弱点就是把思想领域看成了上层建筑[44]。

部长出访与国外展览

在巴黎组织的这些展览名目繁多,可以列出以下名单[45]:

——《印度艺术宝库》展览是 1958 年末马尔罗与尼赫鲁交流的结果,戴高乐将军 1960 年 4 月 4 日出席了开幕仪式;

——《伊朗 7000 年艺术》展开幕式,由伊朗国王和戴高乐将军于 1961 年 10 月 13 日主持,1961 年秋季吸引了 18 万观众,其中有 13.3 万是农民;

——《墨西哥经典艺术》展,与先前的展览一样,在小王宫举办;1962 年 6 月 13 日由戴高乐将军和安德烈·马尔罗主持开幕式;

——《日本艺术中的彼世》于 1963 年秋季在小王宫开幕,以后于 1966 年 12 月在卢浮宫又举办一次日本展览会,展出了《日本 12 至 17 世纪经典绘画》;

马尔罗传:幻梦与真实

——《图坦卡蒙及其时代》展于 1967 年 2—10 月,保持了 10 年都有参观者的记录,在小王宫吸引了 124 万参观者;

——《当代塞族的俄罗斯艺术》于 1967 年秋季在大王宫画廊举行,这个画廊刚刚开发不久,负责人是雷诺·阿尔努,他曾经是勒阿弗尔博物馆馆长,同时担任勾勒文化宫草图的首席领导;

——《危地马拉玛雅艺术》于 1968 年 6—9 月在大王宫展出,是马尔罗 1966 年出访与秦启拉上校讨论的结果。

我们对比了部长的出访日程和上述细节安排,注意到了它们之间的真实关联,尤其是在了解到这种交流的细节安排以后。部长在巴黎主持大型外国展览会的开幕式时,偶尔会流露艺术作家的顽念。1960 年 4 月,他提到印度展览会上的两尊大佛似乎"表达了人与宇宙不能平等相通的手法",又像是与我们共同开启的世界文明艺术宝库[46]的组成部分。1967 年 2 月,他面对兼文化部长的埃及副总理,向这个从不了解骷髅,却知道如何把惊人的训诫给予生命的国家致敬。1967 年 5 月 23 日,在世界拉丁学院开幕的仪式上,他说"我们生活在人类几乎不是世界的主人,也不是无限宇宙的主人的世界,尽管人类把飞船发射到了月球";他强调说"思想领域并不了解只有人类的参与,才能产生超越民族的力量[47]"。在接下来的 11 月 18 日,他在牛津大学明确指出:"穿越电视和电影的最大力量,是性和血的有机威力。"他接下来说:"然而我们无法预见的、唯一能面对这些血腥恶魔的重要东西,就是不朽的话语[48]。"

在国外的演说

葡萄牙外交部长指出,即便国务部长履职的独创性一直不如文化部长的头衔那么出色[49],他也不该抱怨自己的对话者。1959 年 5 月 28 日,部长在雅典说,即便文化这个词的概念很模糊,接着又明确说,它还是涵盖了"全部的思想和艺术创作"。安德烈·马尔罗确信自己以法兰西的名义面对卫城讲话是极大的荣誉,他说:代表法兰西的荣誉,就是代表伟大兄弟的荣誉。他承认,在希腊,无上荣耀的是让文化成为培养人的重要手段。尽管法国大使形容在卫城放射"声和光"是"战争以来,标志法国与古希腊关系的最为重大的事件[50]",可是希腊人接待马尔罗还是遭到了批评。左派和中间派报纸谴责这是亵渎卫城的情景;希腊文学界认为,这种商业化的做法难以接受。7月1日的一篇文章揭露了法国部长文学情感上的轻浮:"希腊文明思想清晰,与那些'鬼怪经常出没'的文明以及埃及和印度的伪经典没有任何联系[51]。"1960年开始,西蒙娜·德·波伏娃接替希腊保守派的批评说,犹如纳粹进足卫城般被侮辱的感觉!她用辛辣的语气惋叹,在巴黎,马尔罗能从法兰西喜剧院赶走拉比什和菲多,在雅典,他却"高谈阔论,包庇菲利普商行联合企业",因为它用灯管照亮了令希腊人失望的卫城[52]。1972年,热罗姆·佩尼奥还在质询卫城的那个音响和灯光:因为作为世界级人物不该这么做,尽管会让到卫城旅行结婚的年轻夫妇眼花缭乱[53]。

不过,部长到国外出差一般引起的还是正面反响。他1964年在墨西哥的10天时间,引发了地方媒体的102篇文章,其中只有6篇是不利的。其实,官方和媒体都在恭贺安德烈·马尔罗愿意忽略19世纪一些国家的优胜榜单,高声宣告"墨西哥通过自己的艺术,已经跻身于人类想象博物馆的前列。墨西哥艺术10年前,随着法国文化宫的宣传就已被人们所熟悉,就是说,电视帮助了法国的所有年轻人"。1966年,马尔罗的听众在达喀尔评价说,他在非洲,向"非洲铿锵有力的意志,悲怆的力量"致敬。虽然这些听众可能有疑问,想知道为什么马尔罗说非洲人的天才只是机体的一部分,然而,当他们听马尔罗说在桑戈尔总统(塞内加尔)的手中,掌握着一片大陆和一种文化的思想命运时,响起了掌声,因为这首先是一个民族面对世界的基本态度[54]。

《米洛斯的维纳斯》和《蒙娜丽莎》的巡展

获得贷款让重要作品走出国家博物馆完成旅行,包括去了日本的《米洛斯的维纳斯》和到了美国的《蒙娜丽莎》,都是无与伦比的佳作。1964 年 4 月至 6 月,《米洛斯的维纳斯》先在东京的西方艺术博物馆展出,然后到了京都市。部长在展览的成功中看到法国天才的展现,拿在奥运会上法国得到的唯一金牌与 400 万日本民众呈现出的钻石奖牌做了对比,日本民众在几个月的时间里,就到展会"看到了插在这个雕塑后面的法国国旗[55]"。

马尔罗在 12 年前,即 1962 年 5 月首次正式出访华盛顿时,就产生过为列奥纳多·达·芬奇的最著名的画作借贷的念头,这幅画毫无争议的资助者是当时的法国国王弗朗索瓦一世。记者们曾见部长带领参观者在国家画廊,向博物馆负责人和美国总统夫人讲解这幅展品!总统夫人杰基之前收到了一个由布拉克(画家、雕塑家)绘制打造的项链,马尔罗注意到,珠宝制作商并没有做过广告宣传[56]。迷人的总统夫人批准了《华盛顿邮报》一名记者的建议:把《蒙娜丽莎》介绍给美国人[57]。12 月 14 日,《蒙娜丽莎》占据了法兰西远洋邮轮 M-79 号一等舱,被放进一个塞满填充物的密封铝制板箱,箱内温度控制在了 18 摄氏度,湿度在 50%。油画进入配有救护车减震器的卡车,经过一段公路运输后,在马尔罗称之为"最为奇特的,从未见过的高雅气氛中",展示给了肯尼迪总统的 2000 名受邀者。对约翰·肯尼迪来说,这是向法国致意的机会,法国是世界上具有头等艺术权威的国家,这幅油画在"法国的监护"下,得到了细心维护。

在杂乱的人群里,一位参观者粗鲁地叫道:"任何一个身高在 1.84 米以下的人都看不到这幅画,就算是在 1.85 米以上的,也不可能看见什么重要的东西,因为电视摄影师的聚光灯瞄准画像出现的反光,像回光仪一样,照亮了画幅的保护玻璃[58]。"不过在华盛顿 27 天的展览上,仍有 674,000 名观众挤来挤去,免费观赏了这个著名的微笑,他们的参观队列证实了"西方文化遗产受法国看管的理念"是真理[59]。意大利参议院议长阿明托·范法尼,在展览会开幕几个星期后,徒然向记者解释,《蒙娜丽莎》的画家是意大利人,他追溯道,这会产生民族主义效应的观点被轻易驳倒,因为毕竟是法国王室的资助让列奥纳多·达·芬奇得以复活。1963 年 1 月 8 日,美国总统把这位法国部长当作"作家、哲学家、国家级人物和战士[60]",向他致敬。第二天,安德烈·马尔罗的几句话——听不大清,但转译得很好——打动了公众,这块卓著的白杨树板,会惹出真实而夸大的危险:"男孩们有一天会冒风险,登陆诺曼底,我当然说的不是早他们 25 年的那些孩子。我不想提高嗓门,只对他们当中最谦逊的,可能在听我讲话的那位说,总统先生,您今晚表达的对这幅经典作品具有历史意义的敬意,挽救了这幅油画。"

法兰西艺术的震撼力

法兰西艺术在美国国家画廊一个月里散发出的震慑力,吸引了相当于过去半年的观众数量。当时,真正震撼人心的在法国建立起来的核武器威力,成为大西洋彼岸批评文章的目标,因为法新社的一篇电讯稿宣告,法国将于 1965 年前开始在太平洋进行氢弹试验。让·埃菲尔在法国的一幅漫画上表现了马尔罗正在向肯尼迪介绍《蒙娜丽莎》时变为骷髅的油画,上面虚构了部长的评论,我们创新的标志是:年轻的原子辐射与年长的文化辐射结为连理! 马尔罗的同事国防部长于 25日宣称要制造一系列的原子弹,马尔罗很痛心,因为法国报纸对自己的旅行报道,打破了犯错误的所有记录。值得表扬的是美媒[61],尤其是在华盛顿展览取得成功,在纽约取得更大进展的时候。法国大使埃尔韦·阿尔方组织的开幕式晚宴请柬,明确油画是"由法兰西共和国政府

提供给美国总统和美国人民的"。从 1963 年 2 月 6 日至 3 月 4 日,有
1,077,521 人来大都会博物馆欣赏了《蒙娜丽莎》。有 1,751,521 人在
不到两个月的时间里,免费凝神观望了达·芬奇的这幅经典作品。安
德烈·马尔罗虽然拒绝油画在芝加哥和旧金山展出[62],展露这幅画还是
"在许多人的思想上引发了美学地震"。国家画廊的约翰·沃尔克当
时解释道,这次的参观者之多,超过了任何一次美国足球比赛、拳击比
赛和棒球决赛的观众数量,他们对美的冲动被激发了出来。

　　这次传奇的长途旅行后来给了作家描述的机会,他写道:"华盛顿
人蜂拥而至,身着水貂皮大衣的黑人妇女,怀抱她们扎小辫的女儿,驻
足在这幅伟大的肖像面前。"纽约人从清晨 6 点钟就开始排队,20 岁的
小伙儿把小狗掩藏在羊皮里子的上衣内,让"福克斯小犬成为世界上唯
一看到过《蒙娜丽莎》的狗狗[63]"。显然,这并没有改变戴高乐对美国在
北大西洋公约组织中的统治地位和控制使用北极星火箭——刚刚被英
国人在拿索的报告会上接受——的敌对情绪。马尔罗面对法国大使,
认为自己要陈述法国的外交立场,因为我们不会通过"派坦克点火来照
亮道路[64]"而惹恼戴高乐将军。纠缠在单纯的马尔罗脑海里的坦克再
次出现,他一直惋惜的是,1940 年的训练没给他驾驶坦克参战的机遇。
他离法国共和国总统当时运用的,莫里斯·顾夫·德·姆维尔协助制
定的现实中的外交道路还很远。然而法国大使夫人确认部长"懂得如
何布局让肯尼迪明白,法美关系将进入一个严重的动荡时期[65]"。然
而,美国总统在确定马尔罗有意要发展"自己独立的艺术军械库"后,
公开加以赞扬。夏尔·戴高乐总结道:"我们在脱离美国人时仍旧维持
着好友关系。正如马尔罗之行表现出的:友谊长存[66]。"油画返回巴黎
以后,戴高乐总统写信给美国同僚表示感谢:"《蒙娜丽莎》满载荣耀,
已在卢浮宫重新复位,您个人转达给我的美国人民的感激之情使我深
受感动。法国人民将他们最为经典的艺术品交给您的博物馆时,有一
种偏爱的情怀。您的同胞心智聪慧,没有上当;所有法国人也由此获得

了高昂的满足感[67]。"

马尔罗陪伴《蒙娜丽莎》的最后一次旅行是在 1974 年。油画从巴黎到东京,在返回巴黎经莫斯科时做了短暂停留。巡展伤害的是博物馆长们,他们担心衬托画幅的白杨树底板太脆弱。他们面对这个惊人的移动保持沉默,赞赏此行的是说话谨慎的艺术批评家:在这幅画没有抵达以前,日本人把自己对意大利文艺复兴时期的认识,限制在了几个月来东京墙壁上的无数蒙娜丽莎的微笑上,然而当他们排了一整夜长队之后,站到《蒙娜丽莎》面前时,又给他们带来了什么呢?展示经典希望打动公众,然而谁又会关心怎样把他们引向更为清楚而深刻的认识和理解呢[68]?艺术教育的困境是让人认识作品,通过展示作品让人坚持去爱。尽管《想象博物馆》的作者知道美国观众驻足在《蒙娜丽莎》面前的时限只有 12 秒钟,但是变身为部长身份的他,期待的还是履行天职:让人们去爱!

在亚洲的大范围巡游

媒体关于负责文化事务的国务部长的新闻,在刚刚结束《蒙娜丽莎》在美国的巡展以后,便于第二时间获得了他与中国领导人的神秘对话。在这一点上,马尔罗还是远远超越了花神咖啡店的常客。确实,尽管萨特对中国的访问要早于法国在外交上承认中国体制 9 年,在马尔罗 1965 年即兴访问前 10 年,西蒙娜·德·波伏娃和萨特向毛泽东致意时却"没能说上一句话[69]"。1964 年,马尔罗在赞同巴黎和北京恢复外交关系时,根据政府发言人的说法,他保持着"谜一般的常态",说道:"说什么好呢?我们列入了两大强国以外的第三核强国。20 年来,这个现象最重要的成果,就摆在我们眼前[70]。"

马尔罗一直拥有提问的艺术和时机感;他的这些优点让夏季休闲的媒体,在全民第一次投票普选总统以前出现了奇迹。巴黎与西贡市

（现为胡志明市）的外交关系破裂几周以后[71]，部长的私人旅行将变为官方旅行，为媒体提供了任幻觉发挥的最佳时机。这些想象甚至酝酿出了美国特别部门的报告：部队刚刚收到上级被调动的命令，总统约翰逊同意直接进攻越南国土。

1965 年 6 月，尽管法新社发了一份急件，只有《费加罗报》宣布了部长在马赛上船，到日本进行私人访问的消息，然而，各报记者们还是用安德烈·马尔罗新近前往亚洲的消息充斥了冷落的 8 月。这次即兴前往，发生在部长的船只柬埔寨号船首被荷兰科比西亚号——属于拉谢尔 270 公司的 18000 吨级轮船——撞击，滞留在新加坡以后。《巴黎快报》的标题是：《马尔罗的邮轮与油船相撞　部长将乘飞机旅行》。部长的外交护照从法国出发时，不含中国签证；到香港以后，他才和同伴阿尔贝·伯雷拿到了这个签证。他们 7 月 19 日抵达广东，第三天到达北京。戴高乐派的《国家》日报当时说得很清楚："他出访中国完全出于偶然，纯属私人访问。然而由于有文化事务国务部长的身份，马尔罗先生利用此次停留与中国领导人会面，也完全合乎情理[72]。"新闻部长在巴黎开过部长会议以后，正式表态："这次私人旅行，只体现一般人眼里的关心，与东南亚的局势无任何关联。何况，在我们看来，当下局势，不利于开拓有益的前景。"7 月 22 日的《法兰西晚报》转载了这篇文章，标题为：《马尔罗在北京　阿兰·佩尔菲特宣布，这与越南局势无任何关联》。

被将军派往中国的马尔罗

在中国首都北京，马尔罗向媒体提到了他与中国高层领导会面的愿望；7 月 21 日的报纸回顾了马尔罗下飞机时，中国外交部长助理先生出面的场景。有人报道了部长关于要在巴黎举办大型中国艺术展的谈话，展览要表现中国在考古学、在开发艺术创造资源上的作为。法国驻北京使馆获得一封从爱丽舍宫发出的戴高乐总统 7 月 22 日寄给中华人民共和国主席刘少奇的信[73],这封外交信函的内容如下:

主席先生:

我委托国务部长安德烈·马尔罗先生,作为法国人民对伟大中国人民友情的传递人,拜访阁下及毛泽东主席。安德烈·马尔罗先生非常愿意准备就法中两国,乃至世界未来的重大问题的看法作深入交流。我预先把这个重大价值赋予,我希望,从您和中华人民共和国领导人那里收集得到并带给我的信息。主席先生,请接受我最崇高的敬意。

7 月 22 日当天,外交部长陈毅将军接见了马尔罗,马尔罗理所当然,提到了在巴黎举办中国艺术展的可能性。在越南问题的交流上,马尔罗十分谨慎,尽管情报中心的美国人自以为掌握了"法国人长期努力探索的情况[74]"。虽然法国记者并不了解美国情报中心说了什么,但他们还是没少愉快地推测了这次会见。法国新闻部长开始演变自己的表白。事实上,阿兰·佩尔菲特让《巴黎新闻报》在 23 日报道了以下带预见性的说法:"马尔罗先生开阔的思想和他以往的经验,使他先前就倾向于这次接触,这益于对两国新闻界的贡献。"

期待已久的惊人会面

《战斗报》不加犹豫,发表了标题文章:《越南 马尔罗试图在北京碰运气》,文章说:"必须相信,这次意外的访问只对不知情人是如此,恰恰相反,访问是经过精心准备的,会谈的重要议题就是越南的冲突。"《巴黎新闻报》夸大其词,说这是"马尔罗在北京的惊人会面。这个秘密进行的官方访问看来十分重要"。《曙光报》大胆宣称:"这位经验老

　　　　　　　马尔罗传:幻梦与真实

到的部长完成了一项精准的使命。他追究了法国 1964 年 1 月 27 日认可中国以来,中国对法国绝对不在乎的责任[75]。"法国电台两次世界大战以来的女预言家热纳维耶芙·塔布伊谈道:"法国部长应当利用自己的崇高威望和他在北京的多重关系,至少试探一下中国领导人对召开国际会议处理远东问题,包括对台湾问题的想法。"乔治·安德森借机在一篇探讨新共产国际的长文中确定[76]:安德烈·马尔罗先生到北京的使命在外交和时间安排上得以证实;关于越南问题,秋季开始会进行协商。

各大报刊不论倾向如何,都皆大欢喜。《法兰西观察家》认为,一切都变得清晰明了[77]:马尔罗从自己的探险经历中保留了神秘的爱好,鲍罗廷(苏联的布尔什维克)的这位朋友完美走完了这段路程!《基督教周刊》称,"西班牙国际旅的原长官行走在中国的土地上,《希望》的作者又充满了胆量"。右派《倾听》报的标题为《安德烈·马尔罗一直是中共党员吗?》。文章揭示,北京的共产党领导人恭贺马尔罗曾经是参加过中国起义的中共地下党老党员。古老的传说重新开花结果:即使部长不是法国共产党党员或西班牙共产党党员,"却是 1927—1929 年间的中共党员。他参加过广东和上海的巷战,从那里汲取了创作多部小说的养料"。

安德烈·马尔罗还没有提笔开始写作神话的新篇章以前,参观了毛泽东故居,旅行到了中国东北;他与高层的会面,等待了一个多星期。他最初接触的几个法国使馆成员没担心什么,但是武官吉耶尔马将军却记载了部长的陈词滥调:"今天的中国,是汉人加马克思主义的中国[78]。"此后,马尔罗与毛主席 8 月 3 日会见时旁听的官方速记,作为交流基本合乎礼仪的证明,也不觉得有什么惊讶之处。不过,媒体在这方面的反应还是超出了预料,因为报刊继续抛出了对 7 月下旬的炒作。从 7 月 3 日起,《战斗报》就邀请大家揣摩一句话,即"战斗在不该待的地方"的那个强大侵略者指谁。部长办公室当时正在为《纽约先驱报》

的一篇文章躁动不安,文章提到戴高乐将军下令让马尔罗直接回巴黎,后来大家才明白,这只是美联社驻北京记者表达的愿望[79]!

与毛泽东的会面

法新社 8 月 4 日从北京发出了一篇将近两页的打字稿,文章编辑在此确认,马尔罗从 7 月 20 日就对自己抵达北京会有传闻提出了警告。部长说他来北京只是为了"随着对人民中国的认识,进行并扩展公开对话"。然而法新社还是在传播谣言,说,正是因为深入交流了看法,马尔罗的访问才联系到当下重大问题,包括越南、东南亚、美国、中苏冲突。快讯确认交流已经远远超出了马尔罗策划的巴黎中国艺术展,"这个中西对话行动的要点"。部长离开北京带回来的要素,会向戴高乐将军传达"中国行动的哲学和动力线"。

传言的基本原则确定了。《世界报》参照法新社的快讯和路透社从新华社获取的消息,宣布了部长与毛泽东的会面,并采纳了部长在一次官方宴会上说过的话:著名的长征和中国人民的战斗经历是全人类的榜样[80]。8 月 5 日,在欧洲电视一台 7 点的节目中,让-克洛德·德热宣布:"马尔罗先生最终承担了在北京进行探索的任务。部长证实,北京在越南问题上的立场十分强硬,但是北京坚信,通过法国这个中间人,中国和西方的对话是有可能的。"同天的 7 点 30 分,卢森堡电台大胆说道,安德烈·马尔罗发起停止越战,总统会在 9 月份的新闻发布会上利用他的信息。9 日,《费加罗报》响起了不和谐声音:原驻柏林大使安德烈·弗朗索瓦-彭塞发表了反共警告[81]。

一个变异的约会

热纳维耶芙·塔布伊 8 月 6 日在《巴黎日报》上重申,马尔罗的这次旅行完全不是临时安排,然而对越共、河内、北京和华盛顿来说,时机都不成熟。11日,奥利维耶·托德在《新观察家》上[82],颂扬了这位实施戴高乐外交的"马可·波罗",他的一位同事直言抬高了这位外交家的身价:"有位出色的年轻人战胜了所有对手,他就是我们的诗人部长[83]。"托德坚信,部长在长达7个小时的时间里,遇见了中国政权的4位大人物,取得了外交胜利。戴高乐在马尔罗上飞机——大概是飞翔荷兰人号——前,给他发来指示,指明让他的同伴马塞尔·布朗丹中断有关部长的新闻报道,因为戴高乐很清楚,部长的航海巡游根本没有任何政治目的。

《对红色中国的神秘访问》——《时代周刊》8月13日在这个标题下提出问题,想知道戴高乐给毛泽东的信是否在部长出发前就装进他口袋了,还认为肯定马尔罗在1925至1926年间在广东拥有一间办公室是有益的!对报纸来说,论战中的会谈不可能在没有形象的画面上进行。《曙光报》肯定,无论如何,马尔罗不是像他自己声称的那样,是到中国进行私人旅行的。24日,左派的《新观察家》杂志封面的标题是《马尔罗的秘密报告》,克洛德·克里耶夫称,我们或许发现,阿丽亚娜号火箭行程的终点,可以通过中国回归联合国安理会,导致越南问题的解决。按照《倾听》的说法,将军宁愿听朋友讲述,也不想去读几公斤重的报告,但是将军命令马尔罗:"不要对公众告白!"秘密能够延续下去的原因是,即便是在部长会议上,都没有任何东西泄露出来。

这些冲动的新闻报道,并不符合马尔罗和毛泽东会面的事实,那次会面,包括翻译的时间在内只持续了一个小时。何况中国驻法使馆的新闻公报在中国领导人接待马尔罗的报道上只提供了不到两页纸,结论是,他的访问"有助于今后两国关系的发展和促进两国人民的友谊和谅解[84]"。但是作家部长却懂得,如何在刚刚开始撰写的《反回忆录》里改变这次会见的面貌。尽管印度教育部长尽到责任,向法国同僚递上了几张他访问贝纳雷斯(瓦拉纳西)的照片[85],部长从印度返回的经过还是被从回忆录中抹去,尤其因为 1967 年写成的这本书,提到了从极地返回的虚构情节,原因可能是这样描述给作家提供了描写与儒尔·凡尔的主人公菲利亚·福克同样形象的机会,让自己能够有朝一日回到青年时代[86]。

马尔罗想忘记的还有自己在贝纳雷斯梵语学院的演讲词:"伫立在山间的鬼神雕塑,漫不经心,注视着理想化的世界从眼前经过。"然而,他却致意"印度带给了世界无数的生命问题"。不过他从经历罹难和血腥创建出来的这个首创的世界文明里,已经感受不到什么启发[87]。部长从法国出发后,就再难以经受活着的压力,他在办公桌上保留着自杀的朋友德里厄·拉·罗谢勒的最后一本书。回归写作,可以让自己开始从"深深压抑的状态里[88]"缓缓释放出来。作家个人要起死回生,尤其不想以部长身份在各种行动中出场为代价。

扫码上解读
· 戴高乐的同路人
· 传奇色彩的文豪
· 文化上的预见者
· 缅怀历史先行者

重获生机的文人

在《反回忆录》中,我们永远无法分辨真假,他并不想让人辨别出什么,连他自己都分不出真假了。

——玛格丽特·尤斯奈尔:《睁开双眼》与马蒂厄·加莱的谈话

1960 年 5 月,安德烈·马尔罗踏上戛纳电影宫台阶的动作,被描绘成"像完成一页作品一样,敏捷、准确、直接[89]",但是当时的他已经不是作家了。1963 年,他甚至让朋友马塞尔·布朗丹给一位向自己索要文章的人写信说,他拒绝了"所有与文化部没有密切关联的活动,所以,拒绝了他以往的文学活动[90]"。亚洲之旅使他在 1965 年夏季部分恢复了自我,他在克里特岛海域着手起草经过两年紧张思考,后来成为《反回忆录》的内容。他肯定自己在第一次抵达埃及,面对金字塔时就形成了构思;在这些法老时代建筑的庇护下,他希望能毫不犹豫创作一部新的文学巨作。媒体对他到访中国的新闻报道方式,让他再次陷入变异现实的快感。写作成为他从 1965 年夏季以来与生活的主要联系。部长1968 年 9 月还在保密,把自己写的东西都藏在了办公室的保险柜里[91]!他继续改观戴高乐时代,1967 年 7 月的第一版《反回忆录》赢得了将军的赞誉[92]。

如同治疗的写作

1966 年,马尔罗的健康问题加重,写作肯定成了他治疗的一部分。

他没有对自己的老伙伴，又回来为他服务的皮埃尔·莫瓦诺隐瞒对部长职责的厌倦："我所做的一切令我厌倦！除了写《反回忆录》，其他事事都让我感到无聊[93]。"在执行权力和由此形成的郁闷之外，追求文学创作肯定是马尔罗的中心，他从未担当过重大部门的职责，也不再可能希望继任戴高乐的职位。国家元首任凭自己宠爱的部长投入文学创作，更何况他很放心，因为部长的合伙人用外交手段，把虔诚的谎言慷慨奉献给了元首。不过，戴高乐还是发觉这个年轻的上尉不该过于投入伟大作家的生活。他在提到魏尔伦时指出：为什么翻来覆去写大作家的生活故事呢？他们作为人并不重要，他们的作品才真正有意义。第五共和国的第一任总统一直认为，知识分子在为超越自己的事业服务。当他要米歇尔·德勃雷为马尔罗量身打造一个部时曾对他说过，马尔罗会凸显出政府的形象。戴高乐或许那时已经想到，部长除了做自己分内的事，还会有办法推动戴高乐主义的历史。他首次阅读《反回忆录》的反应，证明他没有失望。

抛出《反回忆录》

马尔罗在取得作家的首次成功之前，就积累了做年轻编辑的足够经验，在印度支那之行首次遭谴责之后还在新闻活动中获益，从中有所观察，他对妻子克拉拉坦言："要打动公众，最好是给他们比作品更多的东西，在奉献作品之前，就让惊人的作家传记家喻户晓[94]。"他1967年还记得自己1965年在亚洲周游引起的反响，记者也没有忘记。《反回忆录》出版以后，他与毛泽东的对话自然形成了新闻界的大幅标题。埃马努埃尔·德·阿斯蒂捷的《事件》月刊在报道时大约保持了一定距离，因为问卷人和被调查人两者都是解放阵线的朋友，都会考虑到其中古怪的成分。《费加罗文学报》宣布这是当季最伟大的文学事件时，《巴黎竞赛报》则吹嘘自己是被允许发表这本书主要章节的刊物，这本书是文学史上的重大事件[95]。部长占据了这份周刊的封面[96]，一只白猫横卧在他的手臂上，蓝色的外套搭在灯宫花园里的绿色枝头上，在面带笑容的作家照片的上方，我们读到这么几行字：

> 安德烈·马尔罗特别准许
> 在此发表《反回忆录》最为绚丽的篇章
> 戴高乐、毛泽东、游击队

这一期包括了 6 个对话摘要，分别为：与维尔科的神父的谈话，冒死刑的危险，在图卢兹监狱，与戴高乐首次相遇，与毛泽东的对话，在为抵抗运动藏匿武器的拉斯科洞穴。这 6 个摘要包括的虚构情节，背离了大部分读者。后来的有些研究指出"该书插进的详细对话就是虚构的迹象[97]"，但是对谎言癖的指责，只是在随后的几十年里才多了起来。精心研读马尔罗作品的某些人，后来接受了马利于斯-弗朗索瓦·居亚尔的判断："创作者的亲身经历包含的很多素材，不是传记作家能清点清楚的[98]。"另一些人承认，传记作家和史学家让人们认清真相，才是重要和正确的目标[99]。

幸存下来的记忆

马尔罗在自己的《反回忆录》的结尾写道："我幸存下来的所有记忆都在对话里——或许我只能从我的生活中抓住这些对话[100]。"随着年代和研究的继续，该书的注脚者想发现有多少这样的交流是经过重构揭示出来搬上场景的，但是最初的批评只发表在了私人圈子里。因此，在莫朗家的一次晚餐上，马蒂厄·加莱（作家、文学批评家）听到了皮埃尔·诺拉的保留意见，他刚刚读了这本书的校样，印象是：马尔罗在高处翱翔。他在这个世界上见到的所有伟人，都没有和他说过话，一直是他一个人在说话[101]。加莱也写了一篇文章,在思考,当他在描写一位不错的部长时,怎么好去挖苦他在巅峰上的神态呢[102]。只是在马尔罗去世后,朱利安·格拉克——他拒绝接受 1950 年的龚古尔文学奖——才指出:"马尔罗的谎言癖令我心寒,并不是因为谎言癖本身,而是因为他会计算的严重程度,他有时进行的是有利可图的投机,因为他可以从投机上得以贩卖文学和其他东西:想想吧,在中国问题上难以置信地吹牛,甚至把托洛茨基扯进去,以便把这个俄国人当作对等的伙伴。"贝尔纳·弗兰克重拾地理历史教授、曾经是三年共产党员的路易·普瓦里耶的说法,反驳道[103],不过唯一重要的是,《征服者》和《人的境遇》的确也迷住了托洛茨基,被青年马尔罗的推论所迷惑。马尔罗不想惹恼格拉克,却夸赞了托洛茨基:他少有毁人的表现,在文学上有自知之明!无论如何,在《反回忆录》出版之际,公众都把里面的系列故事当作了真实回忆,对作者来说,这些故事不过是在以前的小说里用过的素材。作者完全没有向专注的读者隐瞒重新创作生活的意愿。随着一页页的阅读,人们可以读到对司汤达来说是对珍贵的"真实小事"的批评——"为什么不可以批评伟人"。

想象与现实

马尔罗认为宁可去表现奥斯特里茨战役中的拿破仑,也不去表现这位父亲朝儿子(拿破仑二世,又称"罗马王")脸上涂抹果酱的情景。他承认,在星云弥漫的传奇式小说创作里,"有些是想象出来的"。只有这样,"优秀作品才能有天才的保证",他十分清楚,一定要让自己的创作成为新的特有的杰作。"认识人,如今特别要说的是认识他身上的非理性之处,他自身无法控制的东西,他抹去的自我形象":显然,马尔罗在自己的作品里,尽其所能让我们难以揭穿他的真实面目。他关于1940 年的战争和抵抗运动的共 43 页的描写,就是他期望创作的迷雾笼罩的样板。正如他1965年12月份在对让·穆兰的致辞中,掩饰了自己迟迟没有投入集结,参加战斗的真相,而家族当中真正的抵抗英雄,克洛德和罗兰两兄弟,却在战斗中殒命。二等兵马尔罗在普罗万没有获得学习驾驭坦克的机会,也没有投入行动,那场奇特战争里出现的坦克沟壑是虚构出来的。在蓝色海岸度过的温馨岁月和在圣-夏芒的静好时光一样,被深深隐藏了起来,儿子们的母亲有过这样的描写:"你们无法想象我们在科雷兹的生活。我们没见过一个德国人。这里没有德国人。我们没有发现巴黎的蘑菇、鱼子酱,没有赫迪亚德的产品,可是我们做了鲜松露酒和阿马尼亚克烧酒煎蛋。我做遍了《田园时尚》菜谱上的菜肴[104]。"

　　部长作家很想忘记自己1943年1月没有完成的阿拉伯的劳伦斯的写作,他向罗热·马丹·杜加尔承认:"我处在两难的境地:无所事事令我厌倦,做某些重大事情时又进入了半冒名顶替的境地。至少,这种状况有助于我对人物的理解[105]。"史学家驳斥了马尔罗虔诚的发明创造后指出,他积极参与抵抗运动是在两兄弟被捕以后"迟迟没有找到目标[106]"的时候。《反回忆录》实际上只字未提克洛德1944年3月8日在鲁昂被捕,后来在春季来临时被枪决的事[107]。我们也没有在书里发现罗兰的遭际,他1944年3月21日在布里夫被捕后,被关进了利摩日监狱,后来被转移到诺因加默集中营,被纳粹移送到阿科纳角,1945年5月3日,船只在吕贝克停泊时,被船上的机枪扫射致死。正如雅克·沙邦-德尔马后来所言,马尔罗成为抵抗运动的灵魂,却没有掌握指挥权[108]。英雄阿尔萨斯-洛林旅的这位未来陆军上校从未秘密进入过裁决巴克马斯特游击队和义勇军游击队之间的冲突。毕竟,特别行动处的英国人重点发展的是克洛德·马尔罗和罗兰·马尔罗所在的网络。在图卢兹监狱,可能从未响起过牧师发号施令的叫声。在这个被德军占据的地方首府,马尔罗的西班牙战友让·卡苏,共和国的特派员和拉瓦内尔上校,这位国内武装力量的将领,在全面采取所有必要措施时,并未想到他们认识的那位暂时避开他们的人[109]。

这位艺术作家擅长探索长征中的中国风格形象，发挥天才，拿他们与忠诚的民兵和社会主义现实中的民兵英雄进行了对比。他还通过诗歌描写了映照在"波德莱尔的塞纳河上的火炬"和护卫队"垂直军刀上反射出的月亮光晕"，这个护卫队曾护送过让·穆兰的殡葬车队，穿行于西岱岛和先贤祠广场之间。马尔罗从《反回忆录》的第一行起就编造了自己与维尔科的神父一起逃跑的情节，顺着想象，诉说被盖世太保摧毁的与天使的共同战斗[110]。他漫步在自己的部长生涯中，编造惊人之举，说是重新发现了遗失 50 年的拿破仑一世的枢车[111]。他故意模糊自己在香港停留的时间，说这是"1925 年也许是 1926 年的某一天"，或者是 1960 年左右在将军身边的一个行动。然而小说家还在《希望》中追忆过"一些无年代的丑事[112]"。

《反回忆录》的内容丰富，首先围绕着作家的顽念展开，尤其是"死亡在比活人还给力的地方露头"。他让"填满死尸的古老土地"深夜里发出悲怆的呻吟，孚日山的第一位死者——海军上校佩尔特，被埋葬在了弗鲁瓦德孔什公墓。他把弗雷纳的一位德国牧师搬上了场景，让他向将要被关押到集中营的人说明："我们都懂的，必须接受死亡，对它表示欢迎。"但马尔罗并不想回忆自己的战友西班牙元帅死亡的遭遇；从1945 年起，他都在谨慎回忆这件事："那些细节要口头表述，而不是写出来。简言之，元帅 1944 年 3 月指挥过一次游击队远征，后来陷入一个德国旅。他像是先受重伤，然后被枪决[113]。"他在《反回忆录》里忘记了这件事，然而不到 7 年以后[114]，又书写说西班牙元帅死在自己亲自指挥的游击队里。作者特别喜欢构建惊心动魄的场面，在提到 1964 年展出的捆绑枪决者的木桩时，编造说自己做了总结，其实那些总结语要归结于戴高乐将军，他不可能听到，也没说过那些话[115]。

　　部长恢复文人身份以后,竭力强调对人生的讽刺:死亡提供了凶险的巨大讽刺,这是对生命的日常嘲弄。作家因此小心翼翼具体描述了自己是如何脱离政治的:他站在部长会议的桌子边,与同伴们保持着距离,看着"一群人不断在讨论,好像就是靠讨论在生活,永远没完没了"。尽管马尔罗为戴高乐主义选举的胜利说过很多话,却处在普选的直接冲突以外。然而,他自愿占有一份危机,以作家的身份感受这一切。1961年发生将军政变时,安德烈·马尔罗的轻举妄动是他最后一次参与的几乎是军事上的行动。在对1961年4月23日至24日这个夜晚的叙述中,他把自己想象成"一枪未发"涌向内政部的义勇军头领。因为知道这样显摆会被将军判定为离奇怪诞,于是他放弃了这个句子,但是并没有放弃匆忙改变巴黎市长的警报的情节和沮丧的情绪——但那时巴黎还没有市长[116]。

　　该书在巴黎出版后,欢迎并尊重批评。《世界报》几乎用了整个版面进行宣传。三篇文章分别提到了印度支那奇遇、一位没有后代的作家和转向历史的审美眼光这三个主题。皮埃尔·维昂松-蓬泰用大半页篇幅摊开了一些微不足道的秘密。法兰西学术院皮埃尔-亨利·西蒙有一篇署名的文学批评文章[117],尽管文章对精湛技巧过多,在无价的夸张、情感波动的干扰以及重新使用过去的著作材料表示遗憾这几个方面有所保留——"在600页的书里,启动了100页多余部分[118],无论如何还是累赘",但是,西蒙仍旧对"抒情与幽默的碰撞,天性和伟大的结合"表示了敬意。他的结论自然充满了赞誉:"伟大的人生,开阔的文风,奋力把握人类境遇中目前和永恒的难题,这就是《反回忆录》带给我们的有时是不可抗拒的,但永远是强劲的声音。在我们这个惊心动魄、充满悲剧的时代噪声里,这个声音为审判人类提供了证词,这个证词将聚集继续探究文化本质和亮点的人。"

光辉的真实与传说

这本新书事实上收到的几乎都是《人道报》的攻击。安德烈·维尔姆塞承认作家有用之不尽的渊博学识和尖锐观点,却批评他有"偏向启示录的传统倾向[119]"。这位共产党的社论撰稿人发现,作家叙述"在奥林匹斯山顶与其他不朽者会面"的场景时不明不白,便质疑:出于什么原因,他的"左边有罗特席尔德银行原总行长,右边有这位行长的同胞兄弟"。关于作家1940年的观望态度,维尔姆塞出于捍卫自己党派正史的原因认为,马尔罗的辱骂反映出他的不良意识以及对法共的仇视,他最后赞扬阿拉贡,因为这位作家让他听到了"印度支那的被害者,受折磨的本·巴尔卡(摩洛哥政治家)以及反对里格威的示威者的呐喊声[120]"。人们厌倦真诚;我对透明度感兴趣——皮埃尔·维昂松-蓬泰引用了马尔罗和瓦雷里的这两句对话,不妨得出以下结论:也许全是事实,但是没有任何可靠之处,终究还是臆造的。

几年以后的批评主要针对马尔罗改观了与毛主席的对话。但是在北京的一次讨论会上,雅克·勒卡尔姆认为马尔罗是唯一"通过经验加虚构的文学写作,在理论与实践上进行过调和的作家,对其进行理性分析必然达到无法相容的结果[121]"。照这位教授的看法,马尔罗创造了并置的虚构故事和历史故事,尽管批评如犬狂吠都指向谎言癖,可"马尔罗让两类故事同行,还是经历了真实与传说的辉煌"。非现实主义和虚幻的艺术,确实给史学家们提出了难题,他们面对这些文学作品一直感到困惑,他们看到的文学作品告诉他们,必须超越"真实性的问题";因为他们同时认为,重建文学对话的构思看起来"与真实性的要求不相容,但是我们却觉得,这些对话很像是由不加评论的真实题材构成的[122]"。

马尔罗传:幻梦与真实

受到热烈欢迎

这部作品虽然，或者说多亏变异了对官方生活的描述，才受到公众的热烈欢迎，从第一天起就售出了 4 万册，4 年的销售总量超过了 20 万册。国外出版社竞出高价，以获得图书版权。英文版权 1967 年被郝特以 35 万美元获得，书中有 26 页提供给了经过篡改的与毛泽东的对话，这 26 页是在 8 页打字稿的基础上重新构思的[123]，这个内容可能与这个惊人的高价有关。

《反回忆录》出版 6 年以后，克拉拉·马尔罗说明了这本书的成功："对他来说，现实生活长期以来都无法在艺术上加以运用，只有改头换面——像改造童年被剥夺的一件庞大玩具以后才能接受它[124]。"部长在 1967 年的这部书里，没有能够把历史置于决策人的前沿，玩弄的是自己不喜欢的历史。他是不是已经知道，在他文化部的限定范围内，实现梦想已无所指望？健康是否限制了自己？周围把他封闭起来的或者把他看作木偶的人，是否可以不受制裁地任意去提这个木偶上的线？在文化行动上，我们或许应适当回到一些人的想法上来，清点一下他们实施部长指示的情况，他们给人的印象是在放任自己，或者用不爽的方式，委身于办公室的顾问团队，而这些顾问并没有真正正当表达部长的意志，而是决定要取代部长的位置了。

文化部是遭诅咒的地方？

《反回忆录》确实构筑了安德烈·马尔罗的重生。这本在约翰·肯尼迪身后出版的书，可以认为肯尼迪先前的判断是有道理的。1963 年 1 月 8 日，肯尼迪就已确信这位法国部长表明的"政治和艺术，行动生活和思想生活，现实世界和想象世界是一体的"。然而，关于在文化部的行动,必须重申部长对皮埃尔·莫瓦诺承认过的说法:"除了《反回忆录》,我的所作所为都已从手中流逝[125]",这种情形对部长的日常生活不是无足轻重的。

马尔罗否认两个儿子同时死亡犹如晴天霹雳。4年以后,阿尔贝·伯雷却听到马尔罗说出"我再也活不下去了,可或许还不会自杀[126]"。周围的同事听到这么可怕的话,又能怎样呢?从那时起,马尔罗想尽量离妻子和加埃唐·皮康——此人并不想背叛马尔罗的思想,因为他是最熟悉马尔罗的人——远一点,于是选择了旅行。1965年,他又萌生了书写的欲望,那是在贝尔塔尼亚医生明确从1966年开始要有6年的治疗过程以前。这次治疗要均衡服药,祛除酒精毒害。1962年至1968年期间的建筑部门负责人马科斯·凯里安对办公室择人不当抱有的情绪,使人想起1965年5月初,可憎的蜕化变质把文化部变成了心理失常、遭人诅咒的地方[127]:"但是,只要马尔罗现身,被人看到并找他咨询,他的豁达优雅就强烈感染了最接近他的合伙人。这些人工作时如没有他在场,就难免会出于保护他的原因,站在连马尔罗的亲人都不可能有的强硬立场上[128]。"然而,必须由部长催促执行的政策,有时会因各种阻挠和意想不到的过程陷入泥潭。

麻木不仁却被控制的部长

玛德莱娜·马尔罗离开了,加埃唐·皮康被逼辞职了,埃米尔·比亚西尼被辞退了,阿兰·马尔罗很快被推向彼岸再也不能相见了,这怎么能不让我们发现1966年的悲惨画面:马尔罗在进入重构《反回忆录》之前几个星期怎能不陷入孤独?西蒙娜·德·波伏娃在谴责这本书的作者"总想言他[129]"时,故意装作不知道作家的心理问题。我们更欣赏的是路易·吉尤以前的反应,他与马尔罗女儿的证婚人在交谈中不断说:"我们永远都会原谅马尔罗的全部表现。一定要这样做[130]。"1966

年 6 月,部长刚刚结束孤独的治疗以后,吉尤与他共进午餐时,听他说了很多关于医生的话以及"精神麻醉的最新发现,这个做法提出了许多令人不安的问题[131]"。在政府范围内,要解决的是部长继续任职的难题。两件事把问题分成了两部分:夏尔·戴高乐依恋马尔罗,马尔罗也没有多大兴趣看到议会头脑们的新面孔[132];在 1967 年国民议会选举险胜之际,乔治·蓬皮杜在选举态度上十分透明,他重申"马尔罗是获得 50 万选票的人[133]"。与 1963 年情况不同的是,马尔罗现在是一位受保护的大叔,因为他给家族带来了荣耀,他的名声让法兰西生辉。

因此马科斯·凯里安的先进意见在我看来很有价值[134]:与其让部长待在办公室或者宅在灯宫的家里[135],不如强制他用平时的部分时间,参与处理瓦卢瓦街的问题;给他提供通道,让他顺着这条通道,欣然接受每天走一段路。这无论对文化部还是他本人,都是最好不过的。在 1967 年秋季豪华的马尔罗文学年结束之际,正好可以在文化部开始的变革上,制订有效实施的计划。1968 年的风暴会促进这些计划的实施,办公室主任自以为从秋季起,只要他一人签名,就有权散发行动纲领,认为可以提前确定事件的日期,这些事件在发展进程中不会有任何改变。办公室团队感觉自己与在管理上麻木不仁的部长在一起,变得愈来愈强大。他们自嘲道,总统有指示,刚刚提醒说,现存的大量办公室"是行政中心头头责任意识衰退的原因之一[136]"。

码上解读
· 戴高乐的同路人
· 传奇色彩的文豪
· 文化上的预见者
· 缅怀历史先行者

变态的部长?

在他留下的特别计划里,缺乏打造一个宏伟文化部的内容。
——安德烈·马尔罗 1962 至 1965 年期间的
办公室主任安德烈·奥罗

国务委员安德烈·奥罗的想法或许残忍,但或许真不及诗人皮埃尔·埃马努埃尔,这位雅克·迪阿梅尔时期的文化发展委员会前临时主席的文字。他在"文化和法国思想的特殊性上普遍存在贬低智力"的年代,赞扬了文化宫的精英思想。他认为,马尔罗有力量使这个思想变为生动的语言,他补充道:"这是在他个人形象缺乏时,体现他形象的办法,以一胜百。安德烈·马尔罗的个性既具幻想又富有热情,特别超出了他生理结构的范围。人们可以在他偏爱这门艺术,淡漠另一种艺术里,探索文化部运作失衡的原因。然而失衡的真正理由主要是缺乏整体策略,问题不在部长那里,而在他领导下的早已存在的拼凑起来的行政结构上[137]。"法兰西学院的教授安德烈·利赫内罗维奇的评价更刺耳:"马尔罗除部长之外样样俱全,却没有具体落实过一件事情。他说完漂亮话以后就以为万事大吉了,可显然什么问题都没有解决[138]。"在文化部成立 50 周年以后的几个月里,大学教师兼记者安托瓦·德·巴克,做了保持距离却有论战倾向的分析:马尔罗是个疯子。他言语谵妄,状态令人生畏。他的目光,他的战栗,他盲目崇拜的顽念,极端的自恋,不断的浮夸,都显示出他精神深度错乱的临床症状。但是这个疯癫保护了他。

马尔罗的本事就在这里：用惊心动魄、充满幻觉、穿透乌云的语言踏出一条路，用这些语言支持着计划；把晦涩、难懂又具概括性的语言，留给那些实践这些语言的人去诠释。他的威力在于，周围的一帮管理人员，会想又会做，他们是文化冒险家，是特殊任务的开拓者——一些1959年被遣散回来的殖民地行政人员。马尔罗的为人是不容置疑的。

疯癫让他置于论战和历史之外，这是一位本质上的左派人物。马尔罗是光荣的法国文化最出色的调味师，因为他总是能做到让我们或多或少狭隘的聪明才智变得和整个艺术世界一样，开阔而迷人。因此文化部的行动不如部长的词语激情洋溢，必须适当看待那些行动[139]。

微薄的贷款

马尔罗1966至1969年的团队可以自诩8至10年间财政预算的巨额增加[140]：1398%用于分散到各地的戏剧演出，1550%支持音乐演出的流动资金（法郎）。然而，这还是不该让人忘记，1968年马尔罗近10年任职结束时，国家用于文化事务的预算还不足国家预算的0.40%，而这笔微薄预算的四分之一还要用来支持歌剧院和喜剧院的运作。维修1万座历史遗迹只动用了2230万法郎，而维修那两座剧院就用了3780万法郎让公众受益。在这10年里，观众当中获高等教育文凭的人，比获专利证书或专业技能合格证书人多出9倍以上[141]。任何情况都没有制止住用于创新行为的那部分必要贷款处于次要地位；部长拒绝通过基金会发展赞助，他希望"只有一个文化政策，即便是在购置油画上[142]"。

偶然形成的机构

文化部启动时，有三个负面意义上的因素：很少有人在这个匆忙组建的机构里看到,除了占据安德烈·马尔罗时间的办法外,还有什么招数;总理认定国家是在不合法的基础上,建立的文化政策;部长在人选上,应该找有能力与财政部和马提尼翁总理府进行协商的人,组成他的办公室。对阿尔及利亚战争的财政预算限制,然后是稳定的计划,都成了真正质疑文化部各部门行动的另外约束,这些部门生性倾向执行益于明显被认同的客户的惯用政策。文化部是建立在机遇之上的适时机构,作家部长甚至不愿意附加书籍和出版问题。他认为,在朱利安·卡安担任国家图书馆行政总管时,这是不大可能的事[143]。于是他把纸张、纸箱和书籍的问题都交给了工业部,只协助外交部对法国图书进行文化传播[144]。

在这一点上,还是皮埃尔·埃马努埃尔的分析中肯:就算把财政预算拨给马尔罗,他也"只能在对有部分文化功能的其他部门实施道德影响时,才能发挥本应在他身上重现的作用。而他拥有的微薄财政预算与其他各部的雄厚预算相比,使他无法提前发挥这个调解作用。再者,文化部从成立就缺乏严密的结构,和初建行政机构时经常发生的情况一样,只是各部门的大杂烩,没有共同的任务把它们联系起来"。还必须重申一个明显的事实:部长的健康[145]确实形成了让文化部各领导部门失去方向的运作方式。我们不会忘记安德烈·奥罗观察到的情景:即便部长和他的临时合伙人时刻全神贯注,"直到几乎牺牲了全部私生活,还是不能认真纠正行政部门常见的缺陷,这在很大程度上可以解释为,缺陷是由人力和资金的极度匮乏造成的[146]"。

当雅克·朗只回忆马尔罗的普遍性妨碍他"经常有效行使管理职能,至少是天天高标准行使这个职能[147]"时,他并不想说 60 岁的马尔罗如何被家庭丧事和严重抑郁搅得心神不宁,然而他却除个人悲剧外,慎重掩饰了马尔罗失职的真实原因,而人们最终还是对马尔罗进行了谴责。马尔罗向阿兰·佩尔菲特吐露,自己随时可以成功解决物质问题(如修复和重新粉刷建筑物、举办展览),但是对于需要思想支持的事

　　　　　　马尔罗传:幻梦与真实

情(如传播抒情艺术、教授音乐、文化宫的运作)[148],自己的意图却"在不信任中跄跄,深陷被人怀疑的局面"。一直和部长相处,就要和他一起重新构思,一起梦想,参与他希望创建的神话。我们确实不该忘记,某些与文化部对话的人的怀疑心态,是受到了他们在很多所属部门所见到的冷漠懈怠的影响。

几获成功的部长

对戴高乐想"让安德烈·马尔罗与行政管理结合,创建一个伟大的文化部[149]"的思想,对"建筑缺乏文化符号[150]"的感慨,对这些特别主观的印象,我感觉,要更注重共和国总统府秘书长艾蒂安·比兰·德·罗西耶的分析[151]:安德烈·马尔罗"既没有在里沃利大街,也没有在马提尼翁府寻找靠山,我以为他厌恶与将军本人谈及自认为是次要的问题。如果不是被局限在拮据的经费上,他尤其可以通过增加文化宫做更多的事情。但他还是获得了聊以自慰的几次成功"。安德烈·马尔罗出于有些酸楚的体验,总结出一些建议,提供给了刚成为吉斯卡尔·德斯坦总统的二等文化国务秘书的弗朗索瓦丝·吉鲁,吉鲁问马尔罗:"这个招数(建议)是您发现的吗[152]?"

在安德烈·马尔罗玩弄的招数里,有几个象征性的动作和人选特别有见地。马尔罗为几位伟大逝者举行仪式的方式,最大限度展示的不仅是他浪漫主义的口才,也是他对改观"死者过往,把他们的经历带给生者"的尝试。如果让·穆兰的名字在马尔罗的记忆中占据了这样的位置,并以他的名字命名了许多学校和交通要道,一定是因为安德烈·马尔罗的口才在整个国内以至国外都产生了巨大影响。马尔罗指定画家巴尔蒂在罗马管理美第奇庄园(传统遗留下来的法国管理权),一致被认为是成功的,然而却违背了艺术院的选择,因为该院推举的候选人是伊夫·布拉耶[153]。在杜乐丽花园摆放马约尔(1861—1944,画家、雕塑家)创作的雕塑，把有威望的国家佣金付给马克·夏加尔和安德烈·马松修复歌剧院和音乐厅的天花板，都为这些名胜增添了威望。以前把佣金付给乔治·布拉克修整卢浮宫的天花板时，影响都没这么大。同样被付过佣金的还有布拉克和马尔罗的朋友——博物馆馆长乔治·萨勒。马尔罗引发的媒体聚焦为国家的文化生活提供了特别的视野。

委任音乐家乔治·奥里克当歌剧院的领导，让部长回想起，40年来，这是第一次让音乐家处在了领导地位，这也引出国家总统的一句俏皮话："有时应该召唤能人出来[154]。"可见，这次任命几乎得到了一致好评。歌剧院的新顶棚招来很多批评，然而用夏加尔的画裱贴后，乔治·蓬皮杜却说道："谁知道以前的歌剧院有没有顶棚？"布莱曾在私下里提到把"夏加尔的飞碟这幅画卖到美国去"，可以让它有一两次机会亮丽登场[155]！作家多米尼克·费尔南德斯在很久以后，都在为原来的装饰消失感到惋惜——"裸体女人和田园节日构成了矫饰的画面"。他认为这个翻新的做法是部长诸多荒谬行为中的一个[156]。但是这个决定特别有利于20世纪的创作者展现身手，让他们在装饰历史文物上占据一席之地。刷白公共建筑物的墙面从建设部皮埃尔·苏德罗总体负责开始，是文化部成立以来推演出的另一个具有明显巨变的象征。

总统的支持和文化部的工作总结

戴高乐将军看到粉刷过的建筑以后，不无兴奋地说："真美，我们古老的巴黎变年轻了！"他常常有支持部长的迹象，但很少是在财政预算方面的，因为国务部长不愿意在总统忙于跻身国际行列时去打扰他。财政部和马提尼翁府都认为，只增加年度预算也无济于事，既然递延贷款都无法被文化部有效使用。1957年创立的文学艺术勋章，在国家功勋勋章本想将它取消时轻松得以挽救，原因在于将军同意把受宠部长颁奖的领域单列出来。马尔罗在议会上告诉同事们,文学艺术勋章"得到艺术家、作家、创作者的尊重和渴望,也包括那些不喜欢我们的人。取消它侮辱了获得勋章的人,也令那些向往的人失望[157]"。

除了上述挽救措施,尽管文化部的财政预算从 1960 至 1969 年实际上没什么变化,一直在国家预算的 0.39% 左右摇摆,马尔罗在位的 10 年还是包含了值得总结的成果,罗列如下:

——1959 年 6 月 16 日建立了给优秀影片收入预付款的法规;

——1961 年 2 月 13 日制定了有益于凡尔赛宫重新布置的法规;

——1961 年 4 月 20 日出台了出口代表国家历史和艺术品的决定;

——1961 年 11 月 17 日从税务上确定了"艺术和试验"电影;

——出台两个关于建筑教育的文本(1962 年 2 月 16 日的法令和 1968 年 12 月 6 日的法令结束了罗马大奖制度);

——1961 年 12 月 22 日制定了关于表演艺术家社会保障的法律;

——1962 年 7 月 31 日制定的跨财政年度拨款法,用于 1962 年到 1966 年间 7 个待修复的大型建筑,包括:香波宫堡、枫丹白露、凡尔赛宫和文森宫、兰斯大教堂、巴黎的卢浮宫和荣誉军人院;

——1962 年 8 月 4 日出台了被保护部门的法律;

——创建了一个艺术创作部门(1962 年);

——建立了地方文化事务委员会(1963 年);

——1964 年 3 月 4 日的法规建立了一个委员会,负责重新设立历史建筑及艺术资源的总清单;

——建立了支持私人剧院和城市抒情戏剧归并的基金(1964 年);

——1964 年 12 月 26 日制定了给画家、雕塑家和雕刻家等艺术家上社会保险的法规;

——指定了艺术创作的地方顾问(1965 年);

——建立了音乐服务机构(1966 年春);

——在建设部门的领导机构内成立了建筑设计部门(1966 年);

——1966 年 12 月 30 日颁布了给名胜古迹进行官方排名的法律；

——成立了国家现代艺术中心，帮助在世的艺术家（1967 年）；

——成立了巴黎交响乐团和环保研究院（1967 年）；

——1967 年 12 月 28 日的法律计划对名胜古迹实施新工程，预计将每个省的自然博物馆和被保护古迹登记入册；

——建立了电影档案馆（1968 年 10 月生效）；

——1968 年 12 月 31 日，制定了对上交给国家的艺术品要缴纳继承税的法律。

新建团队的活力

这一系列事件表明国务部长除了会说，还和他的团队一起有所行动，有时甚至还找到了说服财政部让步的论据。他的一位同事确信：只有马尔罗"能够让只在艺术院管事的国务秘书处，脱离平平的财政预算和狭隘的习俗[158]"。部长在任职的最后几年，尽管因为个人问题陷入灰暗，然而多亏刚走出国立行政学院大门的年轻民事行政人员充满活力，仍旧收获了成果。在这些热衷于文化行动的人当中，我们能够举出安德烈·布尔达莱-迪弗、弗罗朗斯·孔特奈、让·德吕克和卡特琳娜·塔斯卡的名字。最后这位女士，在 1972 到 1977 年做过格勒诺布尔文化宫的负责人，以后成为部长，然后是参议员；她的同志分别成为图书奖和作家版权法的制定人，建筑推广处的副处长，有的成为朝气勃勃的电视二台台长后又创建了电视六台。

但是奉献青春和创造力不能阻止 1971 年 3 月第六个国民经济计划的总体报告，包含了对文化部的严厉批评，如文化部在人力和信贷上资金不足，管理办法缺乏可靠性，管理文化生活的重要部门后继无人，历史建筑修整得过于完美，领导结构不断更迭，文化宫没有规章条例等。报告询问了 1968 年重新提到的非公众群体，要求有一个导向"重新分配文化财富"的更加积极主动的文化行动。壮大文化部的思想没有争议;技术专家和计划制订者不断作为活跃文化的最佳保证人出现,而一些城市简直就是要把他们都聚拢到包罗万象的科洛诗麦尔市(1934 年一部小说里的地名,比喻被滑稽可笑的杂事搅得一团糟的地方)去了[159]。雅克·朗回忆说:60 年代的地方政治官员满心狐疑观察着创作者们;马尔罗给那时的文化政策带来了"高瞻远瞩的目光,与我们的过去相对应的世界视野,他是一位充满幻想的部长,他的辛勤劳作必须在他拥有的思想、热情和远见的标尺上加以衡量[160]"。

最初的 9 个继任人

在马尔罗之后的 12 年里,有 9 位部长登场,他们是:埃德蒙·米舍莱、安德烈·贝当古、雅克·迪阿梅尔、莫里斯·德吕翁、阿兰·佩尔菲特、米歇尔·居伊、弗朗索瓦丝·吉鲁、米歇尔·德·奥尔纳诺和让-菲利浦·勒卡。从神秘人物到国家的重要雇员,从反动作家到著名记者,大家都面对过财政部长的批评意见,然而最后两位部长却改变了文化部的性质。文化和环保部长米歇尔·德·奥尔纳诺,在成为自然和生活环保部长时,终于把建筑政策从文化部撤了出来,他的前任米歇尔·居伊却认为建筑领导部门就像部里的宝库,是文化部行动的得力杠杆[161],奥尔纳诺"带着这个银器离开了"! 被晋升为文化和联络部长的总统发言人让-菲利浦·勒卡开始实施文化政策传媒的大转折工作。乔治-马克·贝纳穆在 1981 年总统大选的前一年写道,我们必须担心"国家生机勃勃的文化行动会全面消失",因为文化行动的大部分特权都出卖给了私有部门或者资助项目[162]。

80 年代的转折

雅克·朗的合伙人让-保尔·阿隆在进入 80 年代时强调,文化部是创时代纪元的部,大众必须明白时代变了。在共和国总统特别顾问为勒·柯布西耶的祷文和为喜剧演员科吕什葬礼结束时的致辞之间,我们看到天壤之别:对前者的悼词是"永别了,我的资深大师和老朋友。晚安……",对后者说的则是"你好我的小亲亲"。同样,我们难以想象马尔罗向一位有成就的小说家致意时,会像弗朗索瓦·利奥塔尔在保尔-卢普·祖利策死后 10 年时,夸赞他为企业教育家、20 世纪的大仲马,懂得让金钱,"这个在我们国家必须被激发的自由地位[163]"重获尊重。60 年代的部长可能会否认利奥塔尔和德·威利耶这个双人搭档的愿望,把文化宫搞成文化企业,或者照旺代省普伊杜福的形式,活跃凡尔赛宫[164]。马尔罗去世 10 年后,他的思想无论如何还是在影响着后人的。弗朗索瓦·利奥塔尔就职文化部长 18 个月以后,确认自己常常追忆安德烈·马尔罗并热衷于自己的行动,然后力争恢复马尔罗在文化部留下的记忆[165]。他宣称马尔罗是幻想家和预言家,大胆赞誉他的数个继任人:雅克·迪阿梅尔是"文化的信奉者",莫里斯·德吕翁是"精力充沛的人",米歇尔·居伊"特别细腻",弗朗索瓦丝·吉鲁拥有"奇特的学术思维",米歇尔·德·奥尔纳诺是"自信又有个性的人",让-菲利浦·勒卡是"有分寸的人",雅克·朗则是"能出击的人"[166]。

　　弗朗索瓦·利奥塔尔说出以上见解,说自己偏好顽强的、谦逊的行动,不喜欢用光彩的策略做广告以后[167],可能没有想到,不到 4 年之后,在文化界对历任部长进行调查询问时,只有 4% 的人对他的行动做出了肯定评价。他的前任们则得到了令人满意的百分比,给予积极评价的人数百分比分别为:雅克·迪阿梅尔 86%,莫里斯·德吕翁 36%,米歇尔·居伊 52%,弗朗索瓦丝·吉鲁 23%;米歇尔·德·奥尔纳诺只得到 8% 的肯定意见,让-菲利浦·勒卡只有 20%,而对雅克·朗 1981 至 1986 年第一个文化五年计划期间的评价,却有 73% 的人对他给予了肯定。

艺术界对创建文化部的想法

艺术界人士对创建文化事务部重要性的言论和见解,是在戴高乐100周年诞辰之际搜集到的。在84%被询问的人当中,认为创建文化部是重要的占26%,十分重要的占58%。对文化行动来说,在97%被询问的人当中,认为重要的占27%,十分重要的占70%。至于对夏尔·戴高乐和安德烈·马尔罗对发扬文化的关注度,在47%被询问的人当中,将军获得了9分或10分,他的部长在71%的回复者当中获得了相同的分数。1990年,马尔罗部长的行动被认为积极的或十分积极的在我的抽样调查中占据了86%,尽管有一位被调查者、铸币和勋章博物馆的原行政领导、法兰西研究院成员皮埃尔·德艾让我注意到,每个人的回答都是根据"他所设计的选择白菜或萝卜——我加一句,或者不如说是维生素或毒药的方式来确定'积极'和'合乎愿望'的结果的[168]"。皮埃尔·保兰指出,马尔罗并不乐意发表新的文化演说。法语语言原行政总管皮埃尔·迪克斯评价道,马尔罗对法兰西喜剧院"做过很多坏事",把法兰西剧院的名称给了奥德翁音乐厅,还伤害了伟大的形象雕塑艺术家[169]。作曲家达尼埃尔–勒叙尔回答问题时犹豫不决,主要坚持颂扬的是"雅克·迪阿梅尔的能力和广阔视野"。雕塑家特雷穆瓦揭发马尔罗放弃权力的做法,正是因为他,"宗派主义甚至恐怖主义30年来统治着艺术、文学和一切通向文化的领域[170]";他不加犹豫,确认马尔罗1952年发表的国家要效力为艺术服务的说法,令他联想到的是与犬猎相关联的措辞,这里的效力意味着扼杀!

艺术院内部的评价引人耳目,画家马蒂厄气愤地说:"怎么能拿才华横溢、充满灵感的人和常见的碌碌无为、慢慢被遗忘的部长们相提并论[171]?"他认为在电脑里碾压出来的调查问卷浮夸空虚[172],揭露了戴高乐时代结束以后,前所未有的宗派主义统治了文化、政治和社会生活领域。另有两位造型艺术家提出了批评,一位是让·贝尔托勒,1965至1980年间的艺术院教授,早就想说文化部的存在有害,只有原来的国务秘书处足矣[173];另一位叫让·卡尔祖的评论说,文化部的成立十分重要,然而对文化行动有负面意义和危险性。反之,建筑学家雅克·库埃勒却称马尔罗是杰出人物,是个永远值得效仿的特殊人物。在音乐家当中,马塞尔·兰多夫斯基指出80%的人对马尔罗建造音乐厅感兴趣,100%的人对总统建造剧院感兴趣。星级舞者兼教师的雅克琳娜·拉耶保留着将军的记忆:将军让莫里斯·贝雅尔编排的舞蹈《春天的加冕礼》替代了令人厌倦的芭蕾舞,接受她在爱丽舍宫违反安全法规的灯光下跳舞。她充满感激地回忆道,将军会"尊重他人的劳动,明白艺术品无论遇到什么情况都不该被出卖[174]"。然而吕埃尔·弗朗辛·奥班,音乐戏剧学院的女院长却主张"让文化处于休闲状态,以便新一代的创作者诞生[175]"。

演员更为积极的评价

在活跃的戏剧表演界里,我搜集到的全是差异微小的赞颂评语。但我也必须去除几个评价:仿技演员亨利·蒂索认为马尔罗做的是赶时髦的举动;电影工作者克洛德·奥唐-拉腊发觉马尔罗的整体行为都是灾难性的,对电影的行动也是如此;凡尔赛剧院的女经理马塞尔·塔桑古为马尔罗倾向于"重点支持左派人物"感到惋惜;达尼埃尔·热兰向我表明,除了戴高乐与马尔罗的历史性相遇之外,还应该考虑财政预算很多都在米歇尔·布凯的界限上,虽然他很敬重"只关心国家永存"的那两个人物。女歌唱家雷吉娜认为,马尔罗的努力,由于雅克·朗的种种行动,还延伸到了时尚范畴。她的女同行丽娜·勒诺认为文化部的创建对通俗歌曲和音乐厅是"不大重要"的行动,她强调"戏剧界人士的运气在于碰到了两个伟大的庇护者,他们有勇气把文化与国民教育分开,给了文化领域真正的地盘"。但是克洛德·布拉瑟尔却给我写信说,他们不可能做更多的事情,因为他们认为"另外还有更为重要和紧急的问题要处理",米歇尔·波拉克简明扼要地指出:"他们重新粉刷了门面。"聪明的说法或许正如让-皮埃尔·达拉斯所说,那两个高瞻远瞩的人让自己脱离了低级趣味,他还接受了弗雷德里克·埃布拉尔的想法,她是马尔罗的战友、后来成为法兰西档案馆馆长的安德烈·尚松的女儿:"我无力评论戴高乐或马尔罗圈子里的人。我爱他们,欣赏他们,但不评价他们。"

从马尔罗到朗时代

在 80 年代的文化部里,由于财政预算成倍增加,行动方便多了,但马尔罗时代还是不被看好。1984 年,针对一位众议员提到的文化部的新名称是否有意义的问题,雅克·朗反驳道:1959 年的命名如果"在某些方面还有哲学价值",后来的称谓出自语义不当和技术适应,只相当于特许给部长们的陪嫁,微不足道。在分两个时期领导文化部的 10 多年里(1981—1986 年,1988—1993 年),雅克·朗最终以马尔罗之后出现的唯一模范部长的称号告终。1981 年夏,他大胆断定"光明接替了黑暗"。他的文化部财政预算翻番,有时还有三倍的津贴信贷,一切都可以变为文化:"艺术,文学,摇滚,动画,城市'文化',米歇尔·普拉蒂尼的临门一脚,总统的每个想法。雅克·朗甚至想让政府拥有 44 个文化部长。他让人人认知和多见的愿望,演变成了过热的文化口号、丰富的语言和夸张的魅力。人们发明了音乐节、激情阅读、冲刺艺术、活跃的即兴造型艺术、幸福部、智慧部,一切都在前所未见的专制和竞相抬价下,变得宏伟高大:大卢浮宫、大拱门、大工程、特大图书馆……文化国家和魅力国家,手牵手朝地平线上升起的阳光前进[176]。"

对文化国家的指责是 90 年代的事了,那是朗在任期间,文化部财政预算大幅增加,各角度的创新动员了一些人,这些人在繁多的节日和纪念仪式引导下,考虑在公共文化行动中实施宣传政策。神父布吕克贝尔热揭露,重新修整过的美女色情中心博物馆,在污秽杂乱中混杂了经典[177],接着富马罗利教授痛惜道,"出自文化感悟的词语",因为"宗教魔术即时参与[178]"的思维作怪,替代了教育原则。他还揭示,只有马尔罗,才是唯一能够适应国家文化理念的部长;他谴责朗在"用自己的神话、词语,让戏剧的天才出击",强暴共和国的传统谨慎,好让那些得过且过的人摆脱本能的激情[179]。

揭发全文化,保卫马尔罗奇迹

马克·富马罗利认为,文化屏幕上的语汇,把工人休闲和战胜辛劳联系在了一起,持续的娱乐则把先锋派艺术和演出民主结合在了一起[180]。在他看来,继任马尔罗的烦恼和粉饰继任人能力的,是雅克·朗永恒的现代微笑,他"同时变成了经培育而变年轻的法兰西的雅娜·罗兰和安德烈·马尔罗[181]"。就明智而由衷伤感的批评家而言,混淆高尚文化和工业文化[182]就是要延伸国家权力,尽管文化部是想培养所有法国人发明创造的能力。文化接受的是连续井喷式的管理,或许与"用于学习的消遣"的思想生活不相容,马克·富马罗利的信条[183]没有得到20世纪末的文化负责人的赞同,这些人希望通过节日让文化变为民族激情[184]。主张自由的部长和共和党的领导人弗朗索瓦·利奥塔尔曾经发表过有利于维持文化部结构的言论:这个结构首先要完成继承遗产的功能,保证真正的文化志向,这样,"法兰西才有望在某个罕见的领域取得头牌[185]"。尽管文化部"惰性十足[186]",它仍旧宣称有可能"让这个国家成为拥有5500万创造者的国家",照雅克·朗的思想,是要让每个法国人都不只是简单的文化消费者。

1990年,联合国教科文组织召开了主题为《世纪戴高乐》的国际学术研讨会,第二主持人奥利维耶·德洛姆被某些评价激怒:"我很愿意听到各种最为伤人的批评,但是这样的批评难道就不可避免吗?

"在法国的行政史上,还有没有创建出具有这等规模、这种志向的文化部的其他例子?它由各部门拼凑而成,却没有一个部门举足轻重,这自然让人缩手缩脚,而是否正因为这样,才产生了资产负债表?请看看蓬皮杜创建的生态部:他花了几十年才有了现在的行动?

"奇迹难道不正是在法国行政状况的背景下,有了不大懂行政的,如布兰所说的很少得到帮助的带头人,才在很短的时间内如此创新,产生了这么丰富的积极成果吗?这么多与被保护部门相似的法规,不是长期以来为国家遗产带来了积极重要的成果吗?审查期待的是什么?是从来没有人给过方法的,用马尔罗的头盔武装出笼的严密的文化策略。批评让我想到了那些谴责希腊民主没有给妇女、外国人和奴隶与公民同等权利的人。他们的辛辣批评主要表达的看法,不是与时代不符吗?这样的创造在法国、在全世界不一样吗,不都可想象这个实验性运作有多混乱吗[187]?"

马尔罗的 10 年,国家拮据的 10 年

在密特朗第二个总统 7 年任职期间,文化部的巨大工程被一位高级官员描绘成"职能部门胡思乱想的拼合体,跨学科对建筑学家做大的渴望、王公贵族炫耀的渴望、技术人员和企业抬价的渴望不过是托词[188]"。尽管修复大特里亚农宫在此是个例外,马尔罗在文化事业上踌躇满志,可他所处的 10 年仍旧是国家拮据的 10 年。21 世纪初,可能再也没有政客敢确定自己能排除这个观念去谈论文化了。乔治·蓬皮杜的 5 年任期结束时,马尔罗看到了瓦卢瓦街的价值观里包含着自己所拒绝的存在、作为和反应体系,还有自己并不相信的社会形式[189]。在吉斯卡尔总统 7 年任职期间,掌管文化的首席国务秘书对这个问题的看

法不无道理:"马尔罗的才华横溢超越了我们大家,这是做人的才华,也是与生俱来的天赋[190]。"这位预知变异的专家,或许很喜欢全国三级文化会议。1981 年,有人在这个会议上揭发,身居要职的官员拥有过多的权力,部级、地区、市政或者其他部门的官员对创新行使的是官僚独裁,还有具殖民特色的过度管理[191]。

在马尔罗想把群众凝集在自己丰富的意愿和雅克·朗宣称必须结束无聊的专制之间,可能看出文化部的创始人与同样担当了 10 年部长的人之间的前后联系。不过,1982 年 5 月 10 日的法规改变了由马尔罗1959 年 7 月制定的文化部任务,因为现任部长周围有不少"崇拜宗教的牛",文化部创始人的巨大阴影也许还没有完全散去。很快,雅克·朗就对下面这些创新的想法和行动感到了欣喜:不必非要有作家、艺术家和民众的意愿,他宣布自己只做行政管理就行了,"就是说,只制定法律法规,发放资金。要对问题做什么回应,那就死定了[192]"。然而,朗团队全方位的创举也遭到了批评。1988—1991 年间负责音乐工作的米歇尔·施耐德,1993 年 1 月揭出了文化上的笑柄。他追溯到 1968 年 5 月宣扬的文化至上:在他看来,大家谈文化政策是因为害怕说艺术政策,大家也丧失了制定教育策略的方法和雄心,因为教育接受的"只是那么几个人的创作和另外几个喜欢这些作品的人[193]"。从歌剧艺术到里昂的灌肠艺术,当实施文化的清单拉伸到与美和艺术无关的范畴时,文化部已经不可能谈论艺术了[194]。

马尔罗部长的基本直觉

2001 年,在纪念安德烈·马尔罗 100 周年诞辰之际,马科斯·凯里安大胆描述道,马尔罗部长是被将军推崇的粗俗而反复无常的人[195]。他说:这位反复无常的创始人,非常实际,是一位能"针对全法兰西人民调剂文化口味"的部长。他把延续政府行动变为可能,这使雅克·迪阿梅尔不得不说要先继续,再开始这样的话。文化部长——这位真正政治人物的最后一位办公室主任雅克·里戈,清晰描绘了马尔罗的本能直觉[196]。第五共和国最持久的发明之一,是马尔罗的适时创造:他"通过自己的魅力、直觉、迸发出的各种语汇,使文化行政管理突显出前所未有的生动"。他既不是管理者,不是技术专家,也不是争抢预算的人,他的继任人应该为文化部在国家建立信誉而工作。他曾经是艺术和思想自由多元化的模范担保人。尽管他曾长时间因痛苦而销声匿迹,失败和失职还是远远被他的功绩、高雅和灵感所抵消。最好是重读一下他的合作者加埃唐·皮康关于他和他的《反回忆录》的文字,皮康虽然被周围的人赶出文化部,但还是保留下了精彩的脚注:"在历史的衰退时期,出现的不是没有自我的世界,而是在激情中,用雨果的口才,不断在幻灭中独自吟唱,把握世界的自我[197]。"马尔罗离开政权以后描绘的夏尔·戴高乐或巴勃罗·毕加索的形象,和拉扎尔一样,自我也在充满戏剧的社会里得以重生,那些传奇故事可以赢得大多数人的参与,在我们的21世纪大放异彩。

法国人的文化实践

在马尔罗任职的10年里,不可能寻觅非公众人物的现象一直在延续。大家都知道,从1973到1988年,无论如何,法国人出门的层次结构没什么变动:15岁以上的人近50%继续对电影和集市感兴趣,只有14%的人喜欢业余或者专业演出[198]。文化开销继续重点让高收入者受益,亲近文化的社会团体继续把广大非公众人物搁置一边;这只能说明文化部并没有采取改革措施[199]。1989年,绝大部分法国人一年里最常去的地方是餐馆,这倒是与文化部创始人——这位美食专家身边的广大公众很贴近。没有被马尔罗当作政治敌手的弗朗索瓦·密特朗,在老部长过世一年前曾坦言写道:"马尔罗作为人物最终遮盖了作品;人们只顾注意他本人,把作品和其中的人物认作了他者。这个误会令人遗憾[200]。"

不久前,一家重要私人电视频道的第一把手自设目标,向当时的广告发布者出售了可用时间[201]。当法国歌曲用英文演唱时[202],不可能觉察不到公众行为的深刻转变。一位历史建筑和遗迹的总监从1991年开始就焦虑不安,他认为当涉及灵魂的时候,旅游大爆炸只能传递表面的愉悦;勃艮第夜间联欢会的创始人,这位去文化中心化的先驱,成为国际保护遗址委员会主席后大胆认定[203]:"宁可拿废墟冒险,也不要伪造景点!"

文化和交流的时代

媒体专制和民众动向,还有传播知识在希望同时"掌管"文化和交流的文化部某部门的影响时,深刻改变了由马尔罗创建的文化部。瓦卢瓦街的文化部长有时成了政府的官方代言人;拥有这个身份的有1991年5月到1992年4月的雅克·朗,1997年6月到1998年4月的卡特琳娜·塔斯卡和尼古拉·萨科齐总统5年任期之初的克里斯蒂娜·阿尔巴内尔。正如不久前安托瓦·德·巴克所写的,从1993年开始,文化部面临的主要问题就是角色分配:"在12年里,前后担任部长的有图邦、杜斯特-布拉奇、特罗特曼、塔斯卡、艾拉贡、唐尼迪厄·德·瓦布雷斯、阿尔巴内尔等人,他们每个人都难以确定可行的文化政策,如果没有严密且有效的政策,他们就会深陷困境,难以避免财政缩减带来的厄运。千年转折点上的这些年,少有关于文化政策的讨论,或者只是略有行动,许多文化发展目标和该进入社会范畴的艺术,都经历了得失多寡——失败为主——的计算。马尔罗发明的,经过朗更新的法国式文化政策,都毁灭在了这个过程当中[204]。"

2004年初,《世界报》总结说,由于文化部长平均两年一次的快速轮换,文化部已经精疲力竭。部长这个位置既诱人又被排斥,他们用陈旧的管理方式运作,如同自愿形成行会主义和保守主义的创建者的地方[205]。4 年以后,文化与交流部原部长让-雅克·艾拉贡,在接受两位记者(其中一位是 2004 年一篇文章的撰稿人)询问时,宣布以上的分析有效并表态可以取消文化部;他认为自己的言行常不被人理解并被看作是错误的[206]!

21 世纪的目标

在文化部成立 30 周年之际,马尔罗的老伙伴非常高兴自己 1959年的组织结构得以扩充——一棵有四个顶点的三叶草变成了花瓣朝九个方向伸展的小菊花。1960 至 1970 年的艺术创作负责人贝尔纳·安东尼奥,针对马尔罗的言论抛出了自己的说辞:"重点不在成功,成功绝不可能持久。重点是曾经历过,这是不可磨灭的[207]。"90 年代初,雅克·朗成为文化和国民教育部长后,认定再也没必要把 1959 年割裂的这两个部门分开了;他在此前不久也认为,一个部的使命就是成功后告退。在总体审视政府政策时,不少负责人都在考虑跟从这个建议。

然而,2008 年 5 月 30 日,文化交流部女部长在发给自己各部门的电子邮件中[208],却宣布要重组总秘书处的三个办公室和三个领导班子[209]。同年 6 月 11 日,国家现代化政策委员会确定了文化部的新目标:对优先解决的问题要重新确定中心政策,进入战略性管理,最大限度发挥介入创作的杠杆作用。尽管诸多机构只是建立在已有的基础之上,21 世纪有限的财政预算还是要去修剪这朵 1989 年还在庆贺开放的小菊花,然而大家认为,到了 2009 年,这朵小花儿也许就枯萎了!

文化还仅只是停留在保护国家遗产的范围的话,会感觉愈来愈像文化产业市场。文化部的业绩指标表明了各部门对今后的期待,这个业绩要重点体现在文化产品的出口额,法国电影市场的股份和国内艺术市场实现的交易上[210]。在文化部成立 50 周年之际,回顾相继在 19 位部长领导下取得集体成果的同时,女部长也在庆贺面向未来的转折,除了要加强总秘书处,还要为文化部设立新支柱:成立三大领导机构,分别负责法国国家遗产、创作和传播,以及媒体和文化经济的发展[211]。

然而要承认的是,只有国家能够长期投放资金[212]。没人对文化部创建人叙述的真理产生过质疑:"国家只对从事艺术并对艺术有贡献的人有益处。"法律也规定,法国人的大型娱乐应该朝提倡文化口才出众的人群发展。即便广告收入最终阻止不了公共电视频道的发展,口才出众还是要使艺术重获尊重,让人们了解艺术。公共电视除了介绍世人能理解的东西,还应该启发思考,刺激智力,让人们热爱文化[213]。文化要战胜迪士尼模式的娱乐休闲公园,战胜首先呼唤人的原始本能和被安德烈·马尔罗揭示的反应性与血腥这两个恶魔的电视节目。面对这种情况,负责文化事务的总理在确定"原始文明没有高尚价值"时,马尔罗的观点会让人们认识到,文化的真正复兴将使他的思想发扬光大。

扫码上解读
· 戴高乐的同路人
· 传奇色彩的文豪
· 文化上的预见者
· 缅怀历史先行者

第六章

起死回生的马尔罗

扫码上解读
· 戴高乐的同路人
· 传奇色彩的文豪
· 文化上的预见者
· 缅怀历史先行者

每一个高尚的思想,每一部艺术著作都有复苏的无限可能。

——安德烈·马尔罗

1936 年 6 月 21 日在伦敦发言的结束语

码上解读
· 戴高乐的同路人
· 传奇色彩的文豪
· 文化上的预见者
· 缅怀历史先行者

戴高乐神话的使者

为什么写作？——为什么活着？

——您知道《幸福之歌》吧：

"权力有何用？欢乐有何用——生命有何用……"

——1969年12月11日,安德烈·马尔罗与夏尔·戴高乐

在科隆贝双教堂村的对话

"夜幕在团团飞雪中悄悄降临。这是那个人和我生命的终结时刻。"车子从科隆贝开到奥博河畔巴尔火车站时,正值黄昏时分,那时还没有暴风雪。车上有若弗鲁瓦·德·库塞尔和安德烈·马尔罗,他们是1940年6月18日的伙伴,也是两人肩并肩伴随另一位天才好友从香榭丽舍大街共同走下来的人。他们和将军面对面的谈话延续了约25分钟[1];而马尔罗在回巴黎的火车上记录的一些东西,必须在14个月里加以修改,变成《砍倒的橡树》这部作品。作家想先把它想象成遗作出版,在封面四分之一处放上警句:"这是一部采访录,如同《人的境遇》一样是一篇报道。"这本书的书名取自维克多·雨果的作品,雨果曾提起赫拉克勒斯准备自焚的柴堆时,发出砍倒橡树的声音。然而初读作品的众多读者可能联想更多的是,雅克·费赞在将军去世第二天发表的画作:共和国头戴弗里吉亚软帽,在一棵被砍倒的高大橡树旁哭泣。在《虚幻之镜》里,橡树将被化解,马尔罗将删除雨果的题词和说明,他在说明里把自己描绘成黑格尔以后的自由人,一个令人羡慕的对象,自愿接纳伟大的东西并为它的存在满怀喜悦。《砍倒的橡树》第一

马尔罗传:幻梦与真实

版的读者们有权读到了前言,作家在此留下了遗憾:里面没有"历史人物与伟大艺术家之间的任何对话[2]",我们不知道教皇尤利乌斯二世和米开朗琪罗,阿列克塞和哲学家们,伏尔泰和弗雷德里克·德·普鲁士,狄德罗和伟大的卡特琳娜之间都交流过什么话题[3]。于是,他在臆想中描绘了夏多布里昂那一节的开头。夏多布里昂抵达被废黜皇帝的岛屿后[4],勉强认出了戴着农夫帽子的波拿巴:"我们误入了世界命运的迷途;他压低嗓音,谈到奥斯特里茨(战役),谈到盘旋在向永恒敞开的窗子周围的圣-艾莱纳岛之鹰。"

马尔罗恢复了戴高乐的元气

马尔罗用摩洛温王朝时期降落在科隆贝的白雪,拉布瓦斯里的葬礼公园——戴高乐表达对宾客谦逊至上并热情款待的地方,告诉我们:"伏尔泰重新创造了自己和弗雷德里克的谈话。我坚持表现了历史进程中和超越历史的那个戴高乐将军。这个过程并不重要,为什么不可以取消? 人们相聚的色彩都被我改变了。我没去关心什么照片,只是梦想用格雷科(16世纪西班牙肖像画家)作品的画风去塑造将军[5]。"于是我们被告知,"照伟大作家的习惯,那位伟大的政治家谈论到了某个马尔罗[6]",主要因为作者付出了大量艰辛的劳动。马尔罗从上马恩河回来以后,从已经写完的第31页开始,完成了156页的手写稿,接下来又为三次印刷的校样继续工作[7]。手稿里出现的不是晦涩难懂的话语,而是再创造的内容,里面有"不宜说白的隐秘表述",有戴高乐看作"有时只在私密范围里[8]"的畅所欲言。马尔罗笔下的将军只会"面对历史事件,或者死亡,或者秘密[9]"。

即便原部长确认在自己描写的戴高乐里没有戴高乐,在他的回忆录和与戴高乐的对话里[10]也没有戴高乐,可他还是喜欢表现前总统在科隆贝营造出来的"亲切热情的氛围,他欢欢喜喜,好似重新做回了家庭的主人[11]"。作家在一个装饰背景下的花园里安排了一把被遗弃的犁,外形"酷似辛辛那塔斯的建筑",罗马领事两次到这里来开犁沟[12]。作家还让我们看到了夏尔·戴高乐坐在他图书室的皮质转椅上,亲自用细巧的手斟酒。不过,作家是通过领袖被灼伤的手让我们重新进入世界历史的[13]。作家提到将军在路过工作室时,自己的作品经他瞄过一眼后才展现出来;这让我们联想到作家私下里的想法:不要提及自己忌讳的这个主题,要去追忆法兰西或者死亡[14]。在接下去的叙述里,马尔罗表现了"需要耐心把玩的,把凌乱的铁丝整理清楚的游戏",让将军灵巧的双手胜过了孙辈[15]。作家还有如下描写,在图书室灯光的上方,与矿灯悬挂在一起的,是"君主和在世的、过世的以及丧权的国家元首乘坐贡多拉的照片[16]",相框绝对阻止了船只荡漾,然而作家认为,公众因此会更加亲近简朴的主人公;这位主人公和大多数法国人一样,没有购买过任何艺术品。不过悲剧还必须继续展开:"现在,与法兰西有过往交集的最后一位伟人,正与这张照片独处:他情绪懊丧、面容有所改观,或者还存有妄想。夜幕降临了——夜色,是不懂历史的[17]。"

戴高乐主义的记忆

前文化部长从 1969 年直至过世,始终是对戴高乐主义记忆最警觉的守卫者,更何况他还让将军说出了"历史能证实人生,但并不与之雷同[18]"这样的话。马尔罗梦想法国政治能从一位安静的守卫者那里倾听意见[19],这个守卫者最好是他而不是将军,无论自己的将军朋友写什么,可能都绝不会自以为是比利时作家埃尔热笔下的人物丁丁(耽于空想)的对手[20]。马尔罗其实很高兴,因为差不多是在同时,他看到一次广告攻势把自己的照片和《幸运的卢克》(正义善良、好运相伴的动画人物)这幅图画连在了一起[21]!夏尔·戴高乐自从不再是历史事件的缔造者开始,就只期待与死神相遇,即使他自己也再次成了作家。他想

在实现撰写诗歌的梦想中死去,比如,在某一天的黄昏,撰写《奋力》,
《希望回忆录》的第Ⅱ卷时告别人世。以下是他1908年,化名夏尔·
德·吕加勒所写的诗句[22]:

> 当我必将离去,
> 我希望是在傍晚!
> 夜幕中的宁静从天而降,
> 我要在心灵和双眸中,
> 在抚慰星辰的安宁中逝去。

16年以后的1924年[23],他写道:

> 无论早晚,总有一天,我们会离开人世,
> 无论寿命长短,受难还是被爱,
> 只有孩子留在了身边,
> 还有勤奋耕作过的已经播种的田野。

马尔罗并不在这些诗歌的意境里。他把戴高乐主义定义为"营救
技术",与制度没有丝毫共同之处[24]。他断言戴高乐"在用非理性力量
谈论这么一个人,这个人在大家都沉默时,说的是人人都知道的事情;
在他那里显现的联姻关系,是他奉献给被蹂躏的祖国的,充满爱的最简
单的一句话:你对我必不可少[25]"。马尔罗认为要让法兰西懂得戴高乐
想留给祖国的东西,"可能应该是比权力,甚至比离开权力更重要的东
西,那就是死亡[26]"。1969年12月,当将军在科隆贝休假的时候,自语
道:"10年前的问题是要把你变成传奇人物,可他仍旧会游逛:我不知
道那是在哪一天,好像是在6月18日,去殖民化的时候。是不是待在
迷茫的法兰西? 对,应该是在迷茫的法兰西,是面向圣贤聚集的法兰

西。在活着的戴高乐分子那里会有事件偶然发生。噢,在不久后的年轻人那里,也同样会有意外发生[27]。"

1971 年第一季度,马尔罗读到了将军死后出版的对新共和国联合会的最后致辞,这个联合会"是在安德烈·马尔罗的热情支持下诞生的[28]"。为了对变异的戴高乐主义有所贡献,皮埃尔·勒弗朗恳求老部长同意自己成为夏尔·戴高乐研究院的一把手。虽然马尔罗只在 1973 年 10 月 29 日参加过联合会的一次全体聚会,他还是为《希望》杂志撰写了文章,还留下了过去的可发表的演讲稿,这些言论都颂扬了戴高乐主义的非凡业绩。他还对老抵抗运动分子和法兰西联盟的老成员说,业绩都是通过他们,记者和所有的法国人取得的。他没有忘记自己在进行普选宣传的最后一次发言时,引用过军团的一首歌:"路面铺满卵石,一路洒满忧愁……"也没有忘记自己补充过的一句话:"在那条铺满卵石和忧伤的大路上,戴高乐将军从解放到解放,重建了法兰西[29]。"

索菲·威尔莫兰和弗洛朗丝·马尔罗的抚慰

原部长在生活中还碰到过的一些悲剧和意外,部分要感谢由秘书变为女友的索菲·威尔莫兰,才得以平复。那是他创作《反回忆录》第 II 卷《绳与鼠》的时候,在书里,他表现了对毒品的控制[30],强调了那种对幸福的畏惧感!索菲和安德烈共同在韦里埃城堡的房子里生活,马尔罗为此还在威尔莫兰家族那里签下了一份租约[31]。索菲从 1973 年起就不戴风帽,陪伴安德烈在公众场合露面了;她全心全意为他做他感到心烦的事,后来成功让他完全放弃了酗酒。26 年后,她发表自己的爱情故事时还有所遗憾,因为任何签字都没能"认可他们真实完美的夫妇关系",然而她也承认"在他的过去,在他掩饰的秘密和悲剧里并没有我。他在把控智慧的稀薄空气里,展翅翱翔,向寻觅玄奥的高度腾飞时,也没有我[32]"。她没有忘记,安德烈在韦里埃城堡写过这样一段话:

"'天堂'一词虽难以启齿,却在办公室里任意神秘盘旋,然后消失在可怕的黑夜里[33]。"

尼古拉·艾蒂安·德·奥维斯残酷地描绘了曾与自家联姻的这个年轻女人,"她被两个阴影压垮:对姑母的记忆和马尔罗的作品,这都是经他的权威性判断被残酷的知识利己主义迷惑的作品[34]"。玛德莱娜·马尔罗亲善宽容,更喜欢说,多亏有了索菲的帮助,她的丈夫才重新找到了能与他日夜相伴的迷人女性[35]。弗洛朗丝向这位女性致意,因为父亲的平静岁月是在她身边度过的,还有,父亲在医院的最后日子里,她从未离开过父亲的床头。但是几位老朋友却对这位严厉的看护感到恼火,因为他们必须不厌其烦地向她说明,自己为什么要来这里和这位战友聊天[36]。这道护栏对作家的写作却十分有益;索菲除了"闭门幽居享受幸福[37]",并没有其他打算。1975 年,安德烈说自己和"其他人一样"幸福,但是强调,这个幸福是与幸福的权利相对而言的:"任何一个国家都不能保证随便什么人的幸福[38]。"从 1971 年开始,《砍倒的橡树》这部作品,因为戴高乐的原因,让读者看到,幸福并不存在。不过马尔罗多年来都在全力以赴与女儿沟通和解,在出版第一批《砍倒的橡树》这本书的时候,他在其中一本上为她写下了深情的题词[39]:"这本书仅为满足你的好奇心,因为你再来的时候,我会送你一本更漂亮的——这批更漂亮的书十天后才会寄到我们手里。"

原部长的戴高乐主义信仰

安德烈·马尔罗作为最后一位绝对忠于戴高乐的人,感觉已经到了历险的终结阶段,但他还是坚定维护着对戴高乐的信仰。不过,一个与经常发生的去不去郊区一样不重要的问题,困扰着他,他托人转告将军自己离职是"因为荒谬的原因[40]"。他认为,通过 1969 年的公民投票,戴高乐还"竭力使自己辞退,这确实是失败的举动;是在闭目朝完全不可避免的灾难进发[41]"。马尔罗对这种自杀式戴高乐主义的看法,是有魅力的发言人。他认为,我们这个时代表现了对"在不稳定的科学领域里,对精神分析和历史、马克思主义和生物学相遇[42]"的渴求,他要把戴高乐塑造成历史人物,然而他认为,人物不加虚构,就不可能有对他的理解[43]。他并没有勉强去树立理想的政体形象和被困扰的但至高无上的总统形象。他果断修改的是某些事件的时间顺序,以便夸大雄辩的作用。当他发现让反戴高乐主义分子从巴士底狱广场到民族广场的游行,比从民族广场到共和国广场的游行更为精彩时,便更改了他们的游行线路[44]。作家作为戴高乐统治历史的编撰人,也许很想从思想上让这个辽阔的共和国广场变得"纯洁无瑕"。1958 年 9 月 4 日,作家曾是这里的最后一位演说家,以后,夏尔·戴高乐来过这里,介绍了在公民投票中推荐的新普选根本法。作家还写道"从远处传来的敌对呼声,消失在了广场上空",人们看到孩子们的气球欢腾而起,"举着横幅标语的人肯定,横幅波浪起伏,法西斯主义从这里是通不过的"。

最后的改变

横幅标语在巴黎上空起伏不定时,即便科隆贝图书馆的照片已经卷边,戴高乐主义以后的幕布不一定会落在戴高乐/蓬皮杜的执政年代,安德烈·马尔罗仍旧是一个参与行动的人。他明显的政治干预到1974 年,才再次凸显出来;以前,他主要是再次变身成了文人。他的杰出同僚弗朗索瓦·莫利亚克,在 1948 年就将他视作一位无龄大卫(用米开朗琪罗的雕塑《大卫》比喻活力永不衰竭的英雄形象),参与更多的是反斯大林而不是保戴高乐的战斗[45],他在马尔罗停止担任部长的几个月后确认[46]:马尔罗"是法国最为活跃而伟大的作家,必定最为不同凡响。其他所有的作家尽管各不相同,还是有共同之处,因为他们都出自一家。而马尔罗,如果他肯定没有被忽视,就是不为人所知。首先因为他的才智和文化在某种程度上,孤立了他这个拥有这两样东西,同时又被这两样东西支配的人"。即使是身为共产党中央委员会委员的路易·阿拉贡,也同意自己的语句有利而被运用,因为对马尔罗"这位非常伟大的作家书里的有些篇章,远远超出了我们这个时代的作品[47]"。1945年以后,马尔罗因参与戴高乐主义的行动并拥有10年的部长生涯,不断遭到知识分子的非难。我们一直在分享西蒙娜·德·波伏娃1958年6月2日记下的感受:"知识分子即便依赖政府,也应该站在争论、批评的一方,换言之,要思考而不是行动[48]。"由于马尔罗领导法兰西人民联盟的宣传工作并履行部长职责,这位文人因此丧失了获诺贝尔文学奖的所有机会,直到1967年,这个奖项还是颁发给了另一位参与政治行动的作家,时任危地马拉驻法大使的米盖尔·安吉尔·阿斯图里亚斯[49]。

然而,作家马尔罗从未在履职年代放弃过权力。1968年7月1日,五月风暴后的第二天,他向一位美籍大学教师倾诉了自己的自豪感[50]:巴雷斯(小说家、散文家)作为议员只是七百分之一,他不是部长,这不重要。他在政治上无非是个下士,而在文学上,他却是位将军。安德烈·马尔罗补充道:"他曾希望成为部长,然而一个部,首先是个组织。他是伟大的作家。他可能成为伟大的组织者吗?令人生疑。就算他当部长,最多也超不出半个月。"马尔罗从1958至1969年在部长职位上,延续了11年;他自以为是伟大的组织者,自视为将军,梦想成为总司令。他把这个体验移植到《反回忆录》和其续篇当中,也改变了自己和夏尔·戴高乐之间的特殊关系和对话。他很想从第五共和国的第一任总统入手,用自己的作品制造出一个神话,最后改观法兰西传奇。关于自己的命运,马尔罗说出了肖邦的形象:"他相信自己能造就一群革命者,做不成功的话,就把波兰体现在音乐里[51]。"马尔罗从30年代的希望中回归以后,也梦想让法兰西体现在自己的文字音节当中。

马尔罗评价作家戴高乐

马尔罗曾就《希望回忆录》的首卷给将军写过一封长信,避而不谈1954年10月11日莫利亚克撰文提到自己在散文中用的三节律"完全依据的是'古风',即博须埃的重音"。照马尔罗的看法,自己的节律激怒了戴高乐,但是他发觉"自己竟丝毫没有摆脱出来[52]"。马尔罗在信件第2页的结尾处[53]对将军说:自己"是以怎样激动的心情阅读了相关的段落"。他提到标题的选择时肯定地说:"从《战争回忆录》开始,真实的标题就该是《法兰西与我》。您显然不可能使用这个标题,可是您的读者会联想到安提戈涅(古希腊悲剧中不向权势低头的女英雄),而不是回忆录。"马尔罗以前曾扩展过一个深入研究从作家到作家的分析文章,他时时惦记着,还想把它放进《砍倒的橡树》这部著作里:

> 对于实质性,您知道是我多年来都在思考的问题。对于形式——我不想说文学风格上的,而是结构风格上的形式,是我们都了解的批评,即便是尊敬的批评。您接受了回忆录这个词,但是结果与《九泉之下的回忆》——为什么不叫《忏悔录》?——的联系却很荒谬。您没有童年,从根本上就没有了夏尔:如果用第三人称诠释这本书,也不可能改变任何实质上的东西。先例在哪里?在罗马。发生在法兰西和您之间的故事,更像是希腊悲剧而不像是罗马乡间的故事。即便是在普鲁塔克(罗马帝国时代的希腊作家)的作品里,另一个极端也不存在,因为敌人比罗马重要,而您却认为敌人没有法兰西重要。通览全书,只有两个明显的冲突:与赫鲁晓夫和肯尼迪。然而重点并不在这里。
>
> 对那些诚实的报告提到的简化,我觉得有两个原因。第一个次要原因是,我们不期待从恺撒那里引出韦辛格托里克斯(对抗恺

撒的高卢人）这个人；故事无论伟大还是散布流言，以后都会通过其他渠道生成。另一个重要原因是，我认为在您的天才或者思想里，需要拉丁语把事件引向对您来说是重点的部分；您的再度重生不得与此分割，如同维克多·雨果形成的创作，需要的就是改观。回忆录这个词肯定模棱两可，因为对您来说并不是重构感情世界，而是让人理解您完成的是一项伟大的计划。有多少书籍是出自这个意愿才问世的？可是对两个人物之间发生的一切，您却做了不加强调的选择。

知识分子与戴高乐主义

马尔罗重新找回自己钟爱的隐秘女友安提戈涅，常拿她与那些只会说"是"的奴隶做比较，他期待着给《砍倒的橡树》，然后是《虚幻之镜》第Ⅱ卷的读者出版《法兰西和戴高乐》，甚至是法兰西与他们二人的书。他自己是不是有时会感觉像索福克勒斯（古希腊悲剧作家）的悲剧女主角（安提戈涅）一样，不生不死呢？他肯定意识到了自己是一个终结时期的人物，这个信心显露在了《砍倒的橡树》的变异情节里。然而，尽管他承认自己不熟悉戴高乐将军，可是他对"隐秘的探索"好像更有益于不可告人的探索。他认为理性分析是脆弱的，声称文化部在改变巴黎民居的色彩时，自己办公室收到的谩骂信件，足可编辑一本白痴文集。

在一篇抨击文章的段落开端，作者怪异地说戴高乐把马尔罗引向了"略高的层次[54]"，马尔罗确定，那是一位戴高乐派的，维护将军的艺术家。尽管文章只引述了戴高乐派艺术家布拉克、勒·柯布西耶、夏加尔和巴尔蒂斯等人，但是马尔罗知道在艺术界里，号召重新推选将军的人物当中，尤其要指名的还有马克·阿雷格雷、安德烈·尚松、索尼娅·德洛奈、阿贝尔·冈斯、奥利维耶·梅西昂、弗朗索瓦·雷尚巴赫、伊萨贝尔·鲁奥[55]。老部长显然没有忘记,尽管在阿尔及利亚问题上自己与子夜出版社的总编热罗姆·兰东有分歧,兰东在 1965 年的总统选举中还是投了戴高乐一票。马尔罗本人也许并没有被列入那些爱面子和幼稚的知识分子行列,但他还是挺乐意让戴高乐说出,他们所有人都在"为超越自己范围的事情尽力"。

　　马尔罗相信,最好制止的是马提尼翁府,而不是在花神咖啡馆或是双叟咖啡馆谈论的阿尔及利亚战争,他还相信"在一个荒谬畅通无阻的世界,有些事情并不荒唐,那就是能为别人做的事[56]"。老部长坚持认为,敏感灵魂教堂的教父弗洛伊德、马克思、普鲁斯特、卡夫卡等人"集合了敌对势力,当人们忽略了咖啡馆流派除秘密商谈外没有其他生活时,它们之间会变得难以调解[57]"。他让将军说"知识分子负面感情的作用肯定很大",又让将军回应道:"知识分子热衷于意向,我们注重于结果! 怎么办? 靠吃饭解决吗?"我们知道无论怎样,马尔罗每每用餐时都在高谈阔论,他向亲密的合作者安德烈·奥罗解释并吐露说:"我在饭桌上的话很多,因为别人的谈话让我心烦[58]!"

部长、梦幻和非理性

　　戴高乐是否真的说过"我没有达成在巴黎中央菜市场建造适合的建筑",部长又是否意识到第五共和国缺乏建筑策略? 不过部长把这个权力交给巴黎市政厅是个错误,他忘记了保卫新共和联盟的一位当选人的意见:"我们不能摈弃这个地区的国有和私有的重大事务[59]。"戴高乐主义的不动产政策,是在用市政委员会候选人以外的其他利益和权势做赌注,因为那些候选人当时受大区的、塞纳河省的甚至警察公署的三个部门头头的严格控制。直至马提尼翁总理府,都在那些不动产文件上表现得小心谨慎;乔治·蓬皮杜告知办公室主任,自己不愿与那些人"有约会,有接触,什么都不要——因为根据自己的银行经验,知道那个'世外桃源'不是危险重重就是居心叵测[60]"。

马尔罗在谈论建筑和城市规划时,不知是否有过深思熟虑。他已经不记得自己的建筑部门主管在信中说过"错过时机,就是延误、优柔寡断和停滞不前[61]"。但马尔罗此刻已经不是部长,而是文学家和美化戴高乐传记的主人公的作家。他重新——是以道歉的方式吗?——采纳了戴高乐将军的名句,揭示了史学家的想象:权力在手,一切都可随心而为[62]。马尔罗写道:"当一位政客宣称这是将军'本该做的事情'时,他不一定有错;然而这毫无意义。再说,这就是戴高乐的思想。我们经常听说被称之为无条件的东西(因为服从斯大林和他的裁决,不是必须有条件吗!),都是非理性的[63]。"马尔罗的文章经常反复使用的非理性这个词,可能是他行为的关键词,甚至在他以部长做赌注的时候。他从未忘记什么都还没结束,无须多说话。除了健康问题和成堆的秘密以外,纠缠他的虚无成了他的行为色调,他对夏尔·戴高乐的无理性忠诚,为他10年的部长生涯涂上了色彩。

作家认为,如果人家只是把他视为戴高乐主义者的象征,是因为自己从未被推选入这个行列[64]。不过,这不是历史学家的原因,而是因为他自己作为戏剧家时写过这样的话:将军遗憾的是在克拉马尔小镇发生谋杀时没有被杀[65]!马尔罗与政府之间的连带责任,有时强迫他在阿尔及利亚战争期间保持沉默。他对夏尔·戴高乐的爱在他离开政权以后继续约束着他。因此,1970年6月戴高乐与佛朗哥的会晤让马尔罗保持了沉默,而弗朗索瓦·莫利亚克却不加犹豫,写道:"我浑身冰凉,蒙受侮辱,……后者(佛朗哥)其实是该上绞刑架的[66]。"沉默的马尔罗在1970年春季,还沉浸在对1969年12月底离世的露易丝·德·威尔莫兰的哀悼之中。他在写作中坚决地,有时甚至是气愤地在伪造政治事件的编年顺序中振作起来。夏尔·戴高乐(他的主角)的行为"不是来自他抵达的结果,而是出自他之前展现的梦想";马尔罗满怀伤感,写道:"他是个人物,但不是戏剧人物[67]。"马尔罗最后书写的戴高乐时代是在 1975 年 11 月 23 日,是他自己去世前一年,就某些方面而言,这是富有戏剧性的创作方式,在这个观点上,可称之为是经典作品的创作方式[68]。

对戴高乐年代的再创造

马尔罗推出的 6 月 18 日的可与马克思的《宣言》比拟的呼吁书,内容气势磅礴。他认为,法国第一次感到震惊,因为听到了一位演说家用米舍莱的风格进行演讲。即便人们能符合马尔罗的观点,认为当时维希政府下的法兰西,嘟嘟嚷嚷在"向民间和已消失的崇高发出受虐的呼喊",但接下去的说法就有不真实之处:"自由法兰西聚集了维希政府重新集结在这个悲伤法兰西的人",法国人很乐意"同时要戴高乐和没有西格马林根(贝当临时首府)的贝当(1940 年投降德国的维希法国总统)存在"。事实是,1940 年的法兰西已经是孤家寡人而不仅是萎靡不振。把戴高乐分子"团结抵抗分子和自由法兰西人"的努力定在 1944年,也是个错误。但是与 1964 年相比,马尔罗推进了对抵抗运动的理解:他不再提"未经武装的勇气,留下了无辜的遗骸",甚至不再提无序的勇气,只是提凌乱分散的勇气了。马尔罗还错误地说,将军从来没有谴责过抵抗运动的行为,因为在屠杀了沙托布里昂的人质以后,将军在南特曾亲口通过 BBC(英国广播公司)电台明确说明,反对个人袭击[69]。马尔罗还优雅地谈到共和国的特派员们"乘降落伞降落在了伦敦",然而他忘记了,他们当中的任何一位,都不是采取这种方式到达岗位的[70]。还有,虽然马尔罗把将军与他"每周一次沮丧地观看多次上演的带杜克洛地方口音的《鲁伊·布拉斯》(雨果的五幕戏剧)"的时间,称作降福时刻,可他还是夸大其词,确信自己的敌人在宣告政府"会枪毙任何人"。

把总统和军队的关系戏剧化的意愿,甚至导致这位虔诚的戴高乐主义者全面颠覆了历史事实的进程。他追忆了将军 1961 年 11 月 23 日在斯特拉斯堡安静却敌对的气氛中进行的一次伟大演讲,最后的结论是:"在军事职责的规定之外,有的且只能有的是丢失的士兵。"马尔罗继续说:"直至将军们起来反抗。"然而真实情况恰恰相反,四分之一的退休将军和一群狂热的军官于 1961 年 4 月 22 日发生了暴动,共和国总统为了治愈可怜军队的创伤,在 7 个月以后面对干部们发过话。可以肯定,演讲人在戏剧结构中可产生的效果与重构的历史结合后,显得更为可靠;但是马尔罗捏造事实,却全面阻止了人们对戏剧和对共和国总统最后几句话的理解:"在严重和危难的时刻,我确认法兰西对自己和她的军队充满信心。"

真实与荒唐

这位战斗的戴高乐分子在提到 1968 年的大学生动乱"希望有目标却无理性"时,没有回避事实;在《砍倒的橡树》里,他已经描述道:"要'长征'到沙莱蒂体育场吗? 这不严肃[71]。"反之,当他坚持认为大规模反戴高乐主义游行的政治势力和工会势力"是在共产党革命工具控制之下"时,是对 1947 至 1948 年冲突的记忆,而不是 1968 年的现实,这时的法共并不想摘取革命果实。1968 年春季,马尔罗主要以小说家的身份,和在《绳与鼠》中表现的一样,叙述了 5 月 6 日下午的故事。在他选择学生游行的第一个重大日子以前,犹豫具体选定在哪天;他迟迟拿不定主意的还有,从来访者的布包露出什么东西好,后来他决定用一件胸衣把事情弄得彻底荒唐[72]。他在 1975 年终于说到暴乱这个可笑的事情,写道:内战失败了。这场内战从理论上讲,并没有威胁到巴黎和各大区政权的大门。但是,这位诗人却确定他以前有权让夜幕降临在自己办公室的大窗外,以便他的人物马科斯·托雷斯能够隐没在"与大皇宫相连的黑暗当中[73]":5 月,18 时左右,我们显然处于虚构之中,马尔罗和托雷斯一样，像用长棍打落核桃一样打掉了思想。为什么不可以呢，既然作家决定让这两个男人看起来像是"中学时期的女友，重逢时已经都是大姑娘的母亲[74]"！

在历史文学的范畴，我们可能更喜欢马尔罗回忆夏尔·戴高乐在金边的讲话，法国就像是"从菜场归来的主妇，发现自己的菜篮子里珍宝无数"。反之，我们并不知道部长把国家和行政管理对立起来的时候在想什么，"行政管理的是继续要做的事，国家领导的是变化中的事"。其实，这位国务秘书很清楚自己并没有真正领导好艺术院的深刻变化，至少在财政预算上如此。他的文化部机构并没有从惰性、循规蹈矩、封建主义、妄想中摆脱出来。这位老人异乎寻常，断绝了与总统的往来，却从未懈怠，在黑暗中期待着希望的曙光，他断言是将军用手臂扶起了法兰西这具僵尸，"相信并让世界相信，法兰西仍旧活着"。夏尔·戴高乐绝不希望法兰西在河沟里奄奄一息；然而，安德烈·马尔罗在离世这一年，却一直在死亡的阴影中行走。这正是他让贝尔纳·特里科说的话："戴高乐主义把握着纯洁，死亡的纯洁，人民觉察到了这一点[75]。"前部长的想法愈来愈阴郁；他忘记了，就将军而言，法兰西就是自己的传奇王妃，她更新着自己的天赋，世纪复百年，她完全可以重新振作起来。

最后的意愿

尽管我们与马尔罗一样相信"信任不是有理智的情感"，那么 1975 年他可能从政治上说出了产生相反效果的话："最值得针对的目标是永远不可及的目标。"但是谁知这位政治人物有没有思考过自己 1959 到 1969 年追随的目标是什么，他知会地写过"历史的命运是与很多错误分不开的[76]"。然而，他几乎是第一次在尝试客观公正。1974 年 3 月 7 日，他总结道，X 光线是从禅宗思想里放射出来的[77]："当你到了与死神相遇的时候，你觉得想笑。不必惊讶，总是这样的。"他的最后意愿在

1972 年 4 月 14 日已经被公证人记录了下来；他明确表示，克拉拉·马尔罗将拥有他们共同生活期间书籍版权的使用权；立其女弗洛朗丝为所有财产的受遗赠人，她也将成为阿尔贝·伯雷和让·格罗让去世后遗嘱的执行人[78]。1971 年，在科隆贝的那个晚上，马尔罗在给玛丽·拉米，自己母亲的妹妹，邦迪女眷里唯一生者的最后复函中重申："我们可能是家族里几个最有勇气的人。毕竟，夜色降临，不是坏事[79]。"马尔罗希望在一个文明结束的时候清醒地活着，他让自己这样说："年轻时的悲剧给我的感觉是，精神颓废的悲剧结果。任何文明不具备崇高价值，都无法生存，也不可能出类拔萃。不是任何文明都有同等能量，不是任何文明的价值都处在奇特点上。为什么要征服月球，难道要在那里自杀[80]？"作家把这个问题放入《砍倒的橡树》和《虚幻之镜》之前，曾对法国电视台导演这样说过，为了不让电视观众失望，录音被掐断。作家在最后几年，如同处在成功巅峰上的年轻作家，当上了媒体人。

扫码上解读
· 戴高乐的同路人
· 传奇色彩的文豪
· 文化上的预见者
· 缅怀历史先行者

大戏场面上的主角

> 在马尔罗身上,政治与艺术、行动生活和思想生活、现实世界
> 和想象世界是一体的。
>
> ——约翰·费茨杰拉德·肯尼迪总统
> 1963 年 1 月 8 日

安德烈·马尔罗作为作家、出版人、有政治倾向的知识分子,很快就懂得了新闻报道的作用,甚至在他第二次到印度支那历险期间,还领导了一家反殖民主义的报纸。他作为派往一场大规模政治运动宣传机构的代表,担任过两次新闻部部长,全面衡量过演讲的威力以及演讲必须与宣传联系起来的重要性。即便是在国民议会上,他也与议员们一起施展了自己的艺术魅力,肯定不想让他们因为数字感到厌倦;他还围绕文化、性别、热血和死亡,进行过即兴演说[81]。在他担任文化部长的10 年当中,半圆形阶梯会议厅渐渐地被他的演讲填满,正如沙邦·戴尔马主席所说[82]:马尔罗一到波旁宫,大戏就开场了!两个儿子去世半年后,当马尔罗宣布为凡尔赛宫争取信贷时,便成了令人赞叹的演说家。他回忆战争刚刚结束时,看到"大运河陡峭的河岸上裸露着枯萎的芦苇"时便确定:"这种死亡表达的不仅是国王杰作的消亡[83]。"

部长虽然没有完全掌握在特里亚农宫和爱丽舍宫接待的艺术家的名单,可仍旧表现出与这些来访者的默契。文学艺术界招待会的缺席人数比学术界招待会被邀却缺席的人数要多。从 1965 年 2 月 12 日和1967 年 12 月 7 日的两次晚会来看,第一个晚会被邀者有 1220 人,实到

742 人,第二个晚会有 1268 人受邀,实到 637 人。部长提议邀请歌手米歇尔·阿诺、吉尔贝·贝科、乔治·布拉桑、莫里斯·舍瓦利耶、朱丽叶特·格雷科、伊夫·蒙当和蒂诺·罗西等人参加的时候,总统顾问加进了音乐厅不同类型的年轻艺术家,如马塞尔·阿蒙、于格·奥福雷、阿兰·巴里埃、雅克·布雷尔、弗朗索瓦丝·阿迪、卡特琳娜·索瓦热,"为了不把马戏团的人忘掉",还邀请了扎瓦塔。在爱丽舍宫的院子里,亨利·萨尔瓦多明白地告诉记者[84],真正的明星是戴高乐。米莱娜·德蒙若(女演员、制片人)和布里吉特·巴多特(女演员)的偶然同居,因为怕引起喧嚣而被劝阻出场,然而马尔罗却编造了将军看到布里吉特"穿着勃兰登堡睡衣裤"到来时,对马尔罗说:"运气啊:来了个士兵!"然后对布里吉特说:"夫人,您真走运!您穿着军服而我穿着便装[85]!"这位文人可能还记得电影同行约翰·福特 1962 年教训过他[86]:传说变为事实时,干脆去打印传说!何况在文化史上,传说确实都变成了事实。

马尔罗,世纪的见证人

马尔罗在戴高乐离开政权以后,最终放弃了部长的所有职责,但没有放弃还充当那个时代的伟大见证人的愿望,甚至重新回到了行动上,这促使他在孟加拉危机中采取了自己的立场[87]。为了让伽利玛出版社印发他的大量书籍,这位熟悉著名媒体的大人物发表了一些"精彩篇章"。从 1969 年 6 月到他 1976 年 11 月去世,《费加罗文学报》和一些其他刊物登载了他恳切要求出版书籍的 24 个片段。同时,马尔罗向法国记者的公开演讲提高到了 181 个,在外国刊物上还可以读到 65 个对演讲的反应。他的名字在舆论上一直家喻户晓,在上述数字上,还必须加上其他没有算进去的在 28 个外国大学和 15 个法国大学的演讲[88],在电台的谈话共 44 个,其中 19 个是与编剧兼导演让-玛丽·德罗的谈话和在电视里的个人演讲以及对话。沙尼索和特拉维先生列举了他发表在被《鸭鸣报》不久前称之为"独特天窗"里的东西。马尔罗不再担任部长以后，电视观众还有 59 次看到他并听到他的讲话，因为他成了法国广播电视镜头中的常客，至少从 1967 年以来，他让自己的崇拜者罗热·斯特法尼把《反回忆录》绘制成了图画。这一系列的访谈分为三个部分在第一频道的，当时还未被称作第一时间的时段里播出，但是也放在了收视率最高的时段，即《晚间新闻》和《榜上歌曲》两个节目之间播放[89]。

马尔罗十分清楚"在话语时代和不久来临的图像时代之间，将是印刷统治地位的终结[90]"。就 70 年代的大规模广播节目而言，他是合作制作者，因此与播放成功直接关联。1971 年 4 月至 11 月，他让一个团队给自己录制了 1 个半小时的连续镜头，这个团队从每次谈话中抽取他的思想内容和愉悦心得播出，结果获得了 35000 米长的胶片和 23 本速记稿。《世纪传说》形成了由克洛德·圣泰利和弗朗索瓦丝·韦尔尼制作而成的 9 部电视系列片。这部片子讲述了马尔罗追逐的目标[91]："在历史中寻找印有思想和内心足迹的神话。"马尔罗在影片里实际上没有回答什么问题，但是在每个主题上都有即兴创作，他的话题几乎都很形象。人们发觉弗朗索瓦丝·韦尔尼(编剧、演员)被马尔罗的几组镜头所震慑：他的冲击和迂回的天分，从这些闪光点中迸发出光芒。

安德烈·马尔罗和所有的先知先觉一样，揭示出了极不公正的现象并指明了出路。他提到伟大和不幸，但是不加讨论，只是叙述。《快报》发表了系列文章，弗朗索瓦·密特朗惊讶地看到记者用迷醉的词语，介绍了在时间里狂热旋转的木马、奇特的幻觉，还有那位最迷惑人的向导"亲密地陪伴着罗伯斯庇尔和甘地，列宁和圣贝尔纳，米舍莱和亚历山大大帝[92]"闲庭信步。从 1972 年 4 月起，每周六的 21 时 30 分，第二频道的电视观众都会不断发现关于抵抗运动的《黑夜中的人民》，关于亚洲的《新加坡的蝴蝶》，关于伟人的《征服者》，关于未来的《未泯灭的希望》,关于西班牙战争的《死亡万岁!》等专题片[93]。计划从 11 月 11 日继续播放的最后 4 集,取得了相当大的成功;相继播出的片名是:关于斯特拉斯堡和阿尔萨斯－洛林旅的《重新发现的天主教堂》,围绕《人的境遇》展开的马尔罗和让·韦拉尔的对话,关于艺术史的《卫城的年轻人》和《为亡故的英雄而作》。在最后这个专题里,人们又看到了戴高乐和他的挚友对他们这个终结时代提出的问题。马尔罗在节目播出后收到了大量信件;他说有些信件叠成四折,上面的签名是小学教师、小学生和一位"在食堂工作的妇女"[94],这可以看出,虽然最后这位妇女没留下具体姓名,对合伙制作人马尔罗来说,却是他接近良好非公众人物的具体见证。

马尔罗,演绎自己的故事

让-玛丽·德罗和其团队还花大量时间拍摄了从 1974 年 2 月到 1976 年的前文化部长。拍摄内容分 13 次播放,形成了专题片《与安德烈·马尔罗的旅行日记 寻找世界艺术》[95],1976 年 6 月 3 日举行了首映;虚构的散步情景把电视观众带向了佛罗伦萨、罗马和威尼斯,并与伦勃朗逛荷兰,与戈雅看西班牙;然而导演也解释了《激情 50 年》[96] 和《视觉尝试》这两部片子。在最后这次播放中,马尔罗强调有 8% 的电视观众代表了值得重视的大型个人群体;他确定,视听配合录像光盘及有线电视,会成为最近的变化形式。

让-玛丽·德罗的系列长片补充了皮埃尔·迪马耶和瓦尔特·朗格卢瓦的三部表现作家艺术写作的影片,片子摄于 1973 年,以《视觉变化》为题播放。但是它们的"主题和演员"没有离开任何观众的视线。马尔罗于 1973 年在卢森堡广播电视台评价了《中国艺术宝库》的展览,1974 年,面对米开朗琪罗的《英雄奴隶》为意大利电视台做了一次讲话,他同意经本人修改、誊写后在巴黎的《大型展览小报》上发表这个讲话[97]。他还在韦里埃亲切接待了收看每天下午导航节目《今日女性》的三位女观众，他对她们的讲话于 1974 年 12 月 5 日和 6 日分两次连续播放[98]。1976 年 5 月，正是《三千万朋友》这部专题片，优先让大家发现了作家的猫和它们在城堡里的生活；其实，共和国总统本人也在 1975 年 4 月庆幸，有人在爱丽舍宫的花园里瞧见了朱格塔和朱丝蒂娜，自己的魏玛和奥韦涅品种的两只短毛垂耳猎犬[99]。1976 年 7 月，《快报》公布了一则消息，题为《喂，这是马尔罗的猫》，还配有两张名为"皮毛"和"光泽"的小猫照片以及一幅小猫卧伏在主人手里的图画，副标题为《安德烈·马尔罗，祝你好运 1976 年》。

韦里埃，传说与现实

安德烈·马尔罗和露易丝·德·维尔莫兰的 6 个月同居生活很快被改编成传奇夫妇的史诗，他们在公园树下散步的照片也被广泛流传。马尔罗的这位短暂伴侣去世 39 年以后（他与她在一起的时间还没有和她的侄女索菲在一起生活的时间长），《巴黎竞赛报》给韦里埃勒比伊松的照片添加的标题为《崇高文化的天堂》，还附带了安德烈和露易丝的照片，露易丝认为，他们的蓝色沙龙隐藏着当代最富有情感的谈话[100]。一位作家认为，这位女诗人虽然参与了部长的官方接见，却发现很无聊[101]。尽管她能勾勒出"我的部长阴森可怕的样子[102]"，却没有一次公开亮相不是真正把他们聚在了一起的；然而，由戴高乐夫人监管的爱丽舍宫的礼仪规矩，是不允许发生这样的事情的。

我们可能应该更喜欢故事里较为准确的描述：部长独白时不允许宾客们插话，安德烈的这道禁令针对的是露易丝公开爆出的辛辣词语，或他与露露（露易丝）的旧情人们相遇时的忌妒。晚会结束时，露易丝和安德烈会让人帮忙扶上楼睡觉，因为"他们已经陶醉于疲惫不堪和酒精饮料，并时而发生的相互争执之中[103]"。然而作家面对那些造舆论替他说情的记者,会善意接待,几乎从未有过疯癫的表现:这种善意得到媒体的好评,推动记者毫无保留地轮流报道了这位明星前部长的行为和谈话。马尔罗闪光的语汇,也丰富了题词的收集。某些艺术家还享有被一位作家称之为"'马尔罗空间'的地方,那里有巨大探照灯光的照射,艺术家与伟人亲热地用'你'称呼并一起交谈。这里的口号包含的精神是:这里的一切,都不会被任何聪明的商人忽略[104]",新闻资料库因此有了评价圣马太(《圣经》中勤奋劳作的书画巨匠)这位西方书法家的华丽辞藻。

更为智慧和勤奋的生活

露易丝去世以后,这种明智的媒体化生活并没有改变马尔罗个人发表作品的状况,他的定期出版支撑着作品的推销,在不到 7 年的时间里,他出了 10 本书,我们从中发现有经修改的旧作和新作。1970 年开始,在他先后出版的关于艺术的著作里,我们看到有《黑三角》《陛下,我在巴比伦等你》《非现实》《黑曜石之首》《永恒》。同时出版的还有,1971 年的《砍倒的橡树》和《葬礼祷文》、1974 年的《拉扎尔》、1975 年的《过客》。后面这 4 本经过修改和重组,在 1976 年集成了《虚幻之镜》第 Ⅱ 卷中的《绳与鼠》。如此丰富的产出没有改变马尔罗为 6 部外国作品和 17 本杂志[105]或法国作品作序的工作。在后面的几部作品里,除了他1944 至 1945 年任战斗旅的牧师博克尔的著作外,还可以指出露易丝·德·威尔莫兰、乔治·贝尔纳诺、安德烈·帕罗、圣-约翰·佩尔斯等人署名的作品,还有路易·布塞尔的小册子、科隆贝摄影师的《告别戴高乐》摄影专辑和让·盖埃诺、罗曼·罗兰之间的书信集。

在马尔罗去世那年出版的《新批评》里,刊登了他作品合集的后记,他在此提到了自己的工作[106]:"这本书是文学创作的成果,是连续辛劳的结果,里面既有思想也有本能的表达。"他为向德梅特理尤斯·加拉尼(入法国籍的希腊画家、雕刻家)致意的小册子所写的文章于 1976 年 5 月发表[107]，这篇文章几乎在逻辑上为安德烈·马尔罗的《艺术散文》画上了句号，因为 1922 年 3 月，他曾为《加拉尼绘画》插图集写过序，表达了最初的美学观[108]。如果说最后为他的雕刻家朋友写的这篇文章太简短，那个长篇序言则证明了他一贯的工作作风。关于枫丹白露宫弗朗索瓦一世画廊的文章发表于 1972 年，包括了 4 篇先后完成的文章、手写稿和被大量修改过的 13 页打字稿。这些文字的发表确实有所延误，因为当时正在打扫宫里的绘画，同时还在清洁"重现了灰暗"的巴黎建筑，他说："什么样的伟大建筑可以被想象成没有阴暗部分呢[109]？"他肯定很乐意去揭示让欢乐的巴黎变为悲哀城市的 20 世纪。他在同年撰写和修改了 34 页向马克·夏加尔，"本世纪最伟大的画家[110]"致意的文章，也读了这位著名画家对他的"预言天才[111]"表示致意的回应。还有让他高兴的是，若干年以后，他驳斥了对巴黎歌剧院屋顶刷新和那些闪亮顶棚上的人物进行诋毁的人，"那闪亮的顶棚惟妙惟肖，传承了魔幻和久远年代的艺术[112]"。

部长梦想的博物馆

对马尔罗来说，无论是君王还是文学艺术资助者委托的工作，"目的都是激励前所未有的，非真实的世界[113]"。非真实这个词被他选来作为《众神的变异》第 II 卷的标题，这本书 1974 年 6 月结束印刷，10 月份出版，恰逢《黑曜石之首》出版 6 个月以后。马尔罗在《众神的变异》中抨击了毕加索的作品，这本书的出版密度十分可观。但是尽管他直到最后住进医院都只愿是个文人，还是没有完全放弃政治阵地。他在政治活动中出头露面，主要是在 1973 年下半年参加了一些开幕式。部长曾于 9 月 21 日单独出席了两年一次的古董收藏家聚会，他作为部长于 1962 年首次召集的这个集会，成为当时世界艺术市场上的重大聚会；

他与自己的继任人莫里斯·德吕翁,一起在尼斯参加了 7 月 7 日举办的马克·夏加尔《圣经·启示录》在国家博物馆的开幕式。他十分兴奋地听到这位画家说,观众会来这里寻找理想的友谊和爱情[114]。13 日,埃美·玛格在自己的圣保尔德旺斯基金会举办了安德烈·马尔罗展:这是马尔罗的想象博物馆临时具体化的表现,大型博物馆和负有盛名的个人收藏家都为这个展览做出了贡献。愿出借展品的人名单上既有马克·夏加尔和若昂·米罗这样的艺术家,还有巴格达、开罗、布宜诺斯艾利斯的博物馆,纽约的莫玛和古根海姆博物馆,苏黎世的艺术博物馆;也有法国最大的博物馆,还有如弗洛朗斯·古尔德或者蒂森-博内米萨男爵这样的人物[115]。在那个还不能被称为人民大众的,然而肯定聚集了全巴黎上流人物的场景上,出现在马尔罗身边的吕德米拉·切里纳吸引了摄影师。《巴黎竞赛报》把记述 7 月 13 日开幕式的工作托付给了原舞蹈家雅克·沙佐,他回顾了这些特别幸运的参观者少有的幸福感,马尔罗以个人名义介绍了这些极为少有的珍品:"被迷倒的公众人物渴望像在剧院里那样鼓掌喝彩,我也是。"

让·拉库蒂尔针对这次围绕马尔罗的生平和艺术观的集会做了一个较长的评述[116]:"必须尝试把他纳入事件进行对照,这些事件是他希望成为行动者——尤其希望就是行动者的胜利:1937 年西班牙人民共和国宣告战胜佛朗哥主义后,让他成了那个国家的保护人;1958 年在阿尔及利亚签署了《勇敢者的和平协议》,他成为这份协议戴高乐名义上的创建人和担保人。简言之,这都是些他梦想却没有发生的事情。他的美梦和失意在这里得以圆满和赞颂。这就是马尔罗的胜利,他是一位与宇宙一致的、追述生命轮回的美学家,这个轮回提前投射在持久的变化里,再现出惊异而永恒的美学思想,这个思想即便没有固定下来,也至少很早就定位在了一些轨迹上。"

《快报》邀请了 9 个人,请他们说说用什么构筑自己的想象博物馆。电影工作者梅尔维尔说,他要展示 63 名导演的 63 部战前影片;菲利浦·索莱尔斯要放最纠缠马尔罗的毛(泽东)诗词手稿和萨德被打入国家图书馆地狱的手稿[117]。只有皮埃尔·布莱没有忘记马塞尔·兰多夫斯基排挤自己的手法,说:"一心惦念想象博物馆在我看来就是愚蠢无知。这是通过别人的作品来颂扬个人崇拜的做法[118]。"对皮埃尔·施耐德这位艺术批评家而言,耗巨资生产的这 800 件艺术品,是支离破碎却负有盛名的拼凑,甚至还让"国王"马尔罗"眼花缭乱挑选了非洲和大洋洲的作品",这些珍贵的原始艺术对这位艺术作家来说,还不能成为一流作品。不过,他却让我们注意到,这些复制品对作家来说,创造的是虚幻艺术,"艺术不会说马尔罗痉挛、高傲、带电的语言。艺术言辞比较谦逊,也比较复杂。它不了解令人眩晕的简化和泾渭分明的对立[119]"。这个思想通过一些作家的文件以及马尔罗给赛琳娜的一条题词,在梅格基金会很有名气:"谨此表达最深刻的艺术同感",反戴高乐主义者圣-约翰·佩尔斯的一条强烈的题词是"总看到他在生活中展翅翱翔",一封德里厄·拉罗谢尔在初次产生自杀念头前写下的信是:"知识分子、艺术家不应该像行动者和政治家那样行事。他们应该坚守住自己勾勒出来的形象。"

美国总统尼克松的顾问

马尔罗的高大形象在政治上也维持在大众传媒人物的前列。1969 年起,他的名字便与弗朗索瓦·莫利亚克和让-保罗·萨特并驾齐驱了,他们就像在 1958 年 4 月那样,一起揭露了对亨利·阿莱格的书籍(法国记者,书名为《问题》)的审查和在阿尔及利亚的虐行。虽然马尔罗向一位同事吐露世界的命运并不取决于玻利维亚[120],但他还是把自己的名字和莫利亚克以及萨特的名字连在一起,就大赦被监禁在卡米里三年的法国知识分子雷吉斯·德勃雷,切·格瓦拉的战友的独裁做法,向将军/总统提出了质疑[121]。马尔罗的光晕犹在,直到 1972 年 2

月,理查德·尼克松在作为美国总统首次踏访中国之前,还表达了与马尔罗碰面的愿望。尼克松从马尔罗那里收到一封关于孟加拉问题的公开信;但是他好像特别相信,20 年代以来就熟悉中国共产党并保持接触的马尔罗[122]。前部长在离开巴黎赴美时对记者们说过:尼克松想和某个熟悉毛(泽东)的人对话,而不是和一群人说话!《巴黎竞赛报》后来发表了马尔罗的旅行照片和谈话,题为《马尔罗面对美国的所有话筒表明了对毛的看法》[123]。

照罗热·莫热的说法,尼克松这次与毛(泽东)会面的愿望可能诞生于 1969 年,因为马尔罗曾经在巴黎向尼克松出示过一张毛(泽东)的震撼人心的肖像。作家马尔罗叙述道,尼克松在年轻时可能读过自己的书:"我们有一天感觉好像相互认识很久了。总统是位谨慎又讲道理的人。他总是不知道要赶走的是什么,要带回来的又是什么——但是他有勇往直前的气概。"前部长接受的是美国总统的个人邀请,并没有受到白宫顾问的照顾,其中的一位顾问这样记载:"马尔罗的主张和梦想没有给我留下什么印象。我听到的是一位傲慢的老人叙述的感观,他在特殊范围为自己向往的世界编织了陈旧的想法[124]。"不过尼克松在公开场合仍旧祝贺这次会面:"我认为自己请教了一个思想糊涂的人,然而我面对的是这个时代思想最为通透的光芒[125]。"关于国务秘书亨利·基辛格,马尔罗坦言评价道,他看来十分严肃而有头脑,因为他做了选择性的笔记而从未打断过自己与总统的谈话。这位 1973 年的诺贝尔和平奖获得者后来写道:即便马尔罗的预言极端错误,他的判断还是格外尖锐的;他的直觉证实,"艺术家的感知往往能比专家更好地抓住问题的内涵"。

法国众议员的顾问

美国人结合自己文件里的马尔罗直觉,法国的议员们也很想利用。

1976 年 5 月 12 日,在议长埃德加·福尔的创意下,一个负责考虑"自由和基本权利宪章"的委员会,饶有兴致地听取了马尔罗的意见。马尔罗重新找回了那个捍卫自己财政预算的时刻,向议员们宣布了自己提出的重大计划。议员们听到了他坚持的观点:每个英国人都自以为是一枚绅士硬币,而电视观众却并不自认为是学识硬币。他向议员们反复说明:"人们所熟悉的属于我们的最强大的文明,可以摧毁地球,却不能培养青少年。"因此他认为最好遵照爱因斯坦在普林斯顿给过的建议,"必须安排组织普及活动[126]"。不过,世间的现实与喜剧[127]并没有蒙住马尔罗的双眼,1974 年 11 月,他用尖锐的言辞锁定了这个事实:"我们生活在上演心理戏剧的时代,盘踞船只的所有老鼠都顶上了船长的大盖帽。"

从政治到历史

特别是在蓬皮杜封闭了戴高乐主义殿堂的命运并离世之后,马尔罗才有了重新确定自己重大政治选择的希望。1974 年 4 月 25 日,马尔罗在竞选总统的背景下出现在电视上,位于戴高乐主义派候选人雅克·沙邦-戴尔马身边,以捍卫自己的传统理念:发挥教学中的视听作用,强调电脑的重要性。他重复了之前在卢森堡广播电视台说过的话[128]。不幸的是,一个药物的错误剂量让他的提议几乎无人聆听,他的出场被时任总理认为十分糟糕[129],令他的崇拜者大失所望[130]。马尔罗1974 年 5 至 6 月在东京举行新闻发布会的时候,崇拜者们都想重新找回符合 60 年代形象的部长。他那次是《蒙娜丽莎》的官方陪护人,这幅画在美国巡展 11 年以后,进行了第二次离开卢浮宫的旅行。马尔罗如同他在美国向雅克琳娜·肯尼迪解释这幅画一样,给日本的王位继承人上了一堂"皇家课程"。另外,他还参加了东京广播电台(NHK)的大型演播节目和一个由艺术家和知识分子参与的座谈会,争论的主题是

马尔罗传:幻梦与真实

"何谓亚洲?"[131]。

这次重新提起的每年在蓬蒂尼召开的十日会议的东方议题,可能使他的某些听众引发了同感,致使安德烈·吉德说"我感觉自己要成考试不及格的人了"!回到法国以后,马尔罗向伊夫·萨尔格透露:"在我看来,政治从来就不存在,生存下来的、有生命力的、在进步的,只有历史[132]。"他不像是在评价原文化部在国务秘书处被排行榜贬低的地位,但是,瓦雷里·吉斯卡尔·德斯坦的胜利却让他渴望支持年轻的戴高乐主义者;1974 年 10 月,马尔罗当众祝贺他们接触了年轻的共产党员[133]。26 日,马尔罗作为卢森堡广播电视台一位突然上任的新闻总编,评价了法国共产党和社会党之间的不和以及阿拉伯国家首脑的会谈。

马尔罗在国际问题上曾经给联合国教科文组织主席勒内·马厄写信,告知他,自己对把以色列排除在该组织帮助国家之外的措施不理解[134]。随后,他到印度接受了国际上都能理解的贾瓦哈拉尔·尼赫鲁奖。马尔罗是继马丁·路德·金、特蕾莎嬷嬷、耶胡迪·梅纽因和几位名人之后的新获奖成员,这个 1972 年的奖项,1973 年 10 月颁发,1974年 11 月 16 日才交到马尔罗手中。1971 年 12 月,当巴基斯坦人面对保护了千万难民的印度军队投降之前,准备在自己的东部省份取胜时,马尔罗承认自己曾尝试为孟加拉国采取行动。有个志愿者团体有意去帮助未来孟加拉国的人民,但是却延误了行动。马尔罗于是写信给那些后来认识了他的志愿者说:"我们向孟加拉国提供他们能够接受的唯一援助,肯定不是毫无益处的,当事情向最糟糕的情况发展时,我们必须以当今的和明天的自由孟加拉国政府的名义,只和游击队员在一起,我感谢你们。"马尔罗提到自己在旅行期间,曾亲吻了所有被解救出来的孟加拉人,从一位伤者看他的眼神表明,自己的言论,甚至在没有被翻译出来以前,就能蛊惑人心。索菲·德·威尔莫兰谨慎观察了马尔罗几个星期的行动之后,有些严肃地总结道:"他注重外表,喜好名声,形势给他带来了很多机遇[135]。"她甚至在《查理周刊》上给马尔罗弄到一张漫画,因为那上面有克洛德·蓬皮杜编排的连环画,画里的马尔罗戴上了锡克教的软帽。然而,战死的思想才能真正诱惑马尔罗;他在1971年10月4日给神父博克尔的信中,无疑写上了比戏剧化更多的内容:"您会帮助我尊贵地死去。"

意外的死亡

如何在死亡逼近自己时,避免在医院的房间里听到有人说"这样会好些",这个问题在马尔罗的最后几年里,严重困扰着他。自愿寻死的人,朋友和亲人中的意外死亡,都不足以抹去他的困扰,1930年他就把死亡的说法放进了《希望》的主人公佩尔肯的口中:死亡不存在。只有我,是要死的人!马尔罗确认,人们从1943年起已经了解到什么是迫害犹太人的集中营;他从中看到了暴行,以至于把斯大林的集中营只看得"有些轻率[136]",还写道:"集中营的出现,显然是撒旦在世界上再度现身的表现[137]。"不过,在他描写我们悲惨和令人心碎的伊利亚特战役中的跟跄身影时,可能描述的都是他记忆中的关于集中营的故事。

马尔罗忘记了,即便有三分之二抗拒流放的囚犯死亡,还是有95%的种族囚犯是根据1942年万湖会议制订的计划(纳粹德国决定把德国本土和德国人居住区的犹太人驱逐)被"驱除"的。马尔罗虽然使用了惊悚的文字,却并没有把毁灭人类的"最终大屠杀"的情节融入其中,他关于撒旦的说辞,也是用来回忆一战期间使用的毒气,当时使用的氰化氢并不完全是终极目标[138]。他客观承认了自己是外行,没有认真考虑种族灭绝的特殊性以及采取的极端方法;一封写给热尔梅娜·蒂利翁(1907—2008年,女抵抗运动分子、人种学家、第二位获得荣誉军团大十字勋章的女性)的信提供了这方面的证据[139]。马尔罗向这位人种学家解释自己的《拉文斯布吕克集中营》是"一本只能分阶段步步阅读的书,它令人难受。要与读者在思想上分享的东西很多,如激情、恐怖、钦佩,可以让他们窝在火炉旁静静阅读",之后,他又继续说:"作为外行,我只能说,无论有无毒气室,都同样恐怖。就灭绝而言,毒气是最快的,其他的方式还要残忍。在这两种情况下,身体最终都化为青烟。人们除了超度的憎恨,只有惊愕、战栗和人生终结时的反抗。"不过,这位解放运动的同路人,1975年在沙特尔天主教堂前的空地上[140],再次勉强打开了那本描写酷刑的书,他知道要说清,"必须不准人类公认的最为卑鄙可怕的行为再回来,不能把它限定在日常恐惧和残酷劳作的界限内"。

马尔罗回避了集中营这个地狱以及西班牙和阿尔萨斯前线的死亡和秘密军队组织的炸弹后,继续抗争,以回避佛朗哥政体判决的最后一批死者。他向克洛德·莫利亚克表示自己的签名"可能会加剧局势严重化",但是1975年9月22日,他还是同意把自己的名字与米歇尔·福柯、阿拉贡、孟戴斯·弗朗斯、萨特和弗朗索瓦·雅各布——他的自由法兰西战友和诺贝尔奖得主——的名字一起签在了一份诉求书上,这份诉求书将由7位在马德里的知识分子阅读,他们希望阻止在巴塞罗那、布尔格斯和马德里宣布的11项死刑判决[141]。即便死亡完全出乎预料,马尔罗还是把它称之为从未离开过他的"亲密的老敌手"。他在吞噬药丸接受化学疗法之后,却还在接近亨利-蒙多医院,他真不希望再回到那家医院了。从韦里埃出来以前,他曾在一个本子上涂写道"事情不该是这样的[142]",可还是在1976年11月15日23时29分被克雷泰伊大学中心医院收留了下来。索菲·德·威尔莫兰和弗洛朗丝·马尔罗温情地一直照料着他。他面对医生护士,既无怨言也没有丧失勇气的表示,"相反,亲切、礼貌有时伴随着轻微叹息,直到清醒的最后一刻,都表达出他的谢意[143]"。11月21日星期天,在大面积脑血栓导致他进入无法挽回的昏迷前两小时,医生向他宣布了分析结果;这位濒临死亡的人,"面带毫无幻觉,然而是无限亲切的微笑",努力安慰别人,回应道,"我已经进入库特利钠(法国作家)的剧目了[144]"。马尔罗在夏尔·

戴高乐去世6年零14天以后,停止了思想活动和身体呼吸[145];他的医疗团队记下他死亡的确切时间是:1976年11月23日9时36分。

马尔罗走了

负责文化的国务女秘书在死神接近马尔罗时,就把消息通报给了瓦雷里·吉斯卡尔·德斯坦;这位共和国总统无动于衷,只是告诉她要准备仪式。摄影师还在继续关注这个保留在戏剧社会上的伟大形象。雅克·加罗法罗已经在《巴黎竞赛报》放上了马尔罗1972年在萨尔彼得里埃慈善医院住院的照片,还在他的床头摆放了一张显然不是由病人带进来的戴高乐将军的肖像[146]。病人听从了要完全卧床的要求,"躺得笔直,把被单一直拉到了下巴",这张卧床照片的说明是这样写的:"安德烈·马尔罗变成了动弹不得的旅行家[147]。"索菲·德·威尔莫兰指出,自己曾大发雷霆,可是作家却非要做的事是:"想重新进入自己的生活,进入名人的生活,重新接触自己的读者,因为他还有一本计划要完成的书[148]。"

安德烈·马尔罗即便离世,仍旧还是新闻的焦点,比如:他在担架上的裸露面孔;他辞世那天上午,当救护车上的人把他的尸体再次抬上韦里埃城堡的石阶时,他成为《法兰西晚报》的头条新闻。在那张阴森可怕的照片下方,有两行黑体字大标题和20来个词语作为评价:"马尔罗去世。作家、政治人物、行动的人物、艺术的批评家、部长、电影工作者:这位戴高乐知己的奇幻命运将成为他这个时代的标志。"《快报》的马尔罗专刊在封面放上了他的大幅头像,发表了1976年6月7日他与玛德莱娜·夏普萨尔(作家、《快报》合作记者)的最后一次会见,标题为《您认为死亡是什么?》,还配有两张照片:一张是前部长站在萨尔彼得里埃慈善医院出口处的门柱旁边;另一张是血迹斑斑奄奄一息的马尔罗躺在亨利-蒙多尔医科教学及医疗中心出口处的二轮战车上。读者在那里又读到了这位文人对西方人面临死亡恐惧的清晰表达："如果你无意之中见到了尸体，你只有恐惧，因为你完全困在了被动之中[149]。"大家都在试图相信他那个最伟大的梦想："难以确定百年之后，对于严谨的文明来说，本质的东西不会在不可能死亡的问题上发生。不是没有答案，而是已经不成问题。"

敬意如潮汹涌

马尔罗辞世的第二天，《人道报》刊登了《再见，安德烈·马尔罗！》的标题文章。《解放报》提到，承载其功德和错误的天平失去了平衡："我们不会再去评价马尔罗。他的故事不是我们的故事。没有他的故事，我们什么都不是。这才是关键[150]。"11月24日，屏幕和电波上的敬意如潮汹涌，一小群至亲好友陪伴着作家的棺木，走向韦里埃的公墓，他们找的墓地正对着1941年被枪决的自由法兰西斗士奥诺雷·岱蒂安·道尔弗大尉的坟墓。马尔罗昔日在临时政府工作时的同僚，法国射手和游击队总司令夏尔·狄戎在自己的记事簿上写道："这是一位巴黎所有的埋葬虫（食尸虫）都会蜂拥而至的伟大逝者……所有如螳螂般写作的人都在示爱。我们应该重读这个大写的人给我们留下的伟大之处，去爱这位在阳光下行走却担心死亡的人[151]。"年轻的知识分子们向作家部长马尔罗投去的是较为谨慎的目光。《时讯》的创始人让-弗朗索瓦·比佐向这位"迷幻的预言者"致意，同时对他在1968年5月30日参加游行时"竟然会和乌合之众在一起上下挥动手臂"表示遗憾。尽管前部长被限制在卡米利时曾进行过对己有利的介入，然而，雷吉·德布莱（作家、高级公务员）还是怀着对逝者的崇拜之情，选择揭发了"法国资产阶级的麻醉剂"。他谴责马尔罗背对战士，把现实变成了攀附神话的世界；他把马尔罗看作睿智的谎言癖，马尔罗"做的头等大事，就是把思想和现实奉献给了想象"，用嘲讽的口气打击战士们的为难之处。他在《无神世界的最后一位教士》中，最终证明自己尊重的是"彼岸的善恶，此处的真伪，然而绝不脚踏两只船[152]"。

27 日，在马尔罗的隐秘葬礼举行三天后，在卢浮宫的方形庭院里组织了一个官方吊唁。第一位接任马尔罗职位的妇人，独自留在了王宫鸡心形灯光照耀下[153]的金碧辉煌的办公室。弗朗索瓦丝·吉鲁决定，不再让人们在这里看到死者的照片，但可以看到卢浮宫最漂亮的埃及猫[154]。总理莱蒙·巴尔发声称，法兰西的部分荣誉可被称为安德烈·马尔罗；当莫扎特《安魂曲》奏响时，女部长和埃及猫交换了眼神。弗朗索瓦丝·吉鲁告诉报界，自己走向马尔罗的肖像，向马尔罗唯一真实又现实的雄心大志表示了敬意，大家心知肚明，马尔罗的雄心大志是用行动的方式完成的："他走进了自己这个时代的历史点燃的熊熊烽火，每每走出时都伤痕累累，却惊叹自己还活着[155]。"

码上解读
· 戴高乐的同路人
· 传奇色彩的文豪
· 文化上的预见者
· 缅怀历史先行者

不安分的人进入了先贤祠

向前进,灵魂的探索者,本质的宣传捍卫者。

——作家菲利普·勒吉尤:

《王国的发明人　为颂扬马尔罗而作》

　　文化部长的称号从安德烈·马尔罗离任后,只维持了 5 年时间。埃德蒙·米舍莱 1969 年 6 月就职,至 1970 年 10 月去世,激起一些人的嘲讽,热罗姆·贝尼奥(小说家、诗人)认定文化部可能用了不多的经费采取行动,并让穷困潦倒的戏剧发挥了效益,他把这位理想人物的形象定位在了"追随戴高乐传统的那个部门,在此只有一条:在虚无上要弄把戏时,不缺乏某些技巧[156]"。继安德烈·贝当古担任代理部长以后,雅克·迪阿梅尔以真正政治部长的实力取得了这个职位,那时疾病刚刚迫使他离开规模庞大的农业部。从 1971 到 1973 年,他在各大区为文化部提供了真正的组织结构,拒绝文化的统制经济,维护了自由创作的氛围。他对吉斯卡尔派议员米歇尔·伯尼亚托夫斯基的问题(反对在雕塑艺术上搞现代派的恶作剧)做出的回应,证明了自己与活跃的办公室主任雅克·里果协商确定的行动路线是:"耐心、大度、有分寸和客观,对国家的这个领域来说,这都是基本原则[157]。"继任他的莫里斯·德吕翁,曾因电视片《该诅咒的国王》获得成功而被赞赏。他设计的理论是:部长的头脑里必须有两个必要的速度,即在思考和做决定时,要挂超速挡;而二者结合则"可以把行政机器从泥泞和它自己留下的辙痕中解救出来"。他在以后的小说创作《大家族》里,把其中某个人物的兄弟西蒙·拉绍姆描绘成被任命的部长,这个人自满自足,理直气壮地享乐,引来媒体用几个词发出了噪声,蓬皮杜总统对此表示赞同:"一手端着乞讨的木碗,另一只手握着燃烧瓶来到文化部门口的人,应该做出选择[158]。"这位部长在不到 12 个月的任职期里,没有时间改变文化部的策略;他的第二任办公室主任描述他笨拙但勇气十足:"我们从未在行动中见过他这副做派的人;我们必须超越表象弄懂共和国总统输掉的赌注[159]。"

吉斯卡尔时期的继任人

在瓦雷里·吉斯卡尔·德斯坦担任总统期间,文化问题首先由国务秘书负责,米歇尔·居伊,然后是弗朗索瓦丝·吉鲁被雇用后,都留在了被后者称之为上演权力闹剧的地方。吉鲁写道,文化部长一职"是所有部长职位中最为漂亮、最令人兴奋的职位",之前她还说过,自己拥有 13 个领导部门或自成一体的部门,规定的广泛责任"就是每天的行政任务[160]"。她很清楚,自己拥有的财政预算微不足道,任职时间不足以落实自己的某些想法[161]。她还强调,众所周知的业绩曲线在这里成为难题:"我们像演员一样,丧失了失败的权利。行动、公告、会谈,都要计算过或等待计算。每一项只有模糊效应的勉强成功,都迫使我们另做打算[162]。"

接下来,环境和交通问题变得首当其冲,在轮职中,总统最好的朋友米歇尔·德·奥尔纳诺,成为 1977 年 3 月到 1978 年 3 月的文化与环境部长;共和国总统发言人让-菲利普·勒卡成为 1978 年 4 月到 1981 年春季的文化与交通部长。无论是国务秘书还是部长,他们所能支配的经费都与安德烈·马尔罗拥有的经费一样微薄。财政预算的曲线如此糟糕,以至于当局决定销毁 376 页的《文化经费数字》这本著作,用 131 页的题为《遗产经费数字》的著作予以替换[163]。这两本书都是由法国文档中心出版发行的。学习和研究部门主任的卷首语被正式修改，因为著作从原来的 15 章缩编成了 5 个部分；这位官员遵从保留意见的权利，掩盖了权力部门的审查，坚持写道，自己从缩写本上指出的是"简明扼要的部分[164]"！

朗时代

随着左派进入权力机构，忽略首任文化部长的时代似乎已经到来，尤其因为 1982 年 5 月 10 日关于文化部职责的法令被广泛修改以后。雅克·朗的亲密合伙人于是断定，不会再有"宗教牛"来侵犯朗部长，1987 年关于马尔罗的信息是有些陈腐的判断[165]。这一届的年轻部长为文化部获得了多一倍的财政预算，增加了许多创新举措，他让自己的说辞成为办公室成员让-保罗·阿隆的说法：文化部是一个符合风尚的部门。雅克·朗坚称 1981 年以前的政权，不仅是政治的敌人，也是知识的敌人，但他知道在 1986 年告诉我，仅仅是马尔罗的名字就帮助他推广了南希戏剧节，他从而总结道："一位优秀的部长应该与时俱进，马尔罗就是与他那个时代步调一致的人。"

至于朗的十年（1981—1986 年和 1986—1993 年）有许多吸引舆论的创新举措，其中的不少都在民间遇到了真正的成功，如音乐节、图书节、资助最现代化的音乐和举办标饰展会、在王宫停车场安装比朗柱（达尼埃尔·比朗的艺术杰作），这些都从总体上吸引了公众的参与。雅克·朗 1993 年 1 月成为文化和国民教育部部长后，希望绝不要把贝雷戈瓦政府重新连接起来的两个建筑分开[166]，他赞扬文化部创始人的高大形象。他特别坚持在王宫喷泉通道为阿尔贝罗拉的两座雕塑作品举行揭幕式，好在这个地方保留对安德烈·马尔罗的永久敬意。左派总统和从 1993 至 1995 年的大部分对立派的共同执政，后来是雅克·希拉克当选为共和国总统，在谈论马尔罗时代的方式上都没有产生什么后果,大家都对马尔罗怀着崇敬的心情,对已去久远的他表达了钦佩之情。

进入先贤祠的步骤

文化部创始人去世 20 周年来临之际,阿兰·马尔罗和他的母亲,部长的遗孀都在疑惑,不知部长原来的行政机构会做些什么。他们希望大家都还记得马克·夏加尔对部长表示的敬意:"我除了他,不认识还有什么人能被艺术穿透直至被燃烧[167]。"1995 年秋初,阿兰·马尔罗造访杜斯特-布拉奇的办公室时,并没有收获更多的赞语。1996 年 1 月出版的《1996 年的国庆活动》这本书,只是提到了[168]计划中的活动,要在圣-马罗,非凡旅行者欢聚的范畴内组织敬拜仪式,还要召开一个国际学术会议;活动由亨利埃特·科兰筹划,他要在 1996 年 11 月待在韦里埃勒比伊松和巴黎。1996 年 8 月 12 日,文化部长在回答 6 月 24 日的一个书面问题时,交给阿努议员一张活动清单,并没有提到马尔罗进入先贤祠的问题。然而马尔罗进入先贤祠一旦决定,《官方新闻》便发表了一篇不到三行文字的短讯:"据共和国总统 1996 年 8 月 7 日令,安德烈·马尔罗的遗骸被获准迁至先贤祠。"

这个被雅克·希拉克总统称作明确的举动是怎样达成的?文化部史记委员会不愿提供相关资料[169],尽管两名成员表示了正面意见:帕斯卡尔·奥里肯定,仅马尔罗的名字就会达成一致意见,让·库拉尔意识到文化部创始人的光晕犹在。我在征得玛德莱娜·马尔罗的同意后,曾在国防部秘书长那里与她接触过一次。5 天后,让·皮克承诺自己会亲自到爱丽舍宫的阿尔巴内尔夫人(政治人物,任 2007—2009 年的文化和交通部长)和杜斯特-布拉奇先生的技术顾问勒科克先生那里进行调解[170]。1986 至 1988 年间担任雅克·希拉克总理的那位防务顾问的举动,也为启动马尔罗进入先贤祠的程序起了决定性作用。这个过程在第五共和国时期,已经不像在第三和第四共和国时期那样需经国会投票决定,移送让·穆兰的遗骸进入先贤祠时,只要众议员同意就可以了。为了让国家元首做出正式决定,他的合作者们要考虑法令的影响力、元首介入的时间、仪式的资金落实情况。这个仪式要列入先贤祠的再投资,要等到密特朗总统行使职权,进入先贤祠,在让·饶勒斯、维克多·舒尔歇和让·穆兰的墓前放上玫瑰花以后。仪式要再次确认总统是"国家级纪念仪式的受托人[171]",然后载入由皮埃尔·诺拉确定的纪念仪式纪念册。

雅克·希拉克的决定

在弗朗索瓦·密特朗总统的两个 7 年任职期间,有 7 个人物进入了先贤祠[172]。在爱丽舍宫的团队里,克里斯蒂娜·阿尔巴内尔把进入先贤祠看成了一种"入教礼"。1995 年,她知会遗产处女处长,雅克·希拉克被委任期间,起码会进行一件与进入先贤祠相关的事宜[173];然而她知道这件事必会"在不太离谱的情况下,产生象征意义",也不会因为否决达到相反的效果。对马尔罗进入先贤祠,总统府希望能被一个具官方特征的机构所理解。马尔罗曾经主管的夏尔·戴高乐研究院被看作是这个适合的机构。现任院长是同时兼任道德和政治科学院常务秘书的前总理皮埃尔·梅斯梅尔,他与莫里斯·德吕翁和贝纳尔·特里科一起,于 1996 年春季接触了总统办公室主任贝尔纳·朗德里厄[174]。随后在 6 月 4 日和 8 月 2 日安排了两次部际会议;先贤祠主管随后听到了一个真正属于爱丽舍宫的指令:准备好共和国总统的致辞时间,这样,晚 8 点的电视新闻就可以把总统这次露面当作主题播放[175]。挑选好 6 个计划播放的节目以后,将由共和国总统做最后定夺。

媒体搬上场景的画面

当年得到总统嘉奖的有画家让-保尔·尚巴兹和静谧公司的产品，因为后者配合了 1994 年 6 月 6 日奥马哈海滩登陆 50 周年和 1995 年 5 月 8 日在巴黎举行的 1945 年 5 月 7 日兰斯停战协定签署 50 周年的纪念仪式。总统提议只邀请 80 位国家元首参加马尔罗进入先贤祠的仪式，邀请 10000 名来宾的计划被否决[176]。同样，也排除了道斯特-布拉奇先生(政治人物、外交部部长)希望在爱丽舍宫的宴会上见到与自己对等的欧洲客人的愿望[177]，这样做，有益于为作家部长的亲属好友和荣誉委员会准备的晚宴。雅克·希拉克为了让一种精神进入先贤祠，实现了"为自己化圆为方[178]"的做法。1996 年 8 月 9 日，舞台布景设计师在法德频道大胆确认，在马尔罗的生活中，有些他不感兴趣的片段。即便他同意不让这些情节"悄然逝去"，也还是考虑建议在形象上打马赛克，还有，让巴黎马尔罗公立中学的青少年参与，可以突出这位青年作家在历史上参与的行动。苏弗洛街被定为"狂热期盼'西班牙'海军纵队的最后一架'POTEZ 战斗机'在此降落[179]"的幸运机场跑道：

一百来名孩子登上了苏弗洛街这条怪异的跑道。孩子们十分乖巧，神情傲然而凝重，他们带来了具有毕加索生动色彩的黑白照片。

他们在先贤祠前面的广场上，放下巨型书尺寸大小的照片。

他们离开后，一群燕子从苏弗洛街一飞而过。

所有照片此刻形成了同一形象：由安德烈·马尔罗组成的画面，让人们深入理解了他的"想象博物馆"，更清楚地看到照片在这个奇异的地方靠拢后的形象变得更加清晰。

四只铜铸的大猫注视着天然石块构筑的灵柩台。古埃及的四位女神数千年来，都在等待一直爱着她们的那个人，而他则默默呼唤着她们的教诲。

先贤祠的正面变成一面宽大的石头屏幕，迎接历史上的伟大形象，一个声音在嘈杂的人群中高呼："开拍！"

一缕白色的巨光从敞开的大门大幅度射出，展现出对安德烈·马尔罗的回忆。同时出现的蓝红色灯光组成了恢宏的国旗。马尔罗在令人难忘的气氛里，面对这个地方，只能与众神商议，发表他最为动人的演说了。

安德烈·马尔罗进入了先贤祠。

马尔罗的秋季

1996年9月3日，文化部长在一次新闻发布会上，介绍了《秋季马尔罗》的活动安排并宣布自己是马尔罗委员会副主席，主席一职委托给了乔治·桑普兰，曾被关进布痕瓦尔德集中营的囚犯，佛朗哥政体之后的西班牙首个社会主义政府的前文化部长。虽然这个选择完全符合弗洛朗丝·马尔罗的意愿，遗产处处长却不愿意让外人剥夺马尔罗进入先贤祠的准备工作，她的财政预算几乎承担了所有费用。女处长还听说有人指出"左派不能垄断先贤祠[180]"：委员会只可能有一笔紧缩的预算，暴露出其行政上的脆弱。《观点》杂志提到《马尔罗的加冕礼》[181]；贝尔纳-亨利·莱维向那个富有灵感的、精彩的编排方式表示了敬意，因为那个编排制作出了马尔罗生前和幻梦中都有过的情节，形成一条特殊且荒诞的轨迹，"不能肯定那是个'范例'，但是对艺术和人类的权衡，帮助我们评估了自己的生命、作品和想法的价值"。皮埃尔·诺拉，这位撰写出《记忆中的地方》的史学家，阐明了先贤祠的光怪陆离和那里的封圣仪式，并用这次的仪式与1980年的萨特葬礼做了对比：左派与左派在此重逢后，便再一次在法国历史的版本上扎下了根，马尔罗进入先贤祠对希拉克来说，也是"返本归源的一种形式，是对戴高乐的虔诚表现[182]"。

马尔罗进入先贤祠那天,《自由报》在头版拿出三分之二的位置登载了部长的全身像,与他为伴的只有一个词:被列入真福级的人物!有一整页的版面提供给了哲学家利奥塔尔的由马尔罗署名的专栏,他在(马尔罗的)出现和缺席之间向"那位在眼花缭乱的世界里,正视死亡,为自己塑像的人"表达了敬意。安托瓦·德·戈德马尔用6页篇幅,回顾了部长从创新到运用权柄的过程,马蒂厄·兰东赞扬作家"令人联想到会幻想的丁丁(比利时漫画家埃尔热《丁丁历险记》的主人公)"。该报的社论向这位"公认的图腾"形象致意,他是归属于戴高乐主义者和其假定后代的最引人注目的图腾。热拉尔·迪皮伊提到,部长"把文化行动变成了可持久的标准",从他那里留下来的是"一个不可能被遗忘的人的足迹,而他也在不断求助于记忆力,让它变得更加强大。人们通过马尔罗,有些神化了他进入先贤祠的过程"。

《费加罗报》抓住时机向雅克·希拉克明确了自己的文化策略。这个策略包含的首要思想是文化民主,尊重文化身份,还有把"我们共同遗产的关键,安德烈·马尔罗路线的中心问题[183]"交付给每个人的意愿。在总统的言论下方,刊载的是雅克·费赞的一幅画,讥讽印在纪念邮票上的马尔罗的香烟不见了。他的年老夫人却叼着香烟,在阅读公告,上面写着"先贤祠里的马尔罗遗骸"。她的丈夫叼着烟斗说:这不对劲啊,他们在照片上造假,抹去了他在抽的香烟;然后却给了他一个精美的烟灰缸!作家的脚注人皮埃尔·德·布瓦代弗尔提请大家注意"一定要打扫先贤祠的灰尘。这个地窖是个耻辱,绝对阴森。应该把花朵、艺术品,尤其是暖气放进去[184]"。在这些醒目的内容前面,读者还在两页版面上重新发现了总统希拉克7年任职期间的文化抱负和他坚定的态度,这为他当晚的发言提供了养料:传统划分左右派的方式愈来愈不恰当,现在的做法对文化和其他领域都更好些。

进入先贤祠的晚间和收场

电视一台和二台在晚 8 点,直播了总统面对用天然石块堆砌而成的灵柩台发表的虔诚演讲。早在 1940 年,就有一位名叫莫里斯·舒曼的戴高乐主义者在另一个场地演讲,引起过轰动。将军的发言人面对英国广播公司的话筒选择了思考死亡的话题;他提到了自己的朋友,向自己的同伴马尔罗和穆兰致意,并向听众发问:"如果你们不怕斗胆忘记了,人们因为法兰西脆弱,一直以来不够热爱她,不特别热爱这个永存的国度,那么你们今晚在这里做什么[185]?"雅克·希拉克随后把先贤祠确定为具有生命价值的地方,回顾了那个曾经在乔治·蓬皮杜政府里与他共事的年轻人的一生。他赞扬了马尔罗从花花公子变为反抗者,"几乎成为革命者",参与行动,"最终发现并接受"承袭了戴高乐主义,成为"将军所希望的,不左不右的,属于法兰西的"戴高乐主义的化身,最后总结道:"除了真实,还有与梦幻相逢的亲身经历。因为你懂得让梦想变得鲜活,在我们身上得以生存,安德烈·马尔罗,请在共和国的先贤祠里就位吧。"《游击队之歌》奏响之后,总统随 6 名共和国卫士抬着的棺木走向先贤祠的石阶,人们从棺木左侧辨认出索菲·德·威尔莫兰、洛朗和弗洛朗丝·马尔罗——作家的侄孙和女儿,右侧的玛德莱娜·马尔罗——部长的遗孀、孙女雅娜和赛琳娜以及儿子阿兰。众人在古老的圣-热纳维耶芙教堂的四周,络绎不绝,望见了先贤祠的圆顶下方,由两名共和国卫士护卫的安德烈·马尔罗的棺木,警戒在一旁的一只埃及猫的复制品和阿尔贝托·贾科梅蒂的雕塑《行进中的人》。

马尔罗进入先贤祠的程序确定了他人道主义者、幻想家和第五共和国人民演员的地位。人们还在这里看懂了,马尔罗是属于标志着时代记忆的历史人物,这些人物具有伟大的象征意义,值得拥有进入先贤祠的荣耀。纪念仪式特别通报了马尔罗对传奇的渴望,对表演和神话的需求[186]。塞尔热·朱利第二天强调"马尔罗并不是以戴高乐主义制胜者的名义,以可预见的这个主义的复生为目标,而是'行动的知识分子',是有权得到总统恰当敬意的反法西斯主义者,正如总统在弗朗索瓦·密特朗辞世,冬季赛车场大逮捕(1942年发生在巴黎的大规模逮捕屠杀犹太人事件)纪念日上表达的敬意。坚贞不屈使每一位当事人都满载着荣誉[187]"。与那些宣称"这个纪念仪式带有保卫共和联盟的味道[188]"的人相反,希拉克总统采取其他措施,将马尔罗进入先贤祠和左派的战斗联系在了一起:就国际旅老战士们的最后一个战斗方阵而言,被命名马尔罗的修正案出现在了财政法令当中。第二次世界大战的第一批战士,尽管没在西班牙作战,也获准得到了战士的身份证[189]。安德烈·马尔罗进入先贤祠前夕,遗骸在地面上停留的最后一夜,是在解放勋章的管理委员会办公室度过的[190]。西班牙一个国际旅的原政委,后来解放巴黎的陆军上校罗尔-唐吉与解放巴黎的其他三位同伴,属于马尔罗遗骸的第一荣誉警卫队。即便那个秘密前夜没有成为任何电视画面捕捉的目标[191],几个国际旅成员的出现,还是唤醒了人们对旧时的幻觉;我在巴蒂尼奥勒听说,有一位保卫共和联盟的战士对一个侵犯过修女的人进入先贤祠表示不解!然而这些陈旧虚构的造谣中伤并没有引起什么反响。

尽管《查理周刊》登载了卡比画的酷似公共汽车候车亭的总统讲台[192],媒体仍旧对这个进入先贤祠的仪式做出了评价,《世界报》确认这个仪式"重新与人类职责连接在了一起"[193];《每日晚消息》在第8页上的标题是《希拉克先生赞誉安德烈·马尔罗是"正义和亲善人士"》[194]。《人道报》在25日的社论下方刊出一行字:安德烈·马尔罗庄严进入先贤祠。《人道报》指出,总统对这个不安分、擅于研究和探索的人,"未夸大也未作任何补偿"。在《费加罗报》上,保罗·吉贝尔提到,仪式由于严苛拒绝哪怕微小的政治复苏而简单得可怕。坚守个人古怪立场的斯特凡纳·德尼(记者、作家)称[195],请马尔罗带上他的当墨水擦用的小猫幽灵和拉塞尔餐馆的鸽子进入先贤祠吧。几个不协调的声音主要和电视转播质量有关。在《观点》杂志上，菲利普·梅耶尔揭示了进先贤祠过程的平庸[196]，认为这是一个完全违背了本意的仪式，通过"狂热并竭力把葬礼强加给了那个冲动和变化无常的人！把大革命200周年的后现代寻欢作乐当作了国家庆典的标准！说实话，这一切都像是在追忆安德烈·马尔罗的过程中，把他杰作的核心部分排除了，而这往往是注定他生命的部分，这个悲剧，被演绎成了乌烟瘴气且无聊的游艺会，说明隐晦无能向这个人物的核心投入了一丝关注，这是个为了展现自己最好的和最坏的一面，把一种美德植入生命核心的人，电视台不顾这一点，因而遭受指责：只追求扣人心弦的效果"。

马尔罗的记忆和梦想

　　随着电视和电台的转播、报纸专刊的出版，这位文人的一只手或者脸颊的形象，被复制成了成千上万的书签，《秋季的马尔罗》活动热火朝天，重现了这位部长尤其是这位参与政治活动的年轻作家的形象。这位作家曾提到加林，《征服者》里的主人公依然存在，他是"英雄形象的典型，因为在他身上凝聚着行动才干、文化和清醒的头脑[197]"，而作家本人肯定是想在现实世界里与加林一较高下。1928年，马尔罗在《西方的诱惑》里曾经提到有可能"在现实世界里圆满梦想中的行为"，"即使感觉模糊，在行为上做不到，也能够有梦想"。他无论当作家还是部长，都不吝啬这些行为。这个秋季，由政府机构安排的宣传画的大规模张贴活动，在火车站、街道和巴黎的公交车上展开，旨在唤醒对马尔罗行为的记忆，广泛宣传从《征服者》和《人的境遇》里抽出的句子："我懂得生命毫无价值，然而任何东西都不能与生命价值等同""意念不是用来思考的，而是用来体验的"。

　　1959年，还有一些幻想抛给第五共和国众议员们，即使对新文化部的认知水平还只停留在大学,它也可能会成为一个我们在那里可以说"爱可能属于我们[198]"的机构。马尔罗 1960 年在联合国教科文组织,感觉有权宣称"世界的初始文明公开要求收回不可分割的遗产——世界艺术"。安德烈·马尔罗作为作家、电影工作者和文化部长,梦想把大众拖入他的梦境。他发觉令人赞叹的是,1927 年取材于《安娜·卡列尼娜》的电影《爱情》,竟让一位美国编导(埃德蒙德·古尔丁)和一位瑞典女演员(葛丽泰·嘉宝)在俄国天才(列夫·托尔斯泰)的这部佳作上,感动了亚洲的孩子们。他十分清楚,作为特殊人物的勇气和诙谐方式的前提,必须具备某些虚无的意义[199]。

1969 年秋季,安德烈·马尔罗向夏尔·戴高乐确定:"您的法兰西绝不在理性范畴之内。就像十字军东征和共和历 II 年时代的法国一样。"他作为戴高乐十字军的骑士或者男爵,出乎意料地在将军身上看到了"西方最后一位反法西斯首领"的形象。他向将军解释说,尽管西班牙共和体的老战士们感到惊愕,在第二次世界大战罪犯的行列里,没有发现"介于希特勒和墨索里尼之间的佛朗哥[200]",自己仍旧在 1944 年参与了他们的行动。马尔罗与他们共同行动的原因,基于这样一个事实——勒克莱尔在巴黎的军队,包括了很多西班牙志愿者,这说明,马尔罗希望确定一个战斗的统一体。

统一的神话一直诱惑着作家部长,他渴望积极的博爱之心能充满活力,征服一切[201]。他与死亡战斗的武器,就是艺术和行动。然而,他知道,一旦与米歇尔·德勃雷达成一致,在政治行动中的乐趣会少之又少,有的话也是短暂的。他接受了弗朗索瓦·莫利亚克对自己言论的判断:马尔罗"只有在艺术让他摆脱或增加命运的短暂时刻出现,才感到充满活力[202]"。那一刻,显现在马尔罗面前的艺术,是抗争命运的最好武器,他的《艺术随笔》是他通向不朽的最佳通行证,因为人类经常被思想所纠缠,而"富有思想色彩的行动,同神灵一样强大[203]"。但是他也愿意为某人而行动,成为任戴高乐将军支配的仆从。

宣告文化只认同满载博爱的民族,是安德烈·马尔罗最美好的理想。文化传说,作为聚集全球人类的方法,可能成为他令人焦虑的、广博而难以实现的梦想。这或许也成为他诞辰百年时,引导60多名美国大学生开始研究其人其作的原因[204]。即使真如勒内·卡森(法学家、外交家、政治家,与马尔罗同年去世)曾经所写的,在先贤祠,我们能有助于教育各国的年轻人[205],那么在第六地下墓室内相伴的卡森、马尔罗、莫内和穆兰四个灵魂,还会让我们因为他们在地下墓穴发生变异而感惊讶,因为这个墓穴能比公墓更好地确定,他们并非逝者而是伟人。

安德烈·马尔罗总感觉自己离"每个人的隐秘冲动很近",他的朋友让·格罗让(诗人、作家)则提示人们要多加注意马尔罗在不协调之间的灵活多变:他的人生和他的作品有无法下结论和永久探究的功效,让我们"感受到一个比文本要伟大的灵魂,一种无可阻止的渴望,一个永生的形象[206]"。勒内·卡森,是人权宣言的合作者和诺贝尔和平奖的获得者;让·莫内,是欧洲统一的撮合者;让·穆兰,是抵抗运动的统一者;安德烈·马尔罗呢,除了有被他称为令人无尽烦恼的死亡,还呼吁我们去关注死者是否有使人去热爱变异现象的能力。只有这位最后进入这个地下墓穴的人,才在自身集中了三位一体的特征:革命冒险家、戴高乐主义的反法西斯斗士和作家部长,安德烈·马尔罗继续在呼唤我们朝博爱前行。

码上解读
· 戴高乐的同路人
· 传奇色彩的文豪
· 文化上的预见者
· 缅怀历史先行者

马尔罗生平及文学/行政生涯

1901 年 9 月 3 日:乔治·安德烈·马尔罗生于巴黎,是费尔南·马尔罗与贝尔特·拉米于 1900 年 3 月 24 日婚后的长子。

1902 年 12 月 25 日:费尔南·马尔罗与贝尔特·拉米的次子雷蒙·费尔南在巴黎出生。

1903 年 3 月 18 日:雷蒙·费尔南夭折。

1905 年:贝尔特·马尔罗与丈夫分居后与安德烈住在邦迪的母亲家;母亲阿德利耶娜·拉米,这位面包店老板的遗孀,在车站街 16 号经营食品杂货生意。

1906 年 10 月:进入邦迪的小学。

1909 年 11 月 19 日:祖父阿尔冯思·马尔罗因自家谷仓连续塌落死于敦刻尔克医院。

1913 年 5 月 28 日:乔治·安德烈获初小毕业文凭。

1915 年:费尔南·马尔罗承认自己的第一个私生子,生于 1912 年的罗兰-菲尔南-乔治。

1915 年 10 月:安德烈成为图尔比戈街高小学生。

1918 年 10 月:在孔多塞公立中学的注册被拒。

1919 年:展开逛旧书店的活动,在书商那里获得稀有书籍,再把它们转卖给一些图书专门出版销售商,主要是勒内-路易·杜瓦庸。

　　　　　　马尔罗传:幻梦与真实

1920 年 1 月:在《知识——文学与思想杂志》上发表首篇文章《立体派诗歌的起源》。

1920 年春季:成为《弓箭手》的艺术编导。

1921 年 4 月 12 日:完成处女作《纸月亮》的印刷。

1921 年 10 月 21 日:娶 1897 年 10 月 22 日生于巴黎的克拉拉·高尔德施密特为妻。

1922 年 3 月:为雕刻家德梅特里欧·加拉尼的作品一览表作序。他在这首篇艺术批评文章中,确定了一个从未离开过他的信念:"只有比较才有感受。"

1922 年 7 月 25 日:费尔南·马尔罗与贝尔特·拉米离婚,娶玛丽-露易丝·戈达尔为妻,两人生下罗兰与克洛德。

1923 年 10 月 13 日:和克拉拉·马尔罗登上吴哥号轮。

1923 年 12 月:在路易·谢瓦松和当地柬埔寨人的协助下在女王宫寺庙窃取了 7 尊雕像。

1924 年 7 月 21 日:被金边轻罪法庭判 3 年监禁,5 年内禁止在柬埔寨逗留。

1924 年 8 月 16 日:安德烈·布洛东在《新文学》杂志上发表文章《为马尔罗而作》。

1924 年 9 月 6 日:《新文学》发表一篇文章,署名的有加斯东和雷蒙·伽利玛等 20 余名作家,包括阿拉贡、吉德、莫利亚克,所有人都为安德烈·马尔罗的"聪明才智与实在的文学才能"担保。

1924 年 10 月 28 日:被西贡上诉法院判监禁,缓期一年执行。

1924 年 11 月 1 日:乘尚蒂伊号货船返回法国。

1925 年 1 月 25 日:与克拉拉重返印度支那,和保尔·莫南主持了《印度支那报》与以后的刊物《枷锁下的印度支那》,直至 12 月。

1926 年 4 月 1 日:在《新法兰西评论》第 151 期上发表了《一封中国人的书信》。

1926 年 7 月:在格拉塞出版社出版《西方的诱惑》。

1930 年 12 月 2 日:《王家大道》获文学联合奖。

1930 年 12 月:其父 55 岁时在巴黎自杀去世。

1932 年 3 月:其母 54 岁时因某部位出现血管栓塞去世。

1933 年 3 月:成为革命作家与艺术家联合会正式会员。

1933 年 3 月 28 日:克拉拉生下他们的女儿弗洛朗丝。

1933 年 8 月 7—8 日:在鲁瓦扬附近的圣-巴莱会见前苏维埃联盟主席托洛茨基。

1933 年 12 月 7 日:龚古尔文学奖的第四轮投票投给了安德烈·马尔罗的《人的境遇》。

1933 年 12 月 18 日:与若赛特·克洛蒂斯开始交往;若赛特后来说"我玩安德烈'就像玩一匹赛马'"。

1934 年 1 月 4 日:安德烈·吉德与安德烈·马尔罗向柏林递交了一封信,要求宽恕季米特洛夫,一位因国会纵火案被判有罪的共产党员。

1934 年 2 月:马尔罗一家与卡苏一家在巴黎一起游行,反对法西斯同盟。

1934 年 3 月:成为反法西斯知识分子警备委员会正式成员。

1934 年夏季:在苏维埃作家第一届全体大会上确定"艺术不是顺从"。

1936 年 7 月:在内战开始四天后抵达马德里,开始集结西班牙空军中队飞行员。

1937 年冬季:游走北美,为西班牙共和政体筹集资金。

1937 年夏季:《希望》出版。

1938 年 5 月:格莱特·高尔德施密特,其妻克拉拉的母亲自杀。

1938—1939 年:《特鲁艾尔山》——《希望》的电影版开拍。

1940 年 4 月 14 日:被编入一个坦克训练中心。

1940 年 11 月 1 日:从 6 月 16 日起被监禁,在克拉拉与罗兰·马尔罗的共谋下逃跑。

1940 年 11 月 5 日:若赛特·克洛蒂斯生下戈捷,安德烈·马尔罗的长子,被其兄弟罗兰承认。

1941 年 1 月—1942 年 10 月:安德烈、若赛特与他们的儿子先后在卡代与马丁角海滨居住。

1942 年 11 月:他们住进科雷兹省圣-沙芒的一座城堡的三个房间。

1943 年 3 月 11 日:若赛特·克洛蒂斯产下马尔罗的第二个儿子樊尚。

1944 年 3 月 8 日:克洛德·马尔罗被捕,秋季在波兰被枪决。

1944 年 3 月 21 日:罗兰·马尔罗被捕,后被押送到纽恩加梅集中营。

1944 年 3 月 25 日:西班牙共和政体战士雷蒙死于一处游击队基地。

1944 年 4—6 月:增加了与英国联络网的接触,其兄弟克洛德和罗兰曾是其成员。

1944 年 6 月 11 日:玛德莱娜·马尔罗生下被关押在集中营的罗兰的儿子阿兰。

1944 年 7 月:抵抗运动负责人拒绝服从安德烈·马尔罗的指挥。

1944 年 7 月:德国人在格拉马公路将马尔罗抓获。

1944 年 8 月:从 8 月 2 日起被关押在图卢兹的圣-米歇尔监狱,德国人撤离后重获自由。

1944 年 9 月—1945 年 3 月 16 日:安德烈·马尔罗化名贝尔热上校指挥属于拉特尔将军的第一军团阿尔萨斯-洛林旅。

1944 年 11 月 12 日:若赛特·克洛蒂斯死于图勒。

1945 年 1 月:挫败了民族解放运动与共产党控制的群众组织民族

阵线的合并。

1945 年 5 月 3 日:罗兰·马尔罗死于吕贝克船只停泊地的阿科纳角沉船事件中,船上集中了纳粹在集中营的关押人员。

1945 年 7 月 18 日:戴高乐将军办公室第一次接见安德烈·马尔罗。

1945 年 8 月 16 日:被任命为法兰西共和国临时政府总统的技术顾问。

1945 年 11 月 21 日:被任命为新闻部部长。

1946 年 1 月 20 日:戴高乐将军辞职结束了马尔罗的政府任职。

1947 年 5 月 29 日:法兰西人民联盟章程存放于塞纳河省府,马尔罗是位于夏尔·戴高乐之后的首个共同签名人。

1947 年夏季直至 1951 年:成为被委派到法兰西人民联盟做宣传工作的国家代表,并成为其执行委员会成员。

1948 年 4 月 13 日:娶玛德莱娜·利乌,兄弟罗兰的遗孀为妻,共同抚养若赛特的儿子戈捷与樊尚以及罗兰的独子阿兰。

1948 年 10 月 1 日:马尔罗写信提到自己在法兰西人民联盟的行动时说,想"将胜利引向它带来的最好一面"(马尔罗致博克尔神父的信)。

1958 年 6 月 1 日:成为国务秘书。

1958 年 6 月 9 日:被委派到议会议长那里负责新闻工作。

1958 年 7 月 2 日:面对问题"如果您是年轻的穆斯林,您会成为阿民族解放阵线的游击队员吗?",回答道:"如果我是个年轻的穆斯林,我可能会与阿尔及利亚游击队员共同作战,然而我庆幸自己现在转向了与酷刑斗争的人,开始为捍卫勇气的人服务。"

1958 年 7 月 8 日:雅克·苏斯戴尔顶替了马尔罗的职位。

1958 年 7 月 26 日:委派部长安德烈·马尔罗"承担议会议长个人与议会直接委派实现的各项计划,尤其是与发扬光大法兰西文化相关的计划"(第58—630号令)。

1958年9月17—22日:赴安德烈斯群岛和圭亚那进行宣传,征求建立第五共和国公民投票的赞成票。

1958年11月22日—12月7日:赴伊朗、印度进行官方与私人访问。

1958年12月8—14日:赴日本进行官方与私人访问。

1959年1月8日:米歇尔·德勃雷的第一任政府组成,安德烈·马尔罗任国务部长。

1959年2月3日:第59—212号法令授予安德烈·马尔罗国民教育部长以下的权限:文学艺术管理处、建筑管理处、法兰西档案管理处以及青年和体育高署的文化活动,还包括工业部长与国家电影资料中心相关的权限。

1959年3月13日:成立负责为未来文化部机构提建议的委员会,确定3月25日这一天向总理提交报告。

1959年4月9日:举办关于国家剧院与文化政策的新闻发布会。

1959年4月27日—5月1日:撒哈拉之行。

1959年5月28—29日:赴希腊进行官方旅行,庆贺卫城开启首届灯光音响节。

1959年6月16日:发布给优质影片收入设立预付款的法令(第59—733号法令)。

1959年7月22日:成为承担文化事务的国务部长(直至1962年4月14日)。

1959年7月:第59—889号法令规定了文化事务部的职责:"开启为最广大的法国民众的,首先是法兰西的重要作品进入人类的入口;确保对我国文化遗产最广泛的公众兴趣,为艺术作品与繁荣文化遗产的思想创新提供便利。"

1959年7月31日:特别秘书处处长阿尔贝·伯雷接替皮埃尔·朱

耶,成为文化事务部办公室主任。

1959 年 8 月 24—28 日:赴巴西进行公务旅行。

1959 年 8 月 29 日—9 月 2 日:赴秘鲁进行公务旅行。

1959 年 9 月 3—5 日:赴智利进行公务旅行。

1959 年 9 月 6—9 日:赴阿根廷进行公务旅行。

1959 年 9 月 10—12 日:赴乌拉圭进行公务旅行。

1959 年 10 月 21 日:戴高乐将军与马尔罗到奥德翁剧院观赏克洛代尔的作品《金头》,这是法兰西剧院委托给让-路易·巴罗的首场演出。

1960 年 1 月 4 日:在阿尔贝·加缪车祸去世后,发电报向这位"使法国处于人类中心的人物"致敬。

1960 年 1 月:埃米尔-让·比亚西尼成为部长办公室技术顾问。

1960 年 2 月 19—29 日:赴日本旅行,参与 22 日在东京举行的法日文化中心揭幕仪式。

1960 年 3 月 8 日:在联合国教科文组织为捍卫拯救上埃及纪念性建筑辩护。

1960 年 4 月 3—15 日:赴墨西哥进行公务与私人旅行。

1960 年 6 月 21 日:参加联合国教科文组织庆祝世界犹太社团联合会成立 100 周年的纪念活动。

1960 年 8 月 10—12 日:代表法国参加乍得独立庆典。

1960 年 8 月 13 日:代表法国参加中非独立庆典。

1960 年 8 月 14—15 日:代表法国参加刚果独立庆典。

1960 年 8 月 16—18 日:代表法国参加加蓬独立庆典。

1960 年秋季:尽管有条例宣布禁止在有国家补助的演出中工作,违背了《121 人宣言》的签名人确认的有权不服从,戴高乐将军还是宣布道:"在服从国家法律与关注国家整体兼容的范围内,尊重知识分子的自由思考与表达同等重要。"

1961 年 2 月 13 日：由于国家动产处清单上的王家家具自然产生的重新分配，宣布了一条准备重新陈设凡尔赛宫的法令。

1961 年 4 月 20 日：出台了一项限制出口可能代表国家利益的历史与艺术品的决定。

1961 年 5 月 2—4 日：在戴高乐将军的要求下赴马里。

1961 年 5 月：在巴黎举行部长仅有的两个儿子戈捷·马尔罗与樊尚·马尔罗的宗教葬礼，他们于 23 日在 6 号国道上双亡。

参加对比利时国王表达敬意的晚宴。

1961 年 6 月 1 日：在凡尔赛宫迎接肯尼迪夫妇与戴高乐夫妇。赫鲁晓夫、尼赫鲁与肯尼迪，在镜廊和修复好的特里亚农宫里已经坐立不安，想要离开了。

1961 年 6 月 24 日：参加勒阿弗尔文化宫揭幕。

1961 年夏季：在瑞士做私人逗留。

1961 年 11 月：颁布一条在财政上保障"艺术与实验"电影的法令。

1961 年 12 月 11 日：埃·比亚西尼被任命为戏剧、音乐与文化行动总管。

1961 年 12 月 22 日：发布给舞台艺术家社会保险的法令（第 61—1410 号令）。

1962 年 2 月 16 日：发布关于实施建筑教学的法令。

1962 年 4 月 14 日：蓬皮杜组成首届内阁；马尔罗重新进入内阁担任国务部长，获得负责文化事务的职位。组成文化部行政总体的决议形成。

1962 年 4 月：安德烈·奥罗成为文化部长办公室主任（至 1965 年 5 月 1 日），其前任 G. 卢贝特派员任此职至 1964 年 3 月 1 日。

1962 年 5 月 14—20 日：前往美国纽约参加法兰西学会成立 50 周年庆祝活动。

1962 年 7 月 31 日：公布 1962—1966 年间要修复的七大重要建筑

的财政年度拨款法。

1962 年 8 月 4 日:公布对被保护部门的法令(随后被命名为马尔罗法令的第 62—903 号令)。

1962 年 11 月 8 日:蓬皮杜第二届内阁组成,马尔罗担任负责文化事务的国务部长职位。

1963 年 1 月 9 日:在华盛顿国家画廊介绍《蒙娜丽莎》。

1963 年 9 月 3 日:以法国政府的名义为画家乔治·布拉克葬礼致辞。

1963 年 9 月 4 日:在塞纳滨海省的瓦朗日维尔出席布拉克的宗教葬礼。

1963 年 9 月 15—17 日:赴芬兰进行公务旅行。

1963 年 10 月 13—18 日:赴魁北克进行公务旅行。

1964 年 1 月:在巴黎第 20 区参加东巴黎剧院揭幕仪式,这实际上是在巴黎仅有的一座文化宫。

1964 年 3 月 4 日:宣布成立制作法国名胜与艺术宝藏总清单的委员会。

1964 年春季:在摩洛哥与瑞士做私人逗留。

1964 年 4 月 14 日:委员会召集第一次会议考虑列入清单的法国艺术宝藏。

1964 年 5 月 31 日:马尔罗以法国政府的名义向圣女贞德致意。

1964 年 7 月:在圣-保尔-德-旺斯为梅格基金会揭幕。

1964 年夏季:到瑞士做私人逗留。

1964 年 9 月 23 日:参加巴黎歌剧院顶棚翻新揭幕式,绘画人为马克·沙加尔。

1964 年 12 月 19 日:把推定的让·穆兰遗骸移至先贤祠。戴高乐将军到场,马尔罗向这位抵抗运动的统一者致敬并宣布:"让·穆兰是无须篡夺任何荣耀的人。"

马尔罗传:幻梦与真实

1964 年 12 月 26 日：颁布给绘画、雕塑与雕刻艺术家设立社会保险的法律。

1965 年复活节：在威尼斯做私人逗留。

1965 年 5 月 1 日：安托万·贝尔纳接替安德烈·奥罗成为部长办公室主任。

1965 年 5 月 14 日：马尔罗在布尔热文化宫接待将军。总统宣告部长是"在理解、向往人类思想与让人了解人类思想方面最有素质的人"。

1965 年 6 月：从马赛出发乘柬埔寨号轮船私人周游非洲与亚洲。

6 月 26—27 日：与阿尔贝·伯雷在埃及。

6 月：中途停留索马里的亚丁湾。

7 月 4 日：中途停留巴基斯坦的卡拉奇。

7 月 6 日：中途停留印度的孟买。

7 月 8—9 日：中途停留锡兰岛的科伦坡。

7 月 13 日：柬埔寨号在新加坡停靠时被一艘油船撞击。

7 月 15 日：马尔罗离开邮轮。

7 月 16—17 日：私人逗留香港，获得赴内地签证。

7 月 19 日：以个人名义抵达中华人民共和国广东省。

7 月 21 日：抵达北京。

7 月—8 月 1 日：在中国西北进行个人旅行。

8 月 2 日：与刘少奇和周恩来会面。

8 月 3 日：与毛泽东主席会面。

8 月 8—12 日：逗留印度，被授予贝拿勒斯梵语学院荣誉博士称号。

8 月 13—14 日：个人在伊朗逗留。

1965 年 9 月 1 日：以法国政府名义为勒·柯布西耶的葬礼致辞。

1965 年 11 月 4 日：参加法兰西奥德翁剧院屋顶绘画揭幕式，绘画人为安德烈·马松。

1965 年 12 月:以第五共和国协会的名义发表演讲,支持重选戴高乐将军为共和国总统。

1966 年 1 月 8 日:蓬皮杜第三届总理内阁组成,马尔罗进入内阁担任负责文化事务的国务部长。

1966 年 2 月:赴墨西哥与危地马拉公务旅行。

1966 年 3 月 19 日:为亚眠文化宫揭幕。

1966 年 3 月 21—27 日:赴埃及公务旅行。

1966 年 3 月—4 月 7 日:赴塞内加尔进行公务与私人旅行。

1966 年 4 月 28 日:向戴高乐将军说明如何翻新凡尔赛宫的大特里亚农宫。

1966 年 5 月 2 日:在贝尔塔尼亚医生的要求下隔离,写信感谢戴高乐将军将马利的小屋供给自己使用。

1966 年 5 月 9 日:马塞尔·兰多夫斯基被任命为文化部音乐部门主管。

1966 年 5 月 25 日:皮埃尔·布莱在《新观察》杂志上发表文章《对马尔罗说不!》。

1966 年 6 月 2 日:结束严苛的医疗隔离时段离开马利,马尔罗给将军写信说,建议让兔子留在那里欢迎将军。

1966 年 8 月 3 日:加埃唐·皮康被迫辞去文学艺术主管一职。

1966 年 9 月 28 日:埃米尔·比亚西尼被告知自己将从现在的戏剧、音乐与文化行动主管职位上被提升。

1966 年 10 月 6 日:皮埃尔·莫瓦诺被任命为文学艺术主管。

1966 年 10 月 28 日:弗朗西斯·雷松被任命为剧院与文化宫总管。

1966 年 12 月 30 日:公布对历史名胜建筑进行官方排名的法令。

1967 年 4 月 6 日:蓬皮杜第四届总理内阁组成,马尔罗进入内阁担任负责文化事务的国务部长。

1967 年秋季:《反回忆录》的出版版权归属安德烈·马尔罗。

1967 年 11 月：在牛津大学为法兰西之家揭幕，获名誉博士头衔。

1967 年 12 月 28 日：给予对历史名胜古迹进行新工程的跨财政年度拨款，准备对要保护的自然遗迹及遗址进行登记。

1968 年 3 月：到苏联的几座城市做公务旅行。

1968 年 5 月：蓬皮杜第四届总理内阁改组，马尔罗继续担任负责文化事务的国务部长职位。

1968 年 7 月 10 日：顾夫·德·姆维尔内阁组成，安德烈·马尔罗进入内阁担任负责文化事务的国务部长。

1968 年 12 月 6 日：公布结束颁发罗马大奖制度的法令。

1968 年 12 月 31 日：公布将艺术品交付国家履行继承权的法律。

1969 年 2 月 4 日：在比奥参加费尔南·莱热国家博物馆开馆仪式，在尼斯为马克·夏加尔国家博物馆放置奠基石。

1969 年 2 月：赴尼日尔公务旅行。

1969 年 6 月 20 日：顾夫·德·姆维尔从政府辞职，结束了安德烈·马尔罗的部长职能。

1969 年 12 月 11 日：夏尔·戴高乐在科隆贝接见 G. 德·库塞尔和安德烈·马尔罗。

1969 年 12 月 20 日：露易丝·德·威尔莫兰死于韦里埃-勒比松，马尔罗此后在索菲·德·威尔莫兰的支撑下继续住在那里直至去世。

1970 年 11 月 12 日：马尔罗赴科隆贝参加戴高乐将军的葬礼。

1971 年 3 月 17 日：伽利玛出版社出版《被砍倒的橡树》。

1971 年秋季：考虑担任志愿者队伍头领以帮助孟加拉国。

1972 年 4—12 月：电视 2 台播放《世纪传说》，马尔罗在该档节目里，向克洛德·桑特利和弗朗索瓦丝·维尔尼描述了 20 世纪的景象。

1972 年 5 月 13 日：到多尔多涅省的杜莱斯塔尔颂扬抵抗运动的战役。

1972 年秋季：在萨尔贝特里埃尔疗养院逗留后，撰写《拉扎尔》。

1973 年 7 月 7 日:莫里斯·德吕翁与安德烈·马尔罗在尼斯参加马克·夏加尔国家博物馆揭幕仪式。

1973 年 7 月 13 日:埃美·梅格在其基金会为《安德烈·马尔罗的想象博物馆》展览揭幕。

1973 年 9 月 12 日:参加格里埃尔高原上的吉利欧里纪念碑揭幕式,回顾"人民夜间的首次战役"。

1974 年 3 月:伽利玛出版社出版《黑曜石之首》。

1974 年 5 月:在广播与电视上支持总统候选人雅克·夏邦-戴尔马的总统竞选资格,然而电视为他提供的这个场合,却因他服药用错了剂量而受损。

1975 年 5 月 10 日:向被放逐到沙特尔大教堂广场上的妇女们致敬。

1975 年 9 月:用一封信为苏珊·尚塔尔追忆若赛特·克洛蒂斯生平的著作作序。

1975 年 11 月 22 日:参与被佛朗哥司法判死刑的西班牙战士的请愿。

1975 年 11 月 23 日:庆贺夏尔·戴高乐研究院成立 5 周年,追忆戴高乐的英雄业绩。

1976 年 4 月:伽利玛出版《绳与鼠》。

1976 年 5 月 12 日:在国民议会为自由委员会做证。

1976 年 11 月 23 日:在克雷泰伊的亨利-蒙道尔医院与世长辞。

1976 年 11 月 24 日:在韦里埃-勒比松公墓入殓。

1996 年 8 月 9 日:希拉克总统颁布法令,准许将安德烈·马尔罗的遗骸移入先贤祠地下墓穴。

1996 年 11 月 22 日:马尔罗的棺木被解放阵线管辖范围内的司法部监管。

1996 年 11 月 23 日:马尔罗被葬于先贤祠地下墓穴。

马尔罗传:幻梦与真实

注释

前言

1. 弗朗索瓦-勒内·德·夏多布里昂为 1815—1818 年间路易十八的国务部长和 1822 年 12 月至 1824 年 6 月的外交部长。安德烈·马尔罗的部长生涯时限之长显然大大超出前者。

2. 1970 年 9 月 15 日关于《希望回忆录》的信件,存放于雅克·杜塞文学图书馆。

3. 马尔罗 1965 年 5 月 14 日到谢尔省旅行期间,在布尔热文化宫的发言摘要。米歇尔·维诺克在法国西部 3 台复制成《从萨特到福柯》的标题播放;在 56 分钟的节目播放中,皮埃尔·德封的拍摄留给成为政权人物的这位知识分子的位置很少(只有 1 分 17 秒+50 秒留给了安德烈·马尔罗的最后几句话,这几句话提到了戴高乐将军于 1958 年 9 月 4 日构建第五共和国,开启公民投票的情况)。

4. 安德烈·马尔罗进入先贤祠的计划,令人联想到他应"属于自己所处时代记忆里的标志性历史人物"之一,这些人拥有崇高的象征性价值(见让-保罗·尚巴 1996 年 11 月 23 日散发给参与仪式受邀者的电影文本——来自作者卷宗)。

5. 大家都认为马尔罗就是一个普普通通的部长——见《大百科全

书》录影第 13 版,雅克·勒卡尔姆教授的序言文章。

6. 这个说法从本质上否认了这个思想方法,见 1989 年 10 月 10 日由文化部历史委员会未来主管签署的信件,此信被寄往被邀做证的人物当中——见《法兰西笔记》第 260 期 1993 年 3—4 月巴黎法国文献出版的专辑《文化与社会》中的本人文章《国家与文化事务管理》。我在此坚持再次确认,就历史学家而言,不可能存在"悬而未决的单纯事实。因此没有回头路":问题提出来后就要永久负责。

7. 1969 年 5 月 5 日的谈话,发表在以安德烈·马尔罗为专题的《赫恩备忘录》上(1982 年 11 月第 43 期,第 16 页)。

8. 该文发表在 1996 年 11 月 28 日的《巴黎竞赛报》上,又被《与本世纪作家在一起》采纳,菲利帕什出版社,2000 年,第 70 页(《巴黎竞赛报档案库》合集)。

9. 弗洛朗丝·马尔罗女士很乐意让我查询她父亲存放在杜塞图书馆的全部文件,我再次表示感谢。至于允许我进入图书馆查看文化部档案资料,一直是由勒卡和朗先生签字决定的。然而马尔罗最后一届办公室安排毁坏文件的行动,延误了分类,丝毫没有保证文件的完整性。读者可在注释以后,看到文件的来源清单与选择的书目。

10. 在争论公投选举共和国总统的部长会议上的宣言,由阿兰·佩尔菲特引入《这就是戴高乐》,第 I 卷,巴黎,法卢瓦/法亚尔出版社,1994 年,第 229 页。

11. 摘自弗朗索瓦·莫利亚克 1948 年 2 月 19 日发表在《费加罗报》上的文章。

12.《阿尔滕堡的溺水者》——该句摘自 E.穆尼耶的《安德烈·马尔罗,盲目的征服者》。

13. 见文件《询问马尔罗》,登在《希望》杂志 1948 年 10 月号上,笔者为阿尔贝·贝甘与让-玛丽·多芒纳什。

14. 以《安德烈·马尔罗,盲目的征服者》为标题,被重新引用在

《马尔罗、卡缪、萨特、贝尔纳诺:失望者的希望》中,巴黎,瑟依出版社,1953 年,再版于 1970 年,被收入《瑟依观点》丛书。

15. 杜塞图书馆保存了打字稿和夏尔·戴高乐 1958 年 1 月 12 日信件手写稿的复印件——背面有涂改痕。

16. 2008 年 2 月以后被安置在荣誉军人院旅馆的地下室里。

17. 1967 年 5 月 23 日在拉丁世界科学院成立仪式上的讲话。

18.《反回忆录》,第 9 页,弗里奥(Folio)版,1976 年。

19. 菲利普·博纳菲斯引自《文学杂志》第 347 期,1996 年 10 月,第 27 页。

20. 路易·贝尔塔尼亚的文章,《新法兰西杂志》第 295 期,1977 年 7 月,第 100 页。

21. 1960 年 11 月 22 日的信件,见夏尔·戴高乐:《信件、笔记与文书》,巴黎,普隆出版社,1985 年,第 412 页。

22.《希望回忆录》,第 I 卷,《奋斗》,巴黎,普隆出版社,1970 年,第 285 页。

23. 见文化部文摘第 32 篇文章《文化事务国务部长安德烈·马尔罗 1958—1969 年的演说、致辞与新闻发布会》(41 篇文章均无页码)。

24. 安德烈·马尔罗(AM):《全集》(OC)第 Ⅲ 卷,《砍倒的橡树》,第 631 页。

25. "他只爱发疯的女人,这就是戴高乐",1995 年 11 月 20 日的谈话,载入让-弗朗索瓦·利奥塔尔的《马尔罗署名的传记》,巴黎,格拉塞出版社,1996 年,第 303 页。

26. 让·卡苏曾经是马尔罗支持西班牙共和政体的最热心的同志之一(向作者提供的证据)。

27. 克洛德·居伊:《倾听戴高乐》,巴黎,格拉塞出版社,1996 年,第 335 页。

28. 多米尼克·德桑蒂在《艾尔莎·阿拉贡　暧昧男女》(巴黎,贝尔丰出版社,1994年)第232页上证实了这一点。

29. 关于这一点,应重读马里于斯-弗朗索瓦·居亚尔对《虚幻之镜》的精辟说明,见《全集》第Ⅲ卷,尤其是第1122—1128页。

30. 安德烈·马尔罗:《书·藏书人·猫》,见《原版图书及插图图书目录》,巴黎,伽利玛出版社,1929年。

31. 安德烈·马尔罗:《反回忆录》,见《全集》,第Ⅲ卷,第6页。

32. 克拉拉·马尔罗:《我们的脚步声》,第Ⅲ卷,《战斗与游戏》,巴黎,格拉塞出版社,1969年,第75与210页。马尔罗的夸张赢得了与其交往过的人心,正如一名船长从船上发出的电报所表明的。电报向当局指出"这是前安南(越南的旧名)的红色布尔什维克"(出处同上,第211页)。

33. 这是居亚尔教授的意见。

34. 安德烈·马尔罗:《全集》第Ⅱ卷,第276页。

35. 见《回顾1940—1945年间卢浮宫物品的外流》,巴黎,索莫吉出版社,1992年,第115页。

36. 在1951年12月11日的注解里,第四共和国的首届总统也犯了这样的错误,认为马尔罗是《人道报》在中国的联络员并割断了吴哥窟雕塑的头颅。见樊尚·奥里奥尔:《七年总统任职日志》,编辑皮埃尔·诺拉与雅克·奥祖夫(BNF/AN光盘版,第472页)。

37. 《戴高乐将军著作注解词典》,巴黎,普隆出版社,1975年,第508页。

38. 《名人录1975—1976》,巴黎,雅克·拉斐特出版社,1975年3月,第1112页。这里马尔罗的文人与原部长身份被视为同一。

39. 多米尼克·米歇尔·弗雷米:《怎么办,1993》,巴黎,罗贝尔·拉封出版社,1992年(人物名单,第1682页,第2栏)。马尔罗进入先贤祠以后的1998年版保留了同样的注释(第26页,第1栏)。

40. 安德烈·马尔罗为《新批评》上发表的《马尔罗的生存与言论》

写的后记,主编 M. 德·库塞尔,巴黎,普隆出版社,1976 年,第 299 页。

41. 同上。

42. 同上,第 297 页。

43. 同上,第 300 页。

44. 同上,第 317 页。

45. 同上,第 334 页。

46. 除了部长兼文人的问题,我还提出要考虑安德烈·马尔罗给我写信内容的问题,这关系到我对史学的初步研究:"必须信任你的工作。必须有这样的工作存在。让我们从整体上去接受它。如果将来的研究者认为需要加以补充,就让他们去做;首先还是必须让这项工作存在下去。"1973 年 5 月 21 日从韦里埃勒比松发出的信件,提到 1975 年在国家政治学基金会出版社发表的多文字打印版,由诺贝尔和平奖获得者勒内·卡森主席作序,序言标题为《解放时期外省的政权状况》。

第一章 夏尔·戴高乐的部长

1. 苏维埃作家在莫斯科第一次会议上的发言(1934 年 8 月 17—31 日),被复制到亚妮娜·莫叙-拉沃的《安德烈·马尔罗 政治与文化》一书中,巴黎,伽利玛出版社,"弗里奥散文"丛书,1996 年,第 104—108 页。

2. 奥利维耶·多德:《安德烈·马尔罗的一生》,巴黎,伽利玛出版社,2001 年,第 191 页。

3. 亚妮娜·莫叙对马尔罗的人生进程,发表了无法超越的研究著作,标题为《安德烈·马尔罗与戴高乐主义》,巴黎,国家政治学基金会出版社,1970 年。

4. 这种说法出自德让先生,法国国家政治与新闻事务委员会主席,

1941 年 4 月 15 日关于"自由法兰西"的一次报告会。引自夏尔-路易·弗隆的《解放时期外省的政权状况》,巴黎,国家政治学基金会出版社,1975 年,第 41 页。

5. 这封信可能在他被捕期间被泰欧·贝内迪特,紧急救援委员会驻马赛代表瓦里昂·弗里的秘书贪污了。这位代表曾让被德国占领期间的法国受到第三帝国与法国国家威胁的 2000 余名人士离开了法国。这个传说出现在《马尔罗专辑》中,巴黎,伽利玛出版社,七星文库,1986 年,第 174 页。马尔罗多亏了弗里,才从美国编辑罗波特·汉斯那里获得了特别寄给他的美元。见 O. 多德:《安德烈·马尔罗的一生》,第 306 页。

6. 这个说法出自 1964 年马尔罗向让·穆兰发表致辞的初稿中。见下文(编者注:注释中提到的下文及页码,均指法文原版),第三章。

7. 西蒙娜·德·波伏娃:《年龄的力量》,第 II 卷,被安妮·考恩-索拉尔引入《1905—1980 年的萨特》,巴黎,伽利玛出版社,1985 年,第 239 页。

8. 安妮·考恩-索拉尔:《萨特》,见前引,第 226 与 279 页。

9. 热拉尔·埃莱尔:《一个在巴黎的德国人》,巴黎,瑟伊出版社,1981 年,第 159 页。

10. 勒巴泰在《废墟》中将马尔罗定义为受面部抽搐折磨的性感怪癖(巴黎,德诺埃尔出版社,1942 年,第 38—39 页)。

11. 见德里厄 1943 年 7 月 10 日的日记。德里厄说的马尔罗的朋友指的是米莱依·阿尔图,著名作品《沉睡在稻草中》的作曲家和其丈夫哲学家埃马努埃尔·贝尔勒。

12. 正如奥利维耶·维维奥卡所描写的"马尔罗与抵抗运动:置于虚幻与现实之间",见夏尔-路易·弗隆主编的《安德烈·马尔罗与法兰西的辉煌文化》,布鲁塞尔联合出版社,2004 年,第 223 页。

13. 英国秘密行动处的历史,见米歇尔·R. D. 福特与让·路易所著《1940—1944年间在法国执行的特别行动(SOE)抵抗运动中的英国人》,巴黎,塔朗迪耶出版社,2008年。

14. 准确数字为1712人。对其活动的综合论述,必须阅读克里斯蒂娜·勒维斯-图泽的研究:《阿尔萨斯-洛林旅的指挥官贝尔热上校:东线的安德烈·马尔罗(1944—1945年)》,见夏尔-路易·弗隆主编的《安德烈·马尔罗与法兰西的辉煌文化》,见前引,第215—222页。

15. 见菲利普·比东:《痛苦的欢乐,法国的解放》,布鲁塞尔,联合出版社,2004年,第176页。

16. 见阿丽亚娜·舍贝尔·达波罗尼娅:《法国知识分子1944—1954年的政治史》,布鲁塞尔,联合出版社,1991年,第93—94页。

17. 见O.多德:《安德烈·马尔罗的一生》,见前引,第513页。

18. 根据亚历山大·迪瓦尔-斯塔拉查询过的将军记事簿的记载是在11时,见《安德烈·马尔罗与夏尔·戴高乐:一部历史,两个神话》,巴黎,伽利玛出版社,2008年。

19. 马尔罗至少向马内·斯佩尔贝确认过此事。见《超越忘却》,巴黎,卡尔曼-列维出版社,1979年。

20. 马尔罗向皮埃尔·加朗特提供的证言,由他本人于1995年引入《巴黎竞赛报》2424期增刊第94页。

21. 考恩-索拉尔:《萨特》,见前引,第326页。

22. 雷蒙·阿隆的《回忆录》,巴黎,朱莉亚尔出版社,1983年,第207—208页。

23. 马尔罗是在1972年2月16日给我写的信,但是雅克·沙邦-戴尔玛并不想向我确认他引证材料的真实性。

24. 是面对全国制宪会议宣布的。

25. 见帕斯卡尔·奥里:《美丽的幻觉》,巴黎,普隆出版社,1994年,第73页。

26. 见皮埃尔·莫瓦诺:《账已结清》,巴黎,伏尔泰堤岸出版社,

1993 年,第 164 页。因为无论是德勃雷还是蓬皮杜,这两位相继担任的总理,都没有接受里沃利大街本想把公开财政预算中重要的非消耗物部分体现出来,以便暗中破坏增加财政预算的请求。

27. 当马尔罗 1966 年 10 月重新举出同样例子时,还处在犹豫状态。

28. 这个表彰的实质是让马尔罗进入了这样一小群人当中,这些人被打上了运用特殊方式解放法国和法国权威事业的印记,见图书管理员米歇尔夫人关于实施国家勋章的回忆录《法国解放勋章 50 周年》第491 页,巴黎,法国解放勋章博物馆,1990 年。我们在这本著作里发现两页关于洛特游击队的描述(第 462—463 页),清楚表明了指挥权的真实责任;至于从方式方法,鉴别他们真实的卓越表现,我们可以重读弗隆主编的《安德烈·马尔罗与法兰西的辉煌文化》一书中皮埃尔·拉波里的文章,见前述,第 233—244 页。

29. 这个说法用在了 1948 年 4 月 17 日在马赛召开的法兰西人民联盟大会上,继而发表在了 6 月份发行的《联盟报》上,1958 年以后被引用过几次,见 J. 莫叙:《安德烈·马尔罗与政治》,见前引,第 205 页。

30. 马尔罗曾为此与将军的副官克洛德·居伊争论。见这位飞行员的日记《倾听戴高乐》,巴黎,格拉塞出版社,1996 年,第 35 页与第47—48 页上关于保持缄默的理由。

31. 马尔罗因此在广播里讲过话,后在报刊上登载;我在《夏尔·戴高乐的百年历史》(雷恩,西部法兰西出版社,1990 年,第 51—53 页)中,复制了 1946 年 1 月 21 日制订计划的一些片段。

32. 布里吉特·弗里昂:《另一个马尔罗》,巴黎,普隆出版社,1977年,第 26 页(《希望》全集)。

33. 埃马努埃尔·穆尼耶 1948 年为马尔罗筹划信贷时有所体会,见《希望》,第 43 页。

34. 关于为德国而死的菲利普·昂里奥以及为他举办的社会民族

主义葬礼可参照英国广播公司（BBC）在《这里是 1940—1944 年的伦敦》节目里的两次播音，见《法国的战役》，巴黎，法国文档出版社，1976 年，第 78—79 页与第 87—88 页。关于宣传实效的分析，见让-诺埃尔·让纳内：《从源头至今的媒体历史》，巴黎，瑟伊出版社，1996 年，第 191 页。

35. 克洛德·居伊在 1947 年 4 月末有所提及（《倾听戴高乐》，见前引，第 312 页）。

36. 奥利维耶·吉夏尔：《我的将军》，巴黎，格拉塞出版社，1980 年，第 236 页：这个印象在 60 年代，保留在许多戴高乐主义者那里……

37. 1958 年 6 月 24 日的《世界报》。

38. 1943 年 10 月 30 日与 1958 年 12 月 2 日的讲话。

39. 根据艾蒂安·比兰·德·罗西耶的说法（1990 年 2 月 5 日给作者的信）。

40. 这是 P. 莫瓦诺的感觉（《账已结清》，同前引，第 136 页）。

41. 同上，第 137 页。

42. 这个序 1949 年被由法共控制的法国联合出版社再版此书时删除，见雅克·沙尼索与克洛德·特拉维的《安德烈·马尔罗的言论与著作和附评述的参考书目》，第戎大学出版社，2003 年，第 155 页。

43. 安德烈·马尔罗：《全集》第 III 卷，第 338 页。马尔罗从另一面强调，对克莱尔将军来说，胡志明伯伯是"法国应该接触的人"。

44. 让·诺谢在第 2 页上阐发了"法兰西人民联盟的十大观点"，第 8 点论述了专制行动，见由昂里出版社编辑的《年鉴》（无页码）。

45. 萨特第二年的出游与旅行，目的是成为马尔罗的对头。马尔罗 1958 年建议成立知识分子委员会，考察阿尔及利亚战乱持续长久的形势。

46. 摘自马尔罗与作者面谈时的内容。

47. 安德烈·马尔罗：《全集》第 III 卷，第 589 页。

48. 见10月21日的首字母缩合成AM/MC的打字信件,用手写签名(该文件在文化部展出后,在纪念第一任文化部长逝世30周年时成为通报内容)。

49. 埃米尔-让·比亚西尼在准备拍摄勒内-让·布耶的电影《神秘的马尔罗》时向作者说明的情况(法国电视4台/电视3台)。

50. 弗朗索瓦丝·吉鲁:《特别教训》,巴黎,法亚尔出版社,1990年,第200页。

51. A. 佩尔菲特:《这就是戴高乐》,同前引,第 I 卷,第89页。

52. 对签名者实施禁令,不准参加由国家补贴的戏剧演出,只在巴黎的两个歌剧院、法兰西喜剧院、国家人民剧院和法兰西剧院的演出中被禁了几个月。

53. 见雅克·弗雷莫:《1830—1870年与1954—1962年间的法国与战争中的阿尔及利亚》,巴黎,经济出版社,2002年,第237页。

54. 克洛德·莫里亚克:《另一个戴高乐,1944—1954年间的日记》,巴黎,阿谢特出版社,1970年,第270页。

55. 米歇尔·德勃雷回答道:"要执行,等待时机很必要。"见罗热·贝兰:《1958—1962年当共和国驱逐他人的时候 一位证人的回忆》,巴黎,米沙隆出版社,1999年,第93页。马尔罗在执行艾维安协议这个问题上,并没有幻觉(见1962年2月21日部长会议的记叙,雷蒙·图尔努:《剧痛与命运》,巴黎,普隆出版社,1974年,第86页)。

56. 将军甚至也没有排除被杀的可能,他曾向自己的私人医生递交过一封签字信件:"如果1961年4月26日那天我没有离世,就把这封折叠好的信原封还给我吧。"见我的纪念册《夏尔·戴高乐》里的影印附件,同前引,第91页。

57. 安德烈·马尔罗:《全集》第 III 卷,第551页。读者发现马尔罗对历史上的用词经常不大准确;他在此处提到的战争部已经不存在,因为皮埃尔·梅斯梅尔是军事部长,他提到的巴黎市长当时也还不存在,因为那时在首都只有一个市政委员会主席。

58."集团"成员布里吉特·弗里昂在《另一个马尔罗》里引用了这句话,巴黎,普隆出版社,1977年,第21页。

59.被吉鲁引入《特别教训》里的话,同前引,第234页。

60.莫瓦诺:《账已结清》,同前引,第125页。

61.皮埃尔·梅斯梅尔肯定了马尔罗的优点,把他1960年8月14日在班吉的讲话引入了他自己的《回忆录》中的《大量战役之后》,第247页,巴黎,阿尔班·米歇尔出版社,1992年。

62.同上,第139页。

63.同上,第303 304页。总理在此强调"法兰西再也不能这样下去了"。

64.马尔罗1962年5月15日的讲话,见J.莫叙-拉沃的《安德烈·马尔罗与政治》,同前引,第286页。他在这个讲话的字里行间,同意60年代萨瓦纳里地毯厂重新收回在洛代维的一个织毯车间,内务部在那里雇用的是本地军人的妻子。她们与她们的女儿经过相应的职业培训以后,都成了具备公职人员身份的艺师与技工,并借助雅克·朗与弗朗索瓦·利奥塔尔部长的发展计划,拥有了为她们新建造的工厂。

65.见1962年11月11—12日的《世界报》。

66.见米歇尔·德勃雷:《为国效力》,巴黎,斯托克出版社,1963年(重点查看第273—279页)。

67.这是马尔罗1963年1月17日在拉塞尔餐厅发表的评论(A.佩尔菲特:《这就是戴高乐》,同前引,第Ⅱ卷,第9—11页)。

68.马尔罗1963年11月在尼斯的讲话,由让·夏洛引入《戴高乐现象》,巴黎,法亚尔出版社,1970年,第64页。

69.同前引,第111页。

70.马尔罗1958年10月3日为伊夫里中心委员会撰写的报告,由让·夏洛引进,同前引,第22页。

71. 让·夏洛引入了这些人的姓名:尼日尔民主联盟的 E. 福尔、L. 若克斯、E. 皮扎尼、D. 鲁塞、M. 舒曼,还有 P. 比洛特、R. 卡皮当与 L. 阿蒙(《戴高乐现象》,同前引,第 108 页)。

72. 问题涉及布列塔尼的耶稣受难像和当时在卡艾镇登记的详细清单(《安德烈·马尔罗的言论与著作》,同前引,第 369 页)。

73. 1965 年 7 月 12 日法规的第 33 条修正案,限制了工薪阶层在自筹资金上受益。(《戴高乐现象》,同前引,第 106 页)。

74.《安德烈·马尔罗的言论与著作》。同前引,第 370 页。

75. 让·夏洛,同前引,第 110 页。

76. 见 1966 年 3 月 12 日的手写信件(杜塞图书馆);科隆贝两教堂村的教堂与朗格尔教区连接,这里的主教将是 1970 年为将军葬礼主持弥撒的三位著名主教之一。

77. 依据的是 A. 佩尔菲特的说法,见《这就是戴高乐》,同前引,第 I 卷,第 229 页。总统府 1959—1962 年的首位秘书长夫人也提到安德烈·马尔罗做了皮提亚(宣示阿波罗神谕的女祭司)的工作(M. 德·库塞尔主编:《马尔罗的生存与言论》,同前引,第 16 页)。

78.《回忆录》,第 I 卷,《一个法兰西的三个共和国》,巴黎,阿尔班·米歇尔出版社,1984 年,第 56 页。

79. 加斯东给让·拉库蒂尔提供的证明,见《马尔罗在本世纪的一生》,巴黎,瑟伊出版社,1976 年,第 374 页(《观点》文集,第 251 期)。

80. 斯特伐纳·德尼,《巴黎竞赛报》,1996 年 11 月 28 日。

81.《这就是戴高乐》,同前引,第 II 卷,第 18 页。

82. 通过乔治·奥里克出任的(同上,第 I 卷,第 105 页)。

83. 同上,第 II 卷,第 405 页。

84. 菲利普·普瓦里耶:《20 世纪法兰西的国家与文化》,巴黎,袖珍本,2000 年,第 95 页。

85. 向 O. 多德提供的证明(同前引,第 13 页)。

86. 1986 年提供的证明。

87. P. 梅斯梅尔:《众多战役之后》,同前引,第 258 页。

88. 贝尔纳·特里科:《回忆录》,巴黎,伏尔泰岸出版社,1994 年,第 243 页。

89. 多米尼克·巴多:《阿兰·波埃的 50 天》,巴黎,德诺艾尔出版社,1969 年,第 154—157 页。

90. 在 1962 年 9 月 19 日部长会议上宣告此言(A. 佩尔菲特,同前引,第 I 卷,第 229 页)。

91. 阿兰·马尔罗:《布洛涅的栗子树》,巴黎,普隆出版社,1978 年,第 271 页。

92. A. 佩尔菲特,同前引,第 II 卷,第 539 页。

93. 克里斯蒂娜·克莱尔夫人向作者提供的证据,2008 年 4 月 9 日。而蓬皮杜总理的办公室主任安娜-玛丽·迪皮伊在她的回忆录《命运与意志 从马提尼翁府到戛纳市政府》中,否认了总理这个雄心大志。巴黎,圆桌出版社,1996 年。

94. 1986 年 10 月 21 日朱耶给作者的信。

95. 弗雷德里克·格伦德尔:《我没有蓝色时就放红色》,巴黎,法亚尔出版社,1985 年,第 118 页。

96. 激烈做出的手势表示唯有让他平复下来摆脱激动(见 B. 特里科:《回忆录》,同前引,第 260 页)。

97. P. 莫瓦诺:《账已结清》,同前引,第 133 与 150 页。

98. 1986 年 10 月 23 日给作者的信。将军的海军上将、巴黎的参议员在信中补充道,在韦里埃勒比松与马尔罗单独相处的一小时中,"他的谈话充满聪明才智,简直难以跟上"。

99. 米歇尔·德勃雷的证明。

100. 埃米尔·比亚西尼的证明。

101. A. 佩尔菲特:《这就是戴高乐》,同前引,第 I 卷,第 23 页。

102. 克洛德·莫里亚克:《另一个戴高乐》,同前引,第360页。

103. O. 多德引自《安德烈·马尔罗》,同前引,第349页。

104. 安德烈·马尔罗:《全集》第Ⅱ卷,《希望》,第276页。

105.《安德烈·马尔罗在国民议会》,见议会为纪念安德烈·马尔罗去世30周年编写的小册子,2006年,第18页。

106. 克洛德·莫里亚克引进的观点,《另一个戴高乐》,同前引,第175页。

107. 安德烈·马尔罗:《全集》第Ⅲ卷,《反回忆录》,第Ⅱ卷,第Ⅳ部分,第686页。

108. 若尔热特·埃勒热:《幻想中的共和国》,巴黎,法亚尔出版社,1965年,第101页。马尔罗1947年10月只是对将军说,比多太自以为是了(克洛德·居伊,同前引,第336页)。

109. 克洛德·居伊:《倾听戴高乐》,同前引,第252页。

110. 克洛德·居伊描述马尔罗在1947年2月5日的会议上,说这话时吸了一口总是叼着的雪茄(同前引,第247页)。

111. 将军的副官确认了这一点,说道,这是马尔罗作为作家,可以这样奢侈的权利。

112. 见13日马尔罗写给埃米尔·勒塞尔夫的信,编辑时引入并重新编入了这位比利时评论家的一篇散文:《安德烈·马尔罗》,1946年初次发表,1971年为音乐杂志重印了1500篇,巴黎理查德-马斯出版社(《遴选出的人物》文集,第14—15页)。关于莫里亚克与马尔罗,见收入《1947—1955年的戴高乐与法兰西人民联盟》的《弗朗索瓦·莫里亚克与法兰西人民联盟》一文,巴黎,戴高乐/阿尔芒·考兰基金会,1998年,第698页。

113. 罗兰·热弗罗:《图解大革命 法兰西人民联盟群像》,见《戴高乐与法兰西人民联盟》,同前引,第170—175页。

114. 1948年4月17日的宣言。

115. G. 埃勒热:《幻想中的共和国》中的《惧怕》一章,同前引,第334 页。

116. 阿丽亚娜·舍贝尔·达波洛尼亚:《法国的知识分子政治史,1944—1954》,第 I 卷,布鲁塞尔,联合出版社,1991 年,第 140—142 页。

117. 与埃马努埃尔·达斯捷的对话,见《事件》,1967 年 9 月 19 日。

118. 参加 1968 年的学术会议,见《戴高乐与马尔罗》,第 188 页。

119. 1947 年 10 月 2 日的记录(外办 371/67683/Z8619),引自安德鲁·克纳普的《外国人眼中的法兰西人民联盟》,见《戴高乐与法兰西人民联盟》,同前引,第 787 页。

120. 迪夫·考珀尔的加急电报(外办 371/67682/Z9374),由 A. 克纳普引入,同前引,第 788 页。

121. 1947 年 7 月 21 日在雷恩的演讲。

122. 戴高乐:《信件与笔记》,同前引,第 231 与 234 页。

123. 1947 年 11 月 10 日的笔记。

124. 由克洛德·居伊记录下来的将军 1948 年 2 月 21 日的思考(《倾听戴高乐》,同前引,第 395 页)。

125. 马尔罗为《征服者》写的后记(安德烈·马尔罗:《全集》第 I 卷,第 271—286 页)。

126. 从上文引进的无页码文件,其中的插画过于陈旧,肯定没被马尔罗选中。

127. 见克里斯蒂娜·克莱尔在《戴高乐与马尔罗　爱的故事》里对这三天的陈述,巴黎,尼尔出版社,2008 年,第 142—144 页。

128. 见让·夏洛:《对立的戴高乐主义》,巴黎,法亚尔出版社,1983 年,第 118—122 页。

129. 马尔罗没有注明日期的手写件,注明了在印度支那战争时期贩运埃及货币的日期(玛德莱娜·马尔罗档案复制了这个文件,见 C. -L. 弗隆主编的《安德烈·马尔罗与法兰西的辉煌文化》,同前引);该文件的内容发表在 1950 年 2 月的《十字街头》报上。

130. 戴高乐夫人 1947 年 10 月 25 日暴露的隐情,被克洛德·居伊引入。

131. 安德烈与克拉拉于 1947 年 7 月 9 日宣布离婚(根据安德烈·马尔罗出生证明页边上的记录)。

132. 伊冯娜给玛德莱娜·马尔罗提供的证明(1997 年 2 月 7 日交谈的内容)。

133. 安德烈·马尔罗:《全集》第 I 卷,第 280 页。

134. 辱骂式的文章发表在 1948 年 7 月的第 34 期上,该杂志从第 39 期起,在勒内·朱利亚尔那里出版(见皮埃尔·阿苏利纳:《加斯东·伽利玛》,同前引,第 550—551 页)。

135. 帕斯卡尔·奥里:《如何解释成功,萨特是一个流派的代表》,见《文化奇遇 13 种文化历史范例》,加普,联合出版社,2008 年,第 217—225 页。

136. 让-保尔·萨特:《词语》,巴黎,伽利玛出版社,1964 年,第 211 页。

137. 1952 年 1 月 17 日记录(见《另一个戴高乐》,同前引,第 363 页)。

138. 1948 年 9 月 16 日由娜塔莉娅·纳乌莫瓦记录,见《苏维埃视角里的法兰西人民联盟》(《戴高乐与法兰西人民联盟》,同前引,第 818 页)。

139.《1948 年法兰西人民联盟年鉴》,同前引。

140. 1948 年 10 月 21 日对克洛德·居伊的宣言(同前引,第 442 页)。

141. 这是 G. 蓬皮杜对马尔罗的感觉(见其后期作品《为建立事实真相而作》,巴黎,普隆出版社,第 81 页)。

142. 玛德莱娜·马尔罗文集中的手写稿。《1948 年法兰西人民联

盟年鉴》还宣布"社会民主一直在诺斯克与克伦斯基中间踽踽前行",
而"人民共和运动就是毫无建树的含糊不清的垂死牺牲者"。

143. 与 A. 舍贝尔的说法不同(见《知识分子的政治史》,同前引,第
141 页),即便上述预言提到诺斯克与克伦斯基,我们还是可以想象,选
民们,甚至是法兰西人民联盟的战斗分子都不知道,这牵扯到被希特勒
与列宁的政策分别扫除的一个德国人和一个俄国人。

144. 马尔罗是 1947 年 5 月 29 日在塞纳河省提出法兰西人民联盟
条款的第二位签名者,在戴高乐之后,但是在帕莱夫斯基、勒诺-雷米、
苏斯戴尔先生与玛佐以及瓦雷里-拉多教授之前;见加斯东·帕莱斯
基:《行动回忆录,1924—1974》,巴黎,普隆出版社,1988 年,第 251 页。

145. 见让·夏洛在 1986 年学术会议上的报告,展示了 44 个场景,
其中的一个日程的重点是关于马尔罗的主题(《戴高乐与马尔罗》,同
前引,第 139 页)。

146. 见 1937 年 4 月 2 日的《工人斗争》,纪德因为在斗争中"绝对
独立的性格"而受敬重。

147. 由皮埃尔·维安松-蓬特复制到了《戴高乐主义者 惯例与年
鉴》,巴黎,瑟伊出版社,1963 年,第 148 页。

148. 来自一张没有日期但标号为 12 的打字页上的节录,写于《人
的境遇》被极为反动的蒂埃里·莫尼耶改变成剧目之际(杜塞图书
馆)。关于这个说法被所有政治阶层反复采纳,奥里奥尔总统在《总统
七年任职日志》里也说明了这件事。这部日志由伽利玛出版社出版,全
部收入 2000 年的光碟。

149. 保存在杜塞图书馆的未标注日期的打字文稿里。

150. 布尔卡特记住了这句话,后由办公室主任科希丘什科-莫里泽
向总统再次提起(《总统七年任职日志》,同前引,1949 年 2 月 3 日的注
释)。

151. 1949 年 2 月 12 日在里尔召开的法兰西人民联盟会议(同上,

Ⅴ.奥里奥尔在1949年2月18日的记录上补充道,"他选择的那个首领就是让人想哭,或是找个日子去哭,而他真想说的是大家再也笑不出来了")。

152.克洛德·居伊:《倾听戴高乐》,同前引,第480页。

153.若尔热特·埃勒热引入的观点,见《矛盾的共和国》,巴黎,法亚尔出版社,1968年,第30页。

154.《总统七年任职日志》,同前引,奥里奥尔1949年7月10日记录。

155.玛德莱娜·马尔罗保存的手稿,被复制成单页插图放入《安德烈·马尔罗与法兰西的辉煌文化》学术会议合集的数字版程序手册里,同前引。

156.在将军产生这个悲观想法之前,克洛德·居伊记载道,戴高乐对他周围的人有所判断,尤其是被战争前景振奋了精神并恢复了体力的马尔罗。

157.被引进第155条注释的手稿。

158.《遗忘 1946—1958年的戴高乐》,巴黎,拉泰出版社,1975年,第132页。

159.1952年11月27日的看法(《克洛德·莫里亚克日志》,同前引,第375页)。

160.J.夏洛:《戴高乐现象》,同前引,第139页。

161.蓬皮杜1949年1月对克洛德·居伊述说了这个看法,他认为周围的所有人对此都"直言不讳"。

162.他向高师学生罗贝尔·布热德作了暗示(见克里斯蒂娜·克莱尔:《戴高乐与马尔罗 爱的故事》,同前引,第181页)。

163.马尔罗向克洛德·莫里亚克提出的看法,1952年1月17日(见被引日记的第36页)。

164.见被引日记第814页上的第64条注释。

马尔罗传:幻梦与真实

165.《议会文件》第 267 期,1952 年 7 月 11 日。

166. 打字纸页,无日期,保留在杜塞图书馆。

167. 这位院士在自己的拍纸簿上有所记载。

168. 英国历史学家菲利普·威廉姆斯把它记录在《第四共和国时期的政治生活》中,巴黎,A. 考兰出版社,1971 年,第 282 页(《政治分析》文集)。

169. F. 吉鲁:《特别教训》,同前引,主要在第 179、199 和 200 页上。

170. 出自贝尔·朱安的表达方式。

171. 本文出现在《弗朗索瓦·莫里亚克精选系列文集》第 19 卷上,巴黎,书友圈出版社,第 296 页。

172. 马尔罗向作者提供的证明。

173. 西蒙娜·德·波伏娃:《归根结底》,巴黎,伽利玛出版社,1972 年,第 174 页(让-路易·让内尔转引自《马尔罗的记忆与现象》,巴黎,伽利玛出版社,2006 年,第 294 页)。

174. 同上,第 427 页。

175. 见《安德烈·马尔罗的言论与著作》,同前引。

176. 阿兰·马尔罗:《布洛涅的栗树》,同前引,第 115 页。

177.《新的内心记忆》(弗拉马里翁出版社,1965 年),被弗朗索瓦·莫里亚克引进《自传集》,巴黎,伽利玛出版社,1970 年,第 722 页。

178. 让-路易·克雷米厄-布里拉克对这个片段以及对马尔罗 1959 年的具体表现的分析——对左派的担保,外国人眼中的旗帜,见《戴高乐与马尔罗》中《被派往内阁的部长》,同前引,第 148—165 页。

179. 该报发表了米歇尔·克莱尔记录的 1958 年 6 月 17 日的一次谈话。

180. 这是乔治·蓬皮杜 1963 年指定给阿兰·佩尔菲特的任务(《这就是戴高乐》,同前引,第 Ⅰ 卷,第 501 页),根据蓬皮杜的戴高乐主义理念,要把电视视为“法兰西的喉舌”,见 J. -N. 让纳内:《媒体的历史,从起源至今》,巴黎,瑟伊出版社,1996年,第284—287页、第305页。

181. 皮埃尔·勒弗朗给作者提供的证据。

182. 在伽利玛出版社出版的《圣-朱斯特》的作者,1954年由马尔罗作序(《安德烈·马尔罗的言论与著作》,同前引,第288页与396页)。

183. 电视播放建议用广播的立体声传播。见《百科全书》中的文章《电视与广播——社会形成电视》,让·卡泽纳夫强调这出戏特别引起北部未成年人的兴趣,因为曾经有人对他们做过调查。

184. 对《安德烈·马尔罗 选页 小说》(巴黎,阿谢特出版社,《沃布多勒经典作品》,1955年)的介绍,被埃里克·鲁塞尔引进《乔治·蓬皮杜》,巴黎,J.-C.拉泰出版社,1994年。

185. R. 阿隆:《回忆录》,同前引,第75页。

186. 在1958年10月21日给皮康的信里提到(见复印件)。

187. 在这次交谈中,德勃雷抬起手臂大叫:"无论如何你们也看不到他负责管理国外800所中学的情景!"(见菲利普·普瓦里耶:《20世纪法国的国家与文化》,同前引,第88页。)

188. A. 佩尔菲特:《这就是戴高乐》,同前引,第Ⅰ卷,第522—523页。

189. P. 维昂松-蓬特:《戴高乐主义者》,同前引,第148—149页。

190. G. 皮康:《法国新文学面面观》,同前引,第67页。

191. 皮埃尔·朱坎的发言,由菲利普·普瓦里耶引入《国家与文化》,同前引,第92页。

192. 安德烈·维尔姆塞关于《反回忆录》的文章。(见下文,第286页——指法文原著页码,后同,不再一一注明。)

193. 见下文,第203页。

194. 将军在之前5月19日的一次谈话以后,也在1967年6月9日的信中要求增补资金"尽快在美丽城建立一座模范文化宫"(《书信集》,同前引,第 114 页)。

195. 见下文,第 298 页。显然,在马提尼翁府,然后是里沃利大街与盖道尔赛,德勃雷先生在应该把行动权力交给部长作家的时候,始终保持谨慎。

196. 建筑部门主任在会议上记录的观点,见马科斯·凯里安:《反创建部长的马尔罗》,巴黎,蓝多出版社,2001 年,第 28 页。

197. 文章发表在 1966 年 5 月 4 日的《鸭鸣报》上,当时马尔罗刚刚进入隔离进行治疗(见第 202 页)。

198. 报告时值部长离职后一个月,于 1969 年 7 月发表,见 P. 卡巴钠:《文化权力》,同前引,第 159—160 页。

199. 见下文,重点看第 185 页与 195 页。

200. M. 凯里安:《反创建部长的马尔罗》,见前引,第 39 页。

201. 设计师大约是为了讨好马尔罗,曾说,最顶层会令人联想到斯特拉斯堡老屋的天窗(《视觉》,1967 年 2 月)。

202. 因此是否就得到了 M. 凯里安的赞誉,他补充道:"议会的生活方便到令人感动。"(同前引,第 29 页。)

203. 《内心的新鲜记忆》,同前引,第 717 页。

204. P. 梅斯梅尔:《诸多战役之后》,同前引,第 258 页。

205. 因此他妻子克拉拉在提到 1936 年的他时,进行了描述,强调从他表现出这个天才以来就从未停止过(《我们的脚步声》,同前引,第四部分,第 205—206 页)。

206. "共产主义对马尔罗来说,是对世界新产生的激情",G. 阿尔特曼在《光辉》上写道,乔治·鲍里斯的这份报纸后来成为自由法兰西与孟戴斯主义的支柱(1935 年 6 月 8 日;见安德烈·马尔罗:《全集》第 I 卷,第 1381 页)。

207. 安德烈·马尔罗:《全集》第 I 卷,第 777 页。

208. 1948 年 3 月 5 日的讲话(《征服者后记》,《全集》第 I 卷,第 282 页)。

209. 亨利·戈达尔 1933 年 11 月指出的看法。

210. 从 1951 年起,马尔罗就被免除在立法机构露面,"将军面对无法制服的对立面让步了"(见 G. 帕莱夫斯基:《行动回忆录》,同前引,第 259 页)。关于相对轻视选举的情况,见安德烈·马尔罗:《全集》第 III 卷,在第 1176 页上注明的第 86、150、245、331 页。在部长 1962—1965 年的办公室主任安德烈·奥罗的《绿色笔记》中,我们也发现一条注释——"无险情",中心意思是遇到偶然介入地方选举辩论时,部里要进行谨慎教育。

211. 见 J. -L. 让内尔教授在《马尔罗,记忆与现象》中的分析,同前引,第 290—291 页。

212. 我们发现在发表法兰西人民联盟的会议惯用语"祖国之荣耀!这就是戴高乐将军!"之前,在全国视听研究所这次游行的录像带上,论坛被挤在共和广场雕塑和广场最近的角落之间;我们也听到敌对游行者的呐喊,这些人在警察署的命令下,被纠察隔得很远。

213. 在《我们的共产主义一代,1953—1968》(巴黎,拉封出版社,1977 年,第 149 页)里,菲利普·罗布里厄提到马尔罗说话像某个法西斯分子,"声音带鼻腔,喘息着说话,完全符合当天的氛围与节奏"。

214. 安德烈·马尔罗:《全集》,第 III 卷,第 915—916 页。

215. 同上,第 122 页。

216. 同上,第 118—119 页。

217. 玛德莱娜·马尔罗其实仍旧保留着对那个阴沉的赤道之夜示威者的记忆(1997 年 2 月 7 日的谈话)。

218. 见安德烈·维尔姆塞:《人类》,1967 年 10 月 7 日。

219. 安德烈·马尔罗:《全集》,第 III 卷,第 124—125 页。

220. 在西班牙参与战斗让马尔罗看到了斯大林主义的危害,即使他优先配合了反法西斯战斗,也让他在 1938 年和 1939 年选择了沉默。安德烈·马蒂庆幸人们在这段时间摆脱了马尔罗,因为马尔罗没有表现出任何政治上的安全感。

221. 手记(玛德莱娜·马尔罗文集)。

222. 在 1967 年的民意测验中,赞誉作家的言论占 42%,赞誉文化部的言论占 39%;不过仍旧有 55% 的被调查人士没有对这位文人表态,48% 的人没有对这位政治家表态。

223. 克洛德·莫里亚克:《另一个戴高乐》,同前引,第 373 页。

224. 樊尚·迪布瓦引自《新批评》上的节选文章(《文化政策》,巴黎,柏林出版社,1999 年,第 183—184 页)。

225. 1967 年 10 月 9—16 日的民意测验,菲利普·普瓦里耶摘自《国家与文化》,同前引,第 73 页。

226. 文章《政权中的文体学家》,摘自《反审查》,巴黎,让-雅克·波韦尔出版社,1966 年,第 15—16 页。

227.《安德烈·马尔罗的言论与著作》,同前引,第 388 页。

228. 1964 年 11 月 7 日在财政问题的讨论中对议员们做出的解释。

229. 正好在马尔罗去世前一年的 1975 年 11 月 3 日(J. 莫叙-拉沃:《安德烈·马尔罗与政治》,同前引,第 384 页)。

230. P. 莫瓦诺:《账已结清》,同前引,第 136 页。

231. 见下文第 235 页。

232. 见雅克·福卡尔:《五月的将军 爱丽舍宫日记》,第 Ⅱ 卷,1968—1969 年,巴黎,法亚尔/年轻非洲出版社,1998 年,第 205—209 页。

233. 杜塞本人审查了手稿的最初文本(安德烈·马尔罗:《全集》,第 Ⅲ 卷,第 1236 页和第 550 页)。

234. 1969 年 4 月 13 日在斯特拉斯堡(《安德烈·马尔罗的言论与著作》,同前引,第 389 页)。但是马尔罗反驳了罗贝尔·格罗斯曼谈论的第三代戴高乐主义者:"你们是后继的戴高乐主义者。"

235. 关于蓬皮杜的模棱两可,见弗朗索瓦·奥迪吉耶在让-保尔·古万戴与让-玛丽·马约尔(编辑)著作中的表述:《政治家乔治·蓬皮杜》,巴黎,法国大学出版社,2001年,第228—232页。

236. 1961年5月8日为纪念圣女贞德在奥尔良的讲话,见J. 莫叙-拉沃:《安德烈·马尔罗与政治》,同前引,第277页。

第二章　创建文化宫的部长

1. 皮埃尔·梅斯梅尔2001年6月8日向作者提供的证据。

2. 见L. 贝尔塔尼亚医生1977年7月在《新法兰西杂志》上提供的证据,被复制引进上文序言,第20页。

3. 米歇尔·德勃雷:《回忆录》,第Ⅲ卷,《1958—1962年的行政管理》,巴黎,阿尔班·米歇尔出版社,1988年,第14页。

4. 米歇尔·德勃雷:《年轻人,法兰西对你来说应该是什么样的?》,巴黎,普隆出版社,1965年,第133页。

5. 米歇尔·德勃雷:《回忆录》,第Ⅳ卷,《1962—1970年的另类管理》,巴黎,阿尔班·米歇尔出版社,1993年,第191页。

6. 根据德勃雷的说法。在《行政管理》(同前引,第189页)里,他用三页纸更为细腻地描绘了自己那位国务秘书的形象,但是在我们的对话里,我常常发觉他感觉恼火的是觉察到作家经常把不现实与想象混淆起来。

7. 米歇尔·德勃雷:《回忆录》,第Ⅰ卷,《为一个法国的三个共和国战斗》,巴黎,阿尔班·米歇尔出版社,1984年,第418页。

8. 1982年1月21日的谈话与1987年2月23日的信件,这封信是由于在1986年11月的会议上传播上述谈话内容时引起骚动惹出来的。

9. 阿兰·马尔罗在 1978 年发表的《布洛涅的栗子树》里，引进了安德烈在一封通函中威胁性的语句:米歇尔,我不喜欢您的这封信;您乐意另外给我写一封吧(同前引,第 114 页)。

10. 德勃雷:《回忆录》,同前引,第Ⅲ卷,189 页。

11. 米歇尔·德勃雷向我确认了好几次。

12. 莫里斯·克拉维尔在 1968 年披露了这些小牛犊;《费加罗报》的文化负责人 1966 年起签署了《安德烈·马尔罗或沉默的年代》(关于《战斗》的圆桌会议,见 C. 克莱尔:《戴高乐与马尔罗》,同前引,第 284 页)。

13. 1968 年 9 月 28 日在说法语的国会议员国际联合会全体会议上的发言。

14. 文化部历史委员会第二任主席,遗产处原处长玛丽沃娜·德·圣皮尔让提供的证明(2008 年 10 月 2 日)。

15. M. 德勃雷:《青春》,同前引,第 115 页。

16. 安德烈·奥罗提供给作者的证据。

17. 1959 年 12 月 22 日的笔记。

18. 安德烈·马尔罗:《全集》第Ⅲ卷,《绳与鼠》,第 570 页。

19. 他在 1982 年 1 月 21 日的第一份证明中向我说明了这一点,直至 1996 年,他在好几次对话与信函里都确认过。

20. 尤其因为阿尔贝·伯雷在没有获得副手职位时一直是技术顾问。

21. 1986 年 10 月 21 日给作者的信。

22. 居伊·布拉若的证言。

23. 作家与皮埃尔·莫瓦诺的谈话。

24. 莫瓦诺:《账已结清》,同前引,第 118—119 页。

25. 部长办公室的第二位主任在 1986 年 12 月份的会议上宣布此

事,见《安德烈·马尔罗,世界达人》(韦里埃勒比松出版社,1989 年)。

26. Ph. 普瓦里耶:《法兰西的国家与文化》,第 85 页。

27. A 类的第 113 条。文化部 30 年后,在巴黎与外省雇用了 12231
位官员与合同人员。见让-卢多维克·西利卡尼:《文化部的人力资源
管理》,1991 年 4 月第 151 期的《行政管理》,此文被放入《国家与文化》
专辑,从中可发现我的综述文章《从艺术到文化事务:戴高乐政权的行
动与 1959—1969 年的文化部结构》。

28. 皮埃尔·莫瓦诺 1986 年 10 月 22 日给作者来函的节选。

29. 1967 年 11 月 13 日的记录(皮埃尔·莫瓦诺的文件)。

30. 莫瓦诺:《账已结清》,同前引,第 158 页。

31. 针对 7 月 2 日 189/59 信函的批评信件,文化部成立时被记录
在 8 月 14 日的 3832(CAC/AN)号文件上。

32. Ph. 于尔法力诺:《文化政策的发明》,巴黎,法国文献出版社,
1996 年,第 62 页,见对这项冲突的全面分析,第 60—68 页。

33. 我们在 1960 年 12 月 11 日记录中可以发现相关的例子(参照
CAC950514——第 8 条)。

34. 莫瓦诺:《账已结清》,同前引,第 121—122 页。

35. 弗雷德里克·埃布拉尔:《歌德的房间》,巴黎,弗拉马里雍出版
社,1981 年,第 11 与第 88 页。

36. 见保留在雅克·若雅尔文件里的记录。

37. 皮埃尔·莫瓦诺在《账已结清》里考虑到了这件事,同前引,第
150 页。

38. 1959 年 12 月 22 日以来,博尔多地区的反法西斯知识分子警戒
委员会的老成员只是负责接任务(见 12 月 31 日《官方日志》上发布的
政令)。

39. 埃里克·朗热罗在《1958—1981 年的国家与建筑,是公众的策
略吗?》中权威性地研究了这些问题。巴黎,A. 与 J. 皮卡尔出版社,

2001 年,主要参看第 77—78 页。

40. 克洛德·罗班给 E. 朗热罗提供的证据,同前引,第 78 页。

41. M. 德勃雷:《青春》,同前引,第 198 页。

42. 国家动产处 1997 年在博韦画廊展出了这里摆设的整套豪华家具,借以展示第四共和国时期的订货与购买策略(见国家造型艺术中心编辑的目录)。

43. 马尔罗在 1959 年 3 月 3 日的笔录中指出了这一点。

44. 克洛德·罗班向 E. 朗热罗提供的证据,同前引,第 78 页。

45. 1960 年 6 月 16 日的记录,从 6 月 24 日之后,需由其办公室主任乔治·卢贝提醒各部门。

46. 1982 年 1 月 21 日向作者提供的证据。

47. 作者与皮埃尔·莫瓦诺的谈话。

48. 莫瓦诺在 1986 年 10 月 22 日的一封信里向我确认了这一点。

49. 莫瓦诺:《账已结清》,同前引,第 158 页。

50. 与作者的交谈。

51. 从朗热罗那里引入 1963 年 4 月 18 日交给部长的记录,同前引,第 54 页。

52. 给作者的信。

53. 1961 年 7 月 12 日的演说。

54. 1961 年 12 月 30 日的信函(见《书信集》,同前引,第 176 页)。它还负有鼓舞安德烈·马尔罗士气的使命,因为马尔罗在 5 月 23 日失去了两个儿子。

55. 1963 年 1 月 4 日的函件(《书信集》,同前引,第 298 页)。

56. 1963 年 5 月 2 日的这封信,回应了新行政官员乔治·奥里克的请求(《书信集》,同前引,第 331 页)。

57. 见 C. 克莱尔:《戴高乐与马尔罗》,同前引,第 261 页。

58. 见《世纪戴高乐》,第Ⅶ册:《戴高乐与文化》(巴黎,法国文献与普隆出版社,1992 年)中我的文章《夏尔·戴高乐,艺术与艺术家》第 89 页与以下部分。

59. 热拉尔德·范德·肯普夫在提供给安德烈·奥罗的证据中,错误地肯定了这一点。

60. 见下文,第 268 页。

61. 这次由威尔登施泰因画廊安排的秘密出口,也使部长拒绝认可画廊主人乔治·威尔登施泰因参与法兰西艺术院的院士选举(见米歇尔·拉克罗特:《博物馆的故事 馆长的回忆》,巴黎,斯卡拉出版社,2003 年,第 144 页,第 334 页)。

62. 我们在文化宣传中心(CAC)发现了阿尔贝·伯雷给其部长的相关特别记录。

63. 见帕斯卡尔·奥里:《在乐趣与晚课之间:群众娱乐时间之前在法国博物馆举行的辩论》,见《冒险文化》,盖普联合出版社,2008 年,第 55 页。

64. 同上,P. 奥里在第 58 页上回忆道,这是乔治·于斯曼在 1937 年 4 月形成的想法。

65. 艺术史会议文件:《博物馆的现代构想》(见 P. 奥里引入的文章,第 56 页)。

66. 安德烈·沙泰尔:《艺术杂志(社论部分)》,巴黎,弗拉马里翁出版社,1980 年,第 15 页(艺术史。见目的与方法合订本《域》)。

67. 这个说法在 21 世纪被美第奇庄园的一位老寄宿者发展了,见勒诺·加谬:《大面积的文化萎缩》,巴黎,法亚尔出版社,2008 年,第 115 页。

68. 于贝尔·朗戴的证明,被记录在 1989 年的秋季学习日上。

69. 根据亚历山大·帕罗迪的要求,总统建议部长要置身于"被高度重视的境地"(见佩尔菲特:《这就是戴高乐》,同前引,第 I 卷,第 487 页)。我不知道国家遗产处的头头是否切身敌视记忆中自学成才的部长,才于 2006 年建议我烧掉安德烈·马尔罗的外交护照(这份护照是其女弗洛朗丝建议交给法国档案馆领导部门的)。借口是在此读到的信息在别处也可以获得,而将其修复的价值太昂贵! 勒诺·多纳迪厄·德·瓦布尔先生的办公室选择把这份材料放置在部长办公室做短暂展出,作为 2006 年 11 月 23 日在瓦卢瓦街纪念文化部创始人辞世 30 周年的标志。前一天晚上,玛德莱娜·马尔罗还在镜头面前展示了这本护照,准备在电视一台 20 点晚新闻节目上播放。

70. 部长 1964 年 8 月 1 日的讲演(在全国视听研究所的档案上保留了 116 秒钟)。(基金会经常赞助文化艺术活动,举办艺术品陈列等活动——译注。)

71. 1976 年与让-玛丽·德罗的谈话,用在了系列节目《与安德烈·马尔罗同行,探寻世界艺术日记》中的《试探的视角》里。

72. 同上。

73. 给作者的证据。让·卡苏在《创建的世界 艺术散文》里扩展了《博物馆功能的要点》。巴黎,工人出版社,1971 年,第 141—148 页。

74. 见让娜·罗兰:《法国 1973—1981 年间的艺术与权力 放弃艺术的历史》,圣-艾迪安,圣-艾迪安大学/谢雷克出版社,1981 年,第 162 页。

75. 1963 年 1 月 18 日在议员们面前的声明。

76. 1964 年 11 月 7 日在国民议会上的声明。

77. 1972 年 10 月 17 日的《世界报》,乔治·蓬皮杜认为选择艺术品委员会的存在是有害的。

78. E. 朗热罗:《国家与建筑》,同前引,第 51 页。

79. 这个意图在部长的两次吊唁后的一段时间可能实施过,但失败了,因为阿尔贝·伯雷曾去马提尼翁府叫道,"(他)比一支集合起来的队伍还来劲"(由朗热罗引入的凯里安的证据,同前引,第 46 页)。

80.《破坏艺术的历史》,巴黎,拉封出版社,1994 年,第 992 页。

81. 同上。

82. 文化国务秘书米歇尔·居伊的声明(《费加罗报》,1975 年 1 月 9 日)。

83.《破坏艺术的历史》,同前引,第 1000 页。

84. 见雷蒙·阿隆的《回忆录》,同前引,第 207—208 页。

85. 指不定期交出来的问题(参照 CAC950514——布朗丹文献,第 8 条)。

86. 1960 年 3 月 15 日的记录(参照 CAC950514——第 8 条)。

87. 1965 年 10 月 14 日在国民议会上的声明。

88. 弗朗索瓦·拉封引进 1990 年 9 月《音乐世界》的说法,被马丽沃娜·德·圣皮尔让引入,见《歌剧综合征》,巴黎,和睦/罗贝尔·拉封出版社,1991 年,第 39 页。

89.《歌剧综合征》,同前引,第 128 页。

90. 1965 年 10 月 18 日的声明,皮埃尔·卡巴钠在《第五共和国时期的文化权力》中加以评论,巴黎,奥利维耶·奥尔班出版社,1981 年,第 176—177 页。

91. 1964 年 11 月 2 日安德烈·奥罗的记录(SEC/CAB,第 9858 号)。

92. 1982 年 1 月 21 日德勃雷与作者的谈话。

93. 让·奥丹在 1961 年 3 月 21 日的一份打字记录中向安德烈·马尔罗汇报了此事。

94. 同上。

95. 粉色笔记手稿(CAC/AN)。

96. 见 V. 迪布瓦的《文化策略》,同前引,第 173 页与玛丽-昂热·劳克的《实施的幸福　海外的法国行政官员以及文化部的创建》,巴黎,法国文献出版社,1998 年。

97. 1962 年 4 月 22 日出现在《官方日志》上的决定。

98. 安德烈·奥罗交给作者的证据。

99. 马尔罗将依赖原来的合作者,最终按内务部总管级别退休的那个人;于是,G.-N.卢贝认为自己结束了一个"自愿承受报酬低微的职业"(这些语句出现在 1980 年 5 月书写的悼念信上并交给了普雷夫人,1944 年的一位老板的遗孀手上——让·穆兰博物馆的档案,巴黎市)。

100. 1963 年 1 月 4 日的记录,由阿尔贝·伯雷签署(SEC/CAB/749),那是美好平均主义的见证,我认为这是上层领域的唯一例证。

101. 见上文,第 55 页。

102. 与作者的谈话。

103. P. 莫瓦诺:《账已结清》,同前引,第 150 页。

104. 安德烈·奥罗和皮埃尔·莫瓦诺保存的约 500 张卡片,往往脱离了文件与信件,形成了评论体系。阿尔贝·伯雷认为那些卡片没有意义,然而他认为只是在文学上而不是在历史上没有意义。乔治·艾尔戈奇保存了这些卡片,现收藏在法兰西喜剧院的档案库。

105. 弗朗索瓦-乔治·德莱福斯:《戴高乐与戴高乐主义》,巴黎,法国大学出版社,1982 年,第 279 页。

106. 皮埃尔·德·拉加尔德:《危险的名著导读》,巴黎,J.-J.波维尔,1967 年(见前言,第 20 页)。

107. 安德烈·马尔罗:《全集》第 III 卷,第 569 页。

108. 安德烈·奥罗在 1986 年 12 月学术会议上提供的证明(《安德烈·马尔罗,世界达人》)。

109. 第一份详细清单 1969 年出炉,涉及菲尼斯泰尔省的卡雷镇。

110. A. 沙泰尔:《艺术杂志》,同前引,第 11 页,第 58—59 页。

111. 莫瓦诺的想法。但是也必须考虑那些证人作家在研讨会和每日学习期间描述宏观时的献媚观点。J.-C.里乌,然后是 Ph. 普瓦里耶两人都表示说,必须细微区别那些人的修辞,因为那些用语努力抬高了他们创意成功的价值。

112.《安德烈·马尔罗 选页 小说》的介绍(沃布多勒经典插图,巴黎,阿谢特出版社,1955 年),被引进埃里克·鲁塞尔的《乔治·蓬皮杜》这本书,巴黎,J.-C.拉泰出版社,1994 年。蓬皮杜从 1949 年 7月 20 日起就提到安德烈·马尔罗的醒悟:"我觉得他被自己宣称厌恶的政治所诱惑。若要负起责任,就要投入情感。"(《为了重建真实》,巴黎,弗拉马里翁出版社,1982 年,第 88 页。)

113. 罗兰的独生子阿兰和乔治·蓬皮杜因而从樊尚·马尔罗那里收到了这位年轻艺术家悲惨去世前的大量素描(见萨莉-德-贝亚恩的书目《樊尚·马尔罗,素描与绘画》,阿尔泰缪斯出版社,2001 年)。

114. 玛德莱娜·马尔罗从 1966 年起就再没有被带到灯宫居住过,但是蓬皮杜一家人还是很忠实于她。由于她还是名义上的马尔罗夫人,夏尔·戴高乐在 1965 年 7 月她丈夫与伯雷乘船出游后,请她参加了午宴,1965 年 12 月 24 日与 1968 年 10 月 4 日,G.蓬皮杜两次接见过她。那时候,很明显,由基耶日曼夫人筹划的离婚计划并未成功。罗贝尔·巴丹泰天才维护了马尔罗夫人的利益,爱丽舍宫也拒绝看到在位部长离婚,事实制服了露易丝·德·威尔莫兰的手段,皮埃尔·贝尔热对此只能说她知道如何让一条大鱼上钩!

115. 向安德烈·奥罗出示的部长的绿色笔记,可能是经过奥罗评价后才交给作者的。

116. 见 CAC810734/001 号文件。

117. 被保留在蓬皮杜总统个人档案里的简要的个人记事簿(乔治·蓬皮杜协会)。G.蓬皮杜两年来会见频繁的次数被统计下来,达到了事务繁忙的地步;以后会见相对稀少,让人们以为总理一直了解安德烈·马尔罗的健康状况。

118. 爱丽舍宫首任办公室女主任的回忆录:《命运与意志》,同前引,第 117 页。

119. CAC/AN,950514 文件夹——第 3 条。

120. A. 佩尔菲特:《这就是戴高乐》,同前引,第 I 卷,第 522 页。佩尔菲特记载了 1962 年第二季度的这些标志,但是可能还记得以后几年里马尔罗缺席的次数还要多。马尔罗 1966 到 1967 年间即使待在文化部,也还是被推动主要投入了《反回忆录》的创作(见第 225 页)。

121. 1970 年,马尔罗 12:45 至 15:30 在巴黎用午餐的这段时间,使他远离了韦里埃(见 S. 德·威尔莫兰:《还在爱》,巴黎,伽利玛出版社,1999 年,第 43 页);我们可以想象,从 1966 到 1969 年间,他用餐与驾车出游的时间都属于重要的活动范畴。

122. A. 佩尔菲特:《这就是戴高乐》,同前引,第 I 卷,第 522—523 页。

123.《世纪戴高乐》,第 VII 卷,《戴高乐与文化》,同前引,还可见奥罗在 1986 年 12 月会议上的证明(《安德烈·马尔罗,世界达人》,第 188 页)。

124. 这句话是蓬皮杜对时任国家动产处行政总管、凡尔赛宫原总管让·库拉尔说的,此人曾为马尔罗落户灯宫提供过帮助。

125. 因此,一位侯爵夫人的信件暗示颁发奖金数额过高也属于这种情况。

126. 蓬皮杜可能口头向部长说明了情况,部长才写下了"沙佐"这个字。

127. 拉塞尔餐厅变为部长的"饭堂",他在那里有自己专门要吃的一道菜:安德烈·马尔罗鸽肉。"这个高档杰作"一直保留在菜单上,2008 年的单人餐议价在 65 欧元一份。

128. 埃米尔·比亚西尼:《关于马尔罗 那个爱猫的人》,巴黎,奥迪尔·雅各布出版社,1999 年,第 59 页。

129. 同上。

130. 埃米尔·比亚西尼:《伟大的工程 从非洲到卢浮宫》,巴黎,奥迪尔·雅各布出版社,1995 年,第 135 页。在该页上我们看到一幅经典肖像:"穿节日盛装的小公鸡们,十分光鲜而有活力地屹立在巴黎将军夫人们的裙裾之间。"

131. 被比亚西尼引进《关于马尔罗》的证据,见前引,第 41 页。

132. 涉及让-路易·巴罗与蒂尔索·德·莫利纳(安德烈·奥罗的文件)。

133. 因此做出的选择是在"个人与私人对话"中把问题处理掉:1963 年 2 月 26 日 A. 奥罗的笔记,回答了比亚西尼 21 日的信(Sec/Cab 第 1555 号——CAC)。

134. 比亚西尼:《关于马尔罗》,同前引,第 44 页。

135. 他 1963 年 11 月 9 日拿这个说法向议员们做出了表述。

136. 让-雅克·凯拉纳在 1271 页的论文中提到了这个场景:《文化宫》,里昂,AGEL 出版社,1975 年,第 9 页。

137. 同上,第 5 页。

138. 赞颂雷奥·拉格朗热的演讲速记稿,见《人民阵线笔记》,巴黎,伽利玛出版社,2006 年,第 102 页。

139.《马尔罗对我们说》,与阿尔贝·奥利维耶的谈话,《战斗报》,1946 年 11 月 15 日。

140. P. 奥里:《美丽的幻觉》,同前引,第 832—833 页。

141. 1964 年 11 月 7 日在国民议会上的讲话。

142. 同上。

143. P. 奥里:《法国文化的奇遇》,巴黎,弗拉马里翁出版社,1989年,第 58 页。

144. 让-玛丽·德罗 1976 年搜集的证据,在《试探的视角》节目里播放。前部长对这个没有预先安排好的节目严厉地做出如下结论:"再说,事情原本不是这样的!"

145. Ph. 于尔法力诺提供了开启文化宫的城市框架,见《文化政策的创新》,巴黎,法国文献出版社,1996 年,第 347 页。

146. Ph. 于尔法力诺在《文化政策的创新》中重新描述了时任戏剧总监的皮埃尔-艾梅·图沙尔的梦境,同前引,第68—73页。

147. 埃米尔-让·比亚西尼的文件。

148. 见1961年6月26日《自由勒阿弗尔》的报道,以下标题用四行字占据了整个版面:"安德烈·马尔罗先生周六在勒阿弗尔签署了/诞生法国文化宫的文件,启动了/博物馆——文化宫开幕仪式:/我们来过这里,现在一切都从这里开始。"

149. 对于最初的20项创新,见Ph. 普瓦里耶的《法国的国家与文化》(同前引,第99—100页)和于尔法力诺的《文化政策的创新》,同前引,第79—80页。

150. 同上,第89—94页。

151. 分别由弗朗索瓦·布洛克-莱内和欧仁·科洛迪于斯-珀迪主持的诉求(见莫瓦诺给作者的信)。

152. 加埃唐·皮康设想亚眠文化宫的文件,1965年(AN/CAC)。

153. 根据1961年12月27日的一项部长决定。

154. Ph. 于尔法力诺:《文化政策的创新》,同前引,第94页。

155. 在比亚西尼给我的1986年研讨会上朗读过的一封信里,后来于1989年放入了他的文件夹(《戴高乐与马尔罗》,同前引,第244—245页)。

156. CAC950514文件——第8条。

157. 见其著作《伟大的工程》,第Ⅱ章,同前引,第141—152页。

158. 安德烈·奥罗提供给1986年12月研讨会上的证据(《安德烈·马尔罗,世界达人》,第191页)。

159. 同上。

160. 2001年6月8日埃米尔·比亚西尼提供给布莱斯特研讨会的证据。

161. A. 佩尔菲特:《这就是戴高乐》,同前引,第Ⅱ卷,第9页。

162. 安德·马尔罗:《全集》第Ⅲ卷,第306—307页。我们可以猜测,作家写下的1967年出版的这些句子,是在1966年3月19日经过庇卡底,来亚眠参加文化宫的揭幕仪式以后。

163. J. 莫叙-拉沃:《安德烈·马尔罗与政治》,同前引,第330页。

164. 1966年10月27日的声明,被复制到2006年的小册子《安德烈·马尔罗在国民议会》里,第44页。

165. M. 厄夫拉尔的日期为1965年10月18日的第283—65号报告。

166. 保留在CAC的文件里。

167. 这份文件不比奥利维耶·多德揭示出来的东西更多(见其著作:《安德烈·马尔罗的一生》,同前引,第449页),我无法解释"这么保密"的原因,至少是在马尔罗经了真正的心理治疗后,抵制了部长只剩下了疯狂的计划这样的噪音。

168. 夏尔·戴高乐:《信件与笔记》(同前引),1966—1969年,第114—115页。

169. 居伊·布拉若1990年11月19日提供给《世纪戴高乐》研讨会的证据。

170. 在《1966年7月1日至1967年6月30日年鉴》中被再次采纳的信息。巴黎,拉罗斯出版社,第185页。

171. 1964年2月3日手写签名的打字信件(埃米尔-让·比亚西尼文件)。

172. 根据G. 蒙圣戎的文件,《世界报》,2001年9月12日。

173. M. 德·圣皮尔让:《歌剧的症候》,同前引,第189页。

174.《马尔罗1947—1972年未发表过的政治言论与著作》采纳的一系列引文,关系到布尔热与格勒诺布尔,《希望》,第2期,普隆出版社,1973年1月。亚眠的言论出现在《安德烈·马尔罗与政治》里,同前引,第320—330页。准备在七星文库上架的作家部长的《全集》第Ⅵ

卷,应包括了他的全部政治文章。

175. 帕斯卡尔·奥里:《法国文化史,1968 年 5 月至 1981 年 5 月的两个 5 月之间》,巴黎,瑟伊出版社,1983 年,第 64 页。

176. 1962 年 5 月 15 日的讲话,见 J. 莫叙-拉沃:《安德烈·马尔罗与政治》,同前引,第 289 页。

177. 1960 年 4 月 15 日在一次秘密新闻发布会上所作的开场宣言的笔记(见艾尔韦·阿蒙与帕特里克·罗特曼:《行李搬运者》,巴黎,阿尔班·米歇尔出版社,1979 年,第 389 页)。

178.《马尔罗的言论与著作》,同前引,第 367 页。

179. 马科斯·凯里安提供的证据。

180. 向 R. 斯特凡纳说明的内容,无日期(1965 年左右?),经复制后载入罗热·斯特凡纳的《安德烈·马尔罗的会谈与细节》,巴黎,伽利玛出版社,1984 年,第 131 页。

181. 1968 年 3 月 13 日在部长会议上作的说明,由 A. 佩尔菲特记录,见《这就是戴高乐》,同前引,第 Ⅲ 卷,第 207 页。

182. 马克·富马罗利:《文化之国　关于现代宗教的散文》,巴黎,德法卢瓦出版社,1991 年,第 57 页。

183. 与阿尔贝·奥利维耶的谈话,《战斗报》,1946 年 11 月 15 日。

184.《人民阵线笔记》附录 Ⅳ,同前引,第 102—103 页。

185. 与作者 1982 年 1 月 21 日的谈话。

186. 文学艺术总管皮埃尔·莫瓦诺 1966 年 11 月 17 日在联合国教科文组织第 14 次全体会议上的总结摘要,由文化行动技术协会编辑成册,第 2 页。

187. P. 莫瓦诺在证据里不愿意强调,他的部长事实上已经深陷抑郁状态。

188. 发表在 1964 年 4 月第 27 期《冲突》上的声明,被选入《活跃的文化》全集,巴黎,工人出版社,1964 年,第 72—73 页与第 76 页。

189. J. -J. 凯拉纳:《文化宫》,同前引,第 19 页。

190. 声明与签字者出现在了 1968 年 5 月 28 日的《世界报》上。

191. 依据 P. 奥里的说法,见《法国的冒险文化》,同前引,第 59 页。社会学家达尼埃尔·莫特(J. 戈特拉)将近 30 年之后,还在《自由年代的乌托邦》(《思想》,1977 年)中检举自由年代并没有减少不平等,这个年代只是为了"那些有钱又有文化的人,对另外一些人,则形成了剥夺"。

192. P. 卡巴钠提供的数字,见《文化权力》,同前引,第 149 页。

193. 1968 年 11 月 13 日在国民议会上的发言。

194. 1966 年 3 月 30 日在达喀尔第一届世界黑人艺术节上的发言(《安德烈·马尔罗与政治》,同前引,第 337 页)。

195. 文化部的一张卡片上记录了文化宫与修建 25 公里高速路的价值比较;比亚西尼与布拉若两位先生为拿到这张卡片感到满意,在总统访问的电视录像里,表现出他们的目光欣喜交流时的反应。他们的部长 1966 年也在众议员面前,使用了这次等价比(见第 129 页)。

196. 1986 年 12 月 6 日写给作者的亲笔信。

197. 交给安德烈·奥罗的绿色笔记,没有日期(安德烈·奥罗的文件)。

198. 因此他委托给了帕斯卡尔·科波(1981 年 5 月 31 日法国电视 3 台播出的节目)。

199. 安德烈·奥罗的绿色笔记(安德烈·奥罗的文件)。

200. E. -J. 比亚西尼的手写笔记(埃米尔-让·比亚西尼的文件)。

201. 居伊·雷托雷在《活跃文化》中的声明,同前引,第 72—74 页。

202. 《女公民》,巴黎,弗拉马里翁出版社,1985 年(《我读过》,2003 期,第 145 页);法国档案馆馆长弗雷德里克·尚松的女儿,曾经是安德烈·马尔罗的一名年轻的行政人员,她口若悬河,征服了全场听众(同上,第 116 页)。

203. 弗朗索瓦丝·萨冈:《1954—1974 年的回应》,巴黎,让-雅克·波韦尔出版社,1974 年(袖珍本第 4764 号,第 65 页)。

204.《快报》在他过世后发表了这篇文章(1986 年 2 月 28 日—3 月 6 日,第 89—90 页)。

205. 1968 年 7 月未发表的记录,后发表在《让·维拉尔之家备忘录》的特刊上,被《新观察家》杂志引用(2008 年 7 月 24—30 日)。

206. 对"1987 年剧院观众"的调查,《文化发展》,1987 年 7 月第 70 期。让·乐普兰,这位经常被电视雇用的喜剧演员当时刚刚被任命为法兰西喜剧院的行政总管。

207. 1968 年 11 月 5 日为安托万·贝纳尔做的笔记(CAC)。

208. 在 1980 年 6 月 20 日的《巴黎日报》上重提此事。

209. 阿尔萨斯的大学教授 F.-G. 德雷富斯在《戴高乐与戴高乐主义》中提起了这项控告,巴黎,大学出版社,1982 年,第 279 页。

210. 在国民议会的调解,由 P. 卡巴钠引入《文化权力》,同前引,第 236—237 页。

211. 菲利普·马洛部长运用了这个强烈的表达。

212. J.-N. 让纳内:《媒体的历史》,同前引,第 251—252 页,第 287 页。

213. 刊登在 1981 年 3 月 4 日第 1625 期《电视节目报》上的谈话。

214. 见 1980 年 6 月 2 日的《电视节目报》。

215. 这个计划出现在 1969 年 7 月 4 日的一篇记录上(CAC)。

216. 在 1986 年 12 月会议上的证据(《安德烈·马尔罗,世界达人》,第 181 页)。

217. 在 1977 年 7 月第 295 期《新法兰西杂志》第 74 页上发表的证据。

218. 勃艮第之夜的创始人的兄弟米歇尔·帕朗是名胜古迹的总督,他在 2008 年 10 月 2 日关于《马尔罗与建筑》的一次辩论上,发表了自己的想法。

219. 1968 年 11 月 13 日在财政预算的辩论结束时面对议员们的发言。

第三章　与死神搏斗的部长

1. 阿蒂尔·奥钠热的乐曲是 1938 年根据保尔·克洛代尔受汉斯·奥尔班的雕刻启发写的一篇文章构思而成的。乐曲于 1940 年由乐队指挥保尔·萨谢尔发起,在巴塞尔演奏。

2. 与玛德莱娜·马尔罗的谈话。

3. J. –F. 利奥塔尔:《署名马尔罗》,同前引,第 11 页。

4. 安德烈·马尔罗:《全集》第Ⅲ卷,第 6 页。

5. 见《战斗》与《胜利》上刊登的《纸月亮》——1920—1921 年的文章,安德烈·马尔罗:《全集》第Ⅰ卷,第 10 和第 23 页,在这里现代化的骨骼再也不是骨质的,而是铝制或黄铜铸造的了。

6. 见《王家大道》。

7. 阿兰·马尔罗的证言引出的其伯母克拉拉的一段叙述(1992 年 11 月 16 日)。

8.《虚幻之镜》,Ⅱ,《绳与鼠》(弗里奥丛书,1976 年,第 466 页)。

9. 安德烈·马尔罗:《全集》第Ⅰ卷,第 824 页(第 1422 页上的注释 2 提到了安德烈·马尔罗的母亲)。

10. 克拉拉·马尔罗:《我们的脚步声》,同前引,第Ⅱ卷,第 260 页。

11.《众神的变异》的附录,《全集》第Ⅴ卷,第 1097 页。

12. 玛德莱娜·马尔罗文集。

13. 事情突发于 1938 年 5 月,主要在与若赛特·克洛蒂斯生活期间,见伊萨贝拉·德·库蒂夫龙:《世纪女人克拉拉·马尔罗》,巴黎,奥利维耶出版社,1992年,第161页。

14. 安德烈·马尔罗:《全集》第Ⅲ卷,第197页。这是个插入《虚幻之镜》的在恒河边焚尸的一个章节里的故事,不含一战死尸腐败的过程,也不包括死尸入殓的方法;马恩河战役的任何被害者都不可能留在原地,也不可能在霞飞元帅部队胜利的几个星期后,在那里发现轻扬的骨灰。

15. 他在圣马洛海湾让海水淹没自己时,还不到20岁(安德烈·马尔罗:《全集》第Ⅰ卷,第1034页)。

16. 这篇13页的致辞12月19日在仪式中被引用以后,由部长为自由解放勋章签署,随后被带到了自由解放勋章旳掌玺处。文章摆在博物馆的一扇橱窗里,保管员W.图普兰给我拿了出来,准备参加2001年的国际会议。好几位交流者都引用了在C.-L.弗隆主编的《安德烈·马尔罗与法兰西的辉煌文化》里发现的一些要素。

17. 1961年5月25日的期刊。

18. "他们抱有必将形成的信念,因为他们懂得这正是戴高乐将军的意图"(被引入《自由勒阿弗尔》的观点)。

19. 见阿兰·马尔罗的证明,《布洛涅的栗树》,同前引,第207页。

20.《新法兰西杂志》,第295期,1977年7月,第75页。

21.《巴黎竞赛报》的报道在6个页面上,只刊载了一张部长与夫人和皮埃尔·博克尔在公墓前的照片。

22. 见苏珊·尚塔尔:《跳动的心 若赛特·克洛蒂斯-安德烈·马尔罗》,巴黎,格拉塞出版社,1976年,第339页与阿兰·马尔罗的《布洛涅的栗树》,同前引,第214页。

23. 2008年10月24日提交给作者弗洛朗丝·马尔罗的证明。

24. S. 尚塔尔:《跳动的心》,同前引,第340页。

25. 根据弗朗索瓦·克鲁泽的描述。

26. 1961年5月25日的《法兰西晚报》。

27. 在《马尔罗纪念册》里的引语,同前引,第 184 页。

28. 安德烈·马尔罗:《全集》第Ⅳ卷,第 899 页(《寂静之声》第Ⅳ部分,《绝对货币》第Ⅶ部分)。

29. 玛德莱娜·马尔罗向作者叙述的关于晚会的情况,谈话被阿兰·马尔罗采纳,同前引,第 215 页。

30. 安德烈·马尔罗:《全集》第Ⅲ卷,第 577 页。

31.《精神错乱年表:面对黑暗》,巴黎,伽利玛出版社,1990 年,第 120—121 页。

32. 阿尔比娜·迪布瓦鲁夫雷的证明,被克里斯蒂娜·奥克朗引入《弗朗索瓦丝·吉鲁:法国人的野心》,巴黎,法亚尔出版社,2003 年,第 229 页。

33. 她借用了让娜·莫洛的轿车,离开了《儒尔与吉姆》的拍摄现场,在她父亲刚刚从博纳回去后不久便抵达了布洛涅(向作者提供的证明)。

34. 玛德莱娜·马尔罗没有把这封信交给丈夫看。

35. 皮埃尔·莫瓦诺在对奥利维耶·多德著作的批评中这样写道:"这两件丧事给他留下了深深的印记。"《安德烈·马尔罗的一生》,同前引,发表在 2001 年 5 月第 398 期《文学杂志》第 92 页上。也可读他的《账已结清》,同前引,第 152 页。

36. 安德烈·马尔罗:《全集》第Ⅲ卷,第 456 页。

37. 1946 年 11 月 4 日在索邦大学发表此言(见莫叙-拉沃:《安德烈·马尔罗与政治》,同前引,第 161 页)。

38.《虚幻之镜》,第Ⅰ卷,《反回忆录》(弗里奥丛书,1976 年,第 73 和 105 页)。

39. 安德烈·马尔罗:《全集》第Ⅲ卷,第 222 页。

40.《虚幻之镜》,第Ⅱ卷,《绳与鼠》(弗里奥丛书,1976 年,第 181 页)。

41. 博克尔神父的证言,见《新法兰西杂志》,1977 年 7 月,第 49 页。

42.《新内心回忆录》,同前引,第 717 页。

43.《新内心回忆录》(弗里奥丛书,第 172 页)。

44. 1970 年 9 月 2 日给作家遗孀的信,由让·莫里亚克引入《将军与记者》,与让-吕克·巴雷的谈话,巴黎,法亚尔出版社,2008 年,第 290 页。

45.《安德烈·马尔罗的言论与著作》,同前引,第 321 页。

46. 1961 年,在 J. 科克托草稿的空白边缘上,这位诗人写道:"穿着木鞋来/脚踏木鞋走/俏皮华丽如梦境。"文章加插图复制成《马科斯·雅各布,穿粉色汗衫的忏悔者》,见《快乐的脚步周刊》,第 109 期,1984 年 3 月 3 日。

47. 1963 年 10 月 14 日信件,发表在夏尔·戴高乐著作《信件、笔记与记事》上,1961—1963 年,巴黎,普隆出版社,1986 年,第 378 页。

48. 玛德莱娜·马尔罗的证明和安德烈·马尔罗:《全集》第 IV 卷,第 1199 页。

49. 安德烈·马尔罗:《全集》第 IV 卷,第 1229—1231 页。

50. 见玛德莱娜·马尔罗 2008 年 7 月 28 日的证言和安德烈·马尔罗:《全集》第 III 卷第 457 页。一些从病人与濒临死亡的人那里拿来的话语并不属于马尔罗。他弄错了葬礼举行的时间,说成了 3 月份,可能因为"正在匆匆阅读一本传集简介"(同上,第 1220 页,第 456 页上的注释 3)。

51. 再说,他在 1976 年版的《反回忆录》中并没有提起自己到过教堂。

52. 见《安德烈·马尔罗的言论与著作》,同前引,第 472 页。

53. 同上,第 469 页。

54.《反回忆录》,安德烈·马尔罗:《全集》第 III 卷,第 6 页。

55. 安德烈·马尔罗:《全集》第 I 卷,第 10 与第 13 页。

56. 同上,第 24—25 页。

57. 同上,第 24 页。

58.《西方的诱惑》(安德烈·马尔罗:《全集》第 I 卷,第 110 页)。

59. "它(十字架)充满爱,满怀宽慰。我绝不会接受这种宽慰;我不会弯腰祈求它的宽慰,当我面对它时,呼唤我的只有怯懦"(同上,第 111 页)。

60. 同上。

61.《王家大道》(格拉塞出版社,1928 年,第 54 页)与《虚幻之镜》,第 I 卷,《反回忆录》(弗里奥丛书,1976 年,第 479 页)。

62. 亨利·戈达尔引入的日记。

63.《回忆录》中的句子,亨利·戈达尔笔记。

64. 发表在《不妥协者》上的文章,被第 4 号《月刊》(1931 年 4 月 1—30 日)转载。

65. 安德烈·马尔罗:《全集》第 I 卷,第 548—549 页。

66. 玛利亚·万·里塞贝尔赫记载于《我不知我们是否说了难以磨灭的事》(巴黎,伽利玛出版社),被 C. 克莱尔引用在《戴高乐与马尔罗》中,同前引,第 42 页。

67. 被皮埃尔·博克尔引至《欢笑的孩子》(巴黎,格拉塞出版社,1973 年),又被亨利·戈达尔引用。

68. 这两条引语都在安德烈·马尔罗《全集》第 III 卷第 11 页上。

69. 克拉拉·马尔罗:《我们的脚步声》,第 II 卷,《我们的 20 年》,同前引,第 24 页。

70. 他在人生的黄昏期在《新批评杂志》里的这个评论,是否令人遗憾? 见第 305 页上引用的文章。

71. 安德烈·马尔罗:《全集》第 I 卷,第 150 页,以及 M. 奥特朗的注释,第 980 页。

72. 安德烈·马尔罗:《全集》第 II 卷,第 688 页。

73. 1935 年为《蔑视的年代》写的前言,安德烈·马尔罗:《全集》第Ⅰ卷,第 776 页。

74. 安德烈·马尔罗:《全集》第Ⅱ卷,第 688 页。

75.《虚幻之镜》,第Ⅰ卷,《反回忆录》(弗里奥丛书,1976 年,第 73 页)。

76. 同上,第 396 页。

77. 安德烈·马尔罗:《全集》第Ⅳ卷,第 899 页。

78.《新法兰西文学全景》,同前引,第 59—61 页。

79. 被克莱特·奥德里记载入 1989 年 4 月 11 日的信里,发表在《那里一无所有》中,同前引,第 188 页。

80. 这个说法出自克拉拉·马尔罗本人,她坚定地说,相信自己与丈夫各负有责任。见克拉拉回忆录第Ⅳ卷:《我们的脚步声》,同前引,第 171 页。

81. 1968 年 11 月 30 日与 12 月 11 日的两封信被记入了交给剧院经理弗朗西斯·雷松的文件(CAC810734/007)。

82. 安德烈·马尔罗:《全集》第Ⅳ卷,第 264 与 887 页(《想象的博物馆》在第Ⅲ卷,《绝对货币》在第Ⅶ卷)。

83.《虚幻之镜》,第Ⅰ卷,《反回忆录》(弗里奥丛书,1976 年,第 575 页)。

84. 见克洛德-卡特琳娜·吉曼:《女冒险家克拉拉·马尔罗》,巴黎,阿尔雷阿出版社,2008 年。

85.《人民阵线笔记》,同前引,第 62 与 95 页。

86. 摘自《马尔罗的政治言论与著作》,《希望》,1973 年第 2 期。

87. 波德莱尔的形象力量纠缠着马尔罗,致使他否认加埃唐·皮康确认过的戈雅可能比那位诗人更有价值(见其注释"我不相信",G. 皮康:《马尔罗》,同前引,第 122 页)。

88. 在夏尔·戴高乐的《1969 年 5 月—1970 年 11 月的信件、笔记与文书》里记载的 1969 年 12 月 28 日的信息,巴黎,普隆出版社,1988 年,第 85 页。

89. 1933 年 5 月 8 日的信,引进弗朗索瓦丝·瓦格纳的传记:《露易丝·德·威尔莫兰(1902—1969):我的出生不得宽慰》,巴黎,阿尔班·米歇尔出版社,2008 年,第 133 页。

90. 她 1968 年 2 月 26 日写给部长的信,由弗洛朗丝·马尔罗保管,复制在 F. 瓦格纳的著作结尾,同前引,第 492 页。

91. 摘自 L. 德·威尔莫兰的诗《我的姑母》,发表于 1954 年在伽利玛出版社出版的《供认的字母排列表》,2004 年再版,附让·雨果的插图,巴黎,散步者出版社,第 58 页。

92. 同上,第 65 页。

93. 这首诗是延续《搞笑的婚约》后的第四首诗,1939 年作,第一首诗名曰《安德烈夫人》,更大可能回顾的是露易丝最喜欢的兄长……

94. P. 德·布瓦德夫尔:《安德烈·马尔罗 死亡与历史》,同前引,第 152 页。

95. 见弗里奥丛书第 17 至 54 集以及第 825、839、871 集,保存在杜塞图书馆。

96. 让-路易·让内尔教授于 2008 年 6 月把这部作品介绍给了巴黎四大研讨会,会议主题为"安德烈·马尔罗的《虚幻之镜》以及文学的现代化",会议交流的精彩主题为"拉扎尔:遗传学研究"。

97. 在 J. -L. 让内尔研究的弗里奥丛书第 38—40 集里,我们还可以看到"前一天洒出的鲜血凝聚成了永恒的玫瑰红"这句话。

98. 1976 年交给让-玛丽·德罗的证明,他在《试探的视角》里做了宣传,见前引。

99. 安德烈·马尔罗:《全集》第Ⅲ卷,第 826—828 页。

100. 见《马尔罗的生存与言论》中的《新批评》,同前引,第 330 页。

101. 安德烈·马尔罗:《全集》第Ⅲ卷,第 831—832 页。

102. 同上,第 832 页。

103. 被安德烈·布兰古引进《半夜使者》(巴黎,格拉塞出版社,1995 年),又被索菲·德·威尔莫兰引入《还在爱》,同前引,第 123 页。

104. 第一版第 102 页(巴黎,伽利玛出版社,1974 年)。

105. 见 J. -L. 让内尔引进研究里的标明弗里奥丛书第 1645 集、第 300 集及杜塞的手稿。

106. 弗里奥丛书第 417 集,同上。

107. 贝尔纳·特里科在 1967 年与 1969 年期间曾任共和国总统府秘书长,当他与奥利维耶·德洛姆共同准备《世纪戴高乐》国际学术会议时,讲述了这些对话,后来分 7 集在法兰西文档发表。也可见 O. 多德:《安德烈·马尔罗的一生》,同前引,第 592 页。

108. 7 月 12 日的演讲,见马尔罗《全集》第Ⅲ卷,第 891 页。

109.《死神附体》,巴黎,伽利玛出版社,2002 年。

110.《日复一日的马尔罗》,《新法兰西杂志》第 295 期,1977 年 7 月,第 71 页。

111. 皮埃尔·莫瓦诺《死神附体》中的故事《灵魂之死》,同前引,第 32 页。

112.《账已结清》,同前引,第 140 页。

113. 我感谢克莉丝蒂娜·克莱尔告诉我这本集子,她知道在书商那里找到它的位置,因为她具备了年轻马尔罗在寻觅路易·杜瓦永的作品时表现出来的天才。

114.《众神的变异》的附录,马尔罗《全集》第Ⅴ卷,第 1096 页,还有收入《新批评》的文章,第 311 页。

115.《虚幻之镜》,第Ⅰ卷,《反回忆录》(弗里奥丛书,1976 年,第 83 页)。

116. 同上,第 571 页。

117. 安德烈·马尔罗:《全集》第Ⅲ卷,第 780 页。

118.《虚幻之镜》,第Ⅱ卷,《绳与鼠》(弗里奥丛书,1976年,第183页)。

119. 安德烈·马尔罗:《全集》第Ⅲ卷,第833页。

120. 2008年4月7日提交给作家的证明。

121.《与马尔罗的最后一次谈话:对您来说死亡意味着什么?》马尔罗1976年6月7日与玛德莱娜·沙普萨尔的对话,被复制到1976年11月29日—12月5日的1325期《快报》。

122. 见塞琳娜·拉封丹:《后死亡社会》,巴黎,瑟伊出版社,2008年。

123.《虚幻之镜》,第Ⅰ卷,《反回忆录》(弗里奥丛书,1976年,第29页)。

124. P. 莫瓦诺:《账已结清》,同前引,第147页。

125. 保存在杜塞图书馆的删改后的打字稿。

126. 安德烈·马尔罗:《全集》第Ⅲ卷,第984页,还有J. -C. 克拉拉在《安德烈·马尔罗》里对这两个场景的分析,同前引,第189—192页。

127. 若赛特·马尔罗-克洛蒂斯的名字刻在了她坟墓石碑生死年月的上方:1910年4月8日—1944年11月12日,亡故。若赛特终于实现了其子冠有其父姓的梦想,在下方有三行竖向排列的字体,是她两个儿子的名字与生死日期:戈捷·马尔罗,1940年11月5日—1961年5月23日;樊尚·马尔罗,1943年3月11日—1961年5月23日。

128. 阿兰·马尔罗:《布洛涅的栗树》,同前引,第215页。

129. 1935年普隆出版社发表的文章《画像》,由P. 德布瓦德夫尔放入了《安德烈·马尔罗 死亡与历史》,同前引,第153页。

130. 雕像底座上刻有下列文字:"这里安睡着又称马格卢瓦尔的贝格,建筑绘画师,爱国者,诗人。哲学家与罗伯斯庇尔先生的秘书。"

131. 在关于克洛德·圣泰利与弗朗索瓦丝·韦尔尼的题为《安德

烈·马尔罗　世纪神话》的系列节目中。在影片《绿屋》放映以后又重播了一个片段:弗朗索瓦·特吕弗在这里表现了主人公祭祀一战亡灵时被裹挟的情景。这部电影受到亨利·雅姆的一个小故事《亡灵祭坛》的启发。

132. 是弗朗索瓦·雷申巴克的那个镜头。

133.《账已结清》,同前引,第 161 页。

134. 1965 年 5 月 14 日的录音(在全国视听研究所的档案中占据了64 秒)。

135. 安德烈·马尔罗:《全集》第Ⅲ卷,第 914 页与第 553 页(魏尔伦为 19 世纪象征主义派诗人,和妻子分手后与兰波同居,因此人们公认兰波才是他情投意合的对象,情妇是出来搅局的——译注)。

136. 他在前言中提到了这一点(第Ⅲ卷,第 913 页)。

137. 安德烈·马尔罗:《全集》第Ⅲ卷,第 915—916 页。

138. 同上,第 922—924 页。

139. 同上,第 927 页。

140. 同上,第 931—934 页。

141. 摘自安德烈·马尔罗:《全集》第Ⅲ卷《反回忆录》第一章,第 7页。

142. 阿尔贝·伯雷 1963 年 1 月 8 日的记录(CAC950514/2)。关于荣誉军人院博物馆,见给法兰西档案馆馆长安德烈·尚松的信,信里建议将相关研究交给当时的法兰西历史博物馆负责人雷吉姆·佩尔努。这座博物馆从第二帝国以来,一直安置在巴黎苏比斯府邸。

143. 后来的维希政府特使在《匆匆忙碌的人》中写道,马尔罗偏爱"行为迅猛的英雄,好冲动的天才。他对这些超人的赞赏犹如倾听军队行进的脚步声般,令人振奋"。

144. 根据马尔罗的要求建立的名单,和复印件一起交到了共和国总统府:见 A.-J. 维尔纳夫 1960 年 2 月 1 日的笔记,该笔记放在雅克·

若雅尔的 16 号文件箱(国家档案局,私人文档部分)。

145. 1806 年 2 月 20 日的法令可以让圣-热纳维耶芙教堂与其地下墓室埋葬"显贵,帝国高官与加冕军官、国会议员、荣誉军团高官,还可以根据特殊法令,埋葬在军队、行政与文学生涯中为国做出卓越贡献的公民"。1810 年 7 月 6 日 41 名进入帝国高官墓葬的有两颗心脏,同时还有真正有资格进入先贤祠的人,他们是:拉纳将军,于 1809 年 5 月 1 日死于艾斯林的蒙特贝罗公爵,还有勒布隆将军以及随后于 1809 年 6 月 5 日死于同一战役的圣-依莱尔伯爵。

146. 这篇 1941 年 1 月 14 日发出的致意文字,发表在《自由之声这里是 1940—1944 年的伦敦》,第 I 卷《在夜间》,J. -L. 克雷米厄-布里拉克编辑,巴黎,法兰西文档出版社,1975 年,第 175 页。

147. 1967 年 1 月 25 日(见《安德烈·马尔罗的言论与著作》,同前引,第 367 页)。

148. 1968 年 11 月 13 日的声明支持了帕耶议员为音乐家逝世 100 周年而表达的动议;这个未达成的意见在音乐家 200 周年诞辰时重新加以表达,尤其依据了可能引发回顾埃克多·柏辽兹(1803—1869)的政治立场的论战。

149. 本书作者与安德烈·奥罗 1980 年 10 月 14 日的谈话。

150. 在第 11 名以后,可以再加上 1907 年 3 月 25 日与其夫一起埋葬的索菲·贝特罗,其夫是作为科学院常任秘书、原行政长官与原部长真正双双进入先贤祠的。贝特罗于 3 月 18 日其夫人过世后一小时辞世。人们可以向"他们夫妇的共同品格表达敬意"(见《先贤祠的伟人》,巴黎,遗产出版社,1996 年,第 52 页)。

151. 要在第四共和国进入先贤祠的 5 位人物中加上马克·舍勒谢,他是 1949 年 5 月 20 日从拉雪兹公墓被移入的,因为其子维克多很想陪在他身边,也因为国会决定让这位阿尔萨斯之子,1848 年 4 月 27 日负责签订废奴制法令的负责人,瓜德鲁普与马提尼的先为众议员后为参议员的人,与一位自由之子,菲利克斯·埃布埃总督一起进入先贤祠。

152. 马塞尔·布拉克夫人1879年7月25日生于巴黎,于1965年10月12日晋升为文学艺术总管。这项决定不是由部长,而是通过部长的顾问阿尔贝·伯雷向她说明的(来源于 AN/CAC810734/004 号文件)。

153. 一位瓦伦格维尔的农业开发者乔治·弗拉迪耶似乎抱怨把自己的这部分言论放入了《戏剧艺术》(第926期,1963年9月4—10日的报道;第927期,9月11—17日的信件);这可能帮助作家改变了要发表的文章(见《安德烈·马尔罗的言论与著作》,同前引,第342页)。

154. 马尔罗在祷文的第2段结尾确认了这一点(《全集》第Ⅲ卷,第935页)。

155. 马尔罗发表《葬礼祷文》时,让人在这之前发表了自己向希腊、布拉克、圣女贞德、勒·柯布西耶致意的文章。他指明,纪念巴黎解放的讲话是"以戴高乐将军的名义"发表的,把让·穆兰的骨灰移至先贤祠的讲话有戴高乐将军在场,也是很明确的。

156. 见安德烈·马尔罗:《全集》第Ⅲ卷,第944—947页。

157. 这些说法被龙尚的神父勒内·波尔-勒达重新采纳,放进了他的著作《勒·柯布西耶视角里的经典》,巴黎,雄鹿出版社,1987年,第162页。

158. 名胜的警惕守护者保尔·勒达教士在他去世前不久向我强调了这一点。

159. 马尔罗1964年5月31日的讲话,大部分采纳的是他1961年5月8日在奥尔良的讲话内容(安德烈·马尔罗:《全集》第Ⅲ卷,第1298—1299页与第937—943页)。

160. 他们首先抓住内务部。1963年春季内务部给他们的答复出现在文化部档案里(AN/CAC/950514—第2条 CAB6)。

161. 他曾于 1972 年 5 月 13 日在多尔多涅省的迪雷斯塔尔的发言中提到这些随从人员(见《希望》,第 2 期,1973 年,第 112 页)。

162.《安德烈·马尔罗关于抵抗运动的讲话》,见 C. -L. 弗隆主编的《安德烈·马尔罗与法兰西的辉煌文化》,同前引,第 223—231 页。

163.《马尔罗与抵抗运动:经验与超越》,同上,第 233—244 页。

164. 安德烈·马尔罗在 1986 年 12 月的会议上提供的证据(《安德烈·马尔罗,世界达人》,第 191 页)。

165. 2000 年征得自由解放勋章掌玺主管布瓦西厄将军同意后,勋章博物馆馆长弗拉基米尔·特鲁普兰先生给我看了这个打字稿,允许我在 2001 年的国际会议担任主持人后使用这篇稿子。特别感谢他同意我把这个长篇稿子的最后几段放到文化部的网站,用于为阿尔弗雷德·德雷福斯昭雪。事实上,当马尔罗提到被司法机构监督的饶勒斯时,特别联想到伟大的辩护士在明确认可德雷福斯上尉军官(1894 年被诬陷向德国泄露国家机密,1906 年被无罪释放——译注)的无辜时所起的作用。出现在字里行间的这些话还特别得益于弗洛朗丝·马尔罗的允许,我对她在此刻以及其他场合表示的善意,特致谢意。

166. 在最后出版的文章中,还应该重建原版的内容。在《全集》的注释中,《新法兰西杂志》的手稿与最后出版物之间的变动被采纳,第Ⅲ卷,第 1300—1302 页。

167. 见 1948 年 2 月 21 日《联盟报》。

168. 安德烈·马尔罗:《虚幻之镜》,第Ⅰ卷,《反回忆录》(《全集》第Ⅲ卷,第 9 页)。

169. 见 1948 年 2 月 21 日《联盟报》。同样的词语重又进入了 6 月 18 日的文章,发表在 1948 年 6 月 26 日《新法兰西杂志》刊物上。1948 年 6 月 26 日成为马尔罗夫人的玛德莱娜·马尔罗,1951 年接受《寂静之声》题献的人,她的这句话曾在 2006 年 4 月 27 日在本书作者面前说过。

170. 德·拉特元帅1952年1月11日去世,夏尔·戴高乐注明遗嘱的日期为16日,恰在前者去世五天后。

171. 1947年4月14日戴高乐夫人的建议是:在教堂"4根大蜡烛中间"进行埋葬,不要有记者与政治人物出现(见C.居伊:《倾听戴高乐》,同前引,第307页),这个建议没有完全被听进去。

172. 安德烈·马尔罗:《全集》第Ⅲ卷,第Ⅱ部分,《绳与鼠》第Ⅳ部分,第687页。

173. 作家这位女顾问死于1969年12月,年轻时因胯关节炎而步履蹒跚(见F.瓦格纳:《我的出生不得宽慰》,同前引,第74页)。

174. 这个情节是为皮埃尔·加朗特杜撰的(《巴黎竞赛报》,第2424期增刊)。

175. 拆除回转炮塔后,可把棺材放在侦察装甲车的高处。

176. 《希望》第53期的引言被引入《砍倒的橡树》,《全集》第Ⅲ卷,第1262页。在J.莫里亚克面前,尤其提到了酷似圆木的形象,《将军与记者》,同前引,第294页。

177. 与昂格拉达夫人的对话被解放勋章博物馆馆长米歇尔夫人转发,出现在博物馆编撰的一部著作的首要位置,以利编目,书名为《解放勋章50年》,1990年,第10页。

178. 见菲利普·梅都的文章《孟加拉人》,《新法兰西杂志》,第295期,1977年7月。

179. 《日复一日的安德烈·马尔罗》,同上,第65—66页。

180. 同上。

181. 安德烈·布兰古1971年在《费加罗报·文学版》上提到这一点(2001年11月1日被引入同一家报纸)。

182. 见下文,第355页。

183. 见《另一个马尔罗》,普隆出版社,《希望》选集,1977年,第152页。

第四章　痛苦岁月里的部长

1. 安德烈·马尔罗：《全集》第Ⅲ卷，第6页。

2. 《西方的诱惑》最后一段，《全集》第Ⅰ卷，第111页。

3. 《布洛涅的栗树》最终版，巴黎，朗塞/德·科尔唐兹出版社，1989年，第116页。这一章节里的所有斜体字句子都采用了这个重大证据的两个版本的元素，还有1992至2006年间与本书作者多次会面时记录的内容。

4. 同上，第103页。

5. 给作者提供的证据。

6. 同上。

7. 1948年，《希望》，第35页。

8. 发表在2006年11月25日的《费加罗报·杂志版》第42页上。

9. 《布洛涅的栗树》，同前引，第70与第84页。

10. 1960年9月6日播放了《121人宣言》，然而，10月6日又播放了200名右派知识分子关于法属阿尔及利亚的宣言。总理要求，那121人当中的任何一个人都不得在国家资助的广播、电视或场面上露面并发声。

11. 在《行李搬运者》中有一句话令人生疑："你到北非的山地里去寻死吧！"可是，弗洛朗丝从未听到过父亲的这句话。至于她靠偶然运气当上护士的同时，也在父亲那里知晓了他对妇女角色的传统观念（向作者提供的证据）。

12. 玛德莱娜·马尔罗向作者提供的证据。部长的遗孀特别记得伯雷的办公室爱忘事，表现是，差点儿耽误了让·穆兰进入先贤祠的仪式。只是叫出租车这一点就掩饰了办公室忘记安排官方轿车的错误。

13. 布里吉特·弗里昂在《小小周旋在马尔罗身边》中写道:"令人惊讶的是他竟然原谅了我。"巴黎,费兰出版社,2001年,第151页。在这本书的第134—139页,我们发现了详细叙述"周围的人"挖墙脚的事,然而B.弗里昂坚持写道,要原谅部长的怯懦,他"不可能看穿"伯雷那些"不能接受的行径"。

14. 玛德莱娜·马尔罗的证据(2008年4月7日)。

15. 苏珊·尚塔尔:《跳动的心 若赛特-克洛蒂斯与安德烈·马尔罗》,巴黎,格拉塞出版社,1976年,第172页与第336—337页。

16.《巴黎竞赛报》,第634期,1961年6月3日,第87页。

17. 1961年5月25日出版的那一期。

18. 所有的媒体都提到了棺木。玛德莱娜·马尔罗记得在入殓前又遇到了那些年轻人,但是最终过程还是在他们夫妇那里省略了(2008年9月30日的证据)。

19. 弗朗索瓦·克鲁泽1961年5月25日在《巴黎一日》中的叙述(其叙述的另一部分,见下文,第143页)。

20. 阿兰窃得了一名佛朗哥主义者的匿名信,这个人为上校的儿子们腐烂在泥土里感到高兴(《布洛涅的栗树》,同前引,第216页)。玛德莱娜保存着克拉拉的一封信,提醒安德烈,他身边还有弗洛朗丝。"我还有一个女儿",《虚幻之镜》的作者自己以后也写到了这一点。

21. P. 莫瓦诺:《账已结清》,同前引,第152页。

22. 见下文,第146页。

23. 见S. 尚塔尔《跳动的心》,同前引,第335页。

24. 安德烈·马尔罗:《全集》第III卷,第508页。

25. 见由安德烈·马尔罗的一封信作序的S. 尚塔尔的著作:《跳动的心》,同前引,第332—333页。

26.同上,第337页。

27. 安德烈·马尔罗:《全集》第II卷,第1817页。

28. 这是女儿问马尔罗举行宗教仪式的理由时,马尔罗给女儿弗洛朗丝的回信(见《布洛涅的栗树》,同前引,第 215 页)。

29. 在《公众思想》中的一封匿名信,安娜-玛丽·迪朗东-克拉博尔引进《秘密军队组织时期》,布鲁塞尔,联合出版社,1995 年,第 143 页。

30. 见康斯坦丁·梅尔尼克:《马提尼翁府的一千日》,巴黎,格拉塞出版社,1988 年,第 80 页。

31. 同上,第 81—82 页。

32. G. 蓬皮杜在奥维利耶自己的"白宫"里,更多保留着在西边的生活习惯,1974 年他选择那个村子作为自己的葬身之地。

33. 阿兰·马尔罗:《布洛涅的栗树》,同前引,第 234 页。

34. 见《反回忆录》第 619 页,弗里奥丛书,1976 年(《全集》第 Ⅲ 卷,第 472 页)。

35. 他在《绝对的魔鬼》里,谈论了劳伦斯上校(为阿拉伯民族独立献身的英国军官,1935 年在英国因车祸丧生——译注)。

36. 让·库拉尔工作的成效决定部长从 1963 年 12 月起,就把国家动产处的全部行政事务都委托给他了。部长在之前 8 月 28 日的展会上,把这位棕色头发的年轻人"作为法兰西最优秀的年轻馆长之一"介绍给了戴高乐将军。让·库拉尔直至 1991 年退休,一直坚守自己的这项职责。那一年,他被晋升获得荣誉军团指挥官的官阶。

37. 玛德莱娜·卡格里奥纳指出,特里亚农宫目前仍在原处摆放的那些本色椅子并不适合她。

38. 尚塔尔·加斯蒂内尔-库拉尔夫人提供的证据,她把丈夫收到的某些训诫复印件交给了我。这些东西证明安德烈·马尔罗很注重自己选择的装饰——临时住宅的窗帘饰带。

39.《苏维埃笔记,1934 年》,同前引,第 82 页。

40.《布洛涅的栗树》,同前引,第 250 页,还有安德烈·马尔罗在

G. 皮康所著《马尔罗》中的评注,第 64 页(1976 年版)。

41. 正如她提供给《费加罗报·杂志版》2006 年 11 月 25 日那一期的事实。

42. 还包括马尔罗让人摆放在那里的国家高等音乐学院乐器博物馆收藏的乐器;女馆长询问,谁来支付当中被损毁的 6 件乐器的修理费(H. 德·尚布尔夫人 1969 年 10 月 7 日的信)。

43. 1968 年在格勒诺布尔,他在文化宫揭幕仪式上说的话。

44. 拿破仑出生时,祖母住在那个小镇上,靠年金收入生活,她不得不又开了一家商铺。

45. 安德烈·马尔罗:《全集》第 III 卷,第 237 页。

46. 我们在七星文库的安德烈·马尔罗《全集》第 I 卷的年表上看到了一系列信息,可以拿来补充奥利维耶·多德在《安德烈的一生》中的《英雄与甜食老板》这一章节里搜集的情况,同前引,第 991 页。

47. 给若赛特·克洛蒂斯一封信的摘要,日期为 1940 年 4 月,由 S. 尚塔尔发于《跳动的心》,同前引,第 172 页。

48.《绳与鼠》,同前引(弗里奥丛书,1976 年,第 88 页和第 106 页)。

49. 这个描述的日期为 1968 年 5 月 6 日,大学生在巴黎大规模游行开始的时候。

50. 马尔罗的拒绝出行于 1963 年 12 月 21 日通报给了法国广播金融公司经理弗朗索瓦·库莱。他的办公室让他确信,考虑 1964 年 1 月底搬家的限期太长了!

51. 某些样品会由单一价连锁商店加以宣传。

52. 玛德莱娜·马尔罗与她儿子的证词,儿子对这种残酷的方式有所回应。露易丝·威尔莫兰家族的部分人提到了部长对家具的品位。我亲耳听到过索斯泰纳·德·威尔莫兰在这个问题上的无礼言辞。

53. 阿兰·马尔罗:《布洛涅的栗树》,同前引,第 238—239 页与第

248 页。

54. 同上,第 251 页。

55. 与本作者的谈话。

56. 见阿兰·埃伦贝尔:《做自我的疲劳 消沉与社会》,巴黎,奥迪尔·雅各布出版社,1998 年,第 276 页。

57. 阿兰·马尔罗:《布洛涅的栗树》,同前引,第 268—269 页。

58. 居伊·塔龙在他 1996 年在索邦大学的博士论文中提到这一点:《安德烈·马尔罗小说作品中的命运与对话》(第 543 页)。

59. 给作者提供的证据。我想不管怎样,弗朗索瓦丝·吉鲁有理由写出自己儿子的死亡:"埋葬自己的儿子,这是非人的一种体验……人会变得焦灼不安。"对马尔罗而言,这种焦灼是加倍而且可能更为强烈,结果更为隐秘,因为他不会为樊尚写出如 F. 吉鲁给自己儿子阿兰写出的句子:"我无法承受这深藏的痛苦,眼见痛苦被囚禁,因为我感觉自己是造成这一切的根本原因。"(《阿蒂尔或生活之美》,巴黎,法亚尔出版社,1997 年,第 12 和 106 页。)

60. 然而这种状况怎能不进入全国科研中心《精神药物,政治,社会》研究团队领头人阿兰·埃伦贝尔的思考。他写道,识别忧虑与消沉,区别各种消沉的类型,"所有这些症状都描绘出一项不可能完成的任务"(《做自我的疲劳 消沉与社会》,同前引,第 128 页)。

61. 在首次心理治疗的镇定神经药物国际会议开幕式上的讲话(见 A. 埃伦贝尔,同前引,第 127 和 330 页)。

62. 阿兰·马尔罗交给作家的证据。

63.《权力的喜剧》,巴黎,法亚尔出版社,1977 年,第 232—233 和 231 页。

64. 同上,第 233 页。

65. 1986 年 11 月 23 日电视二台在马塞尔·布迪节目里播出的证明。原总理的思考可能在科学上受到和他童年时期一位医学教授朋友交流的影响,这位朋友是萨尔贝特里艾诊所所长,70年代曾在这里接待过马尔罗。

66.安德烈·马尔罗:《全集》第Ⅲ卷,《反回忆录》第Ⅳ部分,第345页。

67.米歇尔·施耐德:《文化喜剧》,巴黎,瑟伊出版社,1993年,第48—49页。

68.这句话出现在杜塞的手稿上(见《全集》第Ⅲ卷,第1238页上对574页的注释),但是不在印刷成品的著作里,因为这句话不止一次,犹如对死亡做可怕选择的语句一样,过于触动内心。

69.1964年4月14—26日的记录(CAC/AN)。

70.女诗人与部长在释放情绪的过程中会一比高下。

71.凯里安1964年3月13日注明AH6972,然而安德烈·马尔罗制止了开销,并说道:"根据先例,针对历史名胜拨款的特别救助好像很困难"(CAC/AN)。

72.由C.克莱尔签名的信件,见《戴高乐与马尔罗》,同前引,第298页。

73.由F.瓦格纳引入的1964年5月20日和1967年1月9日的信(弗洛朗丝·马尔罗档案),见《我的出生不得宽慰》,同前引,第432和438页。

74.同上,第483页。

75.S.德·威尔莫兰:《还在爱》,同前引,第22页。

76.这是服装公司经理伊夫·圣罗兰在D.李博与法鲁制作的电视纪录片里的用语,见《世纪舞会 露易丝·德·威尔莫兰》(法国电视五台,2008年)。

77.F.瓦格纳:《我的出生不得宽慰》,同前引,第464页。

78.让·沙隆引入C.克莱尔的著作(《戴高乐与马尔罗》,同前引,第299页)。

79. 同上，第 511 页，F. 瓦格纳注明的日期是 1968 年 11 月 24 日，露易丝与安德烈在韦里埃的第一个夜晚，是露易丝在伦敦诊所做引体训练一个多月之后，她把这个夜晚称为部长赏赐给她的"清新提神"的机会。传记指出，先前（第 124 页），当她感到迫不得已时才去幽会，她的第二任丈夫说过："她拒绝在床上做爱。"后来她曾在家里"用生硬而不谨慎的方式"挖苦求爱者对她愚蠢的做法提出的抗议！

80. 安德烈·马尔罗：《全集》第Ⅲ卷，第 565 页。

81. S. 德·威尔莫兰：《还在爱》，同前引，第 25—26 页。即便没有为她们做出这次安排，还是有些瓷器打碎了，装饰艺术博物馆的登记册上删除了 8 件破碎品；1972 年 3 月 20 日的决定确认它们已经消亡。露易丝·德·威尔莫兰的一个女儿在 21 世纪初发现了属于国家动产处的一张挂毯，把它交还给了国家。

82. 菲利普·布瓦尔：《简明巴黎社会学》，巴黎，格拉塞出版社，1966 年，第 150 和 148 页。后来于 1966 年 10 月 27 日给萨沙·德·曼齐亚利的那封信被让·博多莱尔引入了《露易丝或露易丝·德·威尔莫兰的生活》，巴黎，格拉塞出版社，1993 年，第 300 页。

83. 《投降信号》第一章，见弗朗索瓦丝·萨冈的《全集》，巴黎，罗贝尔·拉封出版社，"旧书"丛书，1993 年，第 396 页。

84. 引号中的两条引语在《全集》第Ⅲ卷《反回忆录》，第Ⅱ部分，第 6 节，第 162 页上。

85. 给教育与科学国务秘书安东尼·克罗兰的信（CAC/AN）。

86. 在《反回忆录》中，马尔罗让梅里说出了这句话（《全集》第Ⅲ卷，第 345 和第 1207 页）。

87. 见 M. -F. 居亚尔在《全集》第Ⅲ卷第 1120 页上的注释。

88. 给作者的证明。B. 安东尼奥特意把德利厄·拉罗谢尔的一本书放在部长的办公桌上，其中的自杀情节可能是激励部长进入行动的通道，更因为这条路是由他的父亲和岳母指给他的。

89. 他长途飞行前往广东与北京,经过香港然后飞往印度(见第256页)。

90. 阿兰·马尔罗:《布洛涅的栗树》,同前引,第277页(第2版)和第169页(第1版)。

91. 阿谢特出版社在《第36号隐情》这个标题下,发表了《汤普森少校的笔记》的这位著名作者的证明。

92. 路易·贝尔塔尼亚1991年1月23日在法国电视三台的证言。

93. 贝尔塔尼亚医生向作者和R. -J. 布耶提供的证据,为的是筹划影片《神秘的马尔罗》的拍摄。

94.《抑郁症的化学疗法》,载《开业医生杂志》第9卷,1959年7月21日第21期,第2322页。

95. 同上,第2313页。

96. 为4月20日准备的文件,包括了一张马尔罗给布朗丹的日期为4月29日的粉色卡片(CAC/AN)。

97. 被引进的L. 贝尔塔尼亚的文章,第2314页(见A. 埃伦贝尔:《做自我的疲劳 消沉与社会》,同前引,第328页)。

98.《绳与鼠》(《全集》第Ⅲ卷,第556页)。

99. 1966年1月8日的信件,见《信件、笔记与手册 1964年1月—1966年6月》,巴黎,普隆出版社,1987年,第239页。

100. 安德烈·马尔罗:《全集》第Ⅰ卷,《序言》,第XV页。

101.《绳与鼠》(《全集》第Ⅲ卷,第556页)。

102. 证明使用的是节略语,用蓝墨水书写,字迹紧密;证明与他的所有手迹都保存在杜塞图书馆。

103. 这个半官方消息在被隔绝后很快传播了出去。

104. 1992年6月20日由罗热·巴里耶书写的证明,回答了作者提出的问题。

105. 发表在1986年11月24日的《观点》周刊740期上,正值安德烈·马尔罗葬礼 10 周年之际。

106. 这是安德烈·奥罗让马尔罗拒绝的一项计划,并向他解释说,河边公寓富裕的拥有者夏季不会待在那里浇灌自己的植物!

107. 1964 年 10 月 29 日的信件,第 8922 号(CAC/AN950514,第 4 条,CAB14)。

108. 1964 年 9 月 30 日给雅克·吕夫的一封信,告知他"实施步骤取得圆满结果已经有好几年了,那是受到了比贝斯科王妃的启示"(CAC/AN)。

109. 给安德烈·奥罗的记录,复制在《马尔罗的生存与言论》中,同前引。

110.《1934 年的苏维埃笔记》,同前引,第 85—86 页。

111. 贝尔塔尼亚医生在自己的办公室随手保存的著作,他很愿意让我拿一份复印件;复印件表明,由于不断出示的结果,题词那一页有些轻微撕毁……

112. 可以在奥利维耶·多德的传记(同前引,弗里奥版本第 678 页)里见到这个信息的草稿,玛德莱娜·卡格里奥纳的打字版本可能是在戴高乐将军的档案里。

113. 保存在杜塞图书馆的《PRELYO1——为国务秘书安德烈·马尔罗先生,国务部长(个人)保存的信息》。

114. 复制在由米歇尔·卡泽纳夫和奥利维耶·日耳曼-托马主编的《黑尔讷笔记》的信件,供夏尔·戴高乐使用(第 21 期,第 196—198 页)。

115. A. 奥罗在为《马尔罗的生存与言论》提供的证明中用了这个词,同前引,第 108 页。

116. A. 奥罗经常反复和我说这件事,尤其是在 1992 年 12 月 17 日那天。

117. 1981 年 3 月 17 日收集到的证明。

118. 莫瓦诺 1966 年 9 月 21 日被任命,E. -J. 比亚西尼在场,他要告知莫瓦诺自己完成了任务。

119.《新法兰西杂志》第 295 期,1977 年 7 月,第 66—67 页。

120. 给本作者提供的证明。

121. 1996 年 11 月 22 日给本作者提供的证明。

122. 1966 年 4 月 28 日办公室主任 J. 科罗纳的记录(CAC/AN)。

123. 1966 年 1 月 7 日的记录。

124. 我在这里引用的是 1966 年 4 月 14 日向热奈维耶芙·戴高乐的丈夫,文艺创作部主任贝尔纳·安东尼奥提供的清单里的文字(CAC/AN,810734 文件夹/005)。

125. 皮埃尔·诺拉提交的这份分析材料,关系到居布莱博士在密特朗总统过世后立即出版的一本书,书中提到"学校的案例是民主社团的众多焦点问题中的一个标志",《争论》,1966 年第 9—10 月号。

126. 皮埃尔·阿科斯与皮埃尔·伦奇尼克医生:《这些病人驾驭着我们》,巴黎,斯托克出版社,1996 年,第 481—482 页、第 453 页。

127. 同上,第 446 页。

128. 同上,第 447 页。

129.《布洛涅的栗树》,同前引,第 199 页(第 1 版)。

130. S. 德·威尔莫兰:《还在爱》,同前引,第 125 页。

131. 阿兰·马尔罗:《布洛涅的栗树》,同前引,第 205 与 198 页。

132. 引用与让·莫里亚克的谈话。

133. 保存在国家档案馆的丛书 1968 年 12 月 2 日才被取出来。部长身边的顾问阿尔贝·伯雷,后来是遗嘱的第一执行者,毫无拘束地告诉我:"我们只保留了与文学创作相关的东西!"另外几个人实施的其他操作就是为了毫无保留地把研讨会变成庆典地点,其中的雅克·里果在给卡特琳娜·塔斯卡的信里写道,那些人还以为自己是真实十字架的某些部分的持有人呢。

134. 见 1961 年 4 月 6 日布朗丹的记录(参照 CAC/AN950514——第 8 条)。

135. 见 1961 年 11 月 7 日的第 18753 号记录(CAC950514——第 1 条/CAB2)。

136. 给马科斯·凯里安的告示(CAC/AN——第 3 条/CAB10)。

137. 机密记录(皮埃尔·马尔罗的文件)。

138. 1966 年 4 月 14 日的记录(CAC/AN)。在 1964 年安德烈·奥罗的时代,法兰西学术院的安德烈·尚松已经因为有人想把通信规则强加于他而恼火。

139. 致莫里斯·顾夫·德·穆尔威尔的第 46690 号信件(CAC/AN)。

140. 见热罗姆·佩尼奥:《政权世界里的人们(第五共和国与文化)》,巴黎,埃里克·罗斯菲尔德出版社,1972 年,第 71 页。

141. 1991 年 2 月 5 日给本作者提供的证明。R. 布鲁耶是 1959—1962 年期间总统办公室的主任,以后代表法国出现在奥地利,然后留在了罗马教廷。

142. 部长面对新闻界感到痛惜的是,1958 年有 113 次上演拉比什(19 世纪法国作家,创作喜剧和现实题材——译注)而只有 16 次上演拉辛的作品,对希腊喜剧与维克多·雨果的剧目却不加理睬。见 P. 卡巴钠:《文化权力》,同前引,第 83 页。

143. 1980 年 9 月 27 日给本作者的信。关于这个案例的进展,可以阅读克洛德·德·布瓦桑热的《在法兰西喜剧院的 9 个月》,巴黎,新拉丁语出版社,1964 年。

144. 见克洛德·德·布瓦桑热作品的附件 1,同前引,第 109 页。

145. 由 P. 卡巴钠引入《文化权力》的勒巴斯议员的声明,第 82 页。为了解释马尔罗在法兰西喜剧院问题上的匆忙处置,据卡巴钠回忆,连雅克·茹雅尔都介入了进来,其妻让娜·布瓦泰勒还在《莫里哀的公寓》中扮演过角色。

146. 复制在《电视周刊》1986 年 10 月 8 日第 1917 期的一份文件里。

147. P. 阿苏利纳:《加斯东·伽利玛》,同前引,第 299 页。

148. 发布在雷恩散发的油印传单上(作者档案);伊冯·布尔热部长当时是在伊尔-艾维莱纳当选的。

149. 1966 年 4 月 13 日 P. 卡巴钠引入《文化权力》的那一期,同前引,第 174 页。

150. 乔治·德·博勒加尔制作了影片《筋疲力尽》与《狂人皮埃罗》,他 1966 年又出品了克洛德·沙布罗尔编剧的,解放运动的同路人雷米上校撰写的剧本《分界线》。

151. 1966 年 4 月 6 日《新观察家》发表的公开信。在这封信里,让-吕克·戈达尔还写道:"当您从佩尔菲特的斧子底下救出我的《已婚妇人》时,我学到了勇气与智慧里的一些东西,我终于懂得了被简单称为怯懦的东西是什么。看到那位保卫新共和联盟(原法兰西人民联盟)的部长 1966 年害怕大百科全书上表述的 1789 年的思想,即便不是格外恐怖,也还是特别令人愉快与感动。"这篇文章的发表有这样的说法:"经弗朗索瓦·特吕弗阅读与获准,文章被迫远离巴黎转向伦敦,《华氏 451 度》,这是书籍放上就会被烧毁的温度"(见艾尔维·阿蒙与帕特里克·洛曼的《世代》,第 I 卷,《梦的年代》,巴黎,瑟伊出版社,1987 年,第 305 页)。

152. 总理的记事本提供了这些信息(乔治·蓬皮杜协会的档案)。

153. 1966 年 4 月 22 日的信,写在一张冠以"戴高乐将军"的信纸上(杜塞图书馆)。

154. 尼古拉·维尔赛在《对"修女"的审查》那一页上提供的数字,《世界报》,2006 年 8 月 26 日。

155. 埃马努埃尔·瓦隆:《用平均值进行审查》,见 P. 奥里(主编):

《民主时代的法国审查(1848—)》,布鲁塞尔,联合出版社,"文化历史"丛书,1997年,第325页。我们要指出,从1967年开始,巴黎行政法庭就把这件事情的过错归于部长。

156. H. 阿蒙与P. 罗特曼的《世代》,同前引,第Ⅰ卷,第304页。

157. 见罗贝尔·阿比拉切德的故事《国家与它的戏剧　审查的诱惑》,见P. 奥里主编的《民主时代的法国审查(1948—)》,同前引,第262—263页。

158. 1966年10月27日的声明。

159. 这封9页的信件注明的日期是1966年9月28日;它避免让部长经受了一个场面:比亚西尼与莫瓦诺之间激烈交锋,致使新主编当晚呕吐⋯⋯

160. 见上文第117页。

161. 注明日期为20号的绿色手写记录(没有注明年月),转给了P. 莫瓦诺(见皮埃尔·莫瓦诺的文件)。安德烈·马尔罗对比亚西尼的仇恨延续多年,直到1969年J. 沙帮·戴尔玛让他承担治理阿基坦大区之前,德勃雷才给他重新复职。

162.《1963—1964年的总体报告》,1965年,第133页。(埃米尔-让·比亚西尼)。

163. 见《新观察家》。关于这个问题,见P. 卡巴钠的《文化权力》,同前引,第175—178页,又见比亚西尼给安德烈·马尔罗的信第4至第8页。

164. 这出戏在德·戈布兰即将离去的公务住房不远的马尔蒂餐馆为近130人上演;那张有名望的被邀者名单取自他们留名的桌布,由比亚西尼发布在《关于马尔罗》中,同前引,第217—218页。

165. 见我的题为《夏尔·戴高乐,艺术与艺术家》的通报,载于《戴高乐与文化》,同前引,第89—103页,它补充了我为戴高乐国际会议撰写的报告《1959年以来的国家与文化:戴高乐政权的行动与信息》(同一著作的第 23—39 页）。

166. 致让·迪比费,见《拱门》,第 35 期,第 38 页。

167. 1973 年为《赫尔内手册》第 21 期提供的证明（第 74—77 页）,此手册交给了夏尔·戴高乐。

168. 米歇尔·居伊的声明,发表在 1982 年 10 月电视三台播出的《公众之声》。

169. M. 德·圣皮尔让:《歌剧的症候》,同前引,第 190 页。

170. 相关的建筑 1974 年价值 1.3 亿法郎,1990 年增加了 3500 万法郎。

171. 由弗朗索瓦·德·克洛塞在《不仅如此》中提到（瑟伊/格拉塞出版社）,由 1992 年 4 月 9 日的《快报》引入。

172. 在 1967 年第一季度的《法兰西音乐通信集》上的声明。

173.《世界报》,1966 年 11 月 5 日。

174.《文化事务常驻记者研讨会》引用的 1967 年 10 月 2 日向鲁瓦约蒙的陈述,油印文件（见皮埃尔·马尔罗文档）。

175. 1968 年 12 月 12 日第 63899 号记录,主要记载了圣多米尼克街被占用场所的经过（CAC810734/007）。

176. M. 德·圣皮尔让:《文化与交流,一个大部的职责》,巴黎,伽利玛出版社,"发现"丛书（第 539 期）,2009 年,第 71 页。作者让我们注意到这项音乐政策在 30 年里使业余执业者成倍增加（见第 78 页）。

177. 见其著作《反创建部长的马尔罗》,巴黎,蓝多出版社,2001 年。

178. 1981 年 3 月 17 日的交谈。

179.《反创建部长的马尔罗》,同前引,第 54 页。

180. 同上,第 57 页。

181. 同上,第 60 页。

182. 1965 年 7 月 9 日刊号:《这些可以讨好 M. 若克斯》,M. 布朗丹的记录收入了他从部长那里集中收藏起来的文件(CAC/AN)。

183.《反创建部长的马尔罗》,同前引,第65与67页。

184. 1968年10月6日的信,被引进E. 朗热罗:《国家与建筑》,同前引,第148—149页。

185. J. -J. 塞万-施赖伯的文章,被引入P. 卡巴钠的《文化权力》,同前引,第54页。

186. P. 维昂松-蓬特为《世界报》撰写的报告,由J. -L. 克雷米厄-布里拉克引入《被派往内阁的部长安德烈·马尔罗》,见《戴高乐与马尔罗》,同前引,第151页。

187. 为1967年8月出版的《事件》做的文章节录,被《群像》选用,伽利玛出版社,同前引,第168、172、178、179页。

188. 在索邦的一次报告会(H. 雅贝尔在《恩希恩-蒙莫朗西的反响》中复制的摘要,第2480期,1996年4月18日)。

189. 根据克洛德·鲁瓦的说法,这句话被引进了埃马努埃尔·卢瓦耶的作品《让·维拉尔的公民戏剧,战后的乌托邦》第235页,巴黎,大学出版社,1997年。

190. 给克里斯蒂安·帕坦先生的证明,此人在塞纳省,1979年担任国家遗产处的第一把手。

191. 皮埃尔·巴尔班:《对法国电影资料馆历史的贡献》,2003年春的《评论》第101期,第1—12页。

192. 同上,第10页。主要反对者在选举前撤出,因为他们提出要思考一周的期限被拒。关于这个过程的一些细节有安托万·德·贝克与赛尔热·图比亚纳的《弗朗索瓦·特吕弗》的第Ⅳ章作补充,巴黎,伽利玛出版社,《"新法兰西杂志"传记》,1996年。帕特里克·奥尔梅塔的著作《1936年至今的法国电影资料馆》(巴黎,全国科学研究中心,2000年),提供了珍贵的证据并提到,保存电影胶片的思想从1898年起就得到博莱斯瓦夫·马图谢夫斯基的保护,他提出了"要有一个仓库储藏历史胶片"的观点。

193. 我们注意到 H. 朗格卢瓦卸任时，带走了所有关键东西，见 P. 莫瓦诺：《账已结清》，同前引，第 177 页。

194. 同上，第 178 页。1960 年以来，电影资料馆接收了两个大厅，其中的夏尤厅花费了 200 万法郎，享受了 1000 万法郎的公共信贷，收入接近 300 万法郎（见 P. 卡巴钠《文化权力》，同前引，第 212 页）。朗格卢瓦得到大商人的保护，主要是昂布鲁瓦兹·鲁，未来的福音传道总会主席和让·施伦贝格尔。当时的文学艺术总管 P. 莫瓦诺在没有朗格卢瓦的情况下，短暂担任了电影资料馆馆长。这种不幸事件被朗格卢瓦拖了近一个月才说出来。1968 年 3 月 6 日《新观察家》上发表的记事，纠正了混乱。P. 莫瓦诺经过这几周折腾以后至少减轻了 6 公斤，以后连续睡了 72 小时；25 年之后他认为自己的那段经历是在为国家服务，明白了那"简直是丧失理性"的效力。

195. 在 M. 德·圣皮尔让那里得以复制，《文化与交流》，同前引，第 23 页。

196. 特罗卡德罗的游行者在呼喊口号时又采用了这个名字。

197. 见《新观察家》第 173 期，第 36 页。可能有人告诉马尔罗，财政部长在 1967 年 5 月 31 日的一封信里，要求重新纳入正轨。

198. 引入《新观察家》的那一期的第 51 页。

199. 被引入 P. 巴尔班的《贡献》的文章，第 8 页。

200. 同上，第 9 页。

201. P. 卡巴钠：《文化权力》，同前引，第 214 页。

202. 正是这个明确的动机鼓励 F. 特吕弗放弃了在《新观察家》与 P. 莫瓦诺争论的念头；他 3 月 14 日写信将此事告知了让-路易·勃里（见弗朗索瓦·特吕弗：《通信集》，巴黎，阿提也-福马出版社，1988 年，第 412 页，袖珍本第 9718 号）。

203. 被引入 A. 德·巴克与 S. 图比亚纳的《弗朗索瓦·特吕弗》，

同前引,第 351 页。

204. 弗朗索瓦·特吕弗给居伊·泰赛尔的信,1968 年 3 月 15 日,见《通信集》,同前引,第 413 页。

205. 复制在《弗朗索瓦·特吕弗》里的 1968 年 5 月 12 日的信,同前引,第 353 页。

206. 见安德烈·阿里米的文件《戛纳与历史》,被引入《电视周刊》2000 年 5 月 10 日的第 2626 期和 2001 年 5 月 10 日的《世界报》(有两页是关于戛纳电影节与《电影手册》的报告)。关于罕见的电影工作者的革命思想,请注意在 1968 年 5 月至 9 月间,参加电影三级会议的人数从 3000 人减少到了 150 人。见 P. 奥里:《两个 5 月之间》,同前引,第 159 页,这里强调了制度形成的经济集中。

207. 根据德·巴克与图比亚纳先生的说法。2001 年 3 月,《解放运动》形成的反响,是反对在夏尤大厅和电影馆放映《特鲁埃尔山》;他们回顾了《朗格卢瓦事件》,强调了 3 月 5 日主要是在法国文化专题节目的麦克风前发出的声音:"马尔罗是部长,因此他是负责人。"电影馆负责人在 6 天的放映中,更喜欢回顾部长在建造这个夏尤大厅时,从电影工作者转为部长的过程。

208. 马尔罗让人在 1968 年 5 月 6 日对对话者这样说,"考恩-邦迪大喊大叫的声音比麦克风还响"(《全集》第Ⅲ卷,《绳与鼠》,第Ⅲ部分,第 571 页)。同时,贝尔纳·弗朗克提到了考恩-邦迪和他的洗衣机的品牌名,补充道:"戴高乐主义就是怪异,我却在那里感觉惬意。"

209. 1939 年的《特鲁埃尔山》显示出部长的电影编导才能:从蚂蚁趴在机枪准星上的画面到人群与伤员和棺材下山的镜头。1928 年起,作家强调了电影放映机对宣传的重要性。见《征服者》,《全集》第Ⅰ卷,伽利玛出版社,第 252 与第 997 页。

210. 马尔罗在《想象博物馆》(第 121 页)中反对复制的办法,见《移动的照片》一节,被引入《艺术史》第Ⅳ卷(主编贝尔纳·多里瓦尔),巴黎,伽利玛出版社,1969 年,第 108 页(七星百科全书,主编 R. 格诺)。

211. 阿兰·马尔罗:《布洛涅的栗树》,同前引,第 300 页。

212. 引入《评论》的文章,P. 巴尔班在此补充道:"马尔罗有时很讨厌自己在一堆被催眠者中失眠。"

213. 被爱德华·巴拉迪尔引入《五月之树》,巴黎,马尔赛·朱利安出版社,1979 年,第 23 页。我们可以在 2008 年 2 月 9 日的《世界报》里发现与这次危机有关的照片与文章(第 53—61 页)。

214. 这个说法出自居伊·迪米尔的手笔,出现在他的文章《破碎的戏剧》里,见《1967—1968 年的日志》,巴黎,拉罗斯出版社,第 264 页。

215. 见 E. 卢瓦耶:《公民戏剧》,同前引。

216. A. 佩尔菲特:《这就是戴高乐》,同前引,第 III 卷,第 525 页。

217. 引入 1968 年 5 月的大事记,登载在《一年大事记》的头条,同前引,第 28 页。

218. 见其著作《请尽情享受五月吧》,巴黎,斯托克出版社,1977 年。莫里斯·格里莫描述当时的法兰西犹如"一艘无舵又无罗盘的船撞击着波涛汹涌的海面,船队人员抓狂,指挥官陷于瘫痪"。

219. J. -L. 巴罗专门为 1968 年 9 月 16 日《新观察家》提供的证据:《回应马尔罗 让我们变为自由人的那些事》,第 44—45 页。

220. 玛丽-昂热·劳克-勒巴热夫人在《瓦卢瓦大街的征服者》(《两世界杂志》,1996 年 11 月,第 118 页)里认为,没有人要求 J. -L. 巴罗"与持不同政见者妥协"。然而,人们很难看到,不需要某些合作就能管好被占领的局面。部长办公室否认巴罗 5 月 22 日没有截断电源,法兰西剧院的经理在 1968 年 5 月 24 日的《费加罗报》上进行了反驳。从此,在重新掌握局面的过程中,结束 J. -L. 巴罗的职能成为理所当然的事情。关于 1968 年戏剧界的基础工作保留在劳克夫人在农泰尔答辩的论文上:《危机的历史:1968 年的法国戏剧》,巴黎第十大学,舞台艺术系,1994 年。我们将在第 214—222 页上读到保卫奥德翁剧院的叙述,还有从 5 月中旬起由国家元首宣布的自愿撤离的条件。

221. 对克里斯蒂安·福谢关于盗贼的看法,见其《昨天和明天的回忆录:为戴高乐将军服务》的两卷本,巴黎,普隆出版社,1971 年,第 234 页,以及《被砍掉的月桂树》,巴黎,普隆出版社,1973 年,第 24—25 页。

222. 尼古拉·赞的文章,被引入劳克-勒巴热夫人的论文。

223. A. 佩尔菲特在《这就是戴高乐》中叙述的会议,同前引,第Ⅲ卷,第 538 页。

224. 同上,关于这次介入的一个更长的版本出现在让-雷蒙·图尔努的著作中:《大事件白皮书:将军的五月》,巴黎,普隆出版社,1969 年,第 130 页。

225. 弗朗索瓦·密特朗:《政策》,法亚尔出版社,1977 年,第 491 页。

226. 引入《电视周报》的说法,第 2261 期,1993 年 5 月 12 日,第 128 页。

227. "他作为前一天那个胆小者队伍的带头人,也是报复在《人的境遇》里下令对付被战胜的英雄的那个人"(见 P. 卡巴钠《文化权力》,同前引,第 212 页)。

228. 雅克·福卡尔:《五月的将军 爱丽舍宫日志》第Ⅱ卷,1968—1969 年,巴黎,法亚尔/年轻的非洲出版社,1998 年,第 152 页。

229. 这是 M. 德勃雷在自己的《回忆录·第 Ⅴ 卷·另类的管理》(第 216 页)里采纳的方式,他在此也提到了他托人在队伍里带给马尔罗 1 夸脱巴黎水(矿泉水)的事。

230. 我询问了录像带的内容,它保留了这些话的痕迹,德勃雷先生给我写信说他不能告诉我为什么他采取这种态度,因为"他没有保留任何在当时混乱与困难的背景下说这些话语的记忆"(这位原总理用草体签名的 1995 年 9 月 13 日的这封信确认,"我的虚弱没法让我放上真实签名")。

231.《文化权力》,同前引,第 212 页。

232. 皮埃尔·勒弗朗:《您知道和谁在一起》,巴黎,普隆出版社,1979 年。

233. P. 卡巴钠:《文化权力》,同前引,第 36 页。

234. M. -A. 劳克-勒巴热引入《瓦卢瓦大街的征服者》的文章,第 121 页。另外,出于论文 226 页上的原因,劳克女士认为安德烈·马尔罗在游行场面中,显示出了"斗士的魅力";她描述国务部长"明显精神不振",也是对的。

235. 他在 1968 年 7 月 1 日关于莫里斯·巴莱的谈话中,向 F. 格罗维确认了这一点(《新法兰西杂志》,第 295 期,1977 年 7 月,第 23 页)。

236. 5 月 18 日在皮埃尔·雷斯塔尼的倡议下关门(见 P. 卡巴钠《文化权力》,同前引,第 219 页)。

237.《布洛涅的栗树》,同前引,第 303 页。

238.《战斗报》,1968 年 6 月 22 日。

239. 被引进《蓬皮杜　权力学派》的说法,见帕特里克·巴贝里与米歇尔·维诺克的文件,1993 年。

240. 1957 年文学艺术勋章的设计者。

241. 见《菲利普·勒克莱尔的编年史》第 102 页(米歇尔·玛尔曼编辑,雅克·希拉克作序),编年史出版社,巴黎雅克·勒格朗 SA 分社,1997 年。在第 104 页上出现了 1969 年由蓬皮杜总统主持揭幕的雕像的照片,1977 年的一起恐怖暴力行动发生后,那座雕塑被打翻在地。雅克·费赞在 1968 年 3 月 26 日的一幅绘画上,揭示出建筑的古典主义,画上的共和国向部长发问:"安德烈,这不是真的?"从那以后,V 形的金属眼泪被两根细长的支柱替代了。

242. 始于 1924 年,见《敌人的内部纠纷》前言的结尾部分。

243. 1968 年 7 月 5 日,马尔罗拒绝在王家宫廷的庭院里与巴罗说话:"他接二连三地摇头,斜视,坏笑。他不和我说话,转身消失了。"J.-L. 巴罗叙述了这个场面和他离开的情景,见《明天的记忆》,巴黎,瑟伊出版社,1972 年,第 365—367 页。在《安德烈·马尔罗的一生》一书里(同前引),奥利维耶·多德通过日期混淆给危机抹黑,留下了部长拒绝与巴罗说话前,情况严重加剧的印象,而遭指责的《周日时报》的文章也在他们的会见流产后 23 天问世。在 1968 年 7 月 27 日的这份报纸上,巴罗对部长 5 月 24 日以来观察到的"冷漠寂静"感到惋惜。

244. 还说奥德翁歌剧院的撤离,是由政府派出的一支乌合之众组成的队伍突然侵入引起的,目的是为撤离做辩护(《明镜周刊》1968 年 10 月对安德烈·马尔罗的采访)。

245. 1968 年 5 月 18 日的《世界报》叙述了那天夜晚达尼埃尔·考恩-邦迪揭发法兰西剧院是"戴高乐主义与资产阶级文化的象征",要求把剧院看作"反对资产阶级的战斗工具"。

246. 由屈尔蒂斯·卡特引入《马尔罗》,巴黎,弗拉马里翁出版社,1994 年,第 495 页。

247. 根据劳克女士被引入的论文,第 217 页。

248. 布兰 1966 年把《屏风》搬上了舞台。

249. "安德烈·马尔罗在国民议会上全力保护出自无政府主义诗人让·热内的关于贫穷与死亡的叙事诗,这首诗表现出的反常优雅,要归功于那个时代"(摘自被引入的对话《回复马尔罗》)。J.-L. 巴罗把这种反常优雅出现的时代看作是"想象力绕行规避伪君子'屏风'的时刻",但是这位喜剧演员却错误地把历史浓缩在了"人为制造出来的龌龊故事的画面上"。

250. 1972 年 7 月 9 日的信件,发表在交给夏尔·戴高乐阅读的《赫恩手记》第 21 期上(同前引,第 104—105 页)。

251. 这是预判马尔罗 1968 年夏末状态的错误观点。我们记得他在 1958 年初夏,为了不去责难阿尔及利亚民族解放阵线而丢掉了新闻部长的职位。

252. 安德烈·马尔罗:《全集》第Ⅲ卷,第555与570页。

253. 从部长短暂的隔离期间开始,办公室主任就发现了替代马尔罗的合理性;他在获悉皮埃尔·莫瓦诺返回文化部时,就努力修筑谎言的壁垒,虽然总理可能并没有上当。

254. 见《民主时代的法国审查(1948—)》,同前引,第258与255页。

255. 1968年11月13日在国民议会关于财政预算的辩论。

256. 弗朗西斯·雷松的报告,由Ph.于尔法力诺引入《文化政策的干预》,同前引,第209页。根据这个判断,人们不可能期望文化宫像1965年财政监察员所希望的那样去增加数量;罗贝尔·利翁认为,因为没有发展,我们的脚步会停留在"中间色调、歧义与妥协上"。

257. 关于J.迪阿梅尔团队采取的转折点,见菲利普·普瓦里耶的著作。

258.《为了城市文化中心》简介的第1与第4页,文化与环境部长作序,1977年6月由戏剧与文化宫领导机构出版。

259. 这出戏希望不去继续冒犯西班牙国家领袖而放弃了最初的剧名《佛朗哥元帅之情》。

260. 罗贝尔·阿比拉谢:《国家与戏剧 审查的欲望》,见《民主时代的法国审查(1948—)》,同前引,第264页。

261. P.卡巴钠:《文化权力》,同前引,第239—240页。

262. 后来乔治·蓬皮杜手下的戏剧总管居伊·布拉若,在《民主时代的法国审查(1948—)》一书中提供的证据,同前引。马尔罗后来提到,如果戴高乐将军在1970年以前访问元首(西班牙)的话,他就会离开政府。

263. 菲利普·索泽1968年12月9日的记录(第63724号,CAC810734/007)。他忘记了(?)从原则上说,他的部长在那时候,已经在韦里埃疗养院与露易丝·德·威尔莫兰饮茶、喝威士忌,然后才回到灯宫。

264. 1969 年 4 月 14 日的记录(CAC/AN,950514—第 13 条)被长篇幅引入 E. 朗热罗的《国家与建筑》,同前引,第 156 页。

265. 被引入文件第 4 页,鲁瓦约蒙的学术会议。

266. 1968 年 12 月 5 日的 63598 号信件,经菲利普·索泽签名后,把此事通报给了百代公司的经理(CAC/AN)。

267.《这就是戴高乐》,同前引,第 Ⅱ 卷,第 10 页。

268. Ph. 布朗给安德烈·尚松的协议函,1969 年 3 月 22 日(CAC/AN,810734/009,第 70264 号函件)。

269. 1969 年 3 月 12 日给安德烈·波纳托的信函(第 69926 号),使罗兰的出生日期变成了 1911 年,而不是 1912 年,把他的流放也说成是被转移到了诺因加默集中营(CAC810734/009)。

270. CAC/AN810734/010。

271.《为了重建真相》,巴黎,弗拉马里翁出版社,1982 年,第 88 页。

272. 可能是交给安德烈·奥罗的绿色笔记。

273. 事实是,一座超大文化宫运作的财政支出要超出外省一个最大文化宫财政的 14 倍。

274. 莫里斯·拉蒙给 E. 朗热罗提供的证明,见《国家与建筑》,同前引,第 165 页。

275. 让·皮巴塞的笔记,1969 年 7 月 17 日(CAC/AN950514—第 11 条)。

276. 即便他没有把这个梦想的职衔写进 1958 年秋季交给 G. 皮康的信中。

第五章　传播法兰西文化的部长

1. 1961 年 12 月 14 日的演讲:凡尔赛宫 1960 年 4 月 2 日接待了苏维埃领导人,10 月份接待了泰国王后。

2. 安德烈·马尔罗:《全集》第Ⅲ卷,第 338 页。

3. 戴高乐将军给新德里、德黑兰和东京法国驻外使馆的电报(《信件与笔记》,同前引,第 128 页)。

4. 同上,第 129 页。

5. 夏尔·戴高乐 1961 年 5 月 1 日写给莫迪博·凯塔的信(《信件与笔记》,同前引,第 79 页)。

6. 这是写在 1963 年 10 月 20 日魁北克《周日早报》上的内容。

7. 这是他从法国返回时发表的声明,信中感谢戴高乐总统以及他的同僚莫里斯·顾夫·德·姆维尔和安德烈·马尔罗(参照 CAC/AN,950514—8)。

8. 《洛杉矶最佳景点　辨位导游册》,洛杉矶,玫瑰花蕾出版社,1980 年(M. 库尔菲尔德和 A. 吉尔巴的文章《博物馆与画廊》,第 193 页)。

9. 墨西哥 1964 年 11 月 28 日的《宇宙日报》。

10. 玛德莱娜因为还记得那些辉煌时刻所以才对我说了这些,并公开反复说道:"我保留了马尔罗的最佳形象。我度过了最美好的年代。"她还承受了最为残酷的服丧,见第 146 和 186 页。

11. 日本 1960 年 2 月的《每日新闻》指出,马尔罗这次拒绝说撒哈拉沙漠的原子弹爆炸。

12. 安德烈·马尔罗:《演讲与致辞》,同前引,41 篇文章中的第 10 篇,文化部 1969 年编辑。

13.《马尔罗纪念册》,同前引,第 238—239 页;对马尔罗在新闻部任职 4 个月,有文字叙述上的错误:他在 1958 年只勉强负责了 30 多天(《传记参照》,见下文,第 381 页)。

14. 让·莱斯屈尔引用了让·拉库蒂尔的说法以及加缪和达尼埃尔的要求,在《马尔罗纪念册》(同前引,第 40 页)里表示了支持。

15. 给 P. 梅斯梅尔的作者提供的证明。我继续在思考 1958 年 7 月人们解除他代言人的职责的原因,以及为什么不断权衡他触及阿尔及利亚事件的方式。

16. A. 考恩-索拉尔引入在巴伊亚的讲话,《萨特》,同前引,第 515—516 页。

17. 西蒙娜·德·波伏娃在《告别仪式》里讲到了这位代表,巴黎,伽利玛出版社,1981 年,第 459 页。

18. H. 阿蒙与 P. 罗曼:《行李搬运者》,同前引,A. 考恩-索拉尔:《萨特》,同前引,第 518 和第 540 页。

19. 1960 年 9 月 16 日出版的那一期,引入了 H. 阿蒙与 P. 罗曼的作品,同前引,第 296 页。

20. 同上,第 299 页。

21. 见 A. 考恩-索拉尔的《萨特》,同前引,第 542 和 552 页,附 R. 迪马 1984 年 10 月 15 日提供的证明。

22. 这是 1960 年 10 月 2 日《巴黎日报》的标题。

23. 戴高乐在 1960 年 11 月 16 日的部长会议上提到此事,并在 12 月 20 日的广播里宣布了此事。1961 年 1 月 8 日的公民投票汇集了有利于这项原则的大都市的 75.26% 的赞成票。

24. "这种至高无上的宽宏大量与戴高乐的安抚举动,形成了把萨特封为圣人的初级阶段。"根据 A. 考恩-索拉尔的传记,同前引,第 547 页。

25. 同上,第 516—517 页。

26. 同上,被引入的让·普永的证词,第 549 页。

27.《乌云密布的帝国》,巴黎,格拉塞出版社,1981 年,第 167 页。

28. 在安德烈·马尔罗的《演讲与致辞》的第 17 篇文章里,同前引。

29. J. 莫叙-拉沃:《安德烈·马尔罗与政治》,同前引,第 285—286
页。

30. 为了解这个细目,我参照了弗朗索瓦·特雷古的年表(安德
烈·马尔罗:《全集》第 III 卷),这里应该加上 1966 年 2 月对中美洲的访
问,改变到埃及旅行的时间(1966 年 5 月是他第一次真正治疗抑郁症
的时间)。我也查询了部长从 1964 年起使用过的外交护照上的签证
(弗洛朗丝·马尔罗文集)。我对以后的评论,使用的是从玛德莱娜·
马尔罗、阿尔贝·伯雷和皮埃尔·莫瓦诺那里收集到的证据。

31. 1966 年 2 月 10 日的《世界报》指出,玛雅展览将是“从未有过
的最重要的展览”,2 月 11 日的《民族报》指出部长有顾问菲利普·索
泽陪同,可以在原地找到除人文博物馆馆长以外的办公室主任安托
万·贝尔纳。

32. 1966 年 2 月 16 日的《24 小时》报。

33. 1966 年 2 月 21 日的《民族报》与《法兰西晚报》。

34. 1966 年 3 月 19 日信函(《信件与笔记》,同前引,第 275—277
页)。

35. 在巴黎骑自行车的瑞典女郎与乔治五世大道的滚石乐队的报
道之间。

36. 1966 年 5 月 3 日致外交部长米歇尔·德勃雷的信函(第 71704
号函,CAC/AN,810734/010)。

37. 致耶路撒冷法国大学校友联合会主席施特格教授的信(1969
年 1 月 18 日第 65118 号信函,CAC810734/007)。

38. 安德烈·马尔罗《演讲与致辞》中的第 25 篇文章,同前引。

39. 罗热·佩尔菲特在《使馆》中提到了这些高官,关于后来的乔

治·比多夫人——被赛马"大赛"接纳的第一女性,他转向追忆了关于圣女贞德的一幅穿裙子的战争霹雳女的漫画(巴黎,弗拉马里翁出版社,1951年,《我阅读》再编,第107/108期,第132与194页)。

40. 米歇尔·德勃雷1968年12月16日给安德烈·马尔罗的信。

41. 日本新闻1960年2月20日宣传的格式,采纳的是白井教授在《读卖新闻》文学版上使用的词语。

42. 安德烈·马尔罗:《全集》第Ⅴ卷,第1132页和O.多德的《安德烈·马尔罗的一生》,同前引,第616页。

43. J.莫叙-拉沃:《安德烈·马尔罗与政治》,同前引,第257页。

44. 1960年2月12日在东京法日文化之家揭幕式上的讲话,复制在安德烈·马尔罗的《艺术散文》第Ⅱ卷中,见《全集》第Ⅴ卷,第1129—1133页。

45. 根据文化部档案中保存的资料(CAC/AN)和弗朗索瓦·特雷古引入的年表(安德烈·马尔罗:《全集》第Ⅲ卷)建立的清单,还根据弗朗索瓦·德·圣-谢龙为《艺术散文》第Ⅱ卷建立的清单(安德烈·马尔罗:《全集》第Ⅴ卷,第114—117页)。

46. 安德烈·马尔罗《演讲与致辞》的第15篇文章,同前引。

47. 同上的第32篇文章。

48. 在牛津法国文化宫揭幕仪式上的致辞速记稿,法国驻伦敦使馆信息与新闻中心提供(作家档案)。

49. 外交部长返回法国后的声明,感谢戴高乐总统与他的同僚莫里斯·顾夫·德·姆维尔和安德烈·马尔罗(CAC/AN,950514—8)。

50. O.多德引用的1959年6月10日的急电,《安德烈·马尔罗的一生》,同前引,第613页。

51. 见哥斯达·比里的文章,朗普罗·弗利图里在《马尔罗在帕特农神庙受到雅典人民的欢迎》一文中引用了这篇文章的很长一部分,为了2001年的国际学术研讨会,我请求与他进行了交流(见C.-L.弗隆主编的《安德烈·马尔罗与法兰西的辉煌文化》,同前引,第389—396页)。

52. 西蒙娜·德·波伏娃:《年龄的力量》,第Ⅱ卷,巴黎,伽利玛出版社,1960年(弗里奥丛书版,1976年,第246页)。

53. 《权力世界中的人们》,同前引,第14页。

54. 1966年3月30日在第一次世界黑人艺术节研讨会开幕式上的讲话(安德烈·马尔罗《演讲与致辞》中的第31篇文章,同前引)。

55. 1964年11月7日在国民议会上的致辞。

56. 交给第二任办公室主任的无日期标注的绿色笔记(安德烈·马尔罗的文件)。

57. 这次旅行的目的是与艾尔曼·勒鲍威克教授进行交流,交流的题目是《〈蒙娜丽莎〉行动,马尔罗吸引了美国》(见《安德烈·马尔罗与法兰西的辉煌文化》,同前引,第371—377页)。勒鲍威克首次叙述了这次伴随《蒙娜丽莎》的长途旅行,《安德烈·马尔罗与法国文化的新发明》,康奈尔大学出版社,1999年,第9—26页。我在这两项研究中借用了关于这个准备工作的信息要素。

58. C. 卡特引自《马尔罗》中约翰·斯罗的文章,巴黎,同前引,第488页。

59. 这是勒鲍威克在马尔罗100周年诞辰国际学术研讨会上明确表达的感情(见《安德烈·马尔罗与法兰西的辉煌文化》,第377页)。

60. O. 多德:《安德烈·马尔罗的一生》,同前引,第654页。

61. 《这就是戴高乐》,同前引,第Ⅰ卷,第357—360页。

62. 1963年1月4日,第751号,安德烈·奥罗写信给共和国总统府秘书长艾蒂安·比兰·德·罗西耶说,部长"正式反对将画幅运往美国的各个城市,除了纽约与华盛顿";法新社通过文化部向华盛顿发送了一份公告(第751号公函,参阅CAC954514—第2条)。

63. 安德烈·马尔罗:《全集》第Ⅲ卷,第622页。

64. 尼古拉·艾尔维-阿尔方:《为〈蒙娜丽莎〉服务的骑士》,见《马尔罗的生存与言论》,同前引,第 128 页。

65. 同上,第 130 页。阿尔方大使夫人指出,夏尔·戴高乐马上会拒绝法国参加拿骚的原子弹实验合约,1963 年 4 月 8 日在与美国国务秘书迪安·拉斯克会谈以后,法国总统于当月 19 日在一次广播电视简短讲话上,扩展了法国独立打击力量的观念。

66. A. 佩尔菲特:《这就是戴高乐》,同前引,第 I 卷,第 361 页。

67. 夏尔·戴高乐:《1961—1963 年的信件、笔记与文书》,巴黎普隆出版社,1986 年,第 323 页。

68. A. 沙泰尔:《艺术杂志》,同前引,第 103 页。

69. A. 考恩-索拉尔在《萨特》(同前引,第 506 页)中回顾了他们从 1955 年 9 月 6 日至 10 月 6 日这一个月的旅行。

70. A. 佩尔菲特:《这就是戴高乐》,同前引,第 II 卷,第 487 页。

71. M. 顾夫·德·姆维尔在 1965 年 7 月 1 日的部长会议上宣布(同上,第 505 页),此时马尔罗已经在海上航行。

72. 见 1965 年 7 月 20 日的报纸。

73. 发表在夏尔·戴高乐 1964—1966 年期间的《信件与笔记》第 181 页上。

74. O. 多德引用《安德烈·马尔罗的一生》中 8 月 2 日发表的 7 月 30 日的报告,第 685 与第 935 页。

75. 马塞尔·布朗丹在撕下的一页杂志空白处记录道:"他真是知道得很清楚。"(CAC/AN)

76. 1965 年 7 月 23 日的《战斗报》。

77. 1965 年 7 月 28 日的那一期。

78. O. 多德:《安德烈·马尔罗的一生》,同前引,第 687 页。

79. 布朗丹给安托万·贝尔纳的记录,附带了从杂志上撕下来的那篇文章,上面回顾了在部长那里保留的不切实际的东西,包括在东京、金边与新德里的时段(CAC/AN)。

80. 让·路易-让内尔教授为2005年4月北京研讨会建立的精彩文件:《安德烈·马尔罗在具有辉煌未来的国家》,发表在《风格独特的安德烈·马尔罗》,2006年春第5—6期的第129—145页上。

81. 文章标题为《真正的赌注》。

82. 第39期文章:《东方的诱惑》。

83. 丹尼斯·德·拉帕特利埃同时出品了他的电影《马可·波罗的神奇探险》,亨利·沙皮耶很高兴看到教皇的使者与将军的部长并行,见《战斗报》,1965年8月9日。

84. 第22期《新闻报》第6与7页,1965年8月11日。

85. 8月30日寄出,包括从帕朗机场出发的底片,马塞尔·布朗丹对此表示了谢意,1965年9月3日(CAC/AN)。

86. 关于经过安哥拉的一个段落,他没有在那里换机(理由请见前面的记录),在后来《反回忆录》的最终版本里这个段落略过了20来页。在《虚幻之镜》的第Ⅰ卷里,实际上出现了一个大篇幅的片段谈到日本,还有与一个安详的和尚的谈话(弗里奥丛书版,1976年,第568—588页;《全集》第Ⅲ卷,第429—447页)。

87. 安德烈·马尔罗《演讲与致辞》中的第27篇文章,同前引。

88. 见下文,第196页,M.-F.居亚尔在安德烈·马尔罗:《全集》第Ⅲ卷上的注释,第1120页。

89. 弗朗索瓦·沙莱为1960年5月5日的电视新闻作的评论(全国视听研究所档案)。

90. 1963年8月22日给一本杂志主编的信,这位主编向居斯塔夫·雷格莱征求过一篇致意的文章(参看CAC/950514—第3条,cab8)。

91. 安德烈·马尔罗:《全集》第Ⅲ卷,第1156页,A.伯雷在通过这些选择证明无罪后大胆告诉我说:"我们摧毁了所有与马尔罗的文学创作不相干的东西。"因此在国家档案里,并没有 1967 年全年的与 1968 年前 11 个月的办公室惯有的信函套封。要读其他时期的,请见《日常年表》版本,可以就此揣测他其他的执行方式。

92. 在夏尔·戴高乐的《信件》中,我们发现了对马尔罗著作的赞扬,包括《反回忆录》和三段精彩部分(见上文第 206 页,考贝尔号巡洋舰发出的海底电报)。

93. 1977 年 7 月的《新法兰西杂志》第 295 期,第 68 页。尽管这些说法标注的日期是在部长离职以后,事实上,《反回忆录》这个名称让我想起这些言论不如说是在 1966 年底发表的。皮埃尔·莫瓦诺在 2001 年 11 月与我的电话交谈中,也同意这个说法。

94. 克拉拉·马尔罗:《我们的脚步声》,同前引,第 IV 卷,《夏天来了》,第 70 页。

95. 最好再读一遍被让-路易·让内尔教授引用过的文章:《安德烈·马尔罗在未来辉煌的国家》。

96. 1967 年 9 月 30 日第 964 期。照片拍摄人是吉赛勒·弗兰德。

97. 见卡特·昂布尔热的研究:《文学类型的逻辑》,J.-L. 让内尔引用,同前引,第 316 页。

98. 安德烈·马尔罗:《全集》第 III 卷,第 1123 页。

99. 让-路易·让内尔是少有的几个十分了解马尔罗为人中的一个,可能因为他属于只在作品和手稿中与马尔罗相交的一代研究人员,他热情研究的是作品和手稿的变化(见《马尔罗,记忆与变异》,同前引)。

100. 第一版第 561 页。我更喜欢 1967 年 10 月 31 日在马耶那省完成印刷的,由巴布奥作的数字版和链接版。

101. 马提厄·加莱的《1955—1973 年的日记》,巴黎,格拉塞出版社,第 I 卷,1987 年,这里是 1967 年 8 月 20 日的笔记。

102. 同上,1967 年 11 月 1 日的笔记。

103. 摘自《边读边写》(巴黎,约瑟·科尔蒂出版社,1980 年),收入 1989 年 5 月 10 日的《世界报》。

104. S. 尚塔尔《跳动的心》中的文章,同前引,第 288 页。这一年埃尔斯特·荣格在银塔用过晚餐后在《日记》里写道:"在这个时代,吃得好大大给了一种得力的感受。"(1942 年 7 月 4 日的评注。)

105. 1973 年夏季展示在梅格基金会的 1943 年 1 月 2 日的信函(法国国家图书馆资料)。

106. 阿兰·马尔罗:《布洛涅的栗树》,同前引,第 155 页。

107. 根据外办前特别行动处顾问邓肯·斯蒂阿特交给玛德莱娜·马尔罗的信件,日期为 2002 年 6 月 14 日。1944 年秋克洛德与特别行动处(英国特别行动处法国分支)的另外 18 名年轻军官在波兰格罗斯-罗森集中营,现在的罗戈兹尼察被枪决。2002 年 5 月 10 日伦敦特别军事俱乐部的将军与主席迈克尔·罗斯,在执行地发现的一枚勋章让我们回忆起他们的牺牲。相关的信息可在以下网站上查询:http://www.region-walbrzych.org.pl/grosrosen/.

108. 居伊·珀诺的著作《安德烈·马尔罗与抵抗运动》的前言,贝里戈/方拉克出版社,1986 年。

109. 见我在《自由法兰西词典》中的综合说明,巴黎,罗贝尔·拉封出版社,"书籍"丛书,2010 年。

110. 在瑞士出版了 1500 册,此书吸引的读者很少,甚至还有一部分书被毁(索邦大学学术会议上提到的信息,2008 年 6 月 24 日)。

111. 让·库拉尔在凡尔赛宫长期担任保管员,是马尔罗的亲信,他告诉我同事们一直都知道这辆枢车停放在什么地方。至于那个"扎着细细羊角辫"的小姑娘,这位保管员陪伴行走过的任何一个女孩都未扎过这样的小辫。小说家改变形象的权利显然没受到实效的约束。

112. 安德烈·马尔罗:《全集》第 II 卷,第 411 页。

113. 给朱利安·塞涅尔的信,1945 年 2 月 6 日。

114. 梅格基金会展览目录,1973 年,《安德烈·马尔罗》,共 323 页。

115. 展会使者、二战历史委员会秘书长亨利·米歇尔在一封手写信件中对我解释说,共和国总统单独与他在一起带头参观时,并没有说过这些话。

116. 安德烈·马尔罗:《全集》第Ⅲ卷,第 551 页和 1236 页。

117. 1967 年 9 月 27 日的《世界报》保留了半个版面来分析这本书。

118.《阿尔滕堡的溺水者》在新书里占据了 23 到 50 页的位置,而根据《王家大道》拍摄"小小电影"的计划,从第 376 页扩展到了 472 页。句中"启动"一词难说不是打字错误,我们可以用"没有标志性的"这个词来替代。

119. 1967 年 10 月 7 日,P. 德·布瓦戴夫尔在自己的著作里附加了全文(《安德烈·马尔罗,死亡与历史》,同前引,第 259—255 页)。

120. 1952 年美国将军里奇韦的到来引发了激烈的"反里奇韦,反鼠疫!"的游行。

121.《虚幻之镜,虚幻的中国》,见《现实中的安德烈·马尔罗》,第 5—6 期,2005 年 4 月北京国际学术研讨会文件。

122. 让-路易·让内尔在北京国际学术研讨会上的交流稿(在被引用的杂志第 131 页上),其著作《马尔罗,记忆与变异》,同前引(主要在《伟大的谎言癖》与《记忆的抗菌剂》这两章里)。

123. 在 65 页中有 25 页是关于中国的,见北京大学孙魏子红教授的研究:《马尔罗眼中的中国〈反回忆录〉中的西方诱惑》,《现实中的安德烈·马尔罗》,第 5—6 期,2005 年,第 107—115 页。

124. 克拉拉·马尔罗:《我们的脚步声》,同前引,第Ⅳ卷,第 54—55 页。

125. 安德烈·马尔罗透露给皮埃尔·莫瓦诺的知心话,《新法兰西杂志》,第 295 期,1977 年 7 月,第 68 页。

126. 这个看法是痛苦中的部长抛出来的,作家把它放入《反回忆录》的一个人物梅里的口中(安德烈·马尔罗:《全集》第Ⅲ卷,第1123页)。

127. M. 凯里安:《反创建部长的马尔罗》,同前引,第55页。

128. 同上,第57页。

129. P. 莫瓦诺:《账已结清》,同前引,第173页。

130. 1954年的思考批评了根据《人的境遇》改编的剧目。

131. 亨利·戈达尔引用的摘自路易·吉尤的《笔记》。

132. 共和国总统府的最后一任秘书长贝尔纳·特里科几次证明了这件事。

133. 让·库拉尔引用的证明。我们记得1967年春季只保留了多数派的几个席位(竞选联盟支持戴高乐的席位只占据了487个席位中的247个)。

134. M. 凯里安:《反创建部长的马尔罗》,同前引,第55页。

135. 灯宫是总理休息的住处,在马尔罗被隔离在马利的前后都如阿兰·马尔罗所写的,是"监狱性质的隔离"地方;这里的气氛如此沉重,以至于露易丝·德·威尔莫兰只有在侄女与侄孙陪伴的情况下才考虑生活在这里,最终她还是拒绝了。

136. 1968年6月6日给总理的信(《信件与笔记》,同前引,第221页)。

137. 皮埃尔·埃马努埃尔:《世界的高贵文化 一种政治的历史》,巴黎,斯托克出版社,1980年,第23—25页。

138. 与E. 朗热罗的谈话,《国家与建筑》,同前引,第221页。

139. 摘自《法兰西文化中的危机 解析一种失败》,登载在《89号街》网站上(2008年2月)。

140. 安托万·贝尔纳散发的资产负债手册,第42页。

141. M. 德·圣皮尔让:《歌剧的症候》,同前引,第239页。

142. 他宣称要等待时机成立法兰西基金会,即便当时的米歇尔·德勃雷十分倾向雅各宾派,在这种情况下,财政部长还是支持了 G. 蓬皮杜的计划(A. 佩尔菲特:《这就是戴高乐》,同前引,第Ⅲ卷,第38—39页)。

143. 不定期交给安德烈·奥罗的绿色笔记(安德烈·奥罗的文件)。

144. 1330 万法郎的文化基金在国家图书管理部门成立时,于 1976 年 1 月经由国务秘书处交给了文化部门。

145. 第 196 和 212 页。

146. 1963 年 2 月 26 日交给科尔尼利翁-莫利尼耶将军的信(AH/YB,SEC/CAB 第 1548 号)。

147. 1986 年 12 月讨论会的前言(《安德烈·马尔罗,世界达人》,第 10 页)。

148. 阿兰·佩尔菲特:《法兰西之恶》,巴黎,普隆出版社,1976 年,第 65 页。

149. 同上,第 330 页。

150. 1959—1962 年曾任将军办公室主任的布鲁耶使者的证明(1991 年 2 月 5 日)。

151. 艾蒂安·比兰·德·罗西耶 1986 年 10 月 6 日给作者的手写信件(罗西耶 1962—1967 年曾是爱丽舍宫的秘书长)。

152. 《特别教训》,同前引,第 200 页。F. 吉鲁说,A. 马尔罗向她说起过,要搞的花样就是把巴黎粉刷成白色,大家知道这个行动更多出自艺人 M. 皮埃尔·苏德罗,还有马提尼翁府以及它的各部门,H. 德·塞戈涅和参议员雅克·德·莫普参与其中,这个行动还出自一篇促使各拯救区域得以发展的文章。

153. 见雷蒙德·穆兰:《艺术家、法规与市场》,巴黎,弗拉马里翁出版社,1992 年,第 309 页。

154. A. 佩尔菲特:《这就是戴高乐》,同前引,第Ⅰ卷,第105页。

155. 由 P. 卡巴钠引用,《文化权力》,同前引,第201页。

156. 多米尼克·费尔南德斯:《尼古拉》,小说,巴黎,格拉塞出版社,1999年,第182页。

157. 接下来,有了福谢和皮萨尼两位先生的干预,还继续维持着学术棕榈勋章与农业功勋章(A. 佩尔菲特,同前引,第Ⅱ卷,第540页)。

158. A. 佩尔菲特:《这就是戴高乐》,同前引,第Ⅲ卷,第16页。

159. A. 佩尔菲特:《法兰西之恶》,同前引,第392页。

160. J. 朗引自1986年11月会议的前言(《安德烈·马尔罗,世界达人》,同前引,第10—11页)。

161. 与作者的谈话。经过弗朗索瓦·利雷的允许,建筑领导部门于1989年重新归文化部负责,J. 朗在1988年总统大选以后重新担起这项责任。

162. 1980年6月20日的《巴黎日报》,文章题目为《文化:旋涡边缘的房屋》。2007年,G. -M. 贝纳穆成为萨科齐总统的文化顾问后,对文化部和女部长妄想获得美第奇别墅领导权的想法提出批评。一本抨击的小册子将此事锁定在这样一个标题下:《美丽的拉姆,爱丽舍宫的阴谋》(匿名作者为居伊·德·莫尔梅松,后发表在2008年7—8月的《新观察家》杂志上)。

163. 在《费加罗报》(1987年2月28日—3月1日)上重述了国家级十字架勋章的事。

164. 古典文学教授米歇尔·布卢安以《恐怖》为标题,提醒人们认识马尔罗的觉醒,停止文化幻觉(1986年9月10日的《早报》,第5页)。

165. 弗朗索瓦·利奥塔尔:《被发现的词语》,巴黎,格拉塞出版社,1987年,第173页。

166. 1986年12月18日在电视一台节目《家庭问题》中发表的声

明。

167.1986 年 12 月 1 日在电视三台播放的热罗姆·加尔森的《信箱》专题片里提到此事。

168.1990 年 10 月 12 日信函。确实,由于我的调查表不可能散发给每一位享有艺术家或医生社会保障的人,我幸运地认为,他们还是愿意把有可能归纳过后的答案寄还给我的。

169.1990 年 10 月 8 日给作者的信。

170.1990 年 10 月 7 日的信。

171.1990 年 10 月 24 日的信。

172.参议院的建筑师,研究院成员克里斯蒂安·朗格卢瓦同意马蒂厄的沉默态度;马蒂厄拒绝回答但坚持的是一个向我宣布的原则:绝不接受自己的自由表达被一个预定的框架所限制(1990 年 10 月 8 日的信)。

173.1990 年 10 月 8 日的口头证明。

174.1990 年 10 月 18 日的信。

175.1990 年 10 月 8 日给作者的信。

176.摘自安托万·德·巴克《法国文化的灾难》,同前引。

177.R. L. 布吕克贝尔热:《黑暗蔓延的时刻》,巴黎,阿尔班·米歇尔出版社,1989 年。

178.《文化之邦 关于现代宗教的散文》,巴黎,德·法卢瓦出版社,1991 年,第 56 页。

179.同上,第 126 和 122 页。

180.同上,第 146 页。

181.同上,第 164 页。

182.同上,第 166 页,对 1981 年 11 月 17 日雅克·朗面对议员发言所作的分析。

183.同上,第 269 页。

184. 这是雅克·朗1993年2月7日在电视一台《7比7》节目上说过"不要惹烦躁的人不高兴"以后宣布的。

185.《文化之邦》,同前引,第180页。

186. 同上,第172页。

187. 给作者的信。

188. M.施耐德:《文化喜剧》,同前引,第107页。

189. P.莫瓦诺:《账已结清》,同前引,第146页。

190. 1986年为M.索尔比耶导演的纪录片给安德烈·奥罗提供的证据。

191.《世界报(周日版)》,1981年11月8日,第1页。

192. 同上,第14页。

193. M.施耐德:《文化喜剧》,同前引,第106和108页。

194. 同上,第109页。

195. M.凯里安:《反创建部长的马尔罗》,同前引,第100—102页。

196.《安德烈·马尔罗与法兰西的辉煌文化》,同前引。

197. 1973年对自己1953年的《马尔罗》的补充,同前引,第130—131页。

198. 见《1973—1989年法国人的文化实践》103页上的综合框架,作者是奥利维耶·多纳和德尼·科尼奥,巴黎,发现/法兰西文件出版社,1990年。

199. M.施耐德:《文化喜剧》,同前引,第133页。

200. 弗朗索瓦·密特朗:《表象与实际作用之间》,巴黎,弗拉马里翁/手持玫瑰出版社,1975年,第65页。

201. 帕特里克·勒莱的继任人形容了开玩笑的方式,然而确定电视一台的职业就是消遣最大多数的观众,给每一个家庭带来经过检验的、严肃和有可信度的良好信息(《电视周报》,第3060期,2008年9月3日)。

202.《世界报》发表的伊夫·厄德与奥迪尔·德·普拉的调查（2008 年 9 月 3 日,第 22 页）。

203. 米歇尔·巴朗对法兰西文化的思考,1991 年 10 月 12 日。

204. 摘自《法国文化中的灾难》,同前引。

205. 这是米歇尔·凯里安和埃马努埃尔·德·鲁在 2004 年 4 月 7 日的《世界报》上附加的分析。

206. 与 N. 艾尔贝尔、M. 凯里安的谈话,见 2008 年 12 月 30 日《世界报》。贝尔纳·费弗尔·达西耶是天真犯罪与厚颜无耻的控告人,阿维尼翁艺术节的原负责人回答他说,公共服务的灵感对文化行动是必要的(《世界报》,2009 年 1 月 2 日)。

207. 1989 年 11 月 30 日的声明。

208. 日期为"2008 年 5 月 30 日,周五,12:41:48+0200"。

209. 克里斯蒂娜·阿尔巴内尔的《框架笔记》预见了法国遗产处要包罗建筑、档案、博物馆、名胜遗产与考古学;创新与传播处要负责雕塑艺术与生动的演出;媒体发展与文化经济处要处理程序、音乐与录音、书籍与阅读还有媒体等行业。这三个领导部门都愿意负责他们管辖范围内的教育问题,总秘书处则协调文化部的横向政策,引领支撑功能(如经济预算与人力资源)。

210. 见国民议会的社会党副主席、文化负责人帕特里克·布洛克议员的分析:《拍卖方式的文化策略》(《世界报》,2008 年 9 月 4 日)。

211. 见《2009 年国庆日》的小册子(法兰西档案馆编辑,2008 年 12 月,第 65—66 页)中克里斯蒂娜·阿尔巴内尔的文章《文化部的创新首任部长安德烈·马尔罗》。

212. 意大利建筑学家马西密里亚诺·库萨斯 2002 年宣告了此事,以后他被选来在塞纳河-圣德尼建造国家档案新城(《电视周报》,第 2742 期,2002 年 7 月 31 日,第 13 页)。

213. 由菲利普·梅里厄教授提出的这个意义上的号召,主要得到教育集团与积极教育法训练中心的支持,标题为《为负责任的电视》,《世界报》2009 年 1 月 7 日,周三版。

第六章　起死回生的马尔罗

1. 这段时长是由 G. 德·库塞尔提供的:真正的对话是"他们 25 年来的友好交谈"(《戴高乐与马尔罗》,同前引,第 20 页)。

2. 安德烈·马尔罗:《全集》第Ⅲ卷,第 1239 页。

3. 1972 年,热罗姆·佩尼奥在自己的小册子《政权上的世界人物》中认为"从事事业并不会让人因被诱惑而卖力气",《砍倒的橡树》让两个独白并行(第 20 页)。看来我们并没有明白的事实是,始终都是马尔罗一个人在说话!

4. J. 佩尼奥写道,"你没有错失良机:你走到了你的圣-埃莱纳岛。只有上马恩河没有夺走你的任何功绩"(同前,第 19 页)。

5. 安德烈·马尔罗:《全集》第Ⅲ卷,第 1240 页。我们在笔记上读到,马尔罗也想过,写没意思的段落只是为了玩玩!

6. 这里引用的是帕斯卡尔·奥里在其著作《戴高乐》中的明智用语,巴黎,马松出版社,1978 年(《书中的戴高乐》专栏,第 197 页)。

7. 见文章注释中五个连续状态的详情(安德烈·马尔罗:《全集》第Ⅲ卷,第 1159 页)。

8. 安德烈·马尔罗:《全集》第Ⅲ卷,第 1240 页。

9. 同上,第 578 页。

10. 同上,第 582 页。

11. 安德烈·马尔罗:《全集》第Ⅲ卷,第 607 页。

12. 同上,第 602 页。

13. "这也很像另外一个人的手"(安德烈·马尔罗:《全集》第Ⅲ

卷,第577页)。

14. 安德烈·马尔罗:《全集》第Ⅲ卷,第582页。

15. 同上,第604页。

16. 同上,第607页。

17. 同上,第662页。

18. 同上,第598页。

19. 同上,第578页。

20. 马尔罗让将军这么说:"我唯一的国际竞争对手,就是丁丁!"可是我认为这句话是编的。

21. 见S.德·威尔莫兰:《还在爱》,同前引,第106页。

22. 发表在夏尔·戴高乐著作《1905—1908年的信件、笔记与文书》里的诗作,巴黎,普隆出版社,1980年,第50页。

23. 夏尔·戴高乐:《1919—1940年6月的信件、笔记与文书》,巴黎,普隆出版社,1980年,第212页。

24. 安德烈·马尔罗:《全集》第Ⅲ卷,第675页。

25. 同上,第664页。

26. 同上,第687页。

27. 这几行毫无间断痕迹的文字立即衔接了将军的这句话:"我要自己与发生的事情之间没有丝毫共同点",但不在安德烈·马尔罗《全集》第Ⅲ卷第656页上。它们于1979年第四季度和唯一的参考文章《1969年的安德烈·马尔罗》,发表在《布瓦瑟里酒店》(未加页码的小册子)上,巴黎,普隆/夏尔·戴高乐研究院出版社。

28. 夏尔·戴高乐:《希望回忆录》第Ⅱ卷,《加油,1962……》,巴黎,普隆出版社,1971年,第92页。见上文第63—64页,这是G.蓬皮杜以先发制人的方式取得的部长创意。

29. 见马尔罗1969年4月23日在体育馆的演讲(安德烈·马尔罗:《演讲与致辞》,同前引,第41篇,第2页)。

30. 安德烈·马尔罗:《全集》第Ⅲ卷,第 575 页。

31. S. 德·威尔莫兰:《还在爱》,同前引,第 112,第 164 页。

32. 同上,第 274 和第 110 页。作者在第 275 页上写道"这是一个让我守寡的男人":她的这个提法从法律角度讲是错误的,因为安德烈与玛德莱娜·马尔罗的婚姻根本没有结束,部长的遗孀关注了人们对丈夫的记忆,直至率先提出将他送入先贤祠的建议。

33. 安德烈·马尔罗:《全集》第Ⅲ卷,第 575 页。

34.《费加罗报》关于索菲·德·威尔莫兰的书在弗里奥版的评论中,冷酷地将评论起名为《与烹饪卡片在一起的马尔罗》,批评家赞赏这个"提法直率和作者深沉的爱",然而这是在写下这些话以后:她的书"有时给人的感觉是在读一个陪伴动物、家具或者靠垫的回忆录,它们会说话,还有点儿理智"。

35. 面对面品茶的悠闲(给作者的证明,1999 年 4 月 28 日)。

36. 路易·瓦隆在马尔罗 1967 年来萨尔塞勒区时,为他进行过辩护,当时决定以后再也不与他通电话(1972 年 6 月 1 日的证明)。

37.《还在爱》,同前引,第 177 页。

38. 针对 1975 年 12 月 7 日《星期天报》的调查给维克多·佛朗哥的回复(第 1515 期第 24 页,引用在《安德烈·马尔罗的言论与著作》里,同前引,第 471 页)。

39. 题词放在这既不是猫也不是老鼠的魔鬼图案上方,但是替代了他的签名,整体是用蓝色圆珠笔写成的,由弗洛朗丝·马尔罗保存,我向她再次表达了我的谢意,因为她同意为我展示一点儿她父亲的宝贝收藏。

40. 安德烈·马尔罗:《全集》第Ⅲ卷,第 582 页。

41. A. 佩尔菲特:《法兰西之恶》,同前引,第 447—448 页。公民投票和自杀的论点对佩尔菲特完全不利,他认为,参议院的改革就是戴高乐的计划,这个计划至少可以追溯到 1962 年秋(《这就是戴高乐》,同前引,第 I 卷,第 479—485 页)。

42.《新批评》第 308 页上引用的文章。

43. 同上,第 302 页。

44. 安德烈·马尔罗:《全集》第 III 卷,第 1241 页。

45.《赌徒的一生》,《费加罗报》,1948 年 1 月 19 日。

46. 见 1969 年 11 月 3 日的《费加罗报》,文章被引用在《观察马尔罗》里,该书先于《王家大道》收入在法兰西娱乐出版社出版的"一书一作者"丛书里。

47. 这几句话出现在《王家大道》预制板的四分色模式护封的第四个部位上(1977 年第二季度被合法保管)。

48.《归根结底》,同前引,第 427 页。

49. 获奖者当时是与马尔罗的心理医生同住一层楼的邻居。路易·贝尔塔尼亚指出,自己的这位病人签署了祝贺信,自称是"您想象中的竞争者"(《新法兰西杂志》,第 295 期,1977 年 7 月,第 106 页)。

50. 弗雷德里克·格罗维:《1959—1971 年与安德烈·马尔罗关于他所处时代作家的六次谈话》,巴黎,伽利玛出版社,1978 年(关于 M. 巴莱的谈话,见第 39—54 页)。

51. 罗贝尔·居伊·斯屈里坚持在《魁北克日报·责任》上的说法,被 R. 巴斯丹在《加拿大的解决办法》中引用(《安德烈·马尔罗的言论与著作》,同前引,第 473 页)。

52. 安德烈·马尔罗:《全集》第 III 卷,第 583 页。

53. 我重新誊写了杜塞图书馆的手稿,那篇手稿可能在马尔罗收到戴高乐的《希望回忆录》的第 I 卷本后就立即写出来了。我们也在杜塞图书馆发现了一份打字稿,那上面起码漏掉了一行字,在"诚实的报告"这句话里,还漏掉了"诚实的"这个形容词。1970 年 9 月 15 日的打字信件应该在夏尔·戴高乐的文档里。对该回忆录的公众分析在《全集》第 III 卷,第 585—586 页上。

54. J. 佩尼奥还是忘记了,作家一直是为自己的两个"人物"夏尔和安德烈握着笔的(《世界人民》,同前引,第 22 页)。

55. 要了解更完整的清单,请看我在联合国教科文会议上的交流文章,被收入《戴高乐与文化》中,同前引,第 97 页。

56. R. 斯特凡纳:《安德烈·马尔罗:会谈与细节》,同前引,第 130 页。

57. 弗里奥丛书《虚幻之镜》第一版第 247 页。

58. 安德烈·奥罗 1986 年 11 月 22 日给作者的证明。

59. 1968 年的一个省级报告书估计要建筑的地板面积在 130 万平方米,以便在财政支出上与巴黎中心市场的计划平衡(见 P. 卡巴钠:《文化权力》,同前引,第 335 页)。

60. 安娜-玛丽·迪皮伊:《命运与意志》,同前引,第 105 页。

61. 1968 年 10 月 6 日马科斯·凯里安的信件,由 E. 朗热罗引入《国家与建筑》,同前引,第 149 页。当这位研究者提到(第 150 页)凯里安的继任人的记忆力减退,斗胆谈论部长办公室与领导之间的关系是"无懈可击的合作"时,运用了曲言法。

62.《虚幻之镜》,弗里奥版,1976 年,第 250 页。几位作者在展开的这个问题上,给戴高乐加上了:大家当时都做的是本该做的事,那几个人还让戴高乐把史学家称作无权势一族……

63. 安德烈·马尔罗:《全集》第Ⅲ卷,第 591—592 页。

64. 同上,第 631 页。

65. 同上,第 634 页。关于马尔罗做梦杀害将军一事,也看第 56 页。

66. J. 佩尼奥引入《世界人民》,同前引,第 28 页。

67. 安德烈·马尔罗:《全集》第Ⅲ卷,第 592 和第 585 页。

68. 他在夏尔·戴高乐研究院的一次会议结束时展示了这个创作方式,会议主题是"当代世界民族独立的条件"。照沙尼索与特拉韦两位先生的说法,在 48 分钟里,听众参与了"一种怀旧的史诗般的庆典",这也是对历史大量曲解的机会。

69. 戴高乐 1941 年 10 月 23 日的发言形式清楚表明:"我的命令是不要杀德国人。"战后的印刷版本加入了"公开"一词,句子变成"不要公开杀德国人",由果溯因,这样说让法国共产党提倡的谋杀策略变得有效,为共产党流血可以为牺牲精神施加肥料。共产主义斗士为这项策略损失惨重,牺牲无数。

70. 马尔罗在《绳与鼠》第Ⅳ部分中还补充道,"他们是由抵抗运动培养出来的"(《全集》第Ⅲ卷,第 681 页)。我有一本书提供了政府特派员的筛选过程和他们的工作方式,书名为《解放时期外省的政权状况》(巴黎,全国政治科学基金会出版社,1975 年),为此安德烈·马尔罗送了我一张名片,他在上面写下"我很高兴与您的共和国特派员相遇"。

71. 安德烈·马尔罗:《全集》第Ⅲ卷,第 635 页。1968 年 5 月 27 日夏尔雷提体育场的游行有皮埃尔·孟戴斯·弗朗斯与米歇尔·罗卡尔在场,当时这二人都是统一社会党的领导人。

72. 同上,第 573 页。

73. 同上,第 548 与第 552 页。

74. 在《绳与鼠》里,安德烈·马尔罗:《全集》第Ⅲ卷,第 566 和第 546 页。

75. 当他们一起准备国际会议《世纪中的戴高乐》时,B. 特里科向奥利维耶·德洛姆叙述了这次对话,接下来被辑成 7 卷本在法兰西档案中发表。

76. 安德烈·马尔罗:《全集》第Ⅲ卷,第 657 页。

77. 雅克·尚赛尔 1974 年 3 月 7 日 17:00—18:00 直接在法国广播电台播放,接下来又在当年 8 月 26 日和 1976 年 11 月 23 日马尔罗去世的当晚,在韦里埃-勒比松公墓的非宗教安葬仪式前播放,这个公墓位于 1941 年 8 月 29 日在瓦莱里安山被枪杀的奥诺雷·戴蒂安·道尔夫的坟墓对面。

78. S. 德·威尔莫兰:《还在爱》,同前引,第99页。

79. 见 O. 多德:《安德烈·马尔罗的一生》,同前引,第847页。多德指出,马尔罗显然不会参加自己年老姑妈的葬礼。在与玛德莱娜相处的时间里,他逃避了尸体与埋葬;他母亲贝尔特最初把他拖到掩埋弟弟地方的情景一直压抑着他,直到最后。

80.《虚幻之镜》,弗里奥版,1976年,第263—264页。

81. 安德烈·奥罗的证明。

82. 为了拍摄纪录片给安德烈·奥罗的证明。

83. 1961年12月14日的发言,被引入小册子《国民议会上的安德烈·马尔罗》,同前引,第57页。

84. 被克洛德·迪隆引入《夏尔·戴高乐时代爱丽舍宫的日常生活》,巴黎,阿谢特出版社,1974年,第214页。

85. 安德烈·马尔罗:《全集》第Ⅲ卷,第609页。弗朗索瓦·努里西耶后来在《风云帝国》里提到"在这惊人的面对面"中战栗的法兰西,同前引,第202页。

86. 在《双虎屠龙》中,故事是透过美国远西区一家报纸负责人的想法实现的。

87. J. 佩尼奥并不清楚马尔罗在臆想战死,后来写道,"要有相当厚的脸皮才那把年纪还在扬言开坦克"(《世界人民》,同前引,第17页)。

88. 从不可缺少的沙尼索与特拉维先生的书目那里统计到的东西(《安德烈·马尔罗的言论与著作》,同前引),肯定不如与安德烈·马尔罗有通信来往的法国学者提供的真凭实据。新索邦大学的一个团队致力重振他们的调查,因为马尔罗往往更喜欢用一系列的问与答,在人们要求他回答的主题上起作用。

89. 关于第三部分,居伊·吕克斯在10月5日星期四的节目播放之后,接下来就是萨尔瓦多·阿达莫演唱的歌曲。

90.《新批评》引用的文章,第332页。

91.《世界上最美好的职业》,同前引,第217—226页。

92.《表象与实际作用之间》,同前引,第64页(1972年3月6日的星期一专栏)。

93.同上,第226—227页。

94.1976年在《学会观察》节目里播出的向J.-M.德罗(制作人)宣布的事实。

95.弗朗索瓦·德·圣-舍谢龙的专栏第69页,安德烈·马尔罗:《全集》第V卷。

96.我在这里列举的是全国视听研究所选用的16毫米影片,从1996年11月30日至1997年1月19日曾在卢浮宫的小演播厅放映过。

97.随观众任意观看的卢浮宫展览(见安德烈·马尔罗:《全集》第V卷,同上)。

98.1975年5月19日部分重新播放的内容,计划放到5年的播放时间里(见《安德烈·马尔罗的言论与著作》,同前引,第466页)。

99.罗热-热拉尔·施瓦苓贝格:《国家景象 支持与反对政治明星系统的文章》,弗拉马里翁出版社,1977年,第115—116页。

100.2008年8月7—13日第3090期。

101.多米尼克·维尔莫:《安德烈·马尔罗与政治》,同前引,第144页。

102.见C.克莱尔:《戴高乐》,同前引,第322页。

103.同上,第312和第299页。

104.Fr.努里西耶:《帝国风云》,同前引,第117页。

105.《艺术杂志》枫丹白露城堡专刊,还有一期从刊登系列文章《戴高乐的时代》开始。

106.《马尔罗的生存与言论》,主编 G. 德·库塞尔,同前引,第 322 页。

107. 安德烈·马尔罗:《全集》第 V 卷,第 1224—1225 页:为蒙马特博物馆古希腊文化中心的展览所写的文章,1976 年 6 月 1 日至 9 月 18 日。

108.《安德烈·马尔罗的言论与著作》,同前引,第 33 和 500 页。

109. 安德烈·马尔罗:《全集》第 V 卷,第 1544 页。

110. 同上,第 1197 页。

111. 1972 年 2 月 19 日的信件,引入安德烈·马尔罗《全集》第 V 卷,第 1543 页。

112. 安德烈·马尔罗:《全集》第 V 卷,第 1199 页。

113. 米歇尔·德·格莱斯的《国王们》的前言,被引入安德烈·马尔罗《全集》第 V 卷,第 1209 页。

114. 在《蓝色海岸的尼斯行动》中的文章,1973 年 7—8 月,第 47—48 期。

115. 债主的名单占据了上述列表的第 315—320 页(见第 456 页上的第 114 条注释)。

116.《新观察家》杂志,1973 年 7 月 9 日,第 54—56 页。安德烈·马尔罗:《全集》第 V 卷,第 1199 页。

117. 索莱尔斯可能忘记了,马尔罗在 20 年代主张出版萨德的作品以及作为部长进行干预,他才没有被点名去阿尔及利亚。

118. 希拉克总统使人建造了早期艺术博物馆,谴责马尔罗在艺术上没有分层次等级,"处处可见米开朗琪罗",然而他还是承认"没有人能比他更会谈论崇拜对象"。

119. 1973 年 7 月 23—29 日的《快报》。

120. 见 P. 梅斯梅尔:《诸多战役之后》,同前引,第 258 页。

121.《费加罗报》《世界报》与《法兰西晚报》1969 年 11 月 10 日和

11 日登载的 1969 年 11 月 3 日的信件(见《安德烈·马尔罗的言论与著作》,同前引,第 393 页)。

122. O. 多德:《安德烈·马尔罗的一生》,同前引,第 564—566 页。

123. 关于旅行反响的细节,见《安德烈·马尔罗的言论与著作》,同前引,第 421—422 页。

124. 约翰·斯卡利的评论。

125. 伊夫·萨尔格 1975 年 11 月将此文引进《历史》,又被 M. 德·库塞尔(主编)引进《马尔罗的生存与言论》,同前引,第 16 页。

126. 对议员们的这些说法出现在上述小册子的第 55—57 页当中。

127. 这几个字为与奥利维耶·热尔曼-托马斯的会谈提供了标题,发表在 1975 年 1—2 月的《号召》上(第 13 期,被引入《安德烈·马尔罗的言论与著作》,同前引,第 477 页)。

128. 在朱利安·贝桑松的一次播音里(出处同上,第 461 页)。

129. P. 梅斯梅尔:《众多战役之后》,同前引,第 422 页。贝尔塔尼亚医生向我透露,丁苯的超量形成的痴呆表情被广大电视观众注意到了(R. -J. 布耶记录下的证明)。

130. 斯特凡纳·德尼在 1996 年 11 月 28 日那一期的《巴黎竞赛报》上提到,"孟加拉国的陈年薪火出现在电视上。人们判断那是过时的爆竹声"。

131. 关于在日本旅行的这次会见,见《安德烈·马尔罗的言论与著作》,同前引,第 461—466 页。

132. 1974 年 6 月记载的会谈,在 1975 年 11 月的《历史》第 348 期上刊发(第 84—93 页)。

133.《新巴黎竞赛报》在其 1974 年 10 月 12 日的 1327 期上回应了他的信函(见《安德烈·马尔罗的言论与著作》,同前引,第 473 页)。

134.《新观察家》与《费加罗报》回应了 11 月 13 日的这封信(出处同上,第 474 页)。马尔罗的不可知论同时也捍卫了病理学报纸《十字架报》的生存,那正是新闻报刊需要多元化的时候。

135. 为电影《神秘的马尔罗》提供的证明。

136. 在与罗热·斯特凡纳的一次电视谈话中,克洛德·鲁瓦记录了《1977—1982 年的逗留许可》(巴黎,伽利玛出版社,1983 年,第 126 页)。鲁瓦的评论如下:"当耶夫根尼亚·甘兹堡、沙马洛夫、索尔仁尼琴的证据出现时,'轻率'一词不会进入任何人的思想。"

137. 安德烈·马尔罗:《全集》第Ⅲ卷,第 456 页。

138. 同上,第 789 页。

139. 马尔罗未加标注日期的信件草稿被保存在杜塞图书馆。他评价过的,发表在 1946 年的《罗纳河备忘录》上的作品,经补充后于 1973 年在瑟伊出版社再版,收入让·拉库蒂尔主编的"即时历史"丛书。他回应了奥尔加·沃姆赛尔-米格的推论,此人拒绝承认在瑞文堡有煤气屋。增加了阿妮丝·波斯特尔-维奈的证明以后的第三版,于 1988 年发行("观点/历史"丛书第 236 期);这一版建立了 1945 年初被转移到死亡集中营已经不可能时,瑞文堡有一个煤气"小"屋在起作用的说法。

140. 为纪念集中营解放三周年的发言全文,见安德烈·马尔罗:《全集》第Ⅲ卷《葬礼上的祷文》,第 964—969 页,另有 16 分 50 秒的录音收录在安德烈·马尔罗的《大部分发言》当中,见雅尼娜·莫叙-拉沃出示的全国视听研究所的保存箱,巴黎,1996 年。

141. 见 J. 沙尼索和 CL. 特拉维:《安德烈·马尔罗的言论与著作》,同前引,第 486 页。

142. 见《还在爱》,同前引,证明复制在 273 页上。

143. 贝尔塔尼亚医生的证明,《新法兰西杂志》,第 295 期,1977 年 7 月,第 113 页。

144. 同上,第 114 页。

145. 让·莫里亚克给出的真实死亡时间为早晨 6 点钟(《戴高乐之

后》,巴黎,法亚尔出版社,2006年,第197页)。

146. 房间的照片——是选择通过房间的狭窄气窗拍摄的——出现在雅克·波尔热与尼古拉·维亚斯若夫的作品《戴高乐与照片》的第207页上,巴黎EPA/Vilo出版社,1979年。

147. S.德·威尔莫兰:《还在爱》,同前引,第121—122页。

148. 同上,第121页。

149. 《快报》第1325期,日期为1976年11月29日—12月5日,第169—171页。

150. 日期为1976年11月24日的那一期。

151. 雷蒙德·狄戎夫人拿出的手写证明,她是被流放的抵抗运动分子,1945年在马赛当选的第一名女议员。

152. 收录在《安德烈·马尔罗的后代》里的证明(《世界报》,1976年11月27日,第28页)。

153. 1991年9月给作者的信,她在信里向国家动产处的行政总管让·库拉尔致意,因为他提供了家具与一张精美的地毯:"我感觉这块地毯还在我的脚下。"

154. 关于官方致意的安排细节是由Fr.吉鲁公布出来的,见《特殊教训》,同前引,第202页。

155. 《快报》,第1325期,1976年11月,第102页。

156. 《政权下的世界人民》,同前引,第48页。

157. 在我的综合文章里再次引用的文章:《1959—1974年的国家与文化事务管理》,见《法兰西备忘录》,同前引,第18—33页。

158. 与法新社的谈话,1973年5月6日。

159. 多米尼克·勒维尔给国民议会的同事雅克·里果的信,J.迪阿梅尔经过与这位部长几个月的共处以后,回避了办公室的领导职务(1974年冬,雅克·里果的文件)。

160. 1976年1月15日在国民议会上的声明,还可见Fr.吉鲁的《政坛喜剧》,同前引,第 268 页。

161. Fr. 吉鲁:《特殊教训》,同前引,第 234 页。

162. Fr. 吉鲁:《政坛喜剧》,同前引,第 120 页。

163. 确实是在遗产年取得成功后发布的,这个成功在今后的几十年里都为这个时期的财富做出了贡献。

164. 在 1989 年与 1993 年两次学术会议的一种科学研究的陌生观念中,同一位负责人审查了希望审查的文章,但文章的调子不符合他的口味。

165. 为安德烈·奥罗的一部纪录片提供的证明。

166. 给文化部工作人员的祝词,1993 年 1 月 14 日。

167. 见其证明《如火》,《新法兰西杂志》,第 295 期,1977 年 7 月。

168. 见《1996 年的国庆活动》,第 139—140 页。文化部,法兰西档案管理局。

169. 副总统说"我们严肃点"时,总统则在嘲笑玛德莱娜的腼腆。

170. 在 1995 年 11 月 29 日从巴黎发出的那张以"国防部秘书长"为抬头的信笺上,我政治学院的老同事(十多年里,我们把参加同一讲座的学生们都聚集在了一起)给我写信道:"我充分估计到,安德烈·马尔罗不会特别对你带给他家的祝愿,希望在他离世 20 周年见他进入先贤祠感兴趣。我有幸读了他的儿子奉献给他的精彩书籍。这说明我随时准备帮助你,以对这位伟大的国家仆人表示敬重。让·匹克。"

171. 与帕特里克·加西亚的通信,在《安德烈·马尔罗在先贤祠:进入先贤祠的故事与赌注》中,见 C. -L. 弗隆主编的《安德烈·马尔罗与法兰西的辉煌文化》,同前引,第 397—409 页。以下段落的信息在没有特殊参考资料的时候,来自 2000 年我要求 P. 加西亚做的研究;在此我再次感谢他所作的辉煌贡献。

172. 在诺贝尔和平奖获得者勒内·卡森进入先贤祠以后(1981 年 4 月由瓦雷里·吉斯卡尔·德斯坦做出的决定,1987 年才采取措施),

还有欧洲联盟的发起者让·莫内(1988年)进入先贤祠,1989年为孔多塞、格雷古瓦神父和蒙热举行了联合礼仪,1995年为玛丽和皮埃尔·居里举行了第二次仪式。

173. 圣-皮尔让夫人给P.加西亚提供的证明(2001年2月)。

174. 因此埃里克·阿斯希曼与吉尔·布雷松在《解放报》上讲述了"封圣戴高乐主义的起源"(1996年11月23—24日第3页)。

175. M.亚诺向作者提供的证明。那时正值8月2日会议,仪式的时钟表面被定位在19时到20时40分的刻度上。

176. 见O.多德《安德烈·马尔罗的一生》,弗里奥出版社,第3732期,第952页。

177. 见P.加西亚引用的通信。

178. 这是卡特琳娜·佩加尔在《总统的马尔罗》中的总结,《观点》,第1256期,1996年10月12日,第107页。

179. 这段引语与接下来的文章摘自仪式上发放给被邀人的日程表的第3页,标题为《安德烈·马尔罗,1996年11月23日,先贤祠》,页面签字人是让-保尔·尚巴兹,他也是出现在日程表上的介绍马尔罗的专栏作者(作家文集)。

180. 见在被引用的文章(C.-L.弗隆主编《安德烈·马尔罗与法兰西的辉煌文化》,第399页)中,给帕特里克·加西亚的证明,同前引。

181. 被引用在《观点》杂志第1256期上。

182. 同上,第108页。

183. F.-O.吉斯贝尔和P.吉贝尔收集的会谈剪辑,在1996年11月23—24日16258期的封面上。

184. 同一期第6页的一篇题为《我不知道被接纳入先贤祠是不是件好事》的文章里。

185. P.加西亚在引用文章里的摘录(见《安德烈·马尔罗与法兰西的辉煌文化》,同前引)。

186. 皮埃尔·诺拉在 1996 年 10 月 12 日的文章里,统一了这些因素。

187. 载 1996 年 11 月 25 日的《解放报》。引用雅克·希拉克面对解放勋章管理会为勒内·卡森发表的悼词。他作为当时的总理,谈到人权与为正义而战的语调与 20 年后一样。他对 90 年代的言谈与他的团队里出现的忠实"笔杆子",获得文学中学教师头衔的克莉丝蒂娜·阿尔巴内尔夫人的信念,都保证了这个延续性。

188. 同弗朗索瓦·迪费在第 1256 期《观点》上的看法,见上文中的引用,第 112 页。

189. 尽管有几个国会议员另有企图,制宪委员会根据 1996 年 12 月 30 日第 96—386 号的决定,还是使这项部署生效了,委员会认为:"让在 1936 年 7 月 17 日到 1939 年 2 月 27 日期间参与西班牙共和军战斗的法国人在一定条件下,获得战士证书,说明立法者十分了解共和国法律承认的基本原则。"政府对起诉的观察结果,提醒可能有 200 个申诉符合事实。

190. 在青年戴高乐将军的肖像下方,覆盖在安德烈·马尔罗棺材上的三色旗,被同伴们停放了几个小时,布瓦西厄将军与其夫人伊丽莎白·戴高乐,还有几个人物特别在此致意,其中一位博物馆保护文学艺术的日本女士,是由馆长和玛德莱娜·马尔罗陪同的。

191. 勒内·卡森进入先贤祠时,先在残废军人院举行了晚间仪式,第二天一早由国民议会安排了一段静默时间后才在先贤祠前举行仪式。

192. 1986 年 11 月 27 日的那一期的一页纸上有这样的标题《我,安德烈·马尔罗,95 岁,吸毒,服用兴奋剂,被葬于先贤祠》,这里的文字蛮横无理,和在蒂贝里事件上回顾卡拉斯事件与图邦的沉默时,司法观念与降低财产征税都完全不同。

193. 大仲马进入先贤祠远没有得到有益的反响,没有装扮成剑客的抬棺人,也没有喜剧演员在二轮马车上表演他的戏剧作品以引起大众热情,只是建议民众在队伍路过时挥动一本自己最喜欢的大仲马作品,这样做并未取得多大成功。

194. 帕斯卡尔·罗贝尔-迪亚尔的文章。

195. 1996 年 11 月 28 日的《巴黎竞赛报》。

196. 1996 年 11 月 30 日的期刊。

197. 他主要向让·拉库蒂尔说出了这个肺腑之言。

198. 1959 年 12 月 8 日的发言。

199. 2001 年 12 月 8 日让·格罗让给作者的信。

200. 安德烈·马尔罗:《全集》第Ⅲ卷,第 631 页。

201. 就如在雅尼娜·莫叙-拉沃的政治传记《安德烈·马尔罗:全球范围内的神秘文化》里表达的那样(见《安德烈·马尔罗:想象与政治承诺之间》,主编为弗朗塞斯卡·卡巴西诺,罗马,阿拉纳出版社,2003 年,第 73 页)。

202. 《费加罗报》1948 年 1 月 19 日的文章《玩家的一生》。

203. 他的很多发言都受到这个信念的启发。

204. 约翰·F. 斯维茨教授《法国抵抗运动 60 年来在美国的形象》,收入 C. -L. 弗隆主编的《安德烈·马尔罗与法兰西的辉煌文化》,同前引,第 201 页。

205. 卡森主席获得诺贝尔和平奖之后,在 1969 年的遗书中提到了可能把自己的遗体迁入先贤祠的问题,"荣誉可以让我即便是在故去以后,也能继续发挥我教育年轻人的作用"(1987 年 10 月 5 日卡森进入先贤祠时,在散发的《先贤祠中的勒内·卡森》这个小册子中引用的文章——作者收藏)。

206. 让·格罗让为安德烈·马尔罗《全集》第Ⅰ卷所作的序,巴黎,伽利玛出版社,七星文库,1989 年。

文件、图书等资料来源

所选个人档案资料

安德烈·马尔罗的文件(雅克·杜塞文学图书馆)。

埃米尔-让·比亚西尼的文件。

安德烈·奥罗的文件。

皮埃尔·莫瓦诺的文件。

夏尔·戴高乐基金会的文档资料。

乔治·蓬皮杜协会的文档资料。

让·库拉尔的档案。

国家档案

雅克·若雅尔的文件(国家档案馆个人资料部)。

文化部给国家档案馆支付的款项(枫丹白露),可参照当代档案中心(CAC)的资料。

口头证言提供人

与马尔罗办公室成员,后为文化部戏剧与文化宫管理人埃米尔-让·比亚西尼先生的谈话。

与戴高乐将军办公室主任勒内·布鲁耶的谈话。

与记者、传记作家克莉丝蒂娜·克莱克的谈话。

与米歇尔·德勃雷,1959 年 1 月—1962 年 4 月的总理,后为蓬皮杜与古夫·德·姆维尔内阁的财政部长和外交部长的谈话。

与安德烈·奥罗,1962—1965 年间马尔罗办公室主任的谈话。

与罗兰和玛德莱娜·马尔罗之子阿兰·马尔罗先生的谈话。

与弗洛朗丝·马尔罗女士,安德烈·马尔罗之女的谈话。

与玛德莱娜·马尔罗女士,安德烈·马尔罗第二任夫人的谈话。

与皮埃尔·莫瓦诺,安德烈·马尔罗办公室成员的谈话。

与克里斯蒂安·帕蒂先生,1979 年国家遗产处首位处长的谈话。

与雅克·里果,文化部长办公室主任,雅克·迪阿梅尔以及莫里斯·德吕翁,派往卢森堡广播电视台的行政官员的谈话。

与路易·瓦隆,国会议员,安德烈·马尔罗朋友的谈话。

笔头证言提供人

安德烈·马尔罗 1966 年 5 月被隔离在马利的旅店总管罗热·巴里耶先生的信件。

共和国总统府秘书长艾蒂安·比兰·德·罗西耶先生的信件。

米歇尔·德勃雷的信件。

海军上将菲利普·戴高乐的信件。

安德烈·马尔罗的密友让·格罗让的信件。

安德烈·马尔罗的办公室主任皮埃尔·朱耶的信件。

安德烈·马尔罗的信件。

第二次世界大战史委员会秘书长,1939—1945 年战争史国际委员会主席亨利·米歇尔的信件。

艺术与文学总管(1966—1969)皮埃尔·莫瓦诺的信件。

对第五共和国文化行动发展期间戴高乐将军与安德烈·马尔罗作用的全面调查问卷(1990 年收悉答卷)的回复人有:

弗朗辛·奥班,音乐家、音乐学院院长。

克洛德·奥唐-拉拉,电影工作者。

让·贝尔托勒,国立高等艺术学院画家、教授。

路易·布朗谢,建筑学家。

米歇尔·布凯,喜剧演员。

克洛德·布拉瑟尔,喜剧演员。

让·卡尔祖,画家、法兰西研究院成员。

让-米歇尔·科贝依,雕塑艺术家、高博兰花毯厂的教师。

马利于斯·龚斯当,音乐家。

雅克·古埃尔,建筑学家、法兰西研究院成员。

让-皮埃尔·达拉斯,喜剧演员。

皮埃尔·德艾,货币与奖章管理处总管、法兰西研究院成员。

达尼埃尔·德罗姆,喜剧女演员。

罗贝尔·德朗,喜剧演员。

亨利·迪蒂耶,音乐家。

皮埃尔·迪克斯,喜剧演员、法兰西喜剧院行政总管、法兰西研究院成员。

若斯丽娜·弗朗索瓦,女作家。

达尼埃尔·热兰,喜剧演员。

雷蒙·热罗姆,喜剧演员。

弗雷德里克·埃布拉尔,女喜剧演员、作家。

安德烈·雅克曼,雕塑艺术家、法兰西研究院成员。

让·凯尔格里斯特,国家便携式剧院创始人。

马尔赛·兰多夫斯基,1966年文化部音乐处负责人、法兰西研究院成员。

热拉尔·朗万,雕塑家、法兰西研究院成员。

达尼埃尔·勒叙尔,音乐家、法兰西研究院成员。

马塞尔·马雷夏尔,电影和戏剧导演。

乔治·马蒂厄,画家、法兰西研究院成员。

让-多米尼克·帕凯,音乐家。

皮埃尔·保兰,当代家具中心创始人。

弗朗索瓦丝·珀蒂,大健琴演奏者、教授。

克莱尔·皮绍,女歌唱家、画家。

罗热·皮埃尔,喜剧演员。

米歇尔·波拉克,作家、电视编导。

米舍利娜·普雷勒,女喜剧演员。

雅克琳娜·拉耶,舞星、喜剧演员。

丽娜·勒诺,歌星、喜剧演员。

埃马努埃尔·丽娃,女喜剧演员。

马塞尔·塔桑古尔,女喜剧演员、戏剧导演。

贝特朗·塔韦尼耶,电影编导。

亨利·蒂索,喜剧演员、模仿演员。

皮埃尔-伊夫·特雷莫瓦,画家、雕塑家。

赵无极,画家。

403

利卡·扎拉依,女歌唱家。

雷吉娜·齐尔贝贝格,人称雷吉娜,女歌唱家。

选择书目

我们在必不可缺的书籍中选取了以下著作:

马尔罗著作:

安德烈·马尔罗《全集》,巴黎,伽利玛出版社,七星文库,重点是第Ⅲ卷,《虚幻之镜》(其中包括《反回忆录》《绳与鼠》),1996年。

《1935—1936年的人民阵线日志》,巴黎,伽利玛出版社,2006年。

《1934年的苏联日志》,巴黎,伽利玛出版社,2007年。

有关马尔罗的综合著作:

《马尔罗画册》,让·莱斯屈尔选择了画册并加以评论,伽利玛出版社,1986年(七星文库版第25集)。

《承担文化事务的国务部长安德烈·马尔罗的发言、致辞和新闻发布会,1958—1969》,1969年由文化部编撰的集子(共41篇复制文章,无页码)。

《马尔罗的政治言论与著作,1947—1972年》(未出版过),《希望》,第2期,巴黎,普隆出版社,1973年。

《安德烈·马尔罗在国民议会》,国民议会2006年11月为纪念安德烈·马尔罗去世30周年编撰的小册子。

《安德烈·马尔罗》,梅格基金会的展览目录,巴黎,1973年。

《马尔罗的生存与言论》,M.德·库塞尔主编,巴黎,普隆出版社,1976年,乔治·维当菲尔德和尼考尔森股份有限公司译自一个英文版,附安德烈·马尔罗在《新批评》(版权归安德烈·马尔罗所有)上作的后记。

《致安德烈·马尔罗》,《新法兰西杂志》,第295期,1977年7月。

《安德烈·马尔罗》,《赫恩备忘录》,第43期,米歇尔·卡兹纳夫主编,1982年11月。

《戴高乐与马尔罗》,夏尔·戴高乐研究院组织的会议文件,1986年11月,巴黎,普隆出版社,1987年。

《安德烈·马尔罗,世界达人》,1986年12月由夏尔·戴高乐研究院组织的会议文件,建立文件人为安德烈·马尔罗国家委员会,负责人为亨利耶特·考兰和韦里埃-勒布依松,1989年。

《世纪人物戴高乐·7·戴高乐与文化》,巴黎,法兰西资料馆与普隆出版社,1992年。

《安德烈·马尔罗与法兰西的辉煌文化》,主编夏尔-路易·弗隆,布鲁塞尔,联合出版社,2004年。

《处于想象与政治诺言之间的安德烈·马尔罗》,弗朗塞斯卡·卡巴西诺主编,罗马,阿拉克那出版社,2003年。

《安德烈·马尔罗的风采》,第5—6期,北京国际学术会议文件,2005年4月,2008年。

其他著作:

埃米尔·比亚西尼:《重大工程,从非洲到卢浮宫》,巴黎,奥迪尔·雅各布出版社,1995年。

同上作者:《关于马尔罗,这个爱猫的人》,巴黎,奥迪尔·雅各布出版社,1999年。

皮埃尔·卡巴纳:《第五共和国时期的文化权力》,巴黎,奥利维耶·奥尔班出版社,1981年。

雅克·沙尼索和克洛德·特拉维:《安德烈·马尔罗的言论与著

作》,第戎,第戎大学出版社,2003年。

樊尚·迪布瓦:《文化政治》,巴黎,博兰出版社,1999年。

布里吉特·弗里昂:《在马尔罗周围耍弄的小把戏》,巴黎,费兰出版社,2001年。

马克·弗马洛里:《文化之邦 对当代宗教之论述》,巴黎,德法卢瓦出版社,1991年。

亨利·戈达尔:《安德烈·马尔罗的友情 回忆与证明》,巴黎,伽利玛出版社,2001年。

弗雷德里克·格罗威尔:《关于马尔罗时代的作家与他的谈话,1959—1971年》,巴黎,伽利玛出版社,1978年。

让·路易·让内尔:《马尔罗,回忆与变态》,巴黎,伽利玛出版社,2006年。

让·拉库蒂尔:《马尔罗,世纪生命》,巴黎,观点-瑟伊出版社,1976年。

埃里克·朗热罗:《1958—1981年的国家与建筑,是国家政治吗?》,巴黎,A与J.皮卡尔出版社,2001年。

让·弗朗索瓦·利奥塔尔:《被贴上标签的马尔罗》,巴黎,格拉塞出版社,1996年。

阿兰·马尔罗:《布洛涅的栗树》,巴黎,拉姆塞/德考尔坦兹出版社,1989年。

克拉拉·马尔罗:《我们的脚步声》,巴黎,格拉塞出版社,Ⅰ,《学会生活》,1963年;Ⅱ,《我们的20年》,1966年;Ⅲ,《战争与游戏》,1969年;Ⅳ,《夏季来临》,巴黎,格拉塞出版社,1973年。

雅尼娜·莫叙-拉沃:《安德烈·马尔罗与戴高乐主义》,巴黎,阿尔芒·考兰/全国政治科学基金出版社,1970年(第2版杂志,全国政治科学基金会出版社,1982年)。

雅尼娜·莫叙-拉沃:《安德烈·马尔罗的政治与文化》,巴黎,伽利玛出版社,弗里奥丛书(第 298 期),1996 年。

巴斯卡尔·奥里:《法兰西文化的冒险》,巴黎,弗拉马里翁出版社,1989 年。

阿兰·佩尔菲特:《这就是戴高乐》,巴黎,法卢瓦/法亚尔出版社,第 I 卷,1994 年;第 II 卷,1997 年;第 III 卷,2000 年。

热罗姆·佩尼奥:《政权里的世俗凡人(第五共和国与文化)》,巴黎,埃里克·罗斯菲尔德出版社,1972 年。

加埃唐·皮康:《马尔罗》,巴黎,瑟伊出版社,"永远的作家"丛书,1953 与 1976 年。

菲利普·普瓦里耶:《20 世纪法兰西国家与文化》,巴黎,袖珍版本,2000 年。

奥利维耶·多德:《安德烈·马尔罗的一生》,巴黎,伽利玛出版社,2001 年(弗里奥丛书,第 3732 号)。

马科斯·凯里安:《反创建部长的马尔罗》,巴黎,蓝多出版社,2001 年。

菲利普·于尔法力诺:《文化政治的发明》,巴黎,法兰西文档,1996 年。

我们从有益的书籍中获取到的图书:

《文化生机》,巴黎,工人出版社,1964 年。

埃马努埃尔·达斯捷:《画像》,巴黎,伽利玛出版社,1969 年。

克罗德·德布瓦桑热:《在法兰西喜剧院的 9 个月》,巴黎,新拉丁出版社,1964 年。

皮埃尔·德布瓦代弗尔:《安德烈·马尔罗 死亡与历史》,摩纳哥,罗歇出版社,1996 年。

让·博托雷尔:《露易丝或露易丝·德·威尔莫兰的一生》,巴黎,格拉塞出版社,1993 年。

让·卡苏：《为自由的一生》，巴黎，罗贝尔·拉封出版社，1981年。

屈尔蒂斯·卡特：《马尔罗》，巴黎，弗拉马里翁出版社，1994年。

苏珊·尚塔尔：《跳动的心　若赛特·克洛蒂斯-安德烈·马尔罗》，巴黎，格拉塞出版社，1976年。

米歇尔·德勃雷：《年轻人，你要的是什么样的法国?》，巴黎，普隆出版社，1965年。

同上作者：《一个法国的三个共和国》，第Ⅰ卷，《战斗》；第Ⅲ卷，《统治，1958—1962年》；第Ⅳ卷，《另类的统治，1962—1970年》，巴黎，阿尔班·米歇尔出版社，分别于1984年、1988年和1993年出版。

亚历山大·杜瓦尔-斯塔拉：《安德烈·马尔罗与夏尔·戴高乐：一部历史，两个神话》，巴黎，伽利玛出版社，2008年。

阿兰·埃伦贝尔：《做自我的疲劳　消沉与社会》，巴黎，奥迪尔·雅各布，1998年(袖珍版本，2000年)。

布里吉特·弗里昂：《另一个马尔罗》，巴黎，普隆出版社，"希望"丛书，1977年，费里出版社再版，2004年。

夏尔·戴高乐：《希望回忆录》，第Ⅰ卷《奋力》，巴黎，普隆出版社，1970年。

同上作者：《回忆录》，伽利玛出版社，七星出版社(第465号)，2000年。

同上作者：《信件、笔记与备忘录》，巴黎，普隆出版社，1980—1988年，12卷本。

克洛德·居伊：《倾听戴高乐》，巴黎，格拉塞出版社，1996年。

艾尔维·阿蒙与帕特里克·罗曼：《一代人》，第Ⅰ卷，《梦幻之年》，巴黎，瑟伊出版社，1987年。

克洛德-卡特琳娜·杰曼：《女冒险家克拉拉·马尔罗》，巴黎，阿尔雷阿出版社，2008年。

让-克洛德·拉拉：《安德烈·马尔罗》，巴黎，法国图书总店出版社,2001 年(袖珍本,第 578 号)。

赫尔曼·勒伯维克:《〈蒙娜丽莎〉的护航舰　安德烈·马尔罗与法国文化的法兰西再创造》,伊萨卡,康奈尔大学出版社,1999 年。

埃马努埃尔·卢瓦耶:《让·维拉尔的公民戏剧,战后乌托邦》,巴黎法国大学出版社,1997 年。

克洛德·莫里亚克:《另一个戴高乐　1944—1954 年的日记》,巴黎,阿谢特出版社,1970 年。

弗朗索瓦·莫里亚克:《新内在回忆录》,巴黎,弗拉马里翁出版社,1965 年。被引入他的《自传作品集》,巴黎,伽利玛出版社,七星文库(第 367 号),1990 年。

皮埃尔·莫瓦诺:《账已结清》,巴黎,伏尔泰堤岸出版社,1993 年。

帕斯卡尔·奥里:《两五月之间·法国文化史·1968 年 5 月至1981 年 5 月》,巴黎,瑟伊出版社,1983 年。

同上作者:《美丽的幻觉》,巴黎,普隆出版社,1994 年。

玛丽-昂热·劳克:《1968 年的法国戏剧　一部危机史》,巴黎十大出版社,1994 年。

玛丽沃娜·德·圣皮尔让:《一个大文化部的任务:文化与交流》,巴黎,伽利玛出版社,"发现"丛书(第 539 号),2009 年。

罗热·斯特凡纳:《安德烈·马尔罗,世纪第一人》,巴黎,伽利玛出版社,1996 年。

米歇尔·施耐德:《文化喜剧》,巴黎,瑟伊出版社,1993 年。

贝尔纳·特里科:《回忆录》,巴黎,伏尔泰堤岸出版社,1994 年。

索菲·德·威尔莫兰:《还在爱》,巴黎,伽利玛出版社,1999 年。

在准备撰写此书过程中使用的其他著作:

皮埃尔·阿科斯和皮埃尔·朗尼克博士:《那些控制着我们的疾病》,巴黎,斯托克出版社,1996 年。

雷蒙·阿隆:《投入的观众》,巴黎,朱莉亚尔出版社,1981年(与J.-L.米西卡和D.沃尔顿的谈话)。

雷蒙·阿隆:《回忆录 50年政治反思》,巴黎,朱莉亚尔出版社,1983年。

皮埃尔·阿苏利纳:《加斯东·伽利玛 半个世纪的法国出版业》,巴黎,伽利玛出版社,2006年。

克莱特·奥德里:《远处一无所有》,巴黎,德诺艾尔出版社,"分析领域"丛书,1993年。

日耳曼·巴赞:《1940—1945年的卢浮宫珍藏外流回忆录》,巴黎,索莫吉出版社,1992年。

安托万·德·巴克和塞尔热·图比亚纳:《弗朗索瓦·特吕弗》,巴黎,伽利玛出版社,"新法兰西杂志传记"丛书,1996年。

让-路易·巴罗:《为明天的记忆》,巴黎,瑟伊出版社,1972年。

西蒙娜·德·波伏娃:《归根结底》,巴黎,伽利玛出版社,1972年。

罗热·贝兰:《当一个共和国驱赶另一个共和国的时候·1958—1962年·一个证人的回忆》,巴黎,米沙龙出版社,1999年。

勒内·博尔-勒达:《根据勒·柯布西耶的圣经》,巴黎,牦鹿出版社,1987年。

雅克·珀诺姆:《安德烈·马尔罗或墨守成规的人》,巴黎,雷吉姆·德弗尔热出版社,1977年。

雅克·波尔热和尼古拉·维亚斯诺夫:《戴高乐与照片》,巴黎,EPA/维洛出版社,1979年。

菲利普·布瓦尔:《巴黎社会学的精细点》,巴黎,格拉塞出版社,1966年。

R. L. 布鲁克贝热:《痛苦的欢乐 法兰西的解放》,布鲁塞尔,联合出版社,2004年。

《让·卡苏·1897—1986年·想象博物馆》,弗洛朗丝·德·露西主编,巴黎,BNF/乔治·蓬皮杜中心出版社,1995年。

米歇尔·卡泽纳夫和奥利维耶·热尔曼-托马斯:《夏尔·戴高乐》,《赫恩备忘录》,第21期,1973年。

让·夏洛:《戴高乐现象》,巴黎,法亚尔出版社,1970年。

安德烈·沙泰尔:《艺术杂志》(编辑),弗拉马里翁出版社,1980年(艺术史,目的与方法,"领域"丛书)。

阿丽亚娜·舍贝尔·达博洛尼亚:《法国知识分子的政治史,1944—1954年》,第Ⅰ卷,布鲁塞尔,联合出版社,1991年。

克里斯蒂娜·克莱尔:《戴高乐-马尔罗,一部情爱史》,巴黎,尼尔出版社,2008年。

阿妮·考恩-索拉尔:《萨特,1905—1980年》,巴黎,伽利玛出版社,1985年。

伊萨贝尔·德·库蒂夫隆:《克拉拉·马尔罗,世纪女性》,巴黎,奥利维耶出版社,1992年。

让-路易·克雷米约-布里哈克主编:《自由之声,这里是1940—1944年的伦敦》,第Ⅰ卷,《在夜间》;第Ⅱ卷,《燃烧的世界》;第Ⅴ卷,《法兰西之战》,巴黎,法兰西文献出版社,1975年、1976年。

皮埃尔·戴:《阿拉贡,多变的一生》,巴黎,瑟伊出版社,1973年。

米歇尔·德勃雷:《为国服务》,巴黎,斯托克出版社,1963年。

同上作者:《回忆录》,第Ⅰ卷,《一个法兰西的三个共和国》,巴黎,阿尔班·米歇尔出版社,1984年。

同上作者:《1947—1955年的戴高乐与法兰西人民联盟》,巴黎,戴高乐基金会/阿尔萌·考兰出版社,1998年。

多米尼克·德桑蒂:《斯大林分子 一个政治经验,1944—1956年》,巴黎,法亚尔出版社,1975年(马拉布出版社再版,1976年)。

同上作者:《埃尔莎·阿拉贡,暧昧的一对》,巴黎,贝尔丰出版社,1994年。

奥利维耶·多纳与德尼·考尼奥:《法国人的文化实践,1973—1989年》,巴黎,发现/法兰西文献出版社,1990年。

弗朗索瓦-乔治·德雷福斯:《戴高乐与戴高乐主义》,巴黎,大学出版社,1982年。

克洛德·迪隆:《夏尔·戴高乐时期爱丽舍宫的日常生活》,巴黎,阿谢特出版社,1974年。

安娜-玛丽·迪皮伊:《命运与意志》,巴黎,圆桌出版社,1996年。

安娜-玛丽·杜朗东-克拉博尔:《秘密军队组织时期》,布鲁塞尔,联合出版社,1995年。

若尔热特·义尔热:《幻觉中的共和国》,巴黎,法亚尔出版社,1965年。

同上作者:《矛盾重重的共和国》,巴黎,法亚尔出版社,1968年。

多米尼克·费尔南德斯:《尼古拉》,小说,巴黎,格拉塞出版社,1999年。

雅克·福卡尔:《五月的将军 爱丽舍宫的日志》,第Ⅱ卷,1968—1969年,巴黎,法亚尔/年轻的非洲出版社,1998年。

米歇尔 R.D.福特和让-路易·克雷米约-布里拉克:《1940—1944年的法国特别行动处 抵抗运动中的英国人》,巴黎,达朗迪耶出版社,2008年。

克里斯蒂安·富歇:《昨天与明天的回忆 为戴高乐将军服务与被砍倒的月桂树》,巴黎,普隆出版社,1971年,1973年。

夏尔-路易·弗隆:《夏尔·戴高乐,一个世纪的历史》,雷恩,法国西部出版社,1990年。

雅克·弗雷莫:《战乱中的法国与阿尔及利亚,1830—1870年/1954—1962年》,巴黎,经济出版社,2002年。

多米尼克和米歇尔·傅雷米:《1993年指南》,巴黎,罗贝尔·拉封出版社,1992年。

马蒂厄·加莱:《1955—1973 年的日志》第Ⅰ卷,巴黎,格拉塞出版社,1987 年。

安德烈·纪德:《1926—1950 年的日志》,巴黎,伽利玛出版社,七星文库(第 104 期),1997 年。

A.吉尔巴和 M.库尔菲尔德:《洛杉矶的最佳景点 辨别指南》(博物馆与画廊),洛杉矶,玫瑰花墙出版社,1980 年。

弗朗索瓦丝·吉鲁:《权力喜剧》,巴黎,法亚尔出版社,1977 年。

同上作者:《特殊教训》,巴黎,法亚尔出版社,1990 年。

同上作者:《阿蒂尔或生活之美》,巴黎,法亚尔出版社,1997 年。

弗雷德里克·格伦德尔:《当我没有蓝色的时候就放红色》,巴黎,法亚尔出版社,1985 年。

莫里斯·格里莫:《五月,做你喜欢做的事》,巴黎,斯托克出版社,1977 年。

奥利维耶·吉沙尔:《我的将军》,巴黎,格拉塞出版社,1980 年。

艾尔维·阿蒙和帕特里克·罗曼:《行李搬运工 在阿尔及利亚战争中的法国抵抗运动》,巴黎,阿尔班·米歇尔出版社,1979 年。

弗雷德里克·艾布拉尔:《歌德的房间》,巴黎,弗拉马里翁出版社,1981 年。

热拉尔·埃莱尔:《一个在巴黎的德国人》,巴黎,瑟伊出版社,1981年。《破坏文物的历史》,巴黎,拉封出版社,1994 年。

勒内·于热:《与可见人的对话》,巴黎,弗拉马里翁出版社,1955年。

让-诺埃尔·让纳内:《我们当今时代起源媒体的历史》,巴黎,瑟伊出版社,1996 年。

皮埃尔·德·拉加尔德:《搁浅的名著指南》,巴黎,J.-J.波维尔,1967 年。

米歇尔·拉克洛特:《博物馆史 一位博物馆长的回忆》,巴黎,斯卡拉出版社,2003年。

让·拉库蒂尔:《安德烈·马尔罗,世纪之生命》,巴黎,瑟伊出版社,1973年。

米歇尔·朗泰尔姆:《马尔罗　连带手臂的肖像》,里尔,北方大学出版社,2003年。

让娜·罗兰:《1973至1981年法国的政权与艺术　艺术界辞职的历史》,圣-艾迪安,圣-艾迪安大学/西莱克出版社,1981年。

埃米尔·勒赛尔夫:《安德烈·马尔罗》,巴黎,理查尔-马斯出版社,1946—1971年。

皮埃尔·勒弗朗:《您知道和谁在一起》,巴黎,普隆出版社,1979年。

菲利普·勒吉尤:《王国的发明者　为纪念马尔罗》,巴黎,伽利玛出版社,1996年。

弗朗索瓦·利奥塔尔:《被发现的词语》,格拉塞出版社,1987年。

雅克·勒弗隆:《戴高乐将军著作评价辞典》,巴黎,普隆出版社,1975年。

热拉尔·卢瓦佐:《合作与失败的文学》,巴黎,索邦大学出版社,1984年。

《樊尚·马尔罗,油画与素描》,萨莉-德-贝亚恩,阿尔特缪斯出版社,2001年。

丽丽·马尔库:《埃尔萨·特里奥莱》,普隆出版社,1994年。

罗热·马尔丹·杜加尔:《日志》,第Ⅱ卷,1919—1936年,巴黎,伽利玛出版社,1993年。

弗朗索瓦·莫里亚克:《自传著作》,巴黎,七星文库(第375号),伽利玛出版社,1990年。

让·莫里亚克:《戴高乐之后　1969—1989年的秘密记录》,巴黎,法亚尔出版社,2006年。

同上作者：《将军与记者》，与让-卢克·巴雷的谈话，巴黎，法亚尔出版社，2008年。

皮埃尔·梅斯梅尔：《众多战役之后》，巴黎，阿尔班·米歇尔出版社，1992年。

米歇尔（女）和米歇尔（男）：《自由解放勋章50周年》，巴黎，自由解放勋章博物馆，1990年。

弗朗索瓦·密特朗：《表象与实际之间》，巴黎，弗拉马里翁/手持玫瑰出版社，1975年。

同上作者：《政治》，法亚尔出版社，1977年。

皮埃尔·莫瓦诺：《死神附身》，伽利玛出版社，2002年。

达尼埃尔·莫德（J. 戈特拉）：《解放时期的乌托邦》，巴黎，希望出版社，1997年。

雷蒙德·穆兰：《艺术家、制度化与市场》，巴黎，弗拉马里翁出版社，1992年。

埃马努埃尔·穆尼耶：《马尔罗、卡谬、萨特、贝尔纳依　沮丧者的希望》，巴黎，瑟伊出版社，1953年；《观点-瑟伊》联合再版，1970年。

弗朗索瓦·努里西耶：《帝国风云》，小说，格拉塞出版社，1981年。

帕特里克·奥尔梅塔：《1936年至今的法国电影馆》，巴黎，全国科学研究中心出版社，2000年。

帕斯卡尔·奥里：《冒险文化　文化历史上的13次操练》，加蒲，联合出版社，2008年。

帕斯卡尔·奥里（主编）：《民主时代的法国审查（1948—）》，布鲁塞尔联合出版社，1997年。

多米尼克·帕多：《阿兰·波艾的50天》，巴黎，德诺艾尔出版社，1969年。

加斯东·帕莱夫斯基：《1924—1974年的行动回忆录》，巴黎，普隆出版社，1988年。

马尔罗传：幻梦与真实

居伊·珀诺:《安德烈·马尔罗与抵抗运动》,佩里格,方拉克出版社,1986年(J.夏邦·戴尔马作序)。

阿兰·佩尔菲特:《法兰西之恶》,巴黎,普隆出版社,1976年。

加埃唐·皮康:《法国新文学概况》,巴黎,伽利玛出版社,1960年。

乔治·蓬皮杜:《为了创建真实》,巴黎,弗拉马里翁出版社,1982年。

让-雅克·凯拉纳:《文化宫》,里昂,旁听学生总协会出版社,1975年。

吕西安·勒巴泰:《废墟》,巴黎,德诺艾尔出版社,1942年。

让-弗朗索瓦·雷韦尔:《反审查》,巴黎,让-雅克·波韦尔出版社,1966年。

菲利普·罗布里厄:《我们的共产主义一代,1953—1968年》,巴黎,拉封出版社,1977年。

埃里克·鲁塞尔:《乔治·蓬皮杜》,巴黎,J.C.拉泰出版社,1994年。

克洛德·鲁瓦:《逗留许可,1977—1982年》,巴黎,伽利玛出版社,1983年。

弗朗索瓦丝·萨冈:《回应,1954—1974年》,巴黎,让-雅克·波韦尔出版社,1974年(袖珍版,第4764号)。

同上作者:《全集》,罗贝尔·拉封出版社,"书籍"丛书,1993年。

玛丽沃娜·德·圣皮尔让:《歌剧的症候》,巴黎,协议/罗贝尔·拉封出版社,1991年。

让-保尔·萨特:《词语》,巴黎,伽利玛出版社,1964年。《萨特与艺术》,《倾斜》第24—25期。

罗热-热拉尔·施瓦芩贝格:《国家景象,支持与反对政治明星政策的论文》,弗拉马里翁出版社,1977年。

罗热·斯特凡纳:《安德烈·马尔罗,会谈与要点》,巴黎,伽利玛出版社,1984年。

威廉·思迪隆:《面临黑暗,慢性疯狂》,巴黎,伽利玛出版社,1990年。

罗热·特龙总编:《与世纪作家在一起》,巴黎,费里帕希出版社,2000年,见"巴黎竞赛报档案精华版"丛书(为1954年马尔罗印版,斯特凡纳·德尼1996年11月28日文章)。

让-雷蒙·图尔努:《将军的五月 事件白皮书》,巴黎,普隆出版社,1969年。

同上作者:《宿命与磨难》,巴黎,普隆出版社,1974年。

弗朗索瓦·特吕弗:《通信录》,巴黎,阿提耶-福马出版社,1988年(袖珍本,第9718号)。

弗朗索瓦丝·韦尔尼:《世上最美的职业》,巴黎,奥利维耶·奥尔邦出版社,1990年。

皮埃尔·维昂松-蓬特:《戴高乐主义者 惯例与年鉴》,巴黎,伽利玛出版社,1963年。

多米尼克·维尔莫:《安德烈·马尔罗与政治》,巴黎,拉尔马丹出版社,1996年。

露易丝·德·威尔莫兰:《招供启蒙》,巴黎,伽利玛出版社,1954年,漫游者出版社再版,2004年(附让·雨果插图)。

弗朗索瓦丝·瓦格纳:《我的出生未得安慰 露易丝·德·威尔莫兰,1902—1969年》,巴黎,阿尔班·米歇尔出版社,2008年。

菲利普·威廉姆斯:《第四共和国时期的政治生活》,巴黎,A.考兰出版社,1971年。

《名人录1975—1976》,巴黎,雅克·拉菲特出版社,1975年3月。

答谢辞

马尔罗全家的友好善意对我的研究,对《安德烈·马尔罗与辉煌的法兰西文化》的国际研讨会,对电影《神秘的马尔罗》以及对完成此书的准备工作都是不可或缺的。多亏玛德莱娜·马尔罗和其子阿兰在与我15年的对话中赋予我的信任,才令我深入了解了安德烈·马尔罗的复杂人格。弗洛朗丝·马尔罗女士为我打开了任意接触安德烈·马尔罗全部手稿的通道,还在近年来与我多次会面谈话,更新了我对这位作家部长的看法;请她在此阅读我特别表达的谢意。

在长期酝酿这部书的过程中,我遇到了多方面的支持,首先是来自让-诺埃尔·让纳内教授的支持。尽管他在部里任职,在法兰西广播电台与法兰西国家图书馆理事会负责,他却仍旧一如既往,鼓励我克服了撰写过程中的阻碍,欣然接受成为我打字文稿完成后的首个阅读者。

让-路易·克雷米厄-布里拉克的编辑与纪事科学,再一次揭示了这门科学对这本书的最终出版是必不可少的。由于我们在同一时间共同筹备了英国广播公司的播音节目《这里是伦敦,自由之声》的五个集子的出版,这位法国文献馆的名誉馆长成为我最好的顾问。

让-菲利普·勒卡和雅克·朗先生为我签署了进入文化部档案馆的许可证;在雅克·朗的身边,少不了雅克·萨卢瓦的支持。没有他们三位,我几乎不可能埋头查阅文化部的资料,我工作中的困难也是难以逾越的。

安德烈·布尔达莱-迪福先生与让·库拉尔慷慨给予我的鼓励,帮助我在行政工作期间,同时进行了调查与研究工作。我努力保留了勒内·卡森,这位诺贝尔和平奖获得者在为我的初次史学研究作序时,辨认出的精准与公正。

在行政、政治、大学与文化界的范畴里,我感受到了以下各位对我特别友好的接待,他们是:克里斯蒂娜·莱维乐斯-图泽、克里斯蒂亚娜·莫阿蒂、雅尼娜·莫叙-拉沃、阿兰·阿贝卡西、埃米尔·比亚西尼、让-路易·让内尔、皮埃尔·拉博里、帕斯卡尔·奥里、克里斯提安·帕坦、让·皮克、雅克·里果,还有已故人士皮埃尔·德·布瓦代弗尔、乔福瓦·肖德龙·德·库塞尔、米歇尔·德勃雷、让·格罗让、米歇尔·帕朗、勒内·雷蒙、夏尔·提雍和贝尔纳·特里科。

在医学界,除了路易·贝尔塔尼亚医生提供的不可缺少的证据,还有弗朗兹·朗格尔莱教授和吉尔·艾里奥、菲利普·儒阿内、埃马努埃尔·帕颜·德·拉贾朗德里与格扎维埃·夏安医生给我的有益教诲。

我要特别在此感谢数年来为我提供物质、精神与技术支持的人,他们是:

科琳娜·德罗贝尔、玛丽-弗朗斯·迪皮伊-巴莱、艾佛利娜·弗隆、艾丽亚娜·吉龙、安德烈·于诺-特洛谢、波莱特·勒瓦勒尔、米歇尔·皮里乌、埃莱娜·帕姆、雷蒙德·佩瑞、法比耶那·雷格玛丽-罗莱、雷蒙德·狄戎和米利亚姆·聚贝-屈皮索尔女士。

还有雷蒙·奥布拉克、莫里斯·卡拉伯尼、阿尔贝·弗隆、克里斯蒂安·奥佩蒂、让-路易·佩茹先生,当然还有全国科学研究中心杰出的工程师阿妮克·贝纳尔女士,不知辛劳反复阅读了这本著作持续进展的各阶段篇章。让-伊夫·斯特拉斯让我应该重提夏尔·戴高乐写到的关于勒内·布鲁耶的那段话:他是我致力奋斗的见证人,一路走来的同伴,我昨天、今天与明天的朋友!

在伽利玛出版社，我十分乐意尽心尽责，向下列人士致谢：除了社长安托万·伽利玛以外，还有法兰西学术院的皮埃尔·诺拉先生，我的首位读者罗热·格勒尼耶先生；七星文库筹备《安德烈·马尔罗全集》（真正认识作家不可缺少的依据）出版的各个团队，还有让这部书公之于世的整个团队，尤其是菲利普·德马内先生、菲利普·贝尼耶先生、热拉尔蒂娜·布朗女士。

如果我不加以追忆几位亲爱的故人，这个名单就不会完整，因为我们过往的对话一直酝酿着我的思考：他们面对致死的疾病战斗，为的是捍卫斯多葛主义，这个主义从未妨碍他们鼓励我完成这项工作，我钦佩的人有玛丽-埃莱娜·巴塔依和安娜-玛丽·塞谢、米歇尔·布鲁安、雅克·达洛和雅克·弗朗。给我留下珍贵记忆的还有埃莱娜·贝尔热龙、热娜维耶芙·布南、埃玛·普雷格洛特和玛丽-黛莱斯·斯特拉斯，她们都在高龄和面对生命终结的方式上表现得尊贵而崇高。

2009年6月6日完成这些书稿的时候，恰逢布列塔尼大学社会服务机构的创始人露易丝·弗隆-罗帕尔过世40周年，这怎能不让我在此重提对我崇敬的母亲，这位1944年菲尼斯泰尔丛林游击队勇敢护士的无限恩惠？她是安德烈·尚松和让·盖艾诺推动的人民阵线周刊《星期五》的忠实读者，她感受到了安德烈·马尔罗的行动。她在庆祝诺曼底登陆25周年的那个晚上参加了"夜间群众"的聚会，她属于1975年在沙特尔，由她的解放运动同志发起的，受到敬仰的无法露面的群体人物之一：

"参加抵抗运动的妇女是一场可怕游戏的玩家。称其为战士并不是因为她们操持武器——她们有时会这样做，而是因为她们是自愿接受极度痛苦的人。打仗的依靠不是轰鸣，而是死亡。"